甘肃省耕地质量监测技术

GANSU SHENG GENGDI ZHILIANG JIANCE JISHU

高 飞 郭世乾 崔增团 ◎ 主编

甘肃科学技术出版社

图书在版编目（CIP）数据

甘肃省耕地质量监测技术 / 高飞，郭世乾，崔增团主编. -- 兰州：甘肃科学技术出版社，2020.3
ISBN 978-7-5424-2715-1

Ⅰ.①甘… Ⅱ.①高… ②郭… ③崔… Ⅲ.①耕地资源－资源评价－研究－甘肃 Ⅳ.①F323.211

中国版本图书馆CIP数据核字（2020）第006174号

甘肃省耕地质量监测技术
高　飞　郭世乾　崔增团　主编

责任编辑　陈学祥
封面设计　麦朵设计

出　版	甘肃科学技术出版社
社　址	兰州市读者大道568号　730030
网　址	www.gskejipress.com
电　话	0931-8773023（编辑部）　0931-8773237（发行部）
京东官方旗舰店	https://mall.jd.com/index-655807.html
发　行	甘肃科学技术出版社　　印　刷　甘肃发展印刷公司
开　本	787毫米×1092毫米 1/16　印　张　20.75　插　页　2　字　数　480千
版　次	2020年5月第1版
印　次	2020年5月第1次印刷
印　数	1~1000
书　号	ISBN 978-7-5424-2715-1　定　价　60.00元

图书若有破损、缺页可随时与本社联系：0931-8773237
本书所有内容经作者同意授权，并许可使用。
未经同意，不得以任何形式复制转载

编 委 会

主　　编：高　飞　郭世乾　崔增团
参编人员：贾蕊鸿　郑　杰　万　伦　顿志恒
　　　　　董星晨　张美兰　武翻江　郭新勇
　　　　　尹得仲

前　言

　　耕地是农业发展之要、粮食安全之基、农民立命之本，党中央、国务院始终高度重视耕地质量保护工作。在工业化、城镇化深入推进的大背景下，在人民群众对生态环境期盼越来越高的大趋势下，加强耕地保护越来越成为保障国家粮食安全、促进农业可持续发展的大战略。一方面，必须守住耕地数量红线。落实最严格的耕地保护制度，加快划定永久基本农田，坚决守住18.65亿亩的耕地红线。另一方面，必须守住耕地质量底线。加快实施藏粮于地、藏粮于技战略，加大旱涝保收高标准农田建设力度，深入推进耕地质量保护与提升行动，加强耕地土壤改良、地力培肥和治理修复，全面提升耕地质量。强化耕地质量监测和保护是农业发展的根本要求，是农业部门的职责所在，农业部门具有专业优势。掌握不同区域、不同利用方式下耕地质量的变化特征与规律，进行耕地质量的长期监测、评价与预警，对于提高耕地质量、指导耕地管理、确保国家粮食安全和农业可持续发展意义重大。

　　在我国，由于不合理利用引起的耕地次生盐渍化、沙化、养分贫乏化、水土流失以及环境污染等退化现象已非常严重。进行耕地质量监测，可以对耕地质量进行动态监测，对变化态势进行预警，根据预警采取防范对策，这样只要较少地投入就可以使耕地质量维持在一个较高的水平。因此，耕地质量监测是针对性开展耕地质量建设、提高耕地质量建设目标和效益的重要基础。

　　耕地质量监测，是一项基础性、长期性的工作。为全面掌握甘肃省耕地质量状况和地力动态变化规律，自1997年起，各级农业部门分层次建立了一批耕地质量长期定位监测点。这些长期定位监测对于摸清甘肃省耕地质量底数和变化趋势具有重要作用。耕地质量监测技术促进了耕地质量研究,能够预先提出耕地质量保护与提升的对策与措施,是实现"藏粮于地、藏粮于技"战略的基础支撑！为持续推进甘肃省耕地质量监测工作的深入开展,我们组织相关专家学者编写了《甘肃省耕地质量监测技术》。本书就耕地质量监测的具体内容、监测站点的建设、监测土样的检测方法、监测数据的采集处理等方面做了较为细致地论述,同时也对近二十年甘肃省耕地质量监测工作做了系统总结和归纳,可供广大基层土肥技术推广人员参考。

在本书编写过程中,参考了国内外相关专家学者的著作文献,在此深表感谢。由于水平有限,书中不足之处在所难免,敬请广大读者批评指正！

编　者

2019.12

目 录

第一章 甘肃省耕地概况 ………………………………………………………001
  1.1 甘肃省地理位置 ……………………………………………………001
  1.2 主要耕地土壤类型 …………………………………………………001
  1.3 主要分布区域 ………………………………………………………002

第二章 耕地质量与农业生产 …………………………………………………003
  2.1 基本概念 ……………………………………………………………003
  2.2 国内外耕地质量定位监测概况 ……………………………………004
  2.3 耕地质量判定评价 …………………………………………………006
  2.4 影响耕地质量的农业措施 …………………………………………006

第三章 甘肃省耕地质量监测现状与要求 ……………………………………008
  3.1 耕地质量监测意义 …………………………………………………008
  3.2 甘肃省耕地质量监测工作现状 ……………………………………009
  3.3 耕地质量监测工作要求 ……………………………………………011

第四章 耕地质量监测站点的建立和维护 ……………………………………013
  4.1 总体要求 ……………………………………………………………013
  4.2 甘肃省耕地质量监测布局 …………………………………………013
  4.3 耕地质量监测站点的建立 …………………………………………020
  4.4 基础数据的记载 ……………………………………………………024
  4.5 耕地质量监测站点的维护 …………………………………………033

第五章 耕地质量分析化验方法 ………………………………………………034
  5.1 样品的采集 …………………………………………………………034
  5.2 耕地质量常规检测项检测方法 ……………………………………038
  5.3 微量元素检测方法 …………………………………………………044
  5.4 环境控制元素检测方法 ……………………………………………048

第六章 耕地质量监测数据采集 ………………………………………………049
  6.1 监测数据质量控制 …………………………………………………049
  6.2 耕地质量监测站数据采集 …………………………………………056

  6.3 田间投入品(肥料)数据采集 …………………………………………063
  6.4 农艺措施记载 ……………………………………………………………064
  6.6 监测工作规范化管理制度 ………………………………………………069

第七章 耕地质量评价指标体系建立 ……………………………………………070
  7.1 耕地质量评价的概念 ……………………………………………………070
  7.2 耕地质量评价体系的建立 ………………………………………………071
  7.3 计算单因素评价(模糊评价法) …………………………………………074
  7.4 特尔斐法简介 ……………………………………………………………075
  7.5 示例 ………………………………………………………………………076
  7.6 单因素权重的确定(层次分析法) ………………………………………088

第八章 耕地质量监测数据的汇总与发布 ………………………………………098
  8.1 耕地质量监测数据汇总整理 ……………………………………………098
  8.2 长期耕地质量监测数据的统计分析 ……………………………………100
  8.3 甘肃省耕地质量监测报告的编制 ………………………………………118
  8.4 甘肃省耕地质量主要肥力因素演变规律 ………………………………119
  8.5 甘肃省耕地质量重点年度监测报告 ……………………………………139

第九章 耕地质量监测信息系统 …………………………………………………192
  9.1 耕地质量监测数据系统简介 ……………………………………………192
  9.2 耕地质量监测数据系统用户手册 ………………………………………192
  9.3 耕地质量监测数据系统发展展望 ………………………………………210

附录 …………………………………………………………………………………211
  附录1 耕地质量等级 …………………………………………………………211
  附录2 耕地质量监测技术规程 ………………………………………………261
  附录3 耕地质量保护提升项目监测技术规范(试行) ……………………276
  附录4 耕地质量调查监测与评价办法 ………………………………………307
  附录5 甘肃省耕地质量管理办法 ……………………………………………310
  附录6 监测点基本情况记载表 ………………………………………………314
  附录7 甘肃省耕地休耕试点区域耕地质量监测实施方案 ………………317

参考文献 ……………………………………………………………………………324

第一章　甘肃省耕地概况

1.1　甘肃省地理位置

甘肃省,简称甘或陇,位于黄河上游,地域辽阔。介于32°11′N~42°57′N、92°13′E~108°46′E,地处黄土高原、青藏高原和内蒙古高原三大高原的交会地带,地貌复杂多样,境内山地、高原、平川、河谷、沙漠、戈壁类型齐全,交错分布,地形呈狭长状。大致可分为各具特色的六大地形区域。陇南山地:大致包括渭水以南、临潭、迭部一线以东的山区,为秦岭的西延部分。陇中黄土高原:位于甘肃省中部和东部,东起甘陕省界,西至乌鞘岭畔。甘南高原:青藏高原东部边缘一隅,地势高耸,平均海拔超过3 000 m,是个典型的高原区。这里是甘肃省主要畜牧业基地之一。河西走廊:斜卧于祁连山以北,北山以南,东起乌鞘岭,西迄甘新交界,是块自东向西、由南而北倾斜的狭长地带。海拔在1 000~1 500 m之间。长1 000余千米,宽由几千米到百余千米不等。这里是甘肃主要的商品粮基地。祁连山地:在河西走廊以南,长达1 000多千米,大部分海拔在3 500 m以上,终年积雪,冰川透迤,是河西走廊的天然固体水库,荒漠、草场、森林、冰雪等植被垂直分布明显。河西走廊以北地带:东西长1 000多千米,海拔在1 000~3 600 m的地带,这里靠近腾格里沙漠和巴丹吉林沙漠,风高沙大,山岩裸露,荒漠连片。

甘肃省以温带季风气候为主,总的特点是四季分明、冬冷夏热,年温差大,年降雨量较少且时空分布不均,平均年降水量一般不足500 mm,属于干旱半干旱区,土地荒漠化较重,水土流失严重。从气象站点近30年数据统计情况看,甘肃有效积温在2 000 ℃~3 500 ℃之间,年平均气温7.5 ℃,年均气温受海拔影响非常大,高山、高原与盆地间温度状况差别明显。

甘肃省年降水量总的分布特点是西北少东南多,7、8、9三个月份降雨最多,占年总降水的一半以上,冬季最少。年降水量40~850 mm,无霜期一般180~240 d。

1.2　主要耕地土壤类型

根据甘肃省第二次土壤普查材料和土壤分类原则,甘肃省耕地主要土壤类型可划分为6个土纲、8个亚纲、10个土类。6个土纲分别为半淋溶土、钙层土、干旱土、初育土、半水成土和人为土;8个亚纲分别为半湿暖温半淋溶土、半湿温半淋溶土、半干旱温钙层土、半干暖温钙层土、干暖温干旱土、土质初育土、淡半水成土和灌耕;10个土类分别为褐土、灰褐土、栗钙土、黑垆土、灰钙土、黄绵土、红黏土、潮土、灌淤土和灌漠土。

黄绵土、黑垆土、灰钙土是甘肃省分布面积最广的3种土类,占全省耕地总面积超过52%。

1.3 主要分布区域

根据甘肃省耕地土壤分布调查来看,全省土壤类型分布大致可分为:河西漠土、灌漠土;陇中麻土、黄白绵土地区;陇东黄绵土、黑垆土地区;祁连山栗钙土、黑钙土;陇南黄棕壤、棕壤、褐土地区;甘南草甸土、草甸草原土等6个地区。其分布特点为:①水平分布的纬度地带性明显,经度地带性不甚明显。由南往北,全省地带性土坡可概括为森林土壤、草原土壤和荒漠土壤3个系列,并以北亚热带森林土坡、森林草原土壤、温带森林土坡、温带草原土坡、荒漠草原土壤和漠土(主要分布在河西走廊)为主体。②垂直分布规律显著。甘肃是个多山的省份,山地所处的地理位置、山体的大小与高低、山地的坡向和坡度不同,影响着土壤垂直地带的分布。垂直带谱在各地呈现分异,带谱随山体的比高和坡向的不同而变化,山体比高大,带谱繁多,阴坡湿润,带谱完整;阳坡水分条件差,植被单一,带谱趋向简单。③地域分布规律受各地方性的母质、地形、水文、成土年限等条件的影响,在地带性土壤内部出现非地带性土壤类型,并表现为中域或微域分布。中域分布有枝形、扇形和盆形3种。枝形土壤分布主要在陇东和陇中黄土丘陵区及陇南山地浅山河谷地带,随沟谷、水系呈树枝形伸展,一般源面为黑垆土,边坡为黄绵土,沟底及河流两岸为潮土。扇形土壤多分布于祁连山和北山山前冲积扇,由山麓向走廊中心呈扇形延伸,在扇形上部为灰漠土或棕漠土,扇沿出现草甸土(灌溉熟化后为灌漠土)、盐土或沼泽草甸盐土。盆形土壤多见于甘南高原和河西走廊。

第二章 耕地质量与农业生产

随着人口的增加和社会的发展、城镇化进程的加快，甘肃省耕地数量的减少趋势不可逆转。现阶段，我们必须通过加强耕地质量建设，提升耕地质量，才能满足人们对农产品的需求，确保甘肃省谷物基本自给、口粮安全，实现农业的可持续发展。耕地质量是确保粮食安全和农产品质量安全的基础，保障粮食安全，关键在于提升耕地质量。

2.1 基本概念

2.1.1 耕地及耕地分类

《土地利用现状分类》国家标准（GB/T 21010—2007），将耕地定义为"种植农作物的土地，包括熟地、新开发、复垦、整理地，休闲地（含轮歇地、轮作地）；以种植农作物（含蔬菜）为主，间有零星果树、桑树或其他树木的土地；平均每年能保证收获一季的已垦滩地和海涂"。耕地可进一步细分为水田、水浇地和旱地3个二级地类。其中，水田指用于种植水稻、莲藕等水生农作物的耕地，包括实行水生、旱生农作物轮作的耕地；水浇地指有水源保障和灌溉设施，在一般年景能正常灌溉，种植旱生作物的耕地，包括种植蔬菜的非工厂化的大棚用地；旱地指无灌溉设施，主要靠天然降水种植旱生农作物的耕地，包括没有灌溉设施仅靠引洪淤灌的旱地。

2.1.2 耕地质量

耕地质量在国外有很多定义，目前，国际上比较通用的耕地质量概念，是Doran和Parkin（1994）从生产力、环境质量和健康三个角度对土壤质量的定义，即土壤在生态系统中保持生物生产力、维持环境质量和促进植物和动物健康的能力。有关耕地质量概念及内涵的定义，很多学者都提出了各自不同的观点，不同学者、不同部门从不同研究角度对耕地质量给出了不同的定义。有文章认为耕地质量是构成耕地的各种自然因素和环境条件状况的总和，表现为耕地生产能力的高低、耕地环境状况的优劣以及耕地产品质量的高低。有学者也提出耕地质量包括本底质量、健康质量和经济质量三个部分。本底质量是指耕地土壤的肥力状况与水文状况（水资源保证率）；健康质量是指耕地土壤环境状况（土壤受污染状况）和水环境状况（灌溉水受污染状况）；经济质量是指对耕地的投入水平和耕地的区位条件。从耕地作为一种用于种植农作物、生产农产品的特定土地类型出发，有学者认为耕地质量的内涵应该包括四个方面：一是耕地的土壤质量；二是耕地的环境质量；三是耕地的管理质量；四是耕地的经济质量。即耕地质量是耕地土壤质量、耕地环境质量、耕地管理质量和耕地经济质量的总和。实施耕地质量监测是耕地质量保护与地力建设的一项长期性基础工作。本书涉及的"耕地质量"概念采用《耕地质量监测技术规程》农业行业标准（NY/T 1119—2012）中规定的定义，即耕地满足作物生长和清洁生产的程度，包括耕地地力和耕地环境质量两方面。其中，耕地地力指在当前管理水平下，由土壤本身特性、自然条件和基础设施水平等要素综合构成的耕地生产能力；耕地环境质量指耕地土壤中有害物质对人或其他生物产生不良或有害影响的程度。

2.1.3 耕地基础地力

耕地基础地力是指由耕地土壤的地形、地貌、成土母质特征、农田基础设施及培肥水平、土壤理化性状等综合构成的耕地生产能力。目前，通常用耕地基础地力贡献率（PSFC）作为衡量耕地基础地力的综合性指标。耕地基础地力贡献率（%）为不施肥时作物产量与适宜肥料施用下的产量之比，其数值大小取决于作物类型、气候和土壤养分特征等。

2.1.4 耕地质量长期定位监测

通过定点调查、观测记载和采样测试等方式，每年对耕地的理化性状与生产能力进行动态评估的一系列工作。

2.1.5 耕地质量长期定位监测点

为进行耕地质量长期定位监测而定点设置的观测、试验、取样的地块。

2.2 国内外耕地质量定位监测概况

据估计，全世界至今超过100年的长期土壤肥料试验有50多个，而持续几十年的则更多。这些长期试验的研究结果对世界化肥工业的兴起和发展、科学施肥制度的建立、农业生态和环境保护、耕地质量建设与管理、农业生产的发展，甚至对计算机软件的发展均起到重要的决策和推动作用。早在1843年，英国J. B. Lawes和他的合作者J. H. Gilbert就在洛桑建立了Broadbalk小麦长期肥效试验，至今已持续170余年，成为世界上历史最长的土壤肥料长期定位试验。美国的长期定位试验主要通过立法为长期试验站提供机构和经费保障。1887年，美国国会通过了著名的Hatch法案，要求每个州都要建立农业试验站，并保障适当的经费预算。以密苏里州的Sanborn农业试验站为例，该试验站创建于1888年，1965年被美国国家公园管理局认定为国家历史地理标志。澳大利亚超过25年的土壤肥料试验有25个，1955年以来，25个试验中有12个由于各种各样的原因终止了试验，13个现存的长期试验中，有5个超过60年的历史了，其中位于维多利亚中北部的Rutherglen实验站的试验已经有90多年了。总的来看，国外的土壤肥料长期试验起步较早、历时较长、连续性较好，已成为一种比较成熟、综合性较强的科学研究方法。由于长期定位试验具有时间的长期性、气候的可重复性，信息量丰富、准确可靠、解释能力强，因此具有常规短期试验不可比拟的优势。

我国土壤肥料长期定位试验起步相对较晚。20世纪50年代开始，全国先后组织了三次化肥协作网试验，但由于种种原因，都未坚持下来。20世纪70年代末，中国农业科学院土壤肥料研究所主持的全国化肥网在22个省（直辖市、自治区）连续开展了氮、磷、钾化肥肥效、用量和比例试验，并布置了一批长期肥料试验，有些延续至今。20世纪80年代后期，由原国家计委立项，中国农业科学研究院主持，连同吉林等6个省（自治区）农业科学院土肥所及中国农业科学研究院衡阳红壤试验站和西南农业大学，在全国主要农区的9个主要土壤类型上建立了"国家土壤肥力与肥料效益长期监测基地网"。基地网主要监测内容是我国不同区域、不同类型土壤、不同施肥处理下肥料效应和肥料利用率、土壤肥力演变规律和肥料对环境影响等。20世纪80年代以来，中国科学院也在全国不同生态区布置了"土壤养分循环和平衡的长期定位试验"。近年来，科技部还相继投资建设了一批农业野外试验台站。地方农业部门也建立了相应的区域性土壤肥力和肥料效应监测试验站。此外，有关高等院校和地方科研院所根据需要也布置了一些长期肥料定位试验。全国几乎每一个省份都布置有长期肥料试验，全国拥有的长期肥料试验有200个左右。然而，有些长期试验由于经费、管理等方面的原因已经停止，能够坚持下来的长期试验并不多，据初步统计，现阶段全国持续进行的长期肥料试验有30个左右。

耕地质量监测是《中华人民共和国农业法》、国务院《基本农田保护条例》、《甘肃省耕地质量管理办法》等法律法规赋予农业部门的一项重要职责，实施耕地质量监测是耕地质量保护与地力建设的一项公益性、基础性、长期性工作，通过长期的定位监测，不仅能够及时了解耕地地力动态变化特征及养分变化趋势，促进耕地资源的合理利用和综合生产能力的提高，而且对于指导农民科学施肥、提高耕地水、土、肥等资源利用率，改善农田生态环境，确保农业增效、农民增收具有十分重要的基础地位。耕地质量监测分为国家、省、地、县四级进行，具体监测工作由农业行政主管部门下设的土肥技术推广机构负责实施，并按年度向同级人民政府报告监测结果，用以指导农业生产。国家耕地质量长期定位监测工作始于20世纪80年代中期，是第二次全国土壤普查的后续工作。历经起步探索（1988～1997年）、规范发展（1998～2003年）、完善提升（2004～2017年）三个阶段。截至目前，共有国家级耕地质量监测点357个，分布在全国30个省（自治区、直辖市），涵盖35个主要耕地土类，兼顾了高中低不同地力水平，涉及主要种植制度，监测点代表性进一步增强。在国家耕地质量监测带动下，全国各级农业部门分层次建立了一批耕地质量长期定位监测点，初步形成了四级耕地质量监测网络。2006年起，为进一步规范监测工作，农业农村部耕保中心和全国农技中心建立了耕地质量监测标准体系，先后组织制定《耕地质量监测技术规程》《耕地质量预警技术规范》和《土壤检测》一系列标准，对耕地质量监测点小区设置、监测内容、样品采集与检测、报告编写等方面作了明确规定。国家耕地质量监测工作开展30多年来，积累了大量的数据资料，动态监测和掌握了我国主要耕地土壤类型的质量状况和变化规律，监测结果在政府开展耕地质量建设与改良、制定农作物优势区域布局与农业发展规划、指导农民科学施肥等方面发挥了重要的基础支撑作用。2005年起，连续编发国家耕地质量监测年度报告，及时报送有关部门，为国家制定耕地质量保护和粮食安全政策提供了重要依据。

甘肃省耕地土壤监测工作始于1997年,结合甘肃省耕种土壤的实际情况,在主要耕种土壤黑垆土、黄绵土、灌漠土、灰钙土上建立了国家级耕地质量长期定位监测点9个,每个点设空白区和常规区两处理,空白区不施任何肥料,常规区施肥情况各点根据当地施肥水平而定。

其中黑垆土2个点设在陇东旱塬区,平凉市大寨乡白土村、庆阳市农科所试验田,海拔高度1 300~1 600 m,年降水量550~600 mm;黄绵土2个点设在中部干旱区,安定区景泉乡官兴村、天水市秦州区农科所试验田,海拔高度1 200~2 200 m,年降水量450~530 mm;灌漠土4个点设在河西灌区,永昌县良种场试验田、武威市古浪县良种场试验田、酒泉市地区农科所试验田、玉门市下西号乡下西号村,海拔高度1 750~1 790 m,年降水量180~200 mm;灰钙土1个点设在中部干旱区,会宁县甘沟乡田坪村,海拔高度1 600~1 800 m,年降水量300~350 mm。9个监测点的地力水平、施肥结构和施肥量、农业种植制度等,基本代表了甘肃省主要耕种土壤类型。2016年,在继续抓好9个国家级的基础上,新增了15个国家级耕地质量长期定位监测点;2017年又新增国家级监测点10个;2018年结合耕地质量提升与化肥减量增效项目,盐碱地改良技术示范县区又建立耕地质量监测点10个,故至今为止,甘肃省国家级耕地质量监测点共有44个。另外,结合相关项目的实施,甘肃省还按照1万亩耕种土壤建设1个监测点的原则,建立了500个(含国家级监测点)省级耕地质量长期监测点;除此之外,在继续做好测土配方施肥基础工作的基础上,建立了7 500个耕地调查点,覆盖全省的耕地质量监测网络基本形成。

2.3 耕地质量判定评价

长期的耕地质量定位监测,能够及时了解耕地质量的动态变化特征及养分变化趋势,而且对于提高耕地水、土、肥等资源利用率也具有重要的作用。通过对多年连续监测数据的总结与分析,能够掌握甘肃耕地土壤养分变化的基本特征,对耕地质量的优劣进行评价。

有学者认为耕地质量评价包括耕地生产力评价、土壤环境质量评价、土壤健康质量评价等,而农业上通常所说的耕地质量评价包括耕地质量等级评价、耕地质量监测评价、特定区耕地质量特定指标评价、新增耕地质量评价和耕地质量应急调查评价。

2.4 影响耕地质量的农业措施

耕地是农业发展之基、农民安身之本、国家安邦之根。保护耕地不仅为确保粮食安全提供了资源基础,而且直接关系所在国家或地区的经济增长、社会稳定和生态建设。没有一定数量、肥沃和持续生产能力的耕地作保证,就难以保障粮食安全,满足国民经济和社会发展对农产品的需求。在我国粮食总产量突破66 000万吨、实现连年增产的大好形势下,习近平总书记反复强调,我们的饭碗必须牢牢端在自己手里,粮食安全的主动权必须牢牢掌控在自己手中;并明确提出耕地红线不仅是数量上的,也是质量上的,保护好耕地

是保障粮食生产能力和丰富农产品供给的基础条件。耕地质量受自然因素和人为因素的双重影响,其中农业措施对耕地质量的影响最为关键。

近些年来,甘肃省耕地质量主要问题是耕地贫瘠,土壤盐碱化、沙化和地膜残留污染严重,地力退化明显,土壤有机质含量低,保水保肥能力差,干旱缺水。根据甘肃省耕地质量现状,重点围绕"改、培、保、控"四字要领,因地制宜开展耕地质量建设。

2.4.1 改——改良土壤

通过开展农田设施建设,土地平整,坡改梯,沟渠路林配套,地膜、秸秆覆盖等,治理水土流失;通过施用磷石膏、土壤调理剂、有机肥等,改良退化土壤;通过休耕轮作、灌水压盐、挖沟(池)排盐、暗管排盐、施用商品有机肥、水肥一体化、耕层土壤剥离与再利用等,改良盐碱化耕地;通过秸秆还田、增施有机肥、种植绿肥、深耕深松等,改善土壤理化性状;通过免耕少耕、轮作休耕、深耕深松等,改进耕作方式。

2.4.2 培——培肥地力

通过增施有机肥,实施秸秆还田,种植绿肥,提高土壤有机质含量;通过粮豆轮作套作、固氮肥田、实现用地与养地结合,持续提升土壤肥力;通过开展测土配方施肥,平衡土壤养分;通过开展补充耕地快速培肥,提高新增耕地质量。

2.4.3 保——保水保肥

通过深松耕技术,打破犁底层,加深耕作层;通过增施有机肥和秸秆粉碎还田,降低土壤容重,改善土壤团粒结构,增强耕地土壤保水保肥能力;通过实施水肥一体化、秸秆覆盖、集雨补灌等,提高农田水肥利用率。

2.4.4 控——控污修复

通过减量施用化肥农药,减少不合理投入数量;通过实施畜禽粪便堆沤腐熟肥料化处理,阻控重金属、有机物污染源;通过规范使用加厚地膜,开展残留农膜回收,控制农膜残留污染;加强农田灌溉水质监测与预警,阻控农田用水污染。采取工程、生物、农艺等措施,修复污染耕地。

经过近些年的实践,通过上述措施,不仅增加了土壤有机质含量,改善了理化性状,增强了农田蓄水保肥能力,提升了耕地质量,还有力地阻止耕地质量退化引起的土地荒漠化、沙漠化等生态环境问题。同时,秸秆、畜禽粪便、磷石膏等农业废弃物得到高效利用,减少了化肥、农药、地膜等农业资源的使用,有效解决有机废弃物对生态环境造成的面源污染,使农业生态环境处于一种良性循环的状态。项目实施区耕地地力平均提高0.5个等级以上(粮食生产能力提高50 kg/亩),肥料利用率提高5个百分点以上。

第三章　甘肃省耕地质量监测现状与要求

3.1　耕地质量监测意义

耕地是珍贵而有限的自然资源，耕地质量关系到国家粮食安全、农产品质量安全及生态安全，是保障社会经济可持续发展、满足人民日益增长的物质需要的必要基础。我国耕地面积刚性减少，人口快速增加和粮食供需矛盾日益突出，提高我国耕地质量是国家粮食安全的战略决策。然而，我国的农田基础肥力较发达国家低约20个百分点；农田高度集约化种植，高强度高投入的利用方式特别是养分非均衡化的集约化模式，不仅仅导致了农田肥力退化，也引起一些生态环境问题；导致我国粮食生产出现的较大波动以及高产作物品种潜力不能很好地发挥。因此，掌握不同区域、不同利用方式下耕地质量的变化特征与规律，进行耕地质量的长期监测、评价与预警，对于提高我国耕地质量、指导耕地质量管理、确保国家粮食安全和农业可持续发展具有十分重要的意义。

在我国，由于不合理利用引起的耕地次生潜育化、次生盐渍化、沙化、养分贫乏化、水土流失以及环境污染等退化现象已非常严重。对于退化了的耕地质量性状进行改造任务艰巨，需要复杂的技术、大量的投入以及长期的劳动。复垦后的耕地在短期内生产力等质量性状也无法与优质耕地相比拟。目前，甘肃省农业生产长期以来也一直处于高投入、高产出状态，耕地长期高强度、超负荷利用，耕地质量问题也比较严重，呈现出"三大""三低"态势。"三大"：一是中低产田比例大。甘肃省中低产田数量占总耕地面积的80%以上，高于全国10个百分点。二是退化面积大。河西及沿黄灌区盐碱地面积达480多万亩，占该区域总耕地面积的20%以上；耕地沙化面积达90多万亩。三是污染耕地面积大。地膜残留较多，残留量平均每亩介于0.2～5 kg，城郊及工矿企业周边耕地土壤重金属超标严重。"三低"：一是有机质含量低。全省82.5%的耕地土壤有机含量处于中等（20 g/kg）以下水平，平均为14.6 g/kg。二是补充耕地等级低。新开垦耕地与占用耕地相比，一般相差2～3个等级以上，其生产能力不足被占用耕地的30%，很多出现了撂荒弃耕现象。三是基础地力低。甘肃省基础地力贡献率平均为45%，低于全国5个百分点。但是，目前人们开展的耕地质量动态监测一般都是在耕地质量退化发生之后，此时耕地生产性能以及耕地利用效益已受到一定危害。而进行耕地质量监测，就可以对耕地质量进行动态监测，对变

化态势进行预警,根据预警采取防范对策,这样只要较少的投入就可以使耕地质量维持在一个较高的水平。因此,耕地质量监测是针对性开展耕地质量建设、提高耕地质量建设目标和效益的重要基础。

耕地质量年度监测工作主要是通过监测非突变因素对耕地质量等别的影响,分析耕地质量等别的变化趋势,从而实现耕地质量等别的动态监测,为落实党中央、国务院关于耕地数量管控、质量管理和生态管护的有关要求,进一步丰富耕地保护内涵,提升耕地保护水平,全面加强耕地质量建设与管理工作提供依据。耕地质量监测是农业生产中不可或缺的基础性、公益性、长期性工作,是农业生产过程农情动态监测的重要内容,其意义和作用重点体现在以下方面:

3.1.1 耕地质量监测是提升并保障耕地持续利用的重要手段

通过长期的耕地质量监测,可以掌握耕地质量渐变的规律与特征,较好地预测一定时期内耕地质量变化方向与变化程度,然后结合作物生产发育要求进行科学调控,从而避免耕地退化,实现耕地质量的维持和提高,保障耕地资源的永续利用。同时可以提早发现耕地质量退化的潜在威胁,并总结出耕地质量退化的原因,并根据退化原因有针对性地进行土壤改良,提高耕地质量。

3.1.2 耕地质量监测是保障粮食生产安全的关键环节

通过对耕地质量连续的年度监测,可以详细了解监测区域监测地块的自然条件现状,如坡度、土壤质地、灌溉条件、有效土层厚度等,同时还可以通过监测化验对比土壤有机质及土壤酸碱度的历年变化,掌握耕地质量的渐变规律,然后可根据影响地块的主要限制因素以及作物的生长习性,科学合理优化种植结构,针对性地使用科学技术手段,提高作物产量,科学管理作物生长。另外,可以根据渐变类型区域因地制宜地指导农民科学施肥、做好耕地培肥改良、开展农业结构调整,如在盐化碱化型的区域内应当选择耐盐性作物种植,如海水稻等。同时可以及时掌握耕地质量,对耕地质量进行针对性养护,提高耕地的产出效益,保障粮食生产安全。

3.1.3 耕地质量年度监测是预防和治理土壤污染的基础支撑

只有通过耕地质量年度监测,预先在疑似污染的、工业集中分布的、耕作活动频繁的、工业生活排污的河流两旁的耕地地块上布设监测样点并根据连年的静态及动态监测,纵向及横向对比分析区域内的土壤重金属的含量变化情况,了解耕地地块的土壤重金属含量的变化趋势及土壤健康状态,这样才能更好地预防和治理土壤污染。

3.2 甘肃省耕地质量监测工作现状

国家耕地质量长期定位监测工作始于20世纪80年代中期,是第二次全国土壤普查的后续工作。经过30多年的发展,监测工作逐渐规范,监测点规模不断扩大,积累了大量的数据资料,基本掌握了我国主要耕地土壤类型的质量状况及变化规律。监测成果为各级政府制定耕地质量保护和粮食安全政策提供了有力的技术支撑,在服务耕地质量建设、指导农民施肥等方面发挥了重要的作用。

甘肃省耕地质量监测工作始于1997年,迄今为止已经连续监测20多年,国家级耕地质量监测点达到44个,省级耕地质量长期监测点456个;还建立了7 500个耕地调查点,继续进行取土化验等基础性工作。在农业农村部农业农村资源监测统计项目和耕地质量提升与化肥减量增效项目的支持下,组织全省近70个监测县开展监测工作。主要监测工作开展情况如下:

3.2.1 管理机构的设立

为全面加强耕地质量的管理,提高耕地质量的管理水平,甘肃省耕地质量建设保护总站(以下称甘肃省耕保站)成立了"甘肃省耕地质量管理办公室",其基本职责为制定全省耕地保护与开发、监测的主要技术内容、方案及中长期规划、开展技术指导培训等。为了切实加强耕地质量监测的指导与管理,成立了耕地质量监测专家顾问组,对耕地质量监测工作实行目标管理,组织有关专家每年对监测数据的准确性、资料的完整性、报告的时效性、成果应用的广泛性进行年度考评,并通报考评结果,按照考评结果安排工作经费。

3.2.2 工作机制的建立

为了切实加强耕地质量监测的指导与管理,及时成立了以甘肃省耕保站站长为组长的耕地质量监测领导小组,全面加强监测技术工作组织领导,监测技术工作由甘肃省耕地质量管理办公室承担,任务是编制并印发年度《甘肃省土壤监测实施方案》,以确保工作顺利实施。

3.2.3 技术规程的明确

为保证监测质量,提高监测数据的准确性、科学性,我们严把数据质量关,制定了"五统一"的质量控制办法,即统一采样时间(以各季作物收获后10 d内为采集时间)、统一采集方法("S"性布点,15个混合样,土钻取样)、统一化验分析(有资质的检测单位)、统一调查内容(技术规范调查表格所有内容)、统一数据审核(专人统一负责数据审核),有力地提高了监测数据质量。重点把好"三个关",即取土采样关、检测分析关和数据审核关。全国农业技术推广服务中心组织有关科研教学单位和农业技术推广部门专家,制定了《耕地质量监测技术规程》,编制了《耕地质量调查监测与评价办法》,提出了监测点布设、数据采集、指标体系建立、耕地质量评价、年度监测信息编报、成果应用等一系列工作要求,形成了较为系统的技术方法和操作规范,根据这些技术方法和操作规范,已经连续21年发布甘肃省年度耕地质量监测报告。

3.2.4 健全了监测体系

为了推进耕地质量监测工作,充分利用测土配方施肥项目、休耕项目、耕地质量提升与化肥减量增效、高效农田节水项目、旱作农业项目的监测点,将其纳入耕地质量监测范围。到目前为止,已在全省80个县(市、区)建立了一批省级监测点,监测范围涉及全省主要土壤类型、县域内代表性土壤和优势作物种植区域,监测内容涉及土壤环境质量元素、微量元素及土壤盐渍化指标等。同时,我们与甘肃省农科院积极开展合作,成立了"甘肃省土壤长期定位监测协作网",将甘肃省农科院4个25年以上的长期定位监测纳入了甘肃省耕地质量监测点范围,进一步健全监测体系。

3.2.5 提升了服务水平

为确保甘肃省监测质量工作的规范化、标准化建设,按照统一格式、统一内容、统一标准的要求,及时在国家级监测点树立了永久性标志碑。同时,甘肃省依托耕地质量提升与化肥减量增效项目的技术培训会议,对监测点的设置、田间管理、取土分析、田间调查等内容进行多次培训,总计培训市、县级技术骨干1 000多人;结合其他项目的检查督导,定期对各监测点进行检查督导,确保了工作的有序开展,使甘肃省监测工作更加规范、标准。

3.2.6 指导了农业生产

监测是手段,应用是主要目的。近年来,我们始终坚持加强监测成果应用,为农业结构调整提供基础性依据。主要是指导80个县(市、区)完成了测土配方施肥和耕地质量调查与评价工作,有针对性地开展特色农产品产地环境的土壤性状的调研工作,指导旱作节水农业生产、耕地质量提升工作和补充耕地质量验收,取得了良好的应用效果。耕地质量监测结果已成为各级政府农业生产研究与决策的重要参考依据。

3.3 耕地质量监测工作要求

3.3.1 耕地质量监测点设置原则

(1)代表性原则

国家级耕地质量监测点分布要充分考虑各地区主要耕作制度、土壤类型、分布面积、生产能力、地理位置、管理水平、技术投入等因素合理布局。监测点要充分考虑监测数据的代表性。甘肃省最早建立的耕地质量监测点,灌漠土4个、黄绵土1个、黑垆土2个、淀淤土1个、灰钙土1个,从耕地地力水平来看,高水平耕地1个、中水平耕地6个、低水平耕地2个。

(2)连续性原则

耕地质量监测一般情况下每年取土化验监测一次,出现耕地质量重大变化,如耕地污染,应加大监测频率,不迟报、不漏报;要坚持定期采样、快速分析、及时汇总、按时上报;监测点建设之初,要充分考虑当地土地利用总规划,建设在农田里后,无特殊原因,不得随意变更监测点位置。

(3)规范性原则

建立耕地质量监测工作制度和责任制度,做到监测工作人员相对固定,设施设备配置齐全,监测工作制度化和规范化,确保监测数据可靠、调查内容翔实、评价结论科学。

3.3.2 耕地质量监测工作环节

耕地质量监测主要工作环节包括监测站的建立,调查化验数据采集,数据汇总和评价,编写年度报告等主要步骤。

（1）建立耕地质量监测站点

监测站是为进行耕地质量长期定位监测而定点设置的观测、试验、取样的基地。监测站试验设置不施肥区（空白区）和常规施肥区两个处理，目的是通过监测施肥和不施肥而引起的产量差异，来计算施肥效应。不施肥区和常规施肥区若建在有灌溉条件的农田里，应在两处理间打水泥隔离带，防止水肥渗漏引起试验结果的不准确。监测站需设置标示牌。

（2）调查化验数据采集

主要分为建点时基础数据、年度监测数据和每五年监测数据的采集。建点时基础数据包括立地条件和农业生产概况以及监测点剖面的理化性状；年度监测数据主要包括田间作业情况、作物产量、施肥情况和土壤理化性状；在年度监测数据的基础上，每个"五年计划"的第一年度增加监测土壤容重、全磷、全钾、中微量元素和环境质量元素等指标。

（3）数据汇总与评价

数据汇总和分析可以从不同角度进行，可以对一个监测点的数据连续分析，也可以多个相同土类监测点的数据汇总分析，也可以分为一定的区域、代表一定区域面积的数据汇总和分析。从指导农业生产需要出发，数据汇总和分析的结果要通俗易懂、准确简练。数据汇总分析完成后，根据不同地区不同作物耕地质量指标体系进行耕地质量评价。耕地质量评价对农业结构调整、农民合理灌溉、科学施肥、化肥减量增效等具有重要指导意义。

（4）编写年度报告

耕地质量监测年度报告的目的是为农业生产决策和耕地质量提升技术的应用提供信息服务和数据支撑。基本包含了甘肃省当年的主要耕地土壤类型的质量状况及变化规律。

近年来，我国耕地质量呈现出"三大""三低"态势："三大"指中低产田比例大、耕地质量退化面积大、污染耕地面积大，"三低"指的是有机质含量低、补充耕地等级低和基础地力低。由此可见，耕地质量现状不容乐观。因此及时采取应对措施，减轻耕地质量下降对保障国家粮食安全的威胁，做好耕地质量监测工作意义重大。要进一步增强紧迫感和责任感，建立健全监测网络体系，保障土壤墒情监测工作顺利展开。要充分利用现代自动化、信息化技术，改进监测技术方法，推进数据自动采集、信息无线传输和结果可视化表达，全面提升监测效率和服务能力。要加强人才队伍建设，培养专业技术队伍。选择具有相关专业知识的技术人员，专人负责耕地质量监测，保持相对稳定，确保工作开展的连续性。要开展多层次的技术培训，提升监测人员业务水平，保证工作质量。

第四章　耕地质量监测站点的建立和维护

4.1　总体要求

耕地质量监测站点的建立需以服务农业生产为目标，以耕地土壤为对象，对重点区域，统筹规划、合理布局，建立监测网络体系；监测站点设立应综合考虑土壤类型、种植制度、地力水平、耕地环境状况、管理水平等因素。同时，应参考当地土地利用总体规划，将监测站点建在基本农田保护区内有代表性的地块上，以保持监测站点的稳定性和监测数据的连续性。

甘肃省耕地质量监测网络体系建设根据行政区划、土壤类型、耕作制度等，划分为不同区域。针对不同区域的特点，按照分类布局、整体推进的原则，建设耕地质量监测站点。耕地质量监测站点要充分考虑区域内主栽作物、农田基础设施、土壤类型等因素合理布局，确保监测数据具有代表性。监测站点应根据《耕地质量监测规程》设立监测站标示牌、布设试验及农田小气候仪，开展耕地质量监测工作。

4.2　甘肃省耕地质量监测布局

为保证监测工作的顺利开展，监测站点的布局应根据不同的工作要求进行布局。监测站点的布设要以全省为整体进行网络化布局，根据农业区划和自然条件特征，在粮食生产功能区和重要农产品生产保护区选择代表性强的县区开展耕地质量监测工作；合理的监测站点布局有利于提高工作的整体性和系统性，其次要以县为单位进行监测站点布局，县级监测站点是国家和省级监测网络的基础。

4.2.1　甘肃省已建成国家级监测点

在全国农业技术推广中心的统一安排下，甘肃省现已建成34个国家级监测点（见表4-1），最早建点时间为1996年，最晚10个监测点2017年建成。涉及主要土壤类型为灌漠土、黄绵土、灰钙土、黑垆土、淀淤土等。

表4-1 甘肃省已建成国家级监测点基本信息表

序号	监测点代码	建点年份	县(市、区)
1	620338	1997	永昌县
2	620339	1996	古浪县
3	620340	1996	安定区
4	620341	1996	西峰区
5	620342	1996	崆峒区
6	620343	2008	秦州区
7	620344	1997	会宁县
8	620345	2001	玉门市
9	620346	1996	肃州区
10	620935	2014	临潭县
11	620934	2014	临夏县
12	620932	2014	徽县
13	620933	2014	皋兰县
14	620936	2014	高台县
15	620938	2014	正宁县
16	620937	2014	庄浪县
17	620941	2014	武都区
18	620939	2014	甘南州
19	620940	2014	敦煌市
20	620942	2014	民勤县
21	620943	2014	景泰县
22	620944	2014	泾川县
23	620945	2014	环县
24	620946	2015	武山县
25	621107	2017	临夏州
26	621108	2017	甘南州
27	621109	2017	榆中县
28	621110	2017	秦安县
29	621111	2017	金塔县
30	621112	2017	瓜州县
31	621113	2017	山丹县
32	621114	2017	文县
33	621115	2017	灵台县
34	621116	2017	华池县

以下为最早建立的9个监测点的基本情况：

620338号灌漠土监测点概况：监测点位于甘肃省金昌市永昌县小坝良种场(永昌县城关镇大坝村八社)试验示范基地(101°55′32.10″E,38°15′49.31″N)，海拔1 970 m，属中温带大陆性干旱气候。年平均气温5.0 ℃，最高气温35.1 ℃，最低气温-28.3 ℃，≥0 ℃积温2 648 ℃,≥10 ℃的年有效积温2 011 ℃,年平均日照时数2 959 h,年平均太阳辐射573 kJ/cm²,无霜期136 d,年平均降水量185 mm,年平均蒸发量2 100 mm。监测点设立时间为1997年,土壤类型为灌漠土类灌漠土亚类,薄层灌漠土属黄平土种,地形部位为山前冲积扇,成土母质为冲积物,障碍因素主要是地力瘠薄,一年一熟,排灌水条件较好。监测点设立初期(1997年)耕层0~20 cm土壤基本理化性质为:有机质13.0 g/kg,全氮0.980 g/kg,全磷0.870 g/kg,全钾18.9 g/kg,碱解氮63.0 mg/kg,有效磷19.9 mg/kg,速效钾654 mg/kg。

620339号灌漠土监测点概况:监测点位于甘肃省武威市古浪县良种场(古浪县直滩乡石坡村,103°37′18″E,37°33′2″N),海拔1 739 m,属内陆温带干旱气候。年平均气温8.2 ℃,最高气温35 ℃,最低气温-27.3 ℃,≥10 ℃的年有效积温1 941 ℃,昼夜温差大,年平均日照时数2 200~3 030 h,无霜期194 d,年平均降雨量220 mm,年平均蒸发量2 292 mm。监测点设立时间为1996年,土壤类型为灌漠土类灰灌漠土亚类。监测点设立初期0~20 cm耕层土壤基本理化性质为:有机质16.9 g/kg,全氮1.05 g/kg,全磷0.720 g/kg,全钾17.1 g/kg,碱解氮58.0 mg/kg,有效磷11.0 mg/kg,速效钾81.0 mg/kg,pH 8.90。

620340号黄绵土监测点概况:监测点位于甘肃省定西市安定区巉口镇官兴村试验示范基地(104°21′57″E,34°45′30″N),海拔2 148 m,属温带大陆性气候。多年平均气温为6.3 ℃,最高气温34.3 ℃,最低气温-27.1 ℃,≥0 ℃的年有效积温3 354 ℃,≥10 ℃的年有效积温2 430 ℃,年平均日照时数2 500 h,无霜期141 d,平均降雨量380 mm,降雨多分布于7~9月,年平均蒸发量1 500 mm,土壤母质为黄土。监测点设立初期(1997年)耕层0~20 cm土壤理化性质为:有机质6.1 g/kg,全氮0.39 g/kg,全磷0.39 g/kg,全钾18.4 g/kg,pH 8.45,阳离子交换量(CEC)9.73 cmol/kg,容重1.05 g/cm³。

620341号黑垆土监测点概况:监测点位于甘肃省平凉市崆峒区大寨回族乡白土村试验示范基地(106°50′46″E,35°23′23″N),海拔1 355 m,属温带大陆性气候。年平均气温7.6 ℃,最高气温35.9 ℃,最低气温-15.2 ℃,≥0 ℃的年有效积温3 545 ℃,≥10 ℃的年有效积温2 938 ℃,年平均日照时数2 456 h,无霜期170 d,年平均降雨量466 mm,70%的降水量分布于7~9月,年平均蒸发量1 530 mm。监测点设立时间为1996年,土壤类型为黑垆土,土壤发育在黄土母质上,监测点设立初期耕层0~20 cm土壤基本理化性质为:有机质11.5 g/kg,全氮0.83 g/kg,全磷0.61 g/kg,碱解氮63.0 mg/kg,有效磷6.0 mg/kg,速效钾220 mg/kg,pH 8.4,CEC 10.1 cmol/kg。

620342号黑垆土监测点概况:监测点位于甘肃省庆阳市西峰区后官寨乡南佐村(107°58′48″E,35°68′39″N),海拔1 420m,属大陆性季风气候,1997年建立。年平均气温9.6 ℃,1月最冷,7月最热,无霜期165 d,年平均降水量548 mm,降水季节多集中在盛夏和初秋季节。≥0 ℃积温3 585 ℃,≥10 ℃的有效积温为2 884 ℃,年平均蒸发量1 765 mm,年平均日照时数约2 490 h。该监测点土壤类型为黑垆土,土壤母质为马兰黄土,监测点设立初期耕层0~20 cm土壤基本理化性质为:有机质14.8 g/kg,全氮1.26 g/kg,全磷0.84 g/kg,全钾19.0 g/kg,有效磷80.2 mg/kg,速效钾136 mg/kg,pH 8.4。

620343号淀淤土监测点概况：监测点位于甘肃省天水市秦州区汪川镇良种场（105°34′29″E,34°12′55″N），海拔1 594 m,大陆性半高寒半湿润气候,年平均气温9.3 ℃,最高气温35.1 ℃,最低气温-20.2 ℃,≥0 ℃积温3 353 ℃,≥10 ℃的年有效积温2 733 ℃,年平均日照时数2 032 h,无霜期160 d,年平均降雨量623 mm。监测点设立时间为1996年,土壤类型为砂质壤土,监测点设立初期耕层0~20 cm土壤基本理化性质为：有机质11.8 g/kg,全氮1.02 g/kg,全磷0.84 g/kg,全钾18.5 g/kg,碱解氮68.0 mg/kg,有效磷6.83 mg/kg,速效钾125 mg/kg,pH 8.3。

620344号灰钙土监测点概况：监测点位于甘肃省白银市会宁县甘沟镇田坪村（105°01′7.5″E,35°59′19.5″N），海拔1 693 m,1997年建立。年平均气温8.2 ℃,最高气温33 ℃,温带大陆性气候,最低气温-19.5 ℃,≥0 ℃积温3 050 ℃,≥10 ℃的年有效积温2 580 ℃,年平均日照时数2 520 h,无霜期160 d,年平均降雨量310 mm,60%的降雨量分布于7、8、9三个月,年平均蒸发量1 780 mm。监测点土壤类型为灰钙土。监测点设立初期耕层0~20 cm土壤基本理化性质为：有机质10.0 g/kg,全氮0.84 g/kg,全磷0.83 g/kg,全钾18.8 g/kg,碱解氮48 mg/kg,有效磷9.1 mg/kg,速效钾163 mg/kg,pH 8.3,CEC 8.0 cmol/kg。

620345号灌漠土监测点概况：监测点位于甘肃省酒泉市玉门市下西号乡下西号村（97°07′46.3″E,40°18′48.2″N），海拔1 453 m。荒漠气候,年平均气温7.5 ℃,最高气温38 ℃,最低气温-29 ℃,≥0 ℃积温3 653 ℃,≥10 ℃的年有效积温3 083 ℃。年平均日照时数3 181 h,无霜期160 d,年平均降雨量77.3 mm,60%的降雨量分布于4~8月,年平均蒸发量1 801 mm。监测点土壤类型为灌漠土。监测点设立初期耕层0~20 cm土壤基本理化性质为：有机质12.4 g/kg,全氮0.74 g/kg,全磷1.05 g/kg,碱解氮113 mg/kg,有效磷10.5 mg/kg,速效钾240 mg/kg,pH 7.9。

620346号灌漠土监测点概况：监测点位于甘肃省酒泉市肃州区果园乡中所沟村（98°31′254″E,39°47′118″N），海拔1 450m,1997年建立。年平均气温7.3 ℃,最高气温为21.8 ℃,年最低气温为-9.7 ℃,年平均降水量85 mm,降水季节分配不均,夏季雨量集中,冬季雨雪稀少,年平均蒸发量为2 149 mm,≥0 ℃积温3 462 ℃,≥10℃积温2 954 ℃,年平均日照时数3 033 h,无霜期平均130 d,多大风和干热风,风向多为西北季风。土壤类型为灌漠土,土壤母质为洪水冲积母质。监测点设立初期耕层0~20 cm土壤基本理化性质为：有机质16.0 g/kg,全氮1.04 g/kg,有效磷65 mg/kg,速效钾239.8 mg/kg,pH 8.7。

4.2.2 甘肃省规划建设监测站点

4.2.2.1 总体思路

以服务农业生产和服务政府决策为目标,完善顶层设计,强化省、市、县三级耕地质量监测能力建设,加快构建全省统一的技术推广、科教等单位密切配合、优势互补、功能齐全的耕地质量监测、研究和评价体系,搭建信息来源广泛、资源共享的"大数据平台",为开展耕地质量保护与提升提供重要数据支撑,据此采取切实有效措施,综合治理,提高耕地质量,确保实现国家粮食安全和重要农产品有效供给,确保农业可持续发展。

4.2.2.2 基本原则

一是统筹规划、分层设计。明确耕地质量监测规划目标和重点,做好顶层设计,以加强农技推广体系耕地质量监测能力建设为主,以完善科研系统耕地质量监测能力为辅,形成国家级与省、市、县级监测网络相互衔接、功能完整的耕地质量监测体系。二是突出重点,分步实施。在目前已有基础上,重点在农技推广体系加强国家耕地质量监测中心、耕地质量监测区域分中心、耕地质量区域监测站、耕地质量综合监测点和耕地质量大数据平台建设,分阶段、分步骤稳步实施。三是一点多能,分头使用。新建成的国家耕地质量综合监测点应涵盖耕地质量、土壤墒情、土壤肥力、肥料效应和产地环境安全监测等多个功能,各相关监测单位根据机构功能定位与任务需求,在综合监测点上分别开展相关监测工作。四是共建平台,信息共享。统筹农技推广体系、科研教学体系耕地质量监测工作,建立涵盖耕地质量、科学施肥、土壤墒情等方面的耕地质量"大数据"平台,提升信息采集、统计、发布、服务能力,形成监测数据共享、监测成果广泛应用的工作局面。

4.2.2.3 建设目标

力争到2020年,建成以"省级耕地质量监测中心"为龙头,以13个"耕地质量监测区域站"为核心,以覆盖主要耕地土种类的195个耕地质量综合监测点为基础,以省级耕地质量大数据平台为载体,覆盖面广、代表性强、功能完备的全省耕地质量监测体系。通过建立上下联动、功能完备、信息共享的耕地质量监测体系,分层分类开展监测工作,能及时有效掌握耕地质量、土壤墒情、肥料投入等数据,对外定期发布耕地质量主要性状及变化规律、肥料投入情况及肥料资源科学配置信息。在此基础上,有针对性地提出耕地土壤培肥改良、污染治理与修复、科学施肥对策措施与建议,为保障粮食安全、主要农产品有效供给与安全,促进耕地资源可持续利用和农业生产可持续发展奠定坚实基础。

4.2.2.4 主要任务

甘肃省国家级耕地质量监测体系建设包括三个层级(见图4-1):一是建立1个省级耕地质量监测中心。省级耕地质量监测中心是耕地质量监测体系的龙头,对全省各级耕地质量监测体系起行业指导和质量监督管理作用,是中央和地方耕地质量监测体系的桥梁和纽带,具体负责区域内的耕地质量区域监测站、耕地质量综合监测点的技术指导、数据汇总、信息传递和质量监督管理工作。二建立13个耕地质量区域监测站。耕地质量区域监测站是耕地质量监测体系的骨干,负责样品的集中检测,对所辖耕地质量综合监测点开展技术指导、数据审核与信息传递等工作。按照覆盖甘肃省主要耕地土壤种类的原则,综合行政区划和地市技术推广力量等因素,在全省布设13个耕地质量区域监测站(共涉及耕地37个土类,98个亚类)。区域监测站工作由所在地市土肥技术推广部门(13个)承担。三是建立130个耕地质量综合监测点。耕地质量综合监测点是耕地质量监测体系的核心与基础,负责监测设施维护、样品采集和日常农事监测等工作。综合监测点依托现有国家、省、市、县级耕地质量监测点,按1个区域监测站配备10个省级耕地质量综合监测点的原则,遴选工作基础好、技术力量强、监测经验丰富并有连续监测数据的监测点配套建设

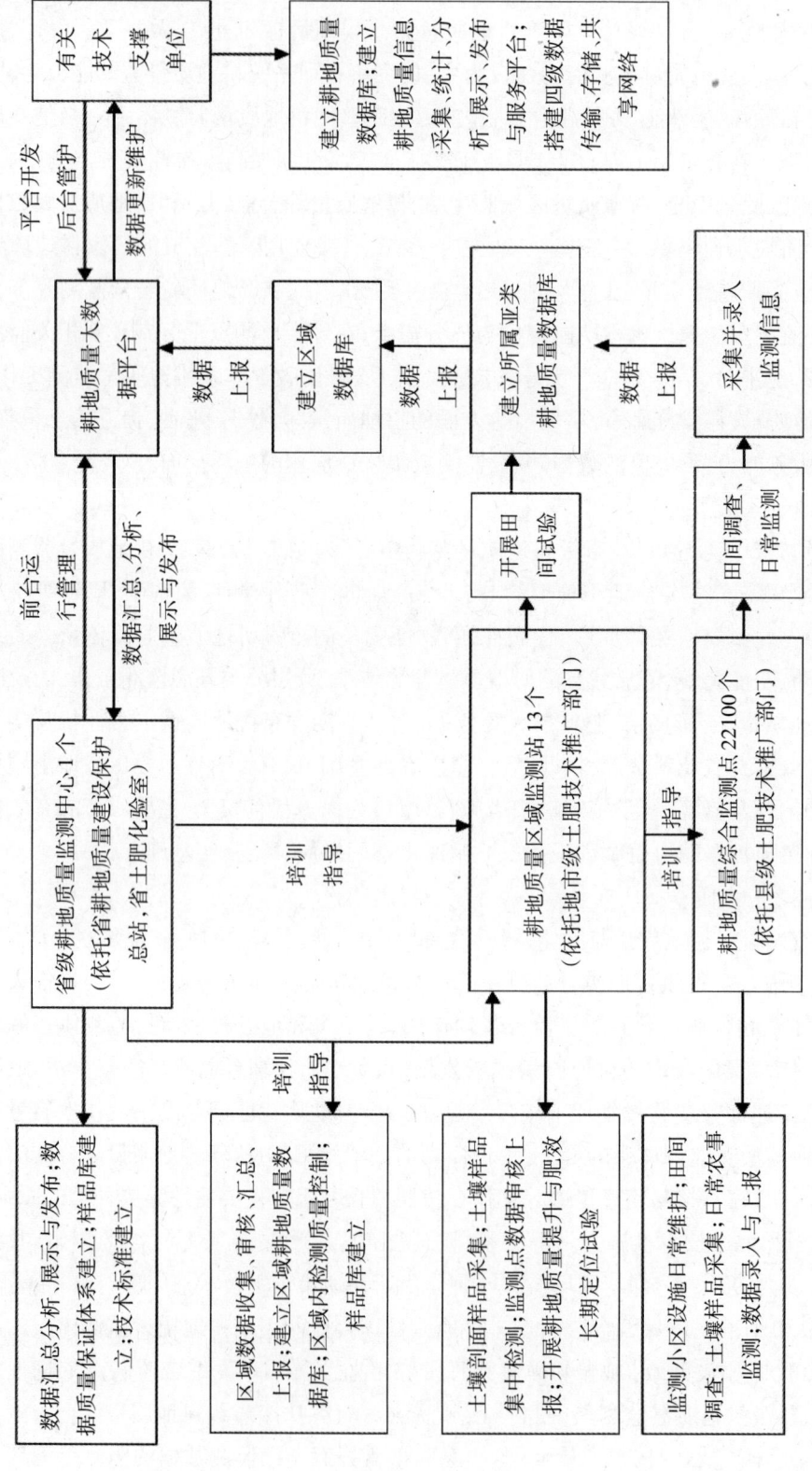

图4-1 甘肃省耕地质量监测体系运行图

130个覆盖主要耕地土种的耕地质量综合监测点。耕地质量综合监测点工作由所在县级土肥技术推广部门负责。

4.2.2.5 具体建设内容

(1)省级耕地质量监测中心建设

省级耕地质量监测中心日常维护与运行由甘肃省耕地质量建设保护总站承担,负责对全省各级耕地质量监测体系起行业指导和质量监督管理作用。

① 职责任务。一是负责全省耕地质量大数据平台运行与管理,收集、汇总、分析、展示、发布全省耕地质量监测信息,与国家耕地质量监测中心对接。二是负责建立耕地质量监测数据质量保证体系,定期组织检测数据质量抽查考核,开展各级化验室的质量管理、质量控制。三是负责全省耕地质量监测体系业务指导、技术培训。四是负责收集、审核、汇总、分析区域内的耕地质量监测信息,为合理利用耕地资源、培肥地力、中低产田改良、科学施肥等提供科学依据。五是负责建立区域耕地质量数据库,汇总上报耕地质量区域监测站、耕地质量监测点数据。六是负责对区域内承担监测样品分析化验工作的实验室进行质量控制,组织实验室间比对。七是负责建立省级耕地质量监测土壤样品与主要亚类、土属的土壤剖面样品实物库。

② 建设内容。依托甘肃省土壤肥料质量检验测试中心原有仪器条件,更新检测数据质量控制所需土壤、植株、肥料和灌溉水等相关检测仪器设备。配备耕地质量监测样品及主要亚类土壤剖面样品实物库所需存储设备。

(2)市级耕地质量区域站建设

依托市州级土肥技术推广部门建立13个耕地质量监测区域站,日常维护与运行由市州级农技(土肥)推广部门承担。具体负责本区域内监测工作技术指导、样品监测、数据审核与汇总、信息传递、质量控制等工作。

① 职责任务。一是负责收集所辖耕地质量综合监测点土壤样品,采集主要亚类的土壤剖面样品,进行样品集中化验,并将监测点样品与主要亚类土壤剖面样品提交给国家耕地质量监测中心。二是负责收集所辖耕地质量综合监测点数据,进行审核分析与汇总,建立耕地质量监测数据库,及时上报监测数据。三是负责所辖耕地质量综合监测点监测人员田间调查、样品采集、日常监测等技术的培训与指导。四是负责地方耕地地力培肥、土壤改良、科学施肥等工作的技术培训、指导与服务。五是负责研究土壤肥力长期演变规律,开展耕地质量提升技术(如秸秆还田、酸化治理、深耕深松等)与有关肥效长期定位试验。

② 建设内容。依托区域监测站所在地市土肥技术推广部门(13个,分别为酒泉、张掖、金昌、武威、白银、兰州、临夏、定西、平凉、庆阳、天水、陇南、甘南)现有土壤肥料化验室仪器条件,更新土壤、植株、肥料和灌溉水等相关检测仪器设备,购置土壤墒情监测等仪器设备、土壤剖面样品采集设备,配备数据采集、存储、传输等硬件、软件设施设备。

(3)耕地质量综合监测点建设

按1个区域监测站配备15个国家耕地质量综合监测点的原则,结合原有国家、省、市、县级耕地质量监测点,新建或完善覆盖主要耕地土属的耕地质量综合监测点195个。综合监测点工作由监测点所在县级土肥技术推广部门承担,具体负责监测设施维护、样品采集和日常农事监测等工作。

① 任务职责。一是负责监测点小区设施及自动墒情监测站的日常维护和运行。二是负责监测点田间调查、样品采集与日常农事监测,向耕地质量区域监测站寄送监测样品,负责采集农田墒情信息。三是采集并录入监测点田间调查与日常监测信息,及时向区域监测站报送监测数据,将采集的墒情信息录入全国数据平台。四是负责日常墒情信息发布。

② 监测指标体系。按照"一点多能、综合建点"的原则,融合耕地质量、肥效和土壤墒情监测功能,设计耕地质量综合监测指标体系。建立监测点时,调查监测点立地条件、农业气象条件、农业生产概况、土壤剖面性状,建立监测点档案信息。具体监测指标包括农业气象条件、农业生产概况、耕地质量理化性状、植株养分含量、土壤墒情监测等内容。监测指标体系见表4-2。

表4-2 监测指标体系

监测内容	监测频率	具体监测指标
农业生产概况	每季作物调查1次	监测点每季作物名称、品种、播期、播种方式、收获期、耕作情况、灌排、病虫害防治情况;耕作层厚度;有机肥、化肥施肥时期、品种、施肥次数、施用量,并记载所施肥料的养分含量,计算化肥与有机肥投入折纯量;灌溉时期、次数、用水量及灌溉方式;农作物茎叶产量与果实产量(风干基)
耕地质量理化性状	每年监测1次	土壤pH及土壤有机质、全氮、有效磷、速效钾和缓效钾含量
	每5年监测1次	土壤全磷、全钾、中微量元素(交换性钙、镁、有效硫、硅、铁、锰、铜、锌、硼、钼)、土壤盐分、八大离子和土壤重金属元素(镉、汞、铅、铬、砷、镍、铜、锌)
植株养分性状	每年监测1次	植株全氮、全磷、全钾,有条件的地方增加检测植株灰分、蛋白质、脂肪、淀粉、糖类、维生素C以及各类氨基酸等

③ 建设内容。包括监测小区的规划设置、土地平整、沟渠配套,建立小区隔离,设置小区标示牌等。配备样品采集、土壤墒情自动化监测以及数据采集与传输等相关设备。

4.3 耕地质量监测站点的建立

4.3.1 耕地质量监测点地块的确定

承担耕地质量监测任务的县区农业部门应会同自然资源部门,利用土地利用现状图、土地利用规划图、县域耕地地力调查与质量评价、第二次全国土地调查等成果,确定耕地质量监测点建设地块,监测点应建在基本农田内,保证其长期性、稳定性;要与地块所属农户做好建点前的协商,签订租地协议等。

4.3.2 耕地质量监测点布设

各监测点所属县级农业部门要综合考虑土壤类型、土地利用、耕地质量、土壤环境、管理水平、行政区划等因素,在确定的监测地块耕地上设立一个固定监测点,每个监测点面积不超过2亩(1亩=666.67 m²)。完成耕地质量监测点布设工作后,应立即进行初始土样采集工作,并将点位图汇总审核后上报省级耕地质量管理部门。

4.3.2.1 监测点小区设置

(1)不施肥区(空白区)

旱地小区面积60 m²以上,用设置保护行、垒区间小埂等方法隔离;水稻田小区面积30～70 m²,用水泥板或其他材料作隔板,防止肥、水横向渗透,隔板高0.6～0.8 m,厚0.5 m,埋深0.3～0.5 m,露出地面0.3 m。菜地、果园、茶园等,不设置不施肥处理。监测点小区设置如图4-2。

图4-2 国家级耕地质量监测点小区设置

(2)常规施肥区

面积不小于333 m²或直接用相邻大田定点观测。监测点以当地主要种植制度、种植方式为主,耕作、栽培等管理方式、施肥水平、作物产量等能代表当地一般水平。

4.3.2.2 监测内容

(1)建点时监测内容

一是监测点的立地条件和农业生产概况,主要包括常年降雨量、有效积温、无霜期、地形部位、坡度、潜水埋深、排灌条件、种植制度、常年施肥量、作物产量、成土母质、土壤种类等。二是监测点剖面的理化性状,要调查各发生层次深度、颜色、结构、紧实度、容重、新生体、机械组成等,并分层采集土壤样品,检测土壤有机质、全氮、全磷、全钾、酸碱度、碳酸钙、阳离子交换量、微量元素和重金属元素等参数。

(2)年度监测内容

年度监测内容主要包括田间作业情况、作物产量、施肥情况和土壤理化性状。田间作业情况记载每一年度内每季作物的名称、品种、播期、播种方式、收获期、耕作情况、灌排、病虫害防治、自然灾害出现的时间与强度以及对作物产量的影响,其他对监测地块有影响的自然、人为因素等。作物产量是监测区作物的实际产量。施肥情况包括有机肥和化肥的施用日期、肥料品种、施肥次数和施用量等。土壤理化性状年度监测内容包括耕层厚度、土壤容重、土壤pH,土壤有机质、全氮、碱解氮、有效磷、速效钾、缓效钾含量等。

(3)每5年监测内容

在年度监测内容的基础上,在每个"五年计划"的第一年度增加监测土壤容重、全磷、全钾、中微量元素(交换性钙、镁,有效硫、硅、铁、锰、铜、锌、硼、钼)等。

4.3.2.3 监测点标示牌

(1)规格尺寸说明

在耕地质量监测点设立标识标牌(见图4-3)。标牌材质为大理石,最小尺寸限制:标牌高1 500 mm(其中500 mm埋在地下),宽800 mm,厚250 mm。"国家级耕地质量监测点"字样在上方居中,位置距上边缘62.5 mm,左边缘160 mm,字体为方正粗宋简体,字号120,颜色为红色(RGB:255,0,0)。"中国耕地质量监测标识"位于"国家级耕地质量监测点"字样下方20 mm,距左边缘300 mm。监测点信息"编号""地理位置""建点年

图4-3 国家级耕地质量监测点标识内容

份""土壤类型""质量等级"等字样自上而下等间距(15 mm)排列;"编号"字样距上边缘260 mm,距左边缘150 mm。字体为方正大黑简体,字号50,颜色为黑色(RGB:0,0,0)。

(2)监测点信息填写说明

编号:填写国家级耕地质量监测点的标准6位编码。前两位是省级行政区划代码,后四位是国家级耕地质量监测点顺序号。地理位置:填写监测点GPS定位信息,如东经:115°40′01″;北纬:40°25′01″。建点年份:填写监测点建成年份,如1997年。土壤类型:按全国第二次土壤普查时修正稿成果,依据国家标准《中国土壤分类与代码》(GB/T 17296—2009)填写土类、亚类、土属、土种名称。质量等级:按照耕地质量等级国家标准(GB/T

33469—2016)评价结果填写。

(3)监测标识含义说明

监测标识(见图4-4)主体颜色为绿色,代表着生命与希望,表达了"保护耕地质量,确保粮食安全"的主题思想。圆形图案,体现了耕地质量监测"全球化、国际化"的精神理念。标志的中心部分,是一棵茁壮成长的禾苗,浅绿色的发散线条,似广袤大地上的田垄。禾苗上方的"CCLM"是"China Cultivated Land Monitoring"("中国耕地质量监测")的缩写,寓意耕地质量监测是确保粮食安全的重要基础性工作。图形的外围,是"中国耕地质量监测"的中、英文全称,采用庄重而明晰的字体,围成一圈,与中心图形共同构成了标识的主体。

图4-4 中国耕地质量监测标识

4.3.2.4 采样时间和方法

土壤样品采集在每年度最后一季作物收获后、施肥前进行。水田、旱地只采集耕层土壤样品,蔬菜地需同时采集耕层和亚耕层土壤样品。采取"S"形布点,每个取样点用土钻取样1~2 kg,取样深度为20 cm,15~20个点混合后留样1~2 kg作为监测点土样,并按照监测点编号注明采样时间,制作标签。土壤样品的采集、处理和贮存方法严格按NY/T 1121.1规定的方法进行。化验分析选择有资质的检测单位检测,各监测点土壤容重指标由当地农业部门技术人员在采样时采用"环刀法"自行测定。

4.3.2.5 田间调查

监测点田间观测记载与农户调查任务要有专人负责,要求负责该项工作的同志具备丰富的生产实践经验和较强的责任感与事业心。

田间调查采取询问监测点所在农户或现场观测记载的方式进行。籽实产量测定采用去边行后实打实收或"随机取样方"的方法测定,全田块取5个以上样方测产(为便于取样,把面积换算成穴数或米垄数),对小麦等小行距作物,样方面积为1~2 m^2,对玉米等大行距作物,样方面积为5~10 m^2。茎叶产量根据对小样本进行籽实与茎叶重量比的考种数据换算。为保证有足够的单株数量,一般穴播作物考种取10穴;条播细秆作物取1 m垄;条播粗秆作物取5~10 m垄(棉花分籽棉和秸秆测产,并把籽棉折算成皮棉)。

4.3.2.6 数据审核

每单位选择具有土壤肥料学知识的专人负责数据汇总审核。为保证上报数据的规范、准确,各县市区土肥站要指定专人对监测数据的完整性、符合性、变异性进行审核。

一是审核数据是否填报齐全,是否有缺失遗漏项目,数据填报是否规范,如熟制的划分是否准确,生育期和大田期的填写是否正确,质地是否按照国际制填写;二是核查作物产量、施肥量等监测数据是否与当地实际相符,是否与田间生产情况记载表和施肥情况明细表一致。在进行数据完整性审核时,应对照工作要求,核对监测数据项是否存在漏报情况,对缺失遗漏项目要及时催报、补充完整。重点对耕地质量主要性状、肥料投入与产量等数据近3年情况进行变异性分析,检查是否存在数据变异过大情况。如变异过大,应及时找出原因,核实数据,必要时重新检测土壤样品。将产量、肥料投入、养分含量等近3年数据,在Excel中作出变化趋势柱状图,检查是否存在数据变异太大的现象。应结合当地实际,检查数据是否能真实客观地反映当地实际情况,如出现异常,及时找出原因,核实数据;同时要分析肥料投入、土壤养分含量和作物产量三者的相关性,检查是否出现异常。

数据审查应由分管耕地质量监测工作的站长(主任)负责。审查结束后,审查人签字确认,并盖单位公章,按要求上报时间及时上报。

4.3.3 编制年度耕地质量监测报告

各任务县区在监测点建立初期,根据县域耕地地力调查与质量评价结果和初始监测信息,编制耕地质量起始年度报告;在以后监测期间,根据每年监测结果,编制年度耕地质量监测报告。监测报告应涵盖监测点基本情况,耕地质量主要性状的现状及变化趋势,农田肥料投入与结构现状及变化趋势,作物产量现状及变化趋势等内容。耕地质量监测报告于年度监测任务完成后,监测点土样化验结果出来,由耕地质量监测承担单位撰写,并报甘肃省耕保站。

4.3.4 建立耕地质量基础数据库

各监测站点利用统一的耕地质量信息管理系统,填报监测数据,建立耕地质量数据库。

4.3.5 开展耕地质量调查评价

根据初始监测数据和年度监测数据资料,分析耕地质量变化情况,编制耕地质量专项调查报告。报告包括监测点基本情况、耕地质量主要性状的现状及变化趋势、农田肥料投入与结构现状及变化趋势、作物产量现状及变化趋势、耕地质量变化原因分析、提高耕地质量的对策和建议等内容。

4.4 基础数据的记载

4.4.1 建点初期基本信息的填报

耕地质量监测站点建好后,应及时进行基本信息的调查和测定,并填写基本情况记载表,主要内容包括:

4.4.1.1 定位和拍景观照片

耕地质量监测站点地块用GPS定位,由GPS定位仪读取,并转换为北京54坐标系后填写,同时应拍摄监测点景观及土壤剖面照片。拍摄景观照片时,应突出地貌特征,从照片上判别出监测地块所在的小地貌单元的部位。土壤剖面照片应在挖好剖面后立即进行拍摄并存储,上传至记载表相应位置。

4.4.1.2 填写基本情况

基本情况包括土壤状况、地形部位、海拔高度及障碍因素等内容。

(1)地形部位

监测田块所处的能影响土壤理化特性的最末一级的地貌单元。如河流冲积平原要区分出河床、河漫滩、阶地等;山麓平原要区分出坡积裙、洪积锥、洪积扇、扇间洼地、扇缘洼地等,黄土丘陵要区分出塬、梁、峁、坪等;丘陵要区分高丘、中丘、低丘、缓丘、漫岗等。在此基础上再进一步续分,如洪积扇上部、中部、下部;黄土丘陵的峁,再冠以峁顶、峁边;南方冲垄稻田则有大冲、小冲、冲头、冲口等。在拍摄景观照片时,应突出这些地貌特征,从照片上判别出监测地块所在的小地貌单元的部位。

(2)田块坡度

实际测定田块内田面坡面与水平面的夹角度数。

(3)海拔高度

采用GPS定位仪现场测定填写,单位为米,精确到小数点后一位。

(4)潜水埋深

指冬季地下水位的埋深。只有草甸土、潮土、砂姜黑土、水稻土、盐化(碱化)土填写地下水位。

(5)障碍因素

指盐碱、瘠薄、酸化、渍涝、潜育、侵蚀、干旱等,没有明显障碍因素时填无。

障碍层类型指1 m土体内出现的障碍层类型,障碍层深度指障碍层的最上层到地表的垂直距离,障碍层厚度指障碍层的最上层到最下层的垂直距离。

(6)灌溉能力

指充分满足、满足、基本满足、不满足;灌溉方式指漫灌、沟灌、畦灌、喷灌、滴灌、无灌溉。

水源类型指地表水、地下水、地表水+地下水、无。

排水能力指充分满足、满足、基本满足、不满足。

(7)地域分区

按《耕地质量等级》国家标准划分,分东北区、内蒙古及长城沿线区、黄淮海区、黄土高原区、长江中下游区、西南区、华南区、甘新区、青藏区。

熟制分区指一年一熟、一年两熟、两年三熟等。

耕地质量等级指按《耕地质量等级》国家标准划分的一到十等。

常年施肥量指化肥和有机肥常年平均施用量(折纯量)。

土壤代码按国家标准《中国土壤分类与代码》(GB/T 17296)要求填写。

(8)成土母质

首先分清是残积物、坡积物、洪积物或冲积物。残积物与母岩有直接关系,可以填写为××岩残积物母质。坡积物、洪积物、冲积物与母岩的关系比较远,判断不清的,不要与母岩挂钩,将其性状(厚度、粗细等)描写清楚。对于发育不久的冲积物母质,并有一定发育的,如第四纪红土等,不要填写冲积物、洪积物,直接填写其名称。土类、亚类、土属、土种按全国第二次土壤普查的分类系统命名填写。

表 4-3 典型种植制度表

分区	典型种植制度
东北	玉、麦、稻、豆—玉
华北	玉、麦、稻、棉、麦—玉
西北	玉、麦、棉、麦—玉
西南	稻、稻—稻、麦—稻、油—稻、麦(油)—稻、麦—玉—薯
华南	稻、稻—稻、麦—稻、油—稻、麦(油)—稻、油(肥、麦)—稻—稻
华东	稻、稻—稻、麦—稻、油—稻、麦(油)—稻、油(肥、麦)—稻—稻

表 4-4 监测点基本情况记载表

监测点代码:_____　　　　建点年度(时间):_____

基本情况	省(区、市)名		地(市、州、盟)名	
	县(旗、市、区)名		乡(镇)名	
	村名		农户(地块)名	
	县代码		经度(°′″)	
	纬度(°′″)		常年降水量(mm)	
	常年有效积温(℃)		常年无霜期(d)	
	地形部位		田块坡度(°)	
	海拔高度(m)		潜水埋深(m)	
	障碍因素		障碍层类型	
	障碍层深度(cm)		障碍层厚度(cm)	
	灌溉能力		水源类型	
	灌溉方式		排水能力	
	地域分区		熟制分区	
	农田林网化程度		主栽作物	
	典型种植制度		产量水平(kg/亩)	
	耕地质量等级			
	常年施肥量(折纯,kg/亩)	化肥	N　　　　P_2O_5　　　　K_2O	
		有机肥	N　　　　P_2O_5　　　　K_2O	
	田块面积(亩)		代表面积(亩)	
	土壤代码		成土母质	
	土类		亚类	
	土属		土种	
景观照片拍摄时间:			剖面照片拍摄时间:	

4.4.1.3 测定基础数据

对监测点耕层土壤(0~30 cm)及其他层次土壤测定其基础理化性状、土壤质地、土壤容重等。土壤容重一般按环刀法进行测定。

表 4-5 监测点土壤剖面性状记载表

监测点代码：_____

项 目		发 生 层 次				
	层次代号					
	层次名称					
	层次深度					
剖面描述	颜色					
	结构					
	紧实度					
	容重(g/cm³)					
	新生体					
	植物根系					
机械组成	D > 2 mm(%)					
	2 mm ≥ D > 0.02 mm(%)					
	0.02 mm ≥ D > 0.002 mm(%)					
	D < 0.002 mm(%)					
	质地					
化学性状	有机质(g/kg)					
	全 氮(g/kg)					
	全 磷(g/kg)					
	全 钾(g/kg)					
	pH					
	碳酸钙(g/kg)					
	阳离子交换量(cmol/kg)					
	土壤含盐量(%)					
	盐渍化程度					
	土壤铬(mg/kg)					
	土壤镉(mg/kg)					
	土壤铅(mg/kg)					
	土壤汞(mg/kg)					
	土壤砷(mg/kg)					

取样时间：_____   检测时间：_____

监测单位：_____   检测单位：_____

注1：本表建点时填写，详情参见填表说明；2：机械组成中D代表土壤颗粒有效直径。

（1）层次代号及名称

由于监测点均在耕作土壤上，发生层次中一定要把耕层划分出来。耕作层指农业耕作（农机具作业）、施肥、灌溉影响及作物根系分布的集中层段，是人类耕作与熟化自然土壤的部分。其颜色、结构、紧实度等都会有明显的特征和界线。

旱地发生层次分为旱耕层(A11)、亚耕层(A12)、心土层(C1)、底土层(C2)等；水稻土发生层次分为耕作层(Aa)、犁底层(Ap)、渗育层(P)、潴育层(W)、脱潜层(Gw)、潜育层(G)、漂洗层(E)、腐泥层(M)等。

描述土壤剖面基本形态属性包括土壤剖面发生层次、颜色、质地、结构等，第二次土壤普查对我国主要土壤剖面发生层次的划分有以下几类：

O 层：代表矿质土壤表土层(A 层)的有机质积聚层，有机质含量超过 300 g/kg 以上，有些植物残片还可清楚地看出，或者有一定程度的分解，在土壤剖面层次计算方面，它不能作为土体本身计算，而是土壤表层以上的植物残落物层。

A 层：它是矿质土壤的表层，其特征是土壤腐殖质与矿物质颗粒充分结合，颜色一般较暗，土壤孔隙较多，结构性较好，容重较低，一般 < 1.3g/cm^3。具体的有机质含量依据土壤类型而异，一般在 10~100 g/kg 范围内。

B 层：代表矿质土壤表土层以下的心土层，位于 O 层和 A 层以下，但它已完全消失了原生母岩的结构与外形，也称之为淀积层或风化 B 层，基本特点为：一是所在地气候、地形等的不同，表现铁、铝、腐殖质、碳酸盐、石膏、氧化硅等的淀积，为单一化合物或结合物；二是氧化物出现残余富积；三是淀积的碳酸钙可能重新又淋溶；四是氧化物胶膜使这一层亮度值降低彩度较高，颜色比上下层次都鲜明；五是干湿交替，使形成的硅酸盐黏粒，形成核状、块状或棱块状结构；六是 B 层难以如表层那样容易受外界影响。因此，它反映了当地土壤长期形成过程的结果，也是土壤类型鉴定的主要特征层。

C 层：代表母质层，有风化物的基岩或疏松的沉积物、腐泥、泥炭等，有的母质中还可有部分可溶性盐分和碳酸钙积聚。有些 AC 构型的土壤，其 C 层也可能有少量的成土过程的影响。

D 层：一般指初经风化的碎屑层或异源土状母质的母质层。

R 层：表示坚硬的基岩，如花岗岩、玄武岩、砂岩等。一般工具难以移动，也有很少植物根系穿插，但岩石裂缝中也可能有黏土填充，或有黏粒胶膜覆于岩石表面。

过渡层：过渡层是指某一层位同时具有上下两个发生层的特征，或是来自上下两个发生层的某些物质的相互混杂，表示方式可以 AB、BC 或 A/B、B/C 等，在"/"以上者表示其主要特征，以下者为次要特征。过渡层的另一种形式是具有某层位，但无明显的发育特征，这多发生于 B 层，则往往用(B)表示。

（2）剖面描述

颜色：指土壤在自然状态的颜色，如土壤由 2 个或 2 个以上色调组合而成，在描述时先确定主要颜色和次要颜色，主要颜色放在后，次要颜色放在前。

结构：取一大块土，用手轻捏碎，观察其碎块形状及大小。一般有三种类型：横轴与纵轴大致相等，分为块状、团块核状及粒状等结构；横轴大于纵轴者，分为片状和板状结构；横轴小于纵轴者，分为柱状和棱柱状结构。

紧实度：土壤在自然状态下的坚实程度，采用土壤紧实度测定仪测量。

质地(机械组成):即土壤的砂黏程度,采用国际制土壤质地分级标准。

新生体:指土壤形成过程中产生的物质,它不但反映土壤形成过程的特点,而且对土壤的生产性能有很大影响,在观察时对其种类、形状及数量要详细记载。常见的新生体有铁锰结核、铁锰胶膜、二氧化硅粉末、锈纹、锈斑、假菌丝、砂姜等。

植物根系:主要看土壤各层根系分布的多少,分为少、中、多、很多4级。

(3)质地分类

质地分类依照国际制土壤质地分类表(表4-6)进行填写。

表4-6 国际制土壤质地分类表

质地分类			颗粒组成(%)		
类别	名称	代号	砂粒 0.02 mm < D ≤ 2 mm	粉(砂)粒 0.002 mm < D ≤ 0.02 mm	黏粒 D < 0.002 mm
砂土类	砂土及壤质砂土	LS	85~100	0~15	0~15
壤土类	砂质壤土	SL	55~85	0~45	0~15
	壤土	L	40~55	30~45	0~15
	粉(砂)质壤土	IL	0~55	45~100	0~15
黏壤土类	砂质黏壤土	SCL	55~85	0~30	15~25
	黏壤土	CL	30~55	20~45	15~25
	粉(砂)质黏壤土	ICL	0~40	45~85	15~25
黏土类	砂质黏土	SC	55~75	0~20	25~45
	壤质黏土	LC	10~55	0~45	25~45
	粉(砂)质黏土	IC	0~30	45~75	25~45
	黏土	C	0~55	0~55	45~65
	重黏土	HC	0~35	0~35	65~100

注:D代表土壤颗粒有效直径。

4.4.2 建点后常规信息的填报

监测点田间生产情况记载表填表见表4-7。

(1)监测年度的划分

对于一年两熟、一年三熟或两年三熟制地区,年度划分以冬作前一年的播种整地的时间为始到当年最后一季作物收获为止。对于一年一熟制地区,只种一季冬作(冬小麦)实行夏季休闲或只种一季春作(玉米、谷子、高粱、棉花、中稻)实行冬季休闲的,年度划分以前季作物收获后开始,到该季作物收获为止。

(2)播种期和收获期

填写年月日(××××-××-××)。

(3)播种方式

机播或机插、人工播种或人工移栽。

表4-7 监测点田间生产情况记载表

监测点代码：_____　　　　　　　监测年度：_____

项目		第一季	第二季	第三季
作物名称				
品种				
播种期				
收获期				
播种方式				
耕作情况				
灌排水及降雨	降雨量(mm)			
	灌溉设施			
	灌溉方式			
	灌水量(m^3)			
	排水方式			
	排水能力			
自然灾害	种类			
	发生时间			
	危害程度			
病虫害发生	种类			
	发生时间			
	危害程度			
	防治方法			
	防治效果			

监测单位：_____　　　　　　　监测人员：_____

（4）耕作情况

耕、耙、中耕及除草等。

（5）灌溉设施

井灌、渠灌及集雨设施，没有的填"无"。

（6）灌溉方式

指漫灌、沟灌、畦灌、喷灌、滴灌、无灌溉。

（7）排水方式

分排水沟、暗管排水、强排。

（8）排水能力

指充分满足、满足、基本满足、不满足。

(9)自然灾害种类

风、雨、雹、旱、涝、霜、冻、冷等。

施肥明细情况记载表(见表4-8)需根据具体地块当年的实际施肥量据实填写,分N、P、K三种养分分别填写实物量和折纯量,包括基肥与追肥。监测点土壤理化性状记载表,在建点初期与每个周期监测年份,需检测土壤常规理化性状、中微量元素以及土壤环境质量元素的含量;一般年份只需检测理化性状。为确保数据质量,土壤样品须由经过计量认证的土肥检测机构依据现行有效标准进行检测,出具加盖MA公章的检验报告。土壤检测方法按照国家农业标准检测方法进行检测。

表4-8 施肥明细情况记载表

监测点代码:_____ 监测年度:_____

施肥日期	有机肥					化肥				
	品种	养分含量(%)			实物量(kg/亩)	折纯量(kg/亩)	品种	养分含量(%)			实物量(kg/亩)	折纯量(kg/亩)
		N	P_2O_5	K_2O				N	P_2O_5	K_2O		
合计												

表4-9 作物产量记载表

监测点代码:_____ 监测年度:_____

项 目			内容
作物名称			
作物品种			
生育期(d)			
大田期	起始日期		
	结束日期		
作物产量(kg/亩)	长期不施肥区	果实	
		秸秆	
	常规施肥区	果实	
		秸秆	

填表日期:_____ 填表人员:_____

表 4-10 国家级耕地质量监测点年度监测数据汇总表

监测点代码：_____　　　　　　　监测年度：_____

统计项目			第一季	第二季	第三季
基本情况汇总		作物名称			
		作物品种			
	大田期	生育期(d)			
		起始(年/月/日)			
		结束(年/月/日)			
		灌水总量(m³/亩)			
作物产量汇总	无肥区	果实(kg/亩)			
		茎叶(kg/亩)			
	常规施肥	果实(kg/亩)			
		茎叶(kg/亩)			
施肥折纯量情况汇总	有机肥	N(kg/亩)			
		P_2O_5(kg/亩)			
		K_2O(kg/亩)			
	化肥	N(kg/亩)			
		P_2O_5(kg/亩)			
		K_2O(kg/亩)			

常规区土壤性状	耕层物理性状		质地(国际制)		耕层厚度(cm)		容重(g/cm³)		

常规区土壤性状	耕层理化性状		常规测试项目									
		层次	取样深度(cm)	pH	有机质(g/kg)	全氮(g/kg)	碱解氮(mg/kg)	有效磷(mg/kg)	速效钾(mg/kg)	缓效钾(mg/kg)	全磷(g/kg)	全钾(g/kg)
		耕层										
			中微量元素项目(钙镁为交换态,其他为有效态)									
		层次	钙(mg/kg)	镁(mg/kg)	硫(mg/kg)	硅(mg/kg)	铁(mg/kg)	锰(mg/kg)	铜(mg/kg)	锌(mg/kg)	硼(mg/kg)	钼(mg/kg)
		耕层										
			环境质量项目(全量)									
		层次	铬(mg/kg)	镉(mg/kg)	铅(mg/kg)	砷(mg/kg)	汞(mg/kg)	/	/	/	/	/
		耕层						/	/	/	/	/

监测单位：_____(公章)　　　　　填报人：_____

审核人：_____　　　　　　　　　填报日期：_____

4.5 耕地质量监测站点的维护

耕地质量监测点田间观测记载与农户调查任务要有专人负责,要求负责该项工作的同志具备丰富的生产实践经验和较强的责任感与事业心。田间观测记载内容包括每季作物名称、品种、播期、播种方式、收获期、耕作情况、灌排方式、病虫害防治、自然灾害出现时间与强度及其他对监测地块有影响的自然、人为因素等。农户调查内容包括有机肥和化肥的施用时期、肥料品种、施用次数与实物量及折纯量等。

4.5.1 监测地块的维护

在监测试验工作有序开展的同时,要求加强试验地的田间管理工作,确保监测工作的顺利完成。

一是监测地块的使用与田间管理由承担监测任务的土肥部门负责专人看护,根据年度监测任务、初期监测任务、每5年监测任务等对试验用地进行合理布局、科学取样。

二是每个县域单位内实行统一管理方式,试验地块严禁使用残效期长、对下茬或临近作物有影响的除草剂等农药。县域所在土肥部门要保持监测试验地块的整洁,避免杂草、塑料等农用垃圾混入地块,试验期间必须保证保护行、人行道干净整洁,整体美观。

三是监测试验地标识牌要求字迹清晰、摆放整齐、牢固、醒目。监测永久标识牌应依据《耕地质量监测规程》设立,标识牌牌面保持整洁、字迹清楚,避免损坏。

4.5.2 监测基础设施的维护

有条件的县区,在监测试验地块四周可用铁制围栏围起来,避免牲畜进入踩踏。在灌溉农业区建设的防止处理间水肥互渗的水泥隔离带,应定期检查维护,避免使用时间过长出现的水泥面脱落、隔离带倒塌等影响试验结果的情况发生。每次调查取土结束后,应及时清理废弃物,不得随意丢弃垃圾到试验地块。配备有耕地质量监测农业小气象仪器的单位,要抓好仪器的调试管理和日常维护,做好防盗、防破坏工作,保证监测工作长期稳定地开展下去。

第五章 耕地质量分析化验方法

耕地质量监测的任务就是要明确土壤养分变化状况和土壤综合生产与可持续利用能力,我们采集土壤样品,通过检测,分析检测结果,形成监测报告是开展监测工作的最重要的技术内容。根据全国农业技术推广中心制订的相关农业标准,一般情况下,土壤理化性状各个项目检测方法如下:

土壤质地(土壤机械组成)按 NY/T 1121.3 规定的方法测定;
土壤容重按 NY/T 1121.4 规定的方法测定;
土壤有机质按 NY/T 1121.6 规定的方法测定;
土壤全氮按 NY/T 53 规定的方法测定;
土壤全磷按 NY/T 88 规定的方法测定;
土壤全钾按 NY/T 87 规定的方法测定;
土壤碱解氮按 NY/T 1229—1999 规定的方法测定;
土壤有效磷按 NY/T 1121.7 规定的方法测定;
土壤缓效钾和速效钾按 NY/T 889 规定的方法测定;
土壤交换性钙和镁按 NY/T 1121.13 规定的方法测定;
土壤有效硫按 NY/T 1121.14 规定的方法测定;
土壤有效硅按 NY/T 1121.15 规定的方法测定;
土壤有效铜、锌、铁、锰按 NY/T 890 规定的方法测定;
土壤有效硼按 NY/T 1121.8 规定的方法测定;
土壤有效钼按 NY/T 1121.9 规定的方法测定;
土壤总汞按 NY/T 1121.10 规定的方法测定;
土壤总砷按 NY/T 1121.11 规定的方法测定;
土壤总铬按 NY/T 1121.12 规定的方法测定;
土壤铅、镉按 GB/T 17141 规定的方法测定。
具体操作内容下面做一简要介绍。

5.1 样品的采集

样品采集是土壤、植物测试的一个重要环节。正确采集有代表性的样品,是客观反映整体情况的必要条件。因此,必须选择有代表性的农户地块和有代表性的土壤、植株进行采样,并根据不同分析项目采用相应的采样和处理方法。样品采集要选择具有采样经验、明确采样方法和要领,对采样区域农业生产情况熟悉的农业技术人员完成。同时要备有采样区域的土壤图、土地利用现状图、行政区划图等,绘制样点分布图,制定采样计划。准备GPS、采样工具、采样袋(布袋、纸袋或塑料网袋)、样品标签等。

5.1.1 土壤样品的采集

土壤样品的采集是土壤测试的一个重要环节。因此,应选择有代表性的地段和有代表性的土壤采样,并根据不同分析项目采用相关的采样和处理方法。为保证土壤样品的代表性,必须采取以下技术措施控制系统误差。

一是科学划分采样单元。采样前应详细了解采样地区的土地类型、肥力等级和地形等因素,将研究区域划分为若干个采样单元,每个采样单元的土壤要尽可能均匀一致。二是保证足够多的采样点。为使混合样品能代表采样单元的土壤特性,要保证有足够多的采样点。采样点数量取决于采样单元的大小、土壤肥力的一致性等。一个混合土样一般由15~20个样点组成,每个采样点的取土深度及采样量应均匀一致,土样上层与下层的比例要相同。三是采用合理的采样路线。按照"随机"的原则进行采样,一般采用"S"形布点采样,能够较好地克服耕作、施肥等所造成的误差。在地形变化较小、地力较均匀、采样单元面积较小的情况下,也可采用梅花形布点取样。四是避开特殊部位采样点的分布要尽量均匀,避开田埂、沟边、肥堆等特殊部位。

5.1.1.1 采样规划

采样点参考当地土壤图、土地利用现状图、行政区划图等,做好采样规划设计,确定采样点位。实际采样时严禁随意变更采样点。

5.1.1.2 采样单元

采样前要详细了解采样地区的土壤类型、肥力等级和地形等因素,将采样的区域划分为若干个采样单元,每个采样单元的土壤要尽可能均匀一致,用GPS定位,记录经纬度,精确到0.1″。

5.1.1.3 采样时间

在作物收获后或播种施肥前采集;粮食作物在收获后采集(上茬作物已经基本完成生育进程,下茬作物还没有施肥),一般在秋后。设施蔬菜在晾棚期采集,果园在果品采摘后的第一次施肥前采集。

5.1.1.4 采样周期

采样周期应根据测试项目和研究目的确定。同一采样单元,无机氮及植株氮营养快速诊断每季或每年采集1次;土壤有效磷、速效钾等一般2~3年采集1次,中、微量元素一般3~5年采集1次。

5.1.1.5 采样深度

通常采取耕层土样,采样深度一般为0~20 cm。由于耕层受人类耕作影响较大,更应注意取样的代表性。采样深度应根据不同作物、不同生育期的主要根系分布深度来灵活确定。

5.1.1.6 采样点数量

要保证足够的采样点,使之能代表采样单元的土壤特性。每个样品采样点的多少,取决于采样单元的大小、土壤肥力的一致性等,采样要求多点混合,每个样品取15~20个样点。

5.1.1.7 采样路线

采样时应沿着一定的线路,按照"随机""等量"和"多点混合"的原则进行采样。一般采用"S"形布点采样,能够较好地克服耕作、施肥等所造成的误差。在地形较小、地力较均匀、采样单元面积较小的情况下,也可采用梅花形布点取样,要避开路边、田埂、沟边、肥堆等特殊部位。

5.1.1.8 采样方法

每个采样点的取土深度及采样量应均匀一致,土样上层与下层的比例要相同。取样器应垂直于地面入土,深度相同。用取土铲取样应先铲出一个耕层断面,再平行于断面下铲取土;微量元素则需要用不锈钢取土器采样。

5.1.1.9 样品重量

一个混合土样以取土1 kg左右为宜,如果样品数量太多,可用四分法将多余的土壤弃去。方法是将采集的土壤样品放在盘子里或塑料布上,弄碎、混匀,铺成四方形,划对角线将土样分成四份,把对角的两份分别合并成一份,保留一份,弃去一份。如果所得的样品依然很多,可再用四分法处理,直至所需数量为止。

5.1.1.10 样品标记

采集的样品放入统一的样品袋,用铅笔写好标签,内外各具一张。

5.1.2 土壤样品的处理

5.1.2.1 新鲜样品

新鲜样品要及时送回室内进行处理分析,用粗玻璃棒或塑料棒将样品混匀后迅速称样测定。新鲜样品一般不宜贮存,如需要暂时贮存,可将新鲜样品装入塑料袋,扎紧袋口,放在冰箱冷藏室或进行速冻保存。

5.1.2.2 风干样品

从野外采回的土壤样品及时放在样品盘上,摊成薄薄的一层,置于干净整洁的室内通风处自然风干,并注意防止酸、碱等气体及灰尘的污染。风干样品过程中经常翻动土样并将大土块捏碎以加速干燥,同时剔除土壤以外的侵入体。将风干后的样品平铺在制样板上,用木棍或塑料棒碾压,并将植物残体、石块等浸入体和新生体剔除干净,细小已断的植物须根,用静电吸附的方法清除。风干后的土样按照不同的分析要求研磨过筛,充分混匀后,装入样品瓶中备用。瓶内外各放标签2张,写明编号、采样地点、土壤名称、采样深度、采样日期、采样人及制样时间、制样人等项目。制备好样品要妥为贮存,避免日照、潮湿、高温等因素影响。分析工作结束后,核实数据无误,试验样品还要保存3个月至1年;少数有价值需要长期保存的样品,须保存于广口瓶,用蜡封好瓶口。

(1)一般化学分析试样

压碎的土样要全部通过 2 mm 孔径筛。未过筛的土粒必须重新碾压过筛,直至全部样品通过 2 mm 孔径筛为止。过 2 mm 孔径筛的土样可供 pH、盐分、交换性能及有效养分项目的测定。将通过 2 mm 孔径筛的土样用四分法取出一部分继续碾磨,使之全部通过 0.25 mm 孔径筛,供有机质、全氮、碳酸钙等项目的测定。

(2)微量元素分析试样

用于微量元素分析的土样,取土及研磨等各个环节都需注意,不要接触金属器具,避免造成污染。如采样、制样使用木、竹或塑料工具,过筛使用尼龙网筛等。通过 2 mm 孔径尼龙筛的样品可用于测定土壤有效态微量元素。

(3)颗粒分析试样

将风干土样反复碾碎,使之全部通过 2 mm 孔径筛。留在筛上的碎石称量后保存,同时将过筛的土壤称量,以计算石砾质量百分数,然后将土样混匀后盛于广口瓶内,用于颗粒分析及其他物理性质测定。若在土壤中有铁锰结核、石灰结核、铁子或半风化体,不能用木棍碾碎,应细心拣出称量保存。

5.1.3 植物样品的处理

5.1.3.1 采样要求

植物样品分析结果的准确性受样品数量、采集方法及分析部位影响。根据研究目的,在不同生长发育阶段,定期采样,采集样品要能符合群体情况,采样量一般为 1 kg。粮食作物一般在成熟后收获前采集籽实部分及秸秆。

5.1.3.2 样品采集

(1)粮食作物

按梅花形采集样品或"S"形采样法采样,一般适合采样单位面积小的情况。在采样区内采取 10 个以上样点的样品组成一个混合样。采样量根据检测项目而定,籽实样品一般 1 kg 左右,装进纸袋或布袋;要采集完整植株样品可以稍多采些,用塑料纸包扎好。

(2)蔬菜样品

蔬菜品种繁多,大致可分为叶菜、根菜、瓜果三类。采样可按照对角线或"S"形布点,采样量根据个体大小确定,采样点在 10 个以上,一般每个点的采样量不少于 1 kg,从多个点采集的蔬菜样品,按四分法进行缩分,装入塑料袋,粘贴标签,扎紧袋口。

(3)水果样品

采样点多少根据采样区域面积、地形及检测目的确定。在山地果园应按不同海拔高度均匀布点,采样点一般不应少于 10 个。对于树型较大的果树,采样时应在果树的上、中、下、内、外及果实着生方位(东南西北)均匀采摘果实。将采摘的果品进行充分混合,按四分法缩分,根据检验项目要求,最后分取所需份数,每份 1 kg 左右,分别装入袋内,粘贴标签,扎紧袋口。

5.1.4 标签内容

标签上应标明:采样序号、采样地点、样品名称、作物品种、土壤名称(或当地俗称)、成土母质、地形地势、耕作制度、前茬作物及产量、化肥农药施用情况、灌溉水源、采样点地理位置简图。果树要记载树龄、长势、载果数量等。

5.1.5 植株样品处理与保存

粮食籽实样品应及时晒干脱粒,充分混匀后用四分法缩分至所需量。需要洗涤时,注意不宜时间过长并及时风干。为了防止样品变质,需要定期进行风干处理。测定重金属元素含量时,不要使用金属器械如钢制粉碎机、金属筛等,推荐使用竹、木和石质、瓷质、塑料制品。完整的植株样品先洗干净,根据作物生物学特性差异,采用能反映特征的植株部位,用不污染待测元素的工具剪碎样品,充分混匀用四分法缩分至所需的量,制成鲜样或于60 ℃烘箱中烘干后粉碎备用。采集的新鲜植株样品,若不能马上进行分析测定,应暂时放入冰箱保存。

5.2 耕地质量常规检测项检测方法

目前,国内外有许多种土壤检测方法,本书所提到的检测方法,均按NY/T 1121.3系列中的技术标准规定的方法测定。

5.2.1 土壤水分测定

目前,国内外有许多种土壤水分检测方法,主要包括烘干法、张力计法、射线法、介电特性法、土壤水分传感器法和遥感法等。其中烘干法是测定土壤含水量最普遍的方法,遥感法、探地雷达法等在大尺度土壤水分监测中应用具有较大优势。我们重点介绍烘干法。

烘干法即将土壤样品在烘干箱中105 ℃左右烘至恒重后,与烘干前土样相比所失去的重量,即为土壤样品所含水分的质量。烘干法适用于除有机土(含有机质20%以上)以及含大量石膏的土壤以外的各类土壤的水分含量测定。

烘干法所需仪器有:土钻或取土器;2 mm孔径的土壤筛;重量规格一致的大量铝盒;精确度精确到百分位的天平;电热恒温鼓风干燥箱。

土壤样品可分为新鲜样和风干样。它们的土壤含水量测定方法有所不同。

5.2.1.1 新鲜土样

在田间用土钻采集有代表性的土样,刮去土钻上部浮土,将中部所需深处的土壤10~20 g捏碎后迅速装入已知准确质量的铝盒内,盖紧,装入木箱或其他容器,带回室内,将铝盒外表擦拭干净,立即称重。新鲜土样水分的测定方法是,将盛有新鲜土样的大型铝盒在分析天平上称重,精确至0.01 g。将盒盖倾斜放在铝盆上,置于已预热至105 ℃的恒温干燥箱中烘6~8 h(一般样品烘6 h,含水量较多、质地黏重样品需烘8 h)。取出,盖好,在干燥器中冷却至室温(约需30 min),立即称重,精确至0.01 g。

5.2.1.2 风干土样

选取有代表性的风干土壤样品,压碎,通过2 mm筛,混合均匀后备用。风干土样水分的测定方法是：取小型铝盒在恒温干燥箱中于 105 ℃ 烘约 2 h，移入干燥器内冷却至室温，称重，准确至 0.01 g。取待测试样约 5 g，均匀地平铺在铝盒中，盖好，称重，准确至 0.01 g。将盒盖倾斜放在铝盆上，置于已预热至 105 ℃ 的恒温干燥箱中烘约 6 h。取出，盖好，移至干燥器内冷却至室温（约需 20 min），立即称重，精确至 0.01 g。

烘干法是目前国际上仍在沿用的标准方法。此方法的优点是简便、数据重复性好。不足之处是烘干至恒重需时较长，不能及时得出结果。且定期取土样时，不可能在原处再取样，而不同位置上由于土壤的空间变异性，会给测定结果带来误差。

(3) 结果计算

新鲜土样的土壤含水量计算方法应用以下公式：

$$水分(\%) = \frac{m_1 - m_2}{m_1 - m_0} \times 100\%$$

风干土样的土壤含水水量计算方法应用以下公式：

$$水分(\%) = \frac{m_1 - m_2}{m_1 - m_0} \times 100\%$$

上述两个公式中：

m_0 为烘干空铝盒质量，单位：g；

m_1 为烘干前铝盒及土样质量，单位：g；

m_2 为年烘干后铝盒及土样质量，单位：g。

5.2.2 土壤酸碱度测定

方法 1：电位法。即将 pH 玻璃电极和甘汞电极插入土壤悬液或浸出液重构成原电池，测定其电动势值，再换算成 pH。

方法 2：直接测定法。按 NY/T 1121.2 规定的方法，直接用 pH 计测定溶液 pH，要注意土样与溶液的比例，一般为 1∶2.5。

5.2.3 土壤容重测定

土壤容重是指单位容积内原状土壤干土的质量，通常以 g/cm³ 表示；土壤容重大小反映土壤结构、透气性、透水性能以及保水能力的高低，土壤容重越小说明土壤结构、透气透水性能越好。测定土壤容重的方法较多，下面介绍较常用的环刀法。

(1) 测定原理

用一定容积的环刀（一般为 100 cm³）切割未搅动的自然状态土样，使土样充满其中，称量后计算单位容积的烘干土重量。本法适用一般土壤，对坚硬和易碎的土壤不适用。

(2) 仪器

环刀（容积为 100 cm³）；天平（精确度达到 0.01 g）；烘箱；环刀托；削土刀；钢丝锯；干燥器。

(3) 操作步骤

①在田间选择挖掘土壤剖面的位置，按使用要求挖掘土壤剖面。一般如只测定拱层土壤容重，则不必挖土壤剖面。

②用修土刀修平土壤剖面,并记录剖面的形态特征,按剖面层次,分层采样,耕层重复4个,下面层次每层重复3个。

③将环刀托放在已知重量的环刀上,环刀内壁稍擦上凡士林,将环刀刃口向下垂直压入土中,直至环刀筒中充满土样为止。

④用修土刀切开环周围的土样,取出已充满土的环刀,细心削平环刀两端多余的土,并擦净环刀外面的土。同时在同层取样处,用铝盒采样;测定土壤含水量。

⑤把装有土样的环刀两端立即加盖,以免水分蒸发。随即称重(精确到0.01 g),并记录。

⑥将装有土样的铝盒烘干称重,侧定土壤含水量。或者直接从环刀筒中取出土样测定土壤含水量。

(4)结果计算

$$土壤容重(g/cm^3) = \frac{m}{V(1+\theta_m)}$$

m 为环刀内湿样质量,单位:g;

V 为环刀容积(cm^3),一般为 100 cm^3;

θ_m 为样品含水量(质量含量),单位:%。

5.2.4 土壤质地的测定

土壤是由大小不同的土粒按不同的比例组合而成的,这些不同的粒级混合在一起表现出的土壤粗细状况,称土壤机械组成或土壤质地。土壤机械组成是土壤稳定的自然属性之一,土壤机械组成决定着土壤物理、化学和生物特性,机械组成分析的基础工作是测定土壤颗粒粒径。不同土壤的机械组成在矿物上有显著差别,其化学性质和其他各种性质也均不相同。影响着土壤水分、空气和热量运动,也影响养分的转化,还影响土壤结构类型。土壤质地分类是以土壤中各粒级含量的相对百分比作为标准,划分为砂土、壤土、黏土。

土壤质地按 NY/T 1121.3 规定的方法测定。将试样处理制成悬浮液根据司笃克斯定律,用特制的甲种土壤比重计于不同时间测定悬液密度的变化,并根据沉降时间、沉降深度及比重计读数计算出土粒粒径大小及其含量百分数。

5.2.5 土壤有机质的测定

土壤有机质含量一般用重铬酸钾容量法检测。

(1)测定原理

在油浴加热的条件下(180 ℃,沸腾 5 min),用一定浓度的重铬酸钾-硫酸溶液氧化土壤有机质(碳),剩余的重铬酸钾用硫酸亚铁来滴定,从所消耗的重铬酸钾量,计算有机碳的含量。土壤有机碳含量乘以系数 1.724 就是土壤有机质含量。滴定过程中的氧化还原指示剂一般用邻菲罗啉,优点是滴定终点容易掌握,结果准确。

(2)主要仪器和试剂

油浴消化装置,包括油浴锅、铁丝笼、调温电炉、秒表、控温调节器、试管、三角瓶等。

试剂包括重铬酸钾、浓硫酸、硫酸亚铁溶液、邻菲罗啉指示剂、二氧化硅（用作对照，替代土样）等。

（3）操作步骤

称取定量风干土样，放入一干燥的试管中，用移液管加入重铬酸钾标准溶液5 mL，再加入浓硫酸5 mL充分摇匀；将一组6~10个试管盛于铁丝笼中（每笼中均有1~2个空白试管），放入温度为185 ℃~190 ℃的油浴锅中，要求放入后油浴锅温度下降至170 ℃~180 ℃，以后需控制电炉，使油浴锅内温度始终维持在170 ℃~180 ℃，待试管内液体沸腾发生气泡时开始计时，煮沸5 min，取出试管。冷却后，将试管内液体转入250 mL三角瓶中，用水洗净试管内部。用标准的硫酸亚铁溶液滴定。加指示剂2~3滴，滴定过程不断摇动三角瓶，溶液的颜色由橙黄—蓝绿—砖红色即为滴定终点。记取硫酸亚铁溶液滴定毫升数。

（4）计算

通过土样及二氧化硅的滴定数的对比，再经过固定公式即可计算出土壤有机碳含量，乘以平均换算系数1.724即为土壤有机质含量。

5.2.6　土壤全氮的测定

土壤全氮含量一般用凯氏定氮法检测。

（1）测定原理

土壤样品在加速剂的参与下，用浓硫酸消煮时，各种含氮有机化合物，经过复杂的高温分解反应，转化为氨与硫酸结合成的硫酸铵，碱化后蒸馏出来的氨用硼酸吸收，以标准酸溶液滴定，计算土壤全氮含量。包括硝态和亚硝态氮的样品消煮前，需先用高锰酸钾将样品中的亚硝态氮氧化为硝态氮后，再用还原铁粉使全部硝态氮还原，转化成铵态氮。

（2）凯氏定氮仪

土壤氮的测定是重要的常规测试项目，故有很多国家都致力于研制半自动分析仪和连续分析的自动定氮仪。目前国内外已有不少型号的定氮仪。

凯氏定氮仪，实际上是开氏法的组装，所用试剂药品也同开氏法。它可同时进行许多个样品消煮，它的蒸馏、滴定及其结果的计算等步骤均系自动快速进行。分析结果能同时数字显示并打印出来。例如德国GERHARDT的VAP5/6型自动定氮仪，能同时在密闭吸收系统里迅速消煮几十个样品，既快速又避免了环境污染。它的蒸馏、滴定虽然也是连续进行，但每个样品从蒸馏开始到结果自动显示并打印出来只需2 min，而且样品可连续进行，大大提高了开氏法的分析效率。上海、北京等仪器厂家也生产出了自动定氮仪，并在实验室中广泛应用。自动定氮仪可使实验室的分析快速、简便、准确，适合现代分析工作的要求。

5.2.7　土壤碱解氮的测定

土壤碱解氮主要测定方法为碱解扩散法。主要原理为在扩散皿中，用1.0 mol/L的NaOH水解土壤，使易水解态氮（潜在有效氮）碱解转化为NH_3，NH_3扩散后为H_3BO_3所吸收。H_3BO_3 吸收液中的 NH_3 再用标准酸滴定,由此计算土壤中碱解氮的含量。

主要仪器包括扩散皿、滴定管、恒温箱。试剂包括 NaOH 溶液、H_3BO_3 指示剂溶液、H_2SO_4 标准溶液、$FeSO_4 \cdot 7H_2O$ 粉末等。

5.2.8 土壤全磷的测定

土壤全磷的测定,一般都用国家标准法(GB 8937—88)氢氧化钠-熔融钼锑抗比色法,适用于测定各类土壤中全磷含量。

(1)测定原理

土壤样品与氢氧化钠熔融,使土壤中含磷矿物及有机磷化合物全部转化为可溶性的正磷酸盐,用水和稀硫酸溶解熔块,在规定条件下样品溶液与钼锑抗显色剂反应,生成磷钼蓝,用分光光度法测定。

(2)仪器试剂

土壤筛、分析天平、镍(或银)坩埚、高温电炉、分光光度计、容量瓶、移液管、漏斗、烧杯等;试剂包括:氢氧化钠、无水乙醇、碳酸钠溶液、硫酸溶液、二硝基酚指示剂、酒石酸锑钾溶液、硫酸钼锑贮备液、钼锑抗显色剂、磷标准贮备液、5 mg/L 磷标准溶液以及无磷定量滤纸。

(3)操作步骤

步骤包括三步:熔样、绘制校准曲线、样品溶液中磷的定量。其中磷的定量包括:

①显色:吸取待测样品溶液于 50 mL 容量瓶中,用水稀释至总体积约 3/5 处,加入二硝基酚指示剂 2~3 滴,并用碳酸钠溶液或硫酸溶液调节溶液至微黄色,加入钼锑抗显色剂,摇匀,加水定容,室温放置 30 min。

②比色:显色的样品溶液在分光光度计上,用 700 nm、1 cm 光径比色皿,以空白试验为参比液调节仪器零点,进行比色测定,读取吸光度,从校准曲线上查得相应的含磷量。

土壤全磷含量此时即可通过固定公式计算得出。

5.2.9 土壤有效磷的测定

土壤中有效磷的含量是指能为当季作物吸收的磷量,而土壤磷的有效性指土壤中存在的磷能为作物吸收利用的程度。测定土壤有效磷含量水土比例、振荡时间、温度高低及提取剂的不同对测定结果有较大影响。

方法一:石灰性及中性土壤有效磷的测定。石灰性土壤由于大量游离碳酸钙存在,不能用酸溶液来提取有效磷,一般用碳酸盐的碱溶液。由于碳酸根的同离子效应,碳酸盐的碱溶液降低碳酸钙的溶解度,也就降低了溶液中钙的浓度,这样就有利于磷酸钙盐的提取。同时由于碳酸盐的碱溶液,也降低了铝和铁离子的活性,有利于磷酸铝和磷酸铁的提取。此外,碳酸氢钠碱溶液还有利于吸附态磷的置换,因此 $NaHCO_3$ 不仅适用石灰性土壤,也适应于中性和酸性土壤中速效磷的提取。待测液中的磷用钼锑抗试剂显色,进行比色测定。

主要仪器含往复振荡机、分光光度计。试剂包括 $NaHCO_3$ 浸提液、无磷活性炭、钼锑抗试剂及磷标准液。

方法二：酸性土壤有效磷的测定。酸性土壤中的磷主要以Fe-P和Al-P形态存在，利用F在酸性条件下溶解络合Fe^{3+}和Al^{3+}的能力，使一定量具潜在活性的磷酸铁、磷酸铝中的磷释放出来。同时由于H^+的作用亦溶解出部分活性较大的Ca-P中的磷。采用氟化铵-盐酸浸提的方法提取有效磷，所提取出的有效磷以钼锑抗比色法测定。

5.2.10 土壤全钾的测定

土壤全钾的测定一般用NaOH-火焰光度法。

（1）测定原理

NaOH熔点较Na_2CO_3低，所以可以在比较低的温度下分解土样，缩短熔化所需要的时间。样品经碱熔后，使难溶的硅酸盐分解成可溶性化合物，用酸溶解后可不经脱硅和去铁、铝等环节，稀释后即可直接用火焰光度法测定。

当样品溶液喷成雾状以气-液溶胶形式进入火焰后溶剂蒸发掉而留下气-固溶胶，气-固溶胶中的固体颗粒在火焰中被熔化蒸发为气体分子，继续加热即有特定波长的光发射出来，成为该元素的特征之一。例如，钾原子线波长是766.4 nm、769.8 nm；用单色器或干涉型滤光片把元素所发射的特定波长的光从其余辐射谱线中分离出来，直接照射到光电池或光电管上，把光能变为光电流，再检出电流的强度。用火焰光度法进行定量分析时，若激发的条件保持一定，则光电流的强度与被测元素的浓度成正比。把测得的强度与一系列标准已知的强度比较，即可确定待测元素的浓度而计算出未知溶液含钾量。这就是火焰光度计的工作原理。

（2）主要仪器及试剂

主要仪器包括茂福电炉、镍坩埚或铁坩埚、火焰光度计；试剂包含H_2SO_4（1∶3）溶液、HCl（1∶1）溶液、无水酒精、K的标准溶液等。

（3）操作步骤

将土样与NaOH按1∶8的比例加热使熔融物成为均匀流体时停止加热；冷却后加水转入50 mL容量瓶中，再以硫酸溶液、盐酸溶液清洗，最后以水定容；吸取部分待测液于50 mL容量瓶中，定容后直接在火焰光度计上检测，记载读数，再从标准曲线上查得所测溶液的K浓度。

5.2.11 土壤速效钾、缓效钾的测定

土壤速效钾95%以交换性钾为主，土壤速效钾常常用乙酸铵溶液浸提，火焰光度计测定。称取定量的风干土样于三角瓶中，加入1 mol/L的乙酸铵50 mL，封紧瓶口，往复振荡半小时，用定性滤纸过滤；滤液同钾系列标准溶液一起在火焰光度计上测定，记录读数，再从标准曲线上计算得出土样速效钾浓度。

土壤缓效钾用硝酸提取-火焰光度法测定。

土壤以1 mol/L热硝酸浸提，火焰光度计测定，为酸溶性钾含量，减去速效钾含量后为缓效钾含量。

5.3 微量元素检测方法

5.3.1 土壤有效铜、锌、铁、锰的测定

按 NY/T 890 规定,土壤中有效铜、锌、铁、锰的测定方法为 DTPA 浸提-原子吸收分光光度法。用二乙三胺五乙酸-氯化钙-乙醇胺(DTPA-CaCl$_2$-TEA)缓冲溶液为浸提剂,螯合浸提出土壤中有效态铜、锌、铁、锰。用原子吸收分光光度计,以乙炔空气火焰测定浸提液中铜、锌、铁、锰的含量。铜、锌、铁、锰标准曲线的绘制准确性是本办法成功的关键。微量元素的分析要防止土样污染,锌最易受到污染;微量元素分析一般应尽量使用塑料器皿,用不锈钢器具进行样品的采集和制备,用塑料瓶盛装。

5.3.2 土壤阳离子交换量与交换性钙镁的测定

用 EDTA 与乙酸铵的混合液作为交换提取剂,在一定的 pH 条件下与土壤吸收性复合体的 Ca^{2+}、Mg^{2+}、Al^{3+} 等交换,在瞬间形成解离度很小但稳定性大的络合物,且不会装坏土壤胶体。由于 NH_4^+ 的存在,交换性 H^+、K^+、Na^+ 也能交换完全。通过使用 95% 乙醇洗去过剩铵盐,以蒸馏法蒸馏,用标准酸溶液滴定氨量,即可计算出土壤阳离子交换量。交换液中的钙、镁用原子吸收分光光度计进行测定。

本方法用到的主要仪器设备包括:电动离心机、离心管、定氮仪、原子吸收分光光度计(配置钙和镁空心阴极灯)。

试剂包括:0.005 mol/L EDTA 与 1 mol/L 乙酸铵混合液、95% 乙醇、硼酸溶液、氧化镁、盐酸标准溶液、钙镁混合指示剂、甲基红-溴甲酚绿混合指示剂、纳氏试剂、钙镁标准溶液等。

本办法测定时需注意:含盐碱较高的土壤,因钠离子较多,容易与 EDTA 形成稳定常数很小的钠盐,一次提取不完全,需要提取 2~3 次才可提取完全。95% 乙醇必须无铵离子,可预先做铵离子检验。用过的乙醇可用蒸馏法回收后重复使用。

5.3.3 土壤有效硼的测定

土壤中有效硼采用沸水提取,提取液用 EDTA 消除铁、铝离子的干扰,用高锰酸钾消除有机质的颜色后,以甲亚胺-H 比色法或等离子发生光谱法测定提取液中的硼量。

本办法用到的主要仪器设备包括:分光光度计、等离子发射光谱仪(ICP-AES)、石英三角烧瓶、石英回流冷凝装置。试剂包括:高锰酸钾溶液、硫酸溶液、酸性高锰酸钾溶液、抗坏血酸溶液、甲亚胺溶液、硼标准溶液等。

分析步骤:称取通过 2 mm 孔径尼龙筛的风干试样 10 g 于 250 mL 石英三角瓶中,加入 20 mL 水,装好回流冷凝器,文火煮沸并保持微沸 5 min(准确计时),移开热源,继续回流冷凝 5 min(准确计时),取下三角瓶,冷却。在煮沸过的样品溶液中加入 2 滴硫酸镁溶液加速澄清,一次倾入滤纸上(或离心),滤液承接于塑料杯中。同时做空白试验。

方法一:甲亚胺比色法。吸取 4 mL 滤液于 10 mL 比色管中,加入 0.5 mL 酸性高锰酸钾溶液,摇匀,放置 2~3 min,加入 0.5 mL 100 g/L 抗坏血酸溶液,摇匀,待紫红色消除且褪

色的二氧化锰沉淀完全溶解后,加 5 mL 混合显色剂,摇匀,放置 1 h 后于波长 415 nm 处,用 2 cm 光径比色皿比色测定。以扣除空白后的吸光值查校准曲线或求回归方程得到测定液的含硼量。

方法二:等离子发生光谱(ICP-AES)法。先配制硼 6 个阶梯浓度的标准曲线,用浸提剂定容。根据待测液性质,调整仪器至最佳工作状态,测定标准液中硼的浓度,处理得出的分析数据,得出标准工作曲线。与标准曲线检制的步骤相同,依次测定空白试剂和试样溶液中的硼的浓度。

本办法需要注意:甲亚胺系在水溶液中显色,灵敏度虽较美黄素法为低,但操作较简便快速,便于批量化作业,也适合较高浓度范围的测定。加甲亚胶试剂时必须尽量准确,因试剂本身颜色较深,影响吸光值,每批样品标准系列必须重新测定。

5.3.4　土壤有效钼的测定

土壤样品经草酸-草酸铵溶液浸提,灼烧破坏草酸盐,酸性土壤用 NaOH 沉淀分离铁、锰(石灰性土壤可不分离),利用钼-苯羟乙酸-氯酸盐-硫酸体系的极谱催化波测定或用等离子发生质谱仪(ICP-MS)直接测定。本办法主要仪器设备包括:等离子发射质谱仪(ICP-MS)、示波极谱仪、振荡器、200 mL 的塑料瓶。试剂包括:草酸-草酸铵浸提液、氯酸钾溶液、氢氧化钠溶液、盐酸溶液、酚酞溶液和钼标准溶液。

称取过 2 mm 孔径筛的风干试样 5 g 于 200 mL 塑料瓶中,加入 50 mL 草酸-草酸铵浸提液,盖严后摇匀,在室温下,于振荡器上振荡 30 min 后放置过夜。将上述滤液干过滤后为待测液。

方法一:极谱法。吸取滤液 25 mL 于 50 mL 烧杯中,在电热板上低温蒸干。移入高温炉中于 450 ℃ 灼烧 1 h,破坏草酸盐。冷却后用 2 mL 1∶2 盐酸溶液溶解残渣,加 4 mL 12.5 mol/L 硫酸溶液在电热板上加热至冒烟,清除氯离子。取下冷却至室温,用少许水冲洗杯壁,低温加热使盐类溶解,加酚酞指示剂 1 滴,以 400 g/L 氢氧化钠中和至溶液出现红色,移入 25 mL 比色管中,定容,盖塞摇匀,放置澄清。取上层清液 5 mL 于 25 mL 小烧杯中,加 0.5 mL 12.5 mol/L 硫酸溶液、1 ml 100 g/L 苯羟乙酸溶液、6 ml 67 g/L 氯酸钾溶液,摇匀,放置 20 min,在示波极谱仪从 −0.1 V 开始记录钼的极谱波峰电流值,并记录电流倍率。同时做空白试验。以扣除空白的极谱波峰电流值查校准曲线或求回归方程得到测定液的含钼量。

方法二:等离子发生质谱(ICP-MS)法。根据待测液性质,调整仪器至最佳工作状态,测定标准溶液中钼的数据,处理数据后得出标准工作曲线。与上述步骤相同,依次测定空白试剂盒试样溶液中钼的浓度。

根据有关固定公式,经过计算可得土样中有效钼的含量。

本办法应注意:石灰性土壤可不分离铁、锰;所用所有试剂必须无钼;温度对钼的催化电流影响较大,故校准曲线和样品测定应在同一温度条件下进行,最好保持测定温度在 25 ℃ 左右。

5.3.5 土壤有效硫的测定

土壤中有效硫,酸性土壤用磷酸盐-乙酸溶液浸提,碱性土壤用氯化钙溶液浸提,浸出液中少量有机质用过氧化氢去除,浸出的硫酸根离子用硫酸钡比浊法或等离子发生光谱法测定。

本方法需要的主要仪器和设备有:等离子发生光谱仪、振荡器、分光光度计、电热板、塑料瓶等。试剂包括:氯化钡晶粒、过氧化氢、乙酸溶液、磷酸盐-乙酸浸提液、氯化钙浸提液、盐酸溶液、阿拉伯胶溶液硫标准溶液等。

取风干土样10 g于200 mL塑料瓶中,加入浸提液50 mL,盖紧瓶盖,摇匀,在20 ℃温度下,于振荡器上振荡1 h,干过滤,滤液备用。

方法一:比浊法。吸取25 mL滤液于100 mL三角瓶中,在电热板或沙浴上加热,加3~5滴过氧化氢氧化有机物。待有机物分解完全后,继续煮沸,除尽过剩的过氧化氢。加入1 mL盐酸溶液,得到清亮的溶液。将溶液移入25 mL比色管中,加2 mL阿拉伯胶水溶液,用水稀释至刻度,摇匀后转入150 mL烧杯中,加1 g氯化钡晶粒,用电磁搅拌器搅拌1 min。在30 min内在分光光度计上波长440 nm处、用3 cm光径比色皿比浊,读取吸光度。同时做空白试验,以扣除空白后的吸光值查校准曲线或求回归方程得到测定液中硫的质量浓度。

方法二:等离子发生光谱(ICP-AES)法。首先配制6个浓度的标准液得到硫系列标准溶液,调整光谱仪至最佳工作状态,测定标准溶液中硫的强度值,处理数据后,得出标准曲线。与标准曲线绘制的步骤相同。依次测定空白试剂盒试样溶液中硫的浓度。

经过公式计算后,最后可得土样中有效硫的含量数值。

注意事项:石灰性土壤用氯化钙溶液浸提时,其土液比、振荡时间、温度及其他操作与磷酸盐-乙酸提取一样。

5.3.6 土壤有效硅的测定

土壤中有效硅以0.025 mol/L柠檬酸浸提,浸提出的硅酸在一定的酸度条件下可与钼试剂反应生成硅钼酸,用草酸等掩蔽剂去除磷的干扰后,硅钼酸可被抗坏血酸等还原剂还原成硅钼蓝,在一定浓度范围内,蓝色深浅与硅含量成正比,可用比色法或等离子发生光谱(ICP-AES)法测定。

本方法主要仪器设备包括:等离子发生光谱仪(ICP-AES)、分光光度计、振荡器等。试剂包括:无水碳酸钠、柠檬酸溶液、硫酸溶液、钼酸铵溶液、草酸溶液、抗坏血酸溶液、硅标准液等。

称取风干试样5 g于200 mL的塑料瓶中,加入50 mL柠檬酸溶液,塞好瓶盖,摇匀。在25 ℃温度下,振荡2 h,取出迅速干过滤于100 mL塑料皿中,滤液待用。

方法一:比色法。吸取上述滤液1~5 mL于50 mL容量瓶中,用水稀释至20 mL左右,加入5 mL 50 g/L硫酸溶液,放置15 min,加入5 mL 50 g/L钼酸铵溶液,摇匀后放置5 min,再加入5 mL 50 g/L草酸溶液和5 mL 15 g/L抗坏血酸溶液,用水定容后放置20 min,1.5 h内在分光光度计上700 nm波长处用1 cm光径比色皿比色测定。同时做空白试验,以扣除空白后的吸光值查校准曲线得到待测液中硅的质量浓度。

方法二:等离子发生光谱(ICP-AES)法。先配制硅的标准系列溶液,根据待测液元素性质,调整仪器至最佳工作状态,测定标准溶液中硅的强度值,处理分析数据,得出标准工作曲线。与标准曲线绘制的步骤相同,依次测定空白试剂和试样溶液中硅的浓度。再经过计算,即可得出样品中有效硅的含量。

需要注意的是:酸度对硅铝黄和硅钼蓝的生成和稳定时间有很大影响,因此要严格控制酸度。生成的硅钼黄的稳定时间受温度影响很大,因此从加入钼酸铵溶液到加入草酸溶液之间的时间间距应视温度而定。

5.3.7 水溶性盐总量的测定

用除去二氧化碳的纯水浸提出土壤中水溶性盐,水土比为5:1。将水土混合液过滤,滤液作为待测液。

土壤中水溶性盐属强电解质,其溶液导电能力的强弱称为电导度。在一定浓度范围内,溶液的含盐量与电导率呈正相关。因此,土壤浸出液的电导率的数值能反映土壤含盐量的高低,但不能反映混合盐的组成。如果土壤溶液中几种盐类彼此间的比值比较固定时,则用电导率值测定总盐分浓度的高低是较为准确的。

5.3.8 碳酸根、碳酸氢根的测定(双指示剂中和法)

土壤水浸出液中存在的 CO_3^{2-} 和 HCO_3^-,可用双指示剂中和法进行滴定:第一步在待测液中加入酚酞指示剂,用标准酸滴定至溶液由红色变为无色(pH 8.3),此时 CO_3^{2-} 只被中和为 HCO_3^-;第二步加入甲基橙指示剂,继续用标准酸滴定至溶液由黄色变为橙红色(pH 3.8),此时溶液中原有的 HCO_3^- 和第一步由 HCO_3^- 生成的 HCO_3^- 全被中和为 CO_2。由标准酸的两次用量可分别求得土壤中 CO_3^{2-} 和 HCO_3^- 的含量。

5.3.9 氯离子浓度的测定

利用分级反应原理以 K_2CrO_4 作指示剂,用 $AgNO_3$ 标准溶液滴定 Cl^-,反应为:

$Ag^+ + Cl^- \rightarrow AgCl\downarrow$(乳白色沉淀)

指示剂 K_2CrO_4 与 $AgNO_3$ 的反应为:

$2Ag^+ + CrO_4^{2-} \rightarrow Ag_2CrO_4\downarrow$(砖红色沉淀)

由于 Ag_2CrO_4 沉淀的溶解度大于 $AgCl$ 沉淀,故 Ag^+ 先与 Cl^- 生成 $AgCl$ 乳白色沉淀,然后与 CrO_4^{2-} 生成 Ag_2CrO_4 砖红色沉淀,指示滴定终点。

5.3.10 硫酸根离子的测定

方法一:硫酸钡比浊法。在一定条件下,向试液中加入氯化钡晶粒,使与硫酸根作用形成的硫酸钡沉淀分散成为较稳定的悬浊液,用分光光度计测定浊度(吸收值)。同条件下绘制标准曲线,由未知悬浊液的浊度查曲线,即可求得硫酸根浓度。

方法二:EDTA间接滴定法。在微酸性介质中,待测液的 SO_4^{2-} 可被过量 $BaCl_2$ 完全沉淀,过量的 Ba^{2+} 及待测液中的 Ca^{2+}、Mg^{2+} 可在 pH 10 时用 EDTA 进行滴定,以钙镁混合指示剂指标终点,求得被 SO_4^{2-} 沉淀的钡量,即为待测液中 SO_4^{2-} 的含量。其化学反应方程式为:

$$SO_4^{2-} + Ba^{2+}(过量) \rightarrow BaSO_4 \downarrow + Ba^{2+}(剩余)$$

$$Ba^{2+}(剩余) + Ca^{2+} + Mg^{2+} + 3Na_2Y \xrightarrow{pH\ 10} BaY + CaY + MaY + 6Na^+$$

式中：Y—代表EDTA。为防止$BaCO_3$沉淀的产生，在加入$BaCl_2$溶液之前，待测液必须酸化，同时加热至沸以赶出CO_2，趁热加入$BaCl_2$溶液以促进$BaSO_4$沉淀，形成较大颗粒。

5.3.11 土壤氧化还原电位的测定

将铂电极与饱和甘汞电极插入土壤样品中平衡后，通过氧化还原电位计或酸度计的表头读数，再换算成土壤Eh值。

5.4 环境控制元素检测方法

5.4.1 土壤砷含量测定

按NY/T 1121.11规定的方法测定。砷的酸性溶液在氢化物发生器中，与还原剂硼氢化钾发生氢化反应，生成砷化氢气体。用氩气作载气将砷化氢气体导入石英炉中进行原子化，受热的砷化氢解离成砷的气态原子。砷原子受到光源特征辐射线的照射而被激发产生原子荧光，荧光信号到达检测器变为电信号，经电子放大器放大后由读数装置读出。产生的荧光强度与试样中总砷含量成正比，从校准曲线查得总砷的含量。

5.4.2 土壤汞含量测定

按NY/T 1121.10规定的方法测定。样品用硝酸-盐酸混合试剂在沸水浴中加热消解，使所含汞全部以二价汞的形式进入到溶液中，再用硼氯化钾将二价汞还原成单质汞，形成汞蒸气，在载气带动下导入仪器的荧光池中，测定荧光峰值，求得样品中汞的含量。

5.4.3 土壤铅、镉含量测定

按GB/T 17141规定的方法测定。采用盐酸-硝酸-高氯酸-全消解的方法。彻底破坏土壤的矿物品格，使试样中的铅、镉全部进入试液。然后，将试液注入石墨炉中。经过预先设定的干燥、灰化、原子化等升温程序使共存基体成分蒸发除去，同时在原子化阶段的高温下铅、镉化合物离解为基态原子蒸气，并对空心阴极灯发射的特征谱线产生选择性吸收。在选择的最佳测定条件下，通过背景扣除，测定试液中铅、镉的吸光度，计算铅、镉的含量。

5.4.4 土壤铬含量测定

按NY/T 1121.12规定的方法测定。土壤经硫酸、硝酸、磷酸消化，铬的化合物转化为可溶物，用高锰酸钾将铬氧化成六价铬，过量的高锰酸钾用叠氮化钠还原除去，在酸性条件下，六价铬与二苯碳酰二肼（DPC）反应生成紫红色化合物，于波长540 nm处进行比色测定。

第六章 耕地质量监测数据采集

6.1 监测数据质量控制

田间调查及土样化验数据的质量,是整个耕地质量监测工作的重要基础,数据质量的准确性、及时性、代表性,是监测结果乃至监测报告是否具有价值或价值大小的关键。

6.1.1 调查环节

建点初期,应由专业的土肥技术人员进行调查记载,该人员应有丰富的专业知识和实践经验。调查内容包括:监测点的立地条件和农业生产概况,建立监测点档案信息。同时需按 NY/T 1121.1《土壤检测 第1部分:土壤样品的采集、处理和贮存》规定的方法挖取土壤剖面,监测各发生层次理化性状。

监测点初始建立,应调查记载所在地块的常年有效现温、地形部位、海拔高度、障碍因素、灌溉能力、农业区划分区、熟制分区、典型种植制度、常年施肥量(折纯)、经纬度、常年降水量、常年无霜期(d)、地块坡度、地下水埋深、耕地地力水平、排水能力、产量水平、田块面积、土壤代码、土类、土属、亚类土种、成土母质、有效土层厚度、质地构型、生物多样性、土壤养分状况、盐碱地类型、盐碱程度,上传景观照片和土壤剖面照片。

监测点土壤剖面的理化性状主要内容包括剖面的基本描述,如颜色、紧实度、容重、结构、植物根系、新生体等;剖面的机械组成、化学性状、重金属含量。

6.1.2 采样环节

采样时间:区域补充指标采样时间第1次为主栽作物播种前,第2次为主栽作物收获后。统一监测指标,每年度监测1次,在当地最后一季作物收获后采样监测;试验区、对照区采样同时进行。

采样依据:按 NY/T 1121.1—2006《土壤检测 第1部分:土壤样品的采集、处理与贮存》进行。

采样方法:按照"随机""等量"和"多点混合"的原则进行采样。

"随机"即每一个采样点都是任意决定的,使采样单元内的所有点都有同等机会被采到;"等量"是要求每一点采集土样深度(0~20 cm)要一致,采样量要一致;"多点混合"是指把一个采样单元内各点所采的土样均匀混合构成一个混合样品,以提高样品的代表性,一个混合样品由15~20个样点组成。采样分样点要避开路边、田埂、沟边、肥堆等特殊部位。按照"随机"的原则进行采样,一般采用"S"形布点采样,能够较好地克服耕作、施肥等所造成的误差。在地形变化较小、地力较均匀、采样单元面积较小的情况下，也可采用"梅花"形布点取样。采样点分布示意见图6-1。

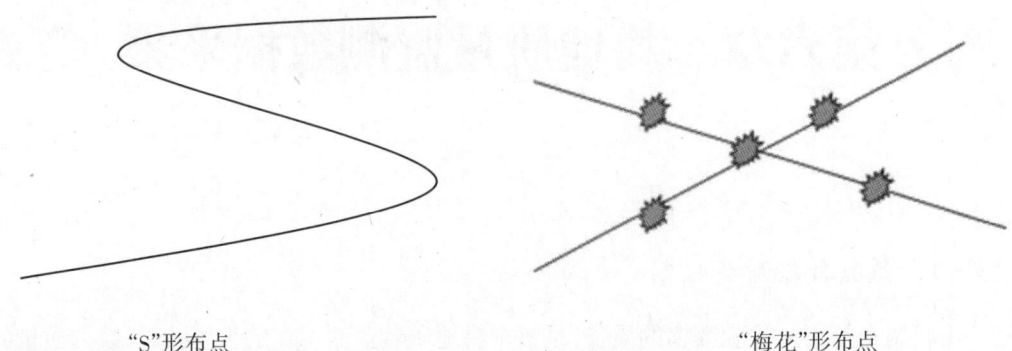

"S"形布点　　　　　　　　　　　　　"梅花"形布点

图6-1　采样点分布示意图

采样工具：因需测定重金属含量、微量元素，用木铲或竹铲、不锈钢土钻等，如用铁锹应用竹片刮去与铁锹接触的部分，以免给土壤检测带来误差。每个采样点的取土深度及采样量应均匀一致，土样上层与下层的比例要相同。微量元素及重金属元素测定土壤采样示意见图6-2。

图6-2　微量元素及重金属元素测定土壤采样示意图

在作物还未收获时，土壤中肥料养分含量会对检测带来误差；只采集作物表层土壤，而不采集0~20 cm的土样；没有进行多点混合采样，样点没有代表性；挖一锹就直接装样，没有用竹片刮去与金属接触部位，均属于典型的错误采样方法，会直接影响到监测和检测数据的准确性。

样品量的多少，混和土样以取土1 kg左右为宜，可用四分法将多余的土壤弃去。方法是将采集的土壤样品放在盘子里或塑料布上，弄碎、混匀，铺成四方形，划对角线将土样分成四份，把对角的两份分别合并成一份，保留一份，弃去一份。如果所得的样品依然很多，可再用四分法处理，直至所需数量为止。样品标记要清楚明白，采集的样品放入统一的样品袋,用铅笔写好标签,内外各一张。标记不清,也是数据质量不可靠的一个重要因素。

土壤样品预处理:从野外采回的土壤样品及时放在样品盘上,摊成薄薄的一层,置于干净整洁的室内通风处自然风干。风干样品过程中经常翻动土样并将大土块捏碎以加速干燥,同时剔除土壤以外的侵入体。将风干后的样品平铺在制样板上,用木棍或塑料棍碾压,并将植物残体、石块等浸入体和新生体剔除干净,细小已断的植物须根,用静电吸的方法清除。土壤样品预处理示意见图 6-3。

图 6-3　土壤样品预处理

土壤样品保存:风干后的土样按照不同的分析要求研磨过筛。压碎的土样全部通过 2 mm 孔径筛。未过筛的土粒重新碾压过筛,直至全部样品通过 2 mm 孔径筛为止。过 2 mm 孔径筛的土样供 pH 及有效养分等项目的测定。将通过 2 mm 孔径筛的土样用四分法取出一部分继续碾磨,使之全部通过 0.25 mm 孔径筛,供有机质、全氮等项目的测定。将通过 0.25 mm 孔径筛的土样用四分法取出一部分继续用玛瑙研钵磨细,使之全部通过 0.149 mm 孔径筛,供矿质全量微量元素和土壤重金属分析等项目的测定。

6.1.3　检测环节

土壤样品检测,检测机构要选择通过计量认证的实验室进行(计量认证资质认定证书样本见图 6-4)。有条件的单位,土壤样品最好由一家检测中心统一集中分析化验,统一化验有利于消除或降低系统误差。

图 6-4　实验室资质认定认证证书

检测标准按照相关部门出台的农业标准执行,如：

土壤pH的测定：按NY/T 1121.2规定的方法测定。

土壤机械组成的测定：按NY/T 1121.3规定的方法测定。

土壤容重的测定：按NY/T 1121.4规定的方法测定。

土壤水分的测定：按NY/T 52规定的方法测定。

土壤碳酸钙的测定：按NY/T 86规定的方法测定。

土壤阳离子交换量的测定：中性土壤和微酸性土壤按NY/T 295规定的方法测定；石灰性土壤按NY/T 1121.5规定的方法测定。

土壤有机质的测定：按NY/T 1121.6规定的方法测定。

6.1.3.1 实验室建设要求

实验室使用面积不小于200 m²,由样品处理室、样品保存室、天平室、电热室、分析室、浸提室、贮藏室、危险品贮藏室等组成。

样品干燥需要自然或强制通风,可安装远红外加热设备,但室温不宜超过40 ℃。样品研磨需要强制通风、除尘;样品保存室用于存放样品和参比样,一般样品需保存3~12个月,肥料田间试验的基础土壤样品应长期保存;贮藏室是化验室备用物品贮藏的场所,主要是备用的化学试剂和仪器设备、备件等,必须独立;分析室应配置空调,用于放置原子吸收分光光度计(强排风)、火焰光度计(强排风)、紫外-可见分光光度计、酸度计等仪器及分析操作使用,仪器应配置标准数据接口或计算机,用于数据自动采集;浸提室应配置空调,用于样品浸提、稀释、显色等;危险品贮藏室最好设于大楼以外,主要存放少量易燃、易爆和剧毒危险品,必须有防渗、防爆、防盗设计。

浸提室、分析室等均需设上下水管线,配置防溅洒防护装置,如洗眼器、淋浴喷头等。

(1)实验环境

因土样检测过程中需接触各种有毒制剂或溶液,故必须有具体措施保证实验室技术人员的安全：①保证检测工作不受外部环境影响;②保证检测的废液、废水等有害物质对周围环境不产生不利影响;③保证检测人员的身体健康。

(2)仪器

实验室各种仪器必须由专业技术人员操作,专业技术人员要不定期进行培训,以便熟悉操作流程;检测无关人员未经允许不得进入实验室内。

实验室测试仪器主要包括以下仪器设备：原子吸收分光光度计、火焰光度计、紫外-可见分光光度计、凯氏定氮仪、酸度计、电导仪、超纯水器、样品粉碎机、振荡机、电热干燥箱、电子天平和计算机等。

(3)实验室环境条件

环境温度：15~35 ℃;

相对湿度：20%~75%;

电源电压：220±11 V,注意接地良好;

噪声:仪器室噪声<55 dB,工作间噪声<70 dB;

含尘量:<0.28 mg/m³;

照度:200~350 Lx;

振动:天平室、仪器室应在4级以下,振动速度<0.20 mm/s。

特殊仪器设备的使用,特殊样品试剂的存放和特殊分析项目的开展,应满足其各自规定的环境条件。

6.1.3.2 仪器设备及标准物质控制

实验室计量器具主要有仪器设备、玻璃量器、标准物质等三类。

(1)仪器设备

应购买已获产品质量认证的专业厂家生产的产品。对检测准确性和有效性有影响的仪器设备,应制定周期校核、检定计划。属强制性检定的,应定期送法定机构检定;属非强制性检定但有检定规程的,一般也应定期送检或自检,但自检应建标并考核合格;属非强制性检定又无检定规程的或不属计量器具但对检测准确性和有效性有影响的,应定期组织自校或验证。自检和验证常用的方法应使用有证标准物质和组织实验室间比对等。

(2)标准物质

应购买国务院有关业务主管部门批准并授权生产,附有标准物质证书且在有效期内的产品。实验室的参比样品、工作标准溶液等应溯源到国家有证标准物质。

(3)玻璃量器

应购置有《制造计量器具许可证》的产品。玻璃量器应按周期进行检定,其中与标准溶液配制、标定有关的,定期送法定机构检定,其余的由本单位具有检定员资格的人员按有关规定自检。

6.1.3.3 参比样制备

选择有代表性的土壤类型,采集耕层土样,每类土样不低于1kg。样品采集要防止污染。

(1)风干

将田间采集的土壤摊平,放在无污染的塑料薄膜上风干。剔除植物残体、砂砾石块等侵入体和新生体。干燥期间注意防尘,避免直接暴晒。

(2)磨碎与过筛

用机械粉碎机制样,通过0.25 mm孔径筛。在研磨与过筛过程中应注意样品的再次除杂。为提高样品的稳定性,有条件的地方可将过筛后的样品通过105 ℃烘干6 h处理。

(3)混匀

把通过0.25 mm孔径筛的土壤样品全部置于无污染的搅拌器内(如混凝土搅拌机或BB肥混合器)搅拌,直到搅拌均匀为止,搅拌时间由土样数量和搅拌器性能而定。将混匀的样品全都分装到塑料瓶中(样重约1 kg),备用。

(4)均匀性检查

当最小包装单元总量小于500瓶时,可按随机数表抽取15~25(一般为20)瓶,大于

500瓶时,按计算抽样数;抽取的每个包装单元再分上下两层各抽取30 g样品进行测定,推荐检查测定项目为有机质、速效钾和有效铜(或锰),测定时每个项目由同一人在同一实验条件下在尽量短的时间内完成;测试结果采用单因子方差分析法判定,当测定项目均为 F 计算值 $\leq F_{0.05}$ 临界值时,则可以认为该批样品均匀。

(5) 定值

按检测要求将一定量的样品分发至8个以上条件良好的实验室,同一项目用统一的方法进行测试分析,结果经整理统计后,得到平均值和标准差。检测项目包括:有机质、pH、全氮、全磷、全钾、阳离子交换量、水解性氮、有效磷、速效钾、缓效钾、有效中微量元素等。

(6) 稳定性检查

样品定值后由制备单位会同2~3个条件良好的化验室进行稳定性检查,第一个年度内检查1次,以后每2~3个年度内检查1次,检查参比样的定值是否在方法允许误差范围内。

6.1.3.4 实验室内的质量控制

(1) 空白试验

空白值的大小和分散程度,影响着方法的检测限和结果的精密度。影响空白值的主要因素:纯水质量、试剂纯度、试液配制质量、玻璃器皿的洁净度、精密仪器的灵敏度和精密度、实验室的清洁度、分析人员的操作水平和经验等等。空白试验一般平行测定的相对差值不应大于50%,同时,应通过大量的试验,逐步总结出各种空白值的合理范围。每个测试批次及重新配置药剂都要增加空白。

(2) 标准溶液的校准

标准溶液分为元素标准溶液和标准滴定溶液两类。应严格按照国家有关标准配制、使用和保存。

(3) 精密度控制

精密度一般采用平行测定的允许差来控制。通常情况下,土壤样品需作10%~30%的平行。5个样品以下的,应增加为100%的平行。

平行测试结果符合规定的允许差,最终结果以其平均值报出,如果平行测试结果超过规定的允许差,需再加测一次,取符合规定允许差的测定值报出。如果多组平行测试结果超过规定的允许差,应考虑整批重作。

(4) 准确度控制

准确度一般采用标准样品作为控制手段。通常情况下,每批样品或每50个样品加测标准样品1个,其测试结果与标准样品标准值的差值,应控制在标准偏差(S)范围内。

采用参比样品控制与标准样品控制一样,但首先要与标准样品校准或组织多个实验室进行定值。在土壤测试中,一般用标准样品控制微量分析,用参比样品控制常量分析。如果标准样品(或参比样品)测试结果超差,则应对整个测试过程进行检查,找出超差原因再重新进行。此外,加标回收试验也经常用作准确度的控制。

(5) 干扰的消除或减弱

干扰对检测质量影响极大,应注意干扰的存在并设法排除。主要方法有:可采用物理或化学方法分离被测物质或除去干扰物质;加入络合剂掩蔽干扰离子;利用氧化还原反应,使试液中的干扰物转化为不干扰的形态;采用有机溶剂的萃取及反萃取消除干扰;采用标准加入法消除干扰;采用其他分析方法避开干扰。

(6) 其他措施

实验室内的质量控制除上述日常工作外,还需要由质量管理人员对检测结果的准确度、重复性和复现性进行控制,对检测结果的合理性进行判断。

用标样作为密码样,每年至少考核1~2次;尽可能参加上级部门组织的实验室能力验证和考核。

(7) 重复性控制

按不同类别随机抽取样品,制成双样同批抽查;随机抽取已检样,编成密码跨批抽查;同(跨)批抽查的样品数量应控制在样品总数的5%左右。

(8) 复现性控制

室内互检:安排同一实验室不同人员进行双人比对。

室间外检:分送同一样品到不同实验室,按同一方法进行检测。

方法比对:对同一检测项目,选用具有可比性的不同方法进行比对。

6.1.3.5 检测结果的合理性判断

检测结果的合理性判断,是质量控制的辅助手段,其依据主要来源于有关专业知识,以土壤测试为例,其合理性判断的主要依据是:土壤元素(养分含量)的垂直分布规律,主要是土壤元素(养分含量)在不同海拔高度或不同剖面层次的分布规律;土壤元素(养分含量)的空间分布规律,主要是不同类型、不同区域的土壤背景值和土壤养分含量范围;土壤元素(养分含量)与地形地貌的关系;土壤元素(养分含量)与成土母质的关系;土壤元素(养分含量)与利用状况的关系;各检测项目之间的相互关系。

检测结果的合理性判断,只能作为复验或外检的依据,而不能作为最终结果的判定依据。

6.1.3.6 实验室间的质量控制

实验室间的质量控制是一种外部质量控制,可以发现系统误差和实验室间数据的可比性,可以评价实验室间的测试系统和分析能力,是一种有效的质量控制方法。实验室间质量控制的主要方法为能力验证,即由主管单位统一发放质控样品,统一编号,确定分析项目、分析方法及注意事项等,各实验室按要求时间完成并报出结果,主管单位根据考核结果给出优秀、合格、不合格等能力验证结论。

6.1.4 填报环节

在填报耕地质量监测表格时,要特别注意检测项的单位问题,单位要基本规范:如g/kg或%一致性问题;本该为g/kg却用mg/kg的问题等。数据校正:如缓效钾<速效钾的问

题;同一地块全钾或全磷含量差异较大的问题;小数点位数规范:呈报数据的小数有效位数要规范(速效养分保留1位,全量养分数据保留2位)。

6.1.5 审核环节

监测数据质量是科学进行监测结果分析、编制监测年度报告的前提与基础,因此应在监测数据上报前进行数据完整性、变异性与符合性审核,确保监测数据准确。对照原始表格,有无录错;与近年数据对比,是否变异过大;数据是否能真实客观地反映当地实际情况;有无漏报数据,对异常数据要核实,必要时重新采样检测。

要求数据审查应由分管耕地质量监测工作的站长(主任)负责。审查结束后,审查人签字确认,并盖单位公章,按要求时间上报。监测审核流程见图6-5。

图 6-5 监测数据审核流程图

6.1.6 报送环节

在汇总整理好每年的监测数据后,省级监测单位要编写年度监测报告。监测报告内容应包括监测点基本情况,耕地质量主要性状的现状及变化趋势,农田肥料投入、结构现状及变化趋势,作物产量现状及变化趋势,耕地质量变化原因分析,提高耕地质量的对策和建议等内容。监测报告加盖公章后报送农业农村部等有关上级单位。认真检查,避免报送成上一年度的数据或报成其他监测点的数据。省级年度监测评价报告见图6-6。

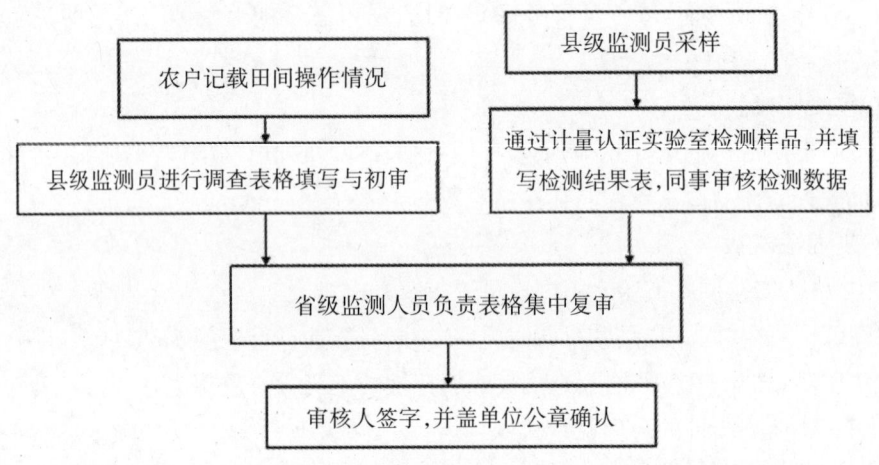

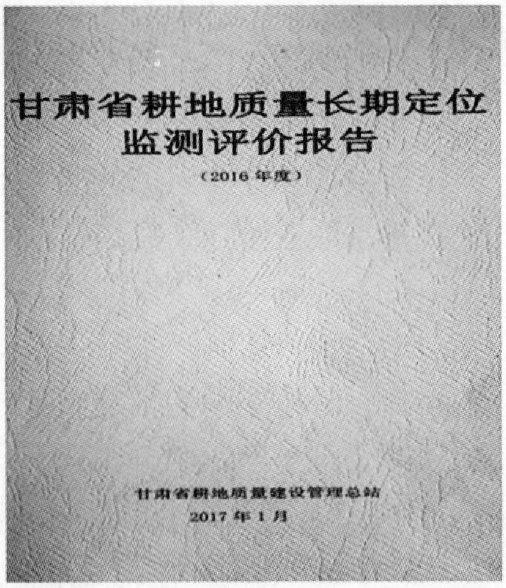

图 6-6 甘肃省年度监测评价报告

6.2 耕地质量监测站数据采集

6.2.1 年度监测内容

监测田间作业情况、作物产量、施肥量,并在每年最后一季作物收获后、下一季施肥前采集各处理区耕层土壤样品,送有土壤肥料检测资质的机构检测。每季作物(有几季填几季，实行休耕未种植作物的不填写)的名称、品种、播种日期、收获日期、果实产量、茎叶产量、有机肥与化肥投入的折纯量。耕层厚度、土壤pH、土壤养分状况(有机质、全氮、有效磷、速效钾含量，交换性钙、镁含量，有效硫、硅、铁、锰、铜、锌、硼、钼含量)。

表6-1 国家级耕地质量监测点年度监测数据汇总表

监测点代码：_____　　　　　　　　监测年度：_____

统计项目			第一季	第二季	第三季
基本情况	作物名称				
	作物品种				
	生育期(d)				
	大田期	起始(年/月/日)			
		结束(年/月/日)			
	灌水总量(m³/亩)				
作物产量	无肥区	果实(kg/亩)			
		茎叶(kg/亩)			
	常规施肥	果实(kg/亩)			
		茎叶(kg/亩)			
施肥折纯量情况	有机肥	N(kg/亩)			
		P_2O_5(kg/亩)			
		K_2O(kg/亩)			
	化肥	N(kg/亩)			
		P_2O_5(kg/亩)			
		K_2O(kg/亩)			

	耕层物理性状		质地(国际制)		耕层厚度(cm)			容重(g/cm³)		
常规区土壤性状	耕层理化性状									
			常规测试项目							
		层次	取样深度(cm)	pH	有机质(g/kg)	全氮(g/kg)	碱解氮(mg/kg)	有效磷(mg/kg)	速效钾(mg/kg)	缓效钾(mg/kg)	全磷(g/kg)	全钾(g/kg)
		耕层										
		中微量元素项目(钙镁为交换态，其他为有效态)									
		层次	钙(mg/kg)	镁(mg/kg)	硫(mg/kg)	硅(mg/kg)	铁(mg/kg)	锰(mg/kg)	铜(mg/kg)	锌(mg/kg)	硼(mg/kg)	钼(mg/kg)
		耕层										
		环境质量项目(全量)									
		层次	铬(mg/kg)	镉(mg/kg)	铅(mg/kg)	砷(mg/kg)	汞(mg/kg)	/	/	/	/	/
		耕层						/	/	/	/	/

监测单位：_____(公章)　　　　　　填报人：_____

审核人：_____　　　　　　　　　　填报日期：_____

表 6-2 监测点常规区施肥情况记载表

监测点代码：_____   监测年度：_____

生长季节	序号	施肥日期（年-月-日）	肥料种类（填有机肥或化肥）	肥料名称	养分含量			实物量（kg/亩）
					N(%)	P_2O_5(%)	K_2O(%)	
第一季	1							
	2							
	3							
	4							
	5							
	6							
第二季	1							
	2							
	3							
	4							
	5							
	6							
第三季	1							
	2							
	3							
	4							
	5							
	6							

监测单位：_____   填报人：_____
审核人：_____   填报日期：_____

表6-3 监测点田间生产情况记载表

监测点代码：_____　　　　监测年度：_____

项目		第一季	第二季	第三季
作物名称				
品种名称				
播种期				
收获期				
播种方式				
耕作情况				
降雨量(mm)				
灌溉设施				
灌溉方式				
灌水量(m³/亩)				
排水方式				
排水效果				
自然灾害	种类			
	发生时间			
	危害程度			
病虫害	种类			
	发生时间			
	危害程度			
	防治方法			
	防治效果			

监测单位：_____　　　　填报人：_____

审核人：_____　　　　填报日期：_____

6.2.2 初始建点及每5年1次监测内容

建点初期应调查记载内容：GPS经纬度坐标、土壤名称（土类、亚类、土属、土种）、地貌类型、地形部位、坡度、海拔高度、常年降雨量、≥0 ℃有效积温、≥10 ℃有效积温、有效土层厚度、耕层厚度、灌溉能力、排水能力、耕地质量等级（一至十等）、土壤pH、土壤养分状况（有机质、全氮、有效磷、速效钾、缓效钾含量，交换性钙、镁含量，有效硫、硅、铁、锰、铜、锌、硼、钼含量）、土壤环境控制元素含量（铅、镉、汞、砷、铬）、耕层容重、土壤剖面相关理化性状及图片、主栽作物产量。耕层土壤水溶性盐总量、盐化类型、盐渍化程度。

每5年1次监测内容包括：监测田间作业情况、作物产量、施肥量；每季作物的名称、品种、播种日期、收获日期、果实产量、茎叶产量、有机肥与化肥投入的折纯量；土壤pH、土壤养分状况（有机质、全氮、有效磷、速效钾、缓效钾含量，交换性钙、镁含量，有效硫、硅、铁、锰、铜、锌、硼、钼含量）、土壤环境控制元素含量（铅、镉、汞、砷、铬）、耕层容重、耕层厚度等。

填写具体说明如下：

监测点代码：按全省统一编码。

建点年度：确定监测地块并挖掘土壤剖面的时间。

地形部位：监测地块所处的能影响土壤理化特性的最末一级的地貌单元。如河流及河谷冲积平原要区分出河床、河漫滩、一级阶地、二级阶地、高阶地等；山麓平原要区分出坡积裙、洪积锥、洪积扇（上、中、下）、扇间洼地、扇缘洼地等；丘陵要区分高丘、中丘、低丘、缓丘、漫岗等，在此基础上再进一步续分，低山丘陵要区分为丘顶部、丘（岗）坡面、丘（岗）坡麓、丘（岗）间洼地等；丘陵冲沟稻田按主冲、支冲、纵向分冲上部、冲中部、冲尾，横向分冲、塝等。在拍摄景观照片时，应突出这些地貌特征，从照片上判别出监测地块所在的小地貌单元的部位。

障碍因素：指限制产量的主要障碍因素。如干旱缺水、潜育（水稻土）、渍涝（旱地）、盐碱、瘠薄、风沙、坡度等。没有明显障碍因素也可以不填。

地下水位：冬季地下水位的埋深，草甸土、潮土、盐化（碱化）土填写。

地力等级：在本县范围内的土壤肥力等级。填写高、中、低。

典型种植制度：填写一年各季作物名称。如小麦－玉米－红苕、小麦（油菜）－水稻、冬麦－水稻等。

施肥：填写化肥和有机肥常年平均施用量。

灌溉能力：分为保灌、能灌、可灌（将来可发展）、无灌（不具备条件或不计划发展灌溉）、不需。

排水能力：分为保排、能排、可排（将来可发展）、渍涝（不具备条件或不计划发展排涝）、不需。

熟制分区：分为一年一熟、一年两熟、一年三熟、两年三熟等。

地域分区：分为河西走廊灌漠（淤）土区、陇中干旱黄土高原区、陇南黄棕壤棕壤褐土区、陇东黄土高原残塬沟壑区、高寒阴湿区。

土壤代码：按《甘肃土壤》上的代码统一填写。

土壤名称：按《甘肃土壤》上的分类系统命名填写。

代表面积：指监测土壤的生产力水平和特性在本县耕地中的代表面积。

成土母质：首先分清是残积物、坡积物、洪积物或冲积物。残积物与母岩有直接关系，可以填写为××岩残积物母质。坡积物、洪积物、冲积物与母岩的关系比较远，判断不清的，不要牵强地与母岩挂钩，将其性状（厚度、粗细等）描写清楚。对于老的冲积物母质，并有一定发育的，如第四纪老冲积黄泥等，不要填写冲积物、洪积物，直接填写其名。

经纬度：由GPS定位仪读取，转换为北京54坐标系填写，用度分秒形式表示（××°××′××″），小数点后保留2位。

表6-4 监测点基本情况调查表

监测点代码：_____　　　　监测年度：_____

基本情况	省名		市（州）名	
	县（市、区）名		乡（镇）名	
	村名		农户（地块）名	
	邮政编码		经度（××°××′××″）	
	纬度（××°××′××″）		常年降水量（mm）	
	常年有效积温（℃）		常年无霜期（d）	
	地形部位		坡度（°）	
	海拔高度（m）		地下水位（m）	
	障碍因素		地力等级（高、中、低）	
	灌水能力		排水能力	
	地域分区		熟制分区	
	典型种植制度		产量水平（kg/亩）	
	常年施肥（kg/亩）	化肥		
		有机肥		
	田块面积（亩）		代表面积（万亩）	
	土壤代码		成土母质	
	土类		亚类	
	土属		土种	
景观照片拍摄时间：			剖面照片拍摄时间：	
景观照片			剖面照片	

监测单位：_____

注：本表建点时填写，详情参见填表说明。

表 6-5 监测点土壤剖面记载与测试结果表

监测点代码：_____

项　目		发　生　层　次				
层次代号						
层次名称						
取样深度						
剖面描述	颜色					
	结构					
	紧实度					
	容重(g/cm³)					
	新生体					
机械组成	>2 mm					
	0.02~2 mm					
	0.002~0.002 mm					
	<0.002 mm					
	质地命名					
化学性状	有机质(%)					
	全氮(%)					
	全磷(%)					
	全钾(%)					
	pH					
	碳酸钙(%)					
	CEC(cmol/kg)					

取样时间：_____　　　　　　　　　化验时间：_____
监测单位：_____　　　　　　　　　化验单位：_____

注：本表建点时填写。

表 6-6 监测点年度报告

耕层物理性状		质地(国际制)		耕层厚度(cm)			容重(g/cm³)			
		壤土								
耕层理化性状		常规测试项目								
	层次	取样深度(cm)	pH	有机质(g/kg)	全氮(g/kg)	碱解氮(mg/kg)	有效磷(mg/kg)	速效钾(mg/kg)	缓效钾(mg/kg)	全磷(g/kg)	全钾(g/kg)
	耕层										
		中微量元素项目(钙镁为交换态，其他为有效态)									
	层次	钙(mg/kg)	镁(mg/kg)	硫(mg/kg)	硅(mg/kg)	铁(mg/kg)	锰(mg/kg)	铜(mg/kg)	锌(mg/kg)	硼(mg/kg)	钼(mg/kg)
	耕层										
		环境质量项目(全量)									
	层次	铬(mg/kg)	镉(mg/kg)	铅(mg/kg)	砷(mg/kg)	汞(mg/kg)	/	/	/	/	/
	耕层						/	/	/	/	/

6.3 田间投入品(肥料)数据采集

监测有机肥和化肥的施肥时期、肥料品种、施肥次数和施用实物量,并记载所施肥料的养分含量。同时,要统计每一季作物施肥折纯量,填入产量与施肥量汇总表。监测有机肥和化肥的施肥时期、肥料品种、施肥次数、肥料施用量及其有效成分施用量。

有机肥的有效成分应在监测的第一年化验该田块常用有机肥的N、P、K含量水平(在填表时有机肥施肥量时要换算成P_2O_5、K_2O的施用量),其后如有较大的变化应补充化验。尿素、碳铵、磷铵、氯化钾、硫酸钾等化肥品种可根据标识的有效成分含量计算用量;如果施用过磷酸钙、复混肥等化肥品种应取样化验,掌握实际有效成分含量。

表6-7 施肥情况记载表

监测点代码:_____　　　　　建点年度:_____

季别	施肥时期(月/日)	有机肥		化肥				实物量(kg)
		品种	施肥量(kg)	品种	养分含量(%)			
					N	P_2O_5	K_2O	
第一季								
第二季								
第三季								

填表日期:_____　　　　　填表人员:_____

6.4 农艺措施记载

6.4.1 田间作业情况

记载年度内每季作物的名称、品种(注明是常规品种或杂交品种)、播期、播种方式、收获期、耕作情况、灌排、病虫害防治、自然灾害出现的时间、强度以及对作物产量的影响,及其他对监测地块有影响的自然、人为因素。

6.4.2 田间测产

对常年不施肥处理和常规施肥处理区的每季作物分别进行果实产量(风干基)与茎叶产量(风干基)的测定。

果实产量测定可以去边行后实打实收,也可以随机抽样测产。随机抽样测产时,全田块取 5 个以上面积 1~2 m²(细秆作物)或 5~10 m²(粗秆作物)的样方实脱测产。蔬菜不测产,棉花分籽棉和秸秆测产,并把籽棉折成皮棉。

小麦、水稻、玉米等作物也可用穗数、粒数、粒重测产法,即对这 3 个因子进行调查测定,求出理论产量。分"看、量、数、算"4 个步骤。

以小麦为例:

看——看涨势。看品种是否均一、种植密度是否合理、结实率高不高、籽粒是否饱满、有无出现倒伏情况、田间管理情况如何(有无出现大面积杂草、蚜虫等病虫害防治情况)等。为产量初步判定打下基础

量——对机播麦,垄间距相对固定,通过量算小麦垄间距,为进一步测算每亩穗数提供依据。小麦垄间距的测量见图 6-7。

图 6-7 小麦垄间距的测量

数1——数垄间行数。为不至于漏数或多数,应将麦苗轻轻拨开,数麦苗的根部。小麦垄间行数的计数见图 6-8。

图 6-8　小麦垄间行数的计数

数2——数有效穗数。在田块中按棋盘布点、梅花布点或"S"形布点法随机选择5个测产点,数有效穗数,布点方法与土壤样品采集时的分样点设置类似。选好点后,数1 m双行的有效穗数,最后取平均值。

数3——数穗粒数。在每个测产点,随机选5穗,数穗粒数,取平均值。小麦穗粒的技术见图6-9。

图 6-9　小麦穗粒的计数

算——数穗粒数。在每个测产点,随机选5穗,数穗粒数,取平均值。先通过垄间距离、垄间行数,算出平均行距;再通过平均行距、1 m双行平均有效穗数、每穗粒数,算出单位面积(每亩)的穗粒数;最后通过每亩穗粒数与千粒重估算出每亩的平均产量。

为保证有足够的单株数量,一般穴播作物考种取10穴;条播细秆作物取1 m垄;条播粗秆作物取5~10 m垄(蔬菜不测产,棉花分籽棉和秸秆测产,并把籽棉折成皮棉,籽棉与皮棉的折算率一般为35%~40%)。

茎叶产量根据小样本进行果实与茎叶重量比的考种数据换算。果实与茎叶产量(果实与茎叶产量均为干重)的比值一般称为谷草比,是作物经济性状指标之一,通常专指禾谷类作物的谷粒与其茎秆重量(干物质量)的比值。谷草比值大,表示植株光合产物转化效率高。一般水稻的谷草比大于麦类作物;矮秆品种大于高秆品种。

计算公式为：

谷草比=籽粒产量/秸秆产量

根据中国科学院地理研究所张福春、朱志辉的研究文章《中国作物的收获指数》，我国各种作物谷草比、草谷比等见表6-8。

表6-8 我国各种作物的谷草比和草谷比

作物 Crop	谷草比 Ratio of grain to straw		草谷比 Ratio of straw to grain
	平均值 Avergae	均方差 Standard deviation	
水稻 Rice	0.756	0.221	1.323
双季早稻 Double cropping rice	0.791	0.228	1.264
双季晚稻 Double cropping rice	0.702	0.216	1.425
一季中稻 Single cropping of rice	0.761	0.201	1.314
小麦 Wheat	0.582	0.199	1.718
冬小麦 Winter wheat	0.565	0.192	1.770
春小麦 Spring wheat	0.632	0.208	1.582
玉米 Maize	0.788	0.193	1.269
春玉米 Spring maize	0.799	0.185	1.311
夏玉米 Summer maize	0.763	0.151	1.563
大麦 Barley	0.640	0.151	1.563
棉花 Cotton	0.620	0.256	1.613
大豆 Soybean	0.772	0.265	1.295
油菜 Rape	0.335	0.121	2.985
高粱 Chinese sorghum	0.628	0.198	1.592
花生 Peanuts	0.742	0.300	1.348
谷子 Millet	0.619	0.242	1.616
青稞 Highland barley	0.670	0.200	1.493
莜麦 Naked oats	0.423	0.143	2.364
向日葵 Sunflower	0.451	0.238	2.317
蚕豆 Broad beans	0.783	0.241	1.277
芝麻 Sesame	0.170	0.072	5.882
豌豆 Peas	0.037	0.086	1.067
胡麻 Flax	0.553	0.218	1.808
烟草 Tobacco	0.945	0.536	1.058

监测点田间生产情况、产量与施肥量情况应填入下附的两张表格,存档保留并报上级土肥技术推广机构。监测点田间生产情况表、产量与施肥量情况汇总表分别见表6-9、10。

表 6-9　监测点田间生产情况表

监测点代码：＿＿＿＿＿＿＿＿　　　　　监测年度：＿＿＿＿＿＿＿＿

项　目		第一季	第二季	第三季
作物名称				
品　种				
播　种　期				
收　获　期				
播种方式				
耕作情况				
灌排水及降雨	降雨量(mm)			
	灌溉设施			
	灌溉方式			
	灌水量(m^3)			
	排水方式			
	排水效果			
自然灾害	种类			
	发生时间			
	危害程度			
病虫害发生	种类			
	发生时间			
	危害程度			
	防治方法			
	防治效果			

填表日期：＿＿＿＿＿＿＿＿　　　　　填表人员：＿＿＿＿＿＿＿＿

表 6-10　产量与施肥量汇总表

监测点代码：_____　　　　　监测年度：_____

项目			第一季	第二季	第三季	总计
作物名称						
作物品种						
生育期(d)						
大田期	起始					
	终止					
作物产量 (kg/亩)	无肥区	果实				
		茎叶				
	常规区	果实				
		茎叶				
施肥量 (kg/亩)	有机肥	N				
		P_2O_5				
		K_2O				
	化肥	N				
		P_2O_5				
		K_2O				

填表日期：_____　　　　　填表人员：_____

6.5　土样化验结果数据采集

土样按照规范要求采集后，要及时送至有资质和计量认证的实验室进行定点化验；为控制化验数据结果质量，可视情况加入盲样。化验结束后，实验室留样后，应出具正规的检测报告，若对检测结果存疑，可申请实验室对土样进行复测。正式检测报告式样见图6-10。

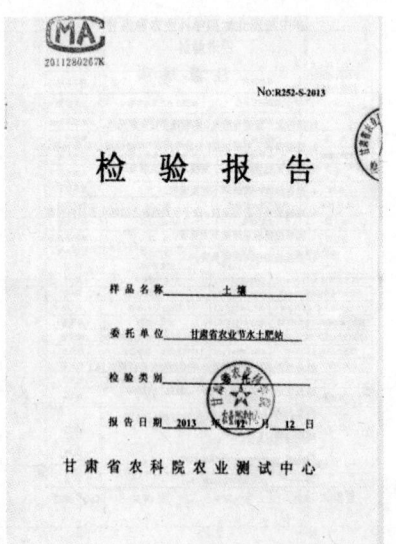

图 6-10　正式检测报告式样

6.6 监测工作规范化管理制度

6.6.1 定期督查制度

监测人员要在调查采样关键环节深入重点监测点,指导做好调查采样工作。平时,要定期检查监测点设施维护情况。

6.6.2 定点检测制度

所有监测土壤样品要在有资质的化验室定点检测。并尽量采取集中检测方式。

6.6.3 及时沟通制度

审核调查数据发现问题时及时向监测人员核实情况,审核检测数据发现问题时要及时与检测单位沟通,必要时重新检测。对监测数据异常原因要及时报送省级土壤肥料技术推广部门。

6.6.4 耕地质量年度报告制度

《中华人民共和国农业法》第58条规定县级以上人民政府农业行政主管部门应当采取措施,支持农民和农业生产经营组织加强耕地质量建设,并对耕地质量进行定期监测。《国务院基本农田保护条例》第22条规定县级以上地方各级人民政府农业行政主管部门应当逐步建立基本农田地力与施肥效益长期定位监测网点,定期向本级人民政府提出基本农田地力变化状况报告以及相应的地力保护措施,并为农业生产者提供施肥指导服务。甘肃省已经连续10多年向全国农技中心报送年度报告,建立的休耕监测点也要纳入全省监测网络,建立起年度报告制度。

6.6.5 监测结果反馈制度

要将监测结果及时反馈给有关单位和监测点农户,实现监测数据与成果共享。

第七章 耕地质量评价指标体系建立

7.1 耕地质量评价的概念

7.1.1 耕地质量评价基本概念

耕地质量评价是在气候、地貌类型、成土母质、土壤理化性状等条件下对耕地立地条件、土壤属性、农田基础设施、培肥水平、土壤环境质量等因素进行单一或综合研究,科学划分耕地质量等级,以评价其综合生产能力,是耕地内在产能的表现。由于受诸多因素的影响,耕地质量评价不仅涉及定性因素,还涉及定量因素,但各因子间对耕地质量影响程度又有所不同。耕地质量评价包括耕地质量等级评价、耕地质量监测评价、特定区域耕地质量评价、耕地质量特定指标评价、新增耕地质量评价和耕地质量应急调查评价。耕地质量评价能够确定影响耕地生产能力的主要障碍因素,提出切实可行的耕地质量建设与管理的对策建议。本书耕地质量评价主要针对耕地质量等级评价的部分。

7.1.2 国内外耕地质量评价概况

俄罗斯土壤地理学家道库恰耶夫,在1877年对黑钙土进行了研究,并联合气象学家等专家开展了土地评价。德国主要以评定当地效益最好农场为100分的各农场耕地及草地净收入的相对值为基础,作为征收土地税、土地归并及调换土地、确定地租地价的法律依据而开展耕地评价。

美国农业部土壤保持局于1961年颁布"土地潜力分类系统",是世界上第一个较为全面的土地评价系统。

20世纪70年代,联合国粮农组织(FAO)颁布了"土地评价纲要"。20世纪80年代末期,随着"3S技术",即遥感技术(Remote sensing,RS)、地理信息系统(Geography information systems,GIS)和全球定位系统(Global positioning systems,GPS)以及数字地图的发展,土地评价在数据更新、评价精度等方面取得了较大进展。

20世纪80年代以来,西欧、北美和澳洲等许多发达国家制定了土壤质量评价的指标集成理论、方法及进行了定量化研究。

1994年,美国在两次(1991、1992年)土壤质量评价学术讨论会的基础上,正式出版《Defining Soil Quality for a Sustainable Environment》一书,其中详细记载了土壤质量评价指标选取、定量化方法以及土壤质量与土壤特性和适度利用之间的关系,明确了土壤质量评价应从生产力、环境质量、人类和动植物健康三个方面进行评价。1997年澳大利亚开始开展国家土地与水资源清查,涉及土壤质量、肥力等方面,但没有以耕地质量动态监测的记载。

在2000多年前,中国就有以土壤颜色、成土母质、水分状况来识别土壤肥力的记载。《尚书·禹贡篇》《管子·地员篇》中记载了黄河流域、长江中下游地区以土壤质量等级制定赋税,并将土壤分为三等九级,这是世界上有关土壤质量评价最早的记载。夏商时代因赋税需要,开展了耕地评价,由于条件限制,评价体系和方法并不完善。

中华人民共和国成立后,耕地质量评价开始进入科学、大规模的阶段。1950年,全国土壤肥料大会,对全国中低产田类型、改良措施和途径进行了讨论,这次大会推动了新中国耕地评价工作的开展;1951年,财政部对全国耕地进行了评定等级;1958~1979年完成了两次全国土壤普查,对全国范围内的土壤类型进行了调查,对耕地基础性状和生产能力进行了评价,并依据土壤养分水平对全国土壤肥力划分了8个级别。

20世纪90年代,随着"3S"地图技术的发展与应用,耕地评价在数据更新、动态评价以及评价精确度方面取得长足发展。1994年,全国土壤普查办公室组织全国农业科学专家编写了《中国土壤》《中国土种志》《中国土壤普查数据》以及编绘出版了《中国土壤图》(1:100万)、《中国土壤改良分区图》(1:400万)、《土壤养分图》(包括1:400万的有机质含量图、磷素养分潜力图和钾素潜力图,以及铁、锰铜锌等微量元素图),掌握了全国土壤类型、分布和基本理化性状,以及耕地资源的数量、主要障碍因素等大量信息。1995年,中国农业科学院对县级耕地进行了评价分区,并给出了耕地质量指数。1997年,原农业部全国土壤肥料总站依据粮食单产水平把全国耕地划分为7个耕地类型区、10个耕地地力等级,确定了各类型区分布范围及基础地力要素指标体系。1998年,全国完成了基本农田划定工作,初步研究形成全国耕地土壤质量调查的技术规程,并在全国14个省完成了试点。

2002~2003年,原农业部全国农业技术推广服务中心在全国30个省(直辖市、自治区)开展了耕地质量评价指标体系建立工作,并制定了《全国耕地地力调查与质量评价技术规程(试行)》。随着测土配方施肥项目深入开展,2006年原农业部决定,利用测土配方施肥项目取得的土壤养分数据及调查资料,充分利用第二次全国土壤普查成果对项目区开展耕地质量评价工作,完成规定图件的数字化以及耕地评价指标体系建立、地力等级评价、成果图编制等工作,并构建耕地资源管理信息系统。

从2002年至2016年底,中国已经建立了包括行业标准、技术规程等完整的技术指标体系,全国1200个项目县建立了统一的县域耕地资源管理信息系统,整合了各种资源,摸清了耕地的基础地力,并完成了10亿亩耕地的养分状况和障碍因子分析,初步摸清了近20年来中国耕地质量的演变现状、突出问题,对今后耕地质量保护、宏观指导测土配方施肥工作、耕地质量建设都具有重要指导意义。

7.2 耕地质量评价体系的建立

7.2.1 评价指标选取

选择原则:因子筛选与权重确定是评价过程中的关键,尤其是土壤因素的选择。土壤是十分复杂的灰色系统,不可能将其所包含的全部信息提出来,由于影响耕地质量的因子间普遍存在着相关性,甚至信息彼此重叠,所以进行耕地质量评价时没有必要将所有因子都考虑进去。为了排除人为主观性对选择评价因子的影响,使筛选的主导评价因子能较全面客观地反映评价区域耕地质量的现实状况,应遵循以下原则:

(1)重要性原则——选取的因子对耕地生产能力有比较大的影响。

(2)差异性原则——选取的因子在评价区域内的变异较大,便于划分耕地地力的等级。

(3)稳定性原则——选取的评价因素在时间序列上具有相对的稳定性,如土壤的质地、有机质含量等,评价的结果能够有较长的有效期。

(4)易获取原则——通过常规的方法即可以获取,如土壤养分含量、耕层厚度、灌排条件等。某些指标虽然对耕地生产能力有很大影响,但获取比较困难,或者获取的费用比较高,当前不具备条件。

(5)必要性原则——选取评价因素与评价区域的大小有密切的关系。当评价区域很大(国家或省级耕地地力评价),气候因素(降雨、无霜期等)就必须作为评价因素。以县(区)域为基础单位,在一个县(区)的范围内,若气候因素变化较小,可以不作为参评指标。

(6)精简性原则——并不是选取的指标越多越好,选取的太多,工作量和费用都要增加。一般8~15个指标能够满足评价的需要。

7.2.2 全国耕地地力评价指标体系

根据中国气候以及地貌的特点,全国农技中心用穷尽法制定了包含气候、立地条件、剖面性状、耕层土壤理化性状、耕层土壤养分状况、障碍因素、土壤管理7大类共64项指标的全国耕地质量评价指标体系(见表7-1)。

表7-1 全国耕地质量评价指标体系

气象资料	≥0 ℃积温	耕层土壤理化性状	质地
	≥10 ℃积温		容重
	年降水量		pH
	全年日照时数		CEC
	光能辐射总量	耕层土壤养分状况	有机质
	无霜期		全氮
	干燥度		有效磷
立地条件	经度		速效钾
	纬度		缓效钾
	海拔		有效硼
	地貌类型		有效钼
	地形部位		有效铜
	坡度		有效锰
	坡向		有效铁
	成土母质		镉、汞、砷、铅、铬

续表

立地条件	土壤侵蚀类型	障碍因素	障碍层类型
	土壤侵蚀程度		障碍层出现位置
	林地覆盖率		障碍层厚度
	地面破碎情况		耕层含盐量
	地表岩石露头状况		一米土层含盐量
	地表砾石度		盐化类型
	田面坡度		地下水矿化度
剖面性状	剖面构型	土壤管理	灌溉保证率
	质地构型		抗旱能力
	有效土层厚度		排灌能力
	耕层厚度		轮作制度
	腐殖层厚度		梯田类型
	田间持水量		梯田熟化年限
	冬季地下水位		
	潜水埋深		
	水型		

7.2.3 甘肃省耕地质量评价指标体系

结合全国耕地质量评价指标体系,充分考虑甘肃省气候以及地貌的特点、数据资料等多方面情况下,采用特尔斐法选取了包含立地条件、剖面性状、耕层土壤理化性状、耕层土壤养分状况、障碍因素、土壤管理6大类的甘肃省不同农业生态区耕地质量评价指标体系(见表7-2)。

表7-2 甘肃省不同农业生态区耕地质量评价指标体系

生态农业区名称	B层	C层
河西走廊灌漠(淤)土区	立地条件(B1)	土壤侵蚀程度、地形部位
	理化性状(B2)	有机质、速效钾、有效磷、
	土壤管理(B3)	灌溉保证率、道路状况
	障碍因素(B4)	障碍层厚度、土体含盐量、障碍层位置
	剖面性状(B5)	土层厚度、质地构型
陇中干旱黄土高原区	立地条件(B1)	地形部位、海拔、土壤侵蚀程度、坡向
	理化性状(B2)	容重、CEC
	土壤管理(B3)	灌溉保证率、道路状况
	剖面性状(B4)	质地构型、土层厚度
	养分状况(B5)	有机质、速效钾、有效磷

续表

生态农业区名称	B层	C层
陇南黄棕壤棕壤褐土区	立地条件（B1）	海拔、地形部位、土壤侵蚀程度、坡向
	理化性状（B2）	CEC、质地
	障碍因素（B3）	障碍层厚度、障碍层位置
	剖面性状（B4）	土层厚度、质地构型
	养分状况（B5）	有机质、有效磷、速效钾
陇东黄土高原残塬沟壑区	立地条件（B1）	地形部位、海拔、土壤侵蚀程度、坡向
	理化性状（B2）	CEC、质地
	养分状况（B3）	有机质、速效钾、有效磷
	剖面性状（B4）	质地构型、土层厚度
高寒阴湿区	立地条件（B1）	地形部位、海拔、土壤侵蚀程度、坡向
	理化性状（B2）	CEC、质地
	养分状况（B3）	有机质、有效磷、速效钾
	剖面性状（B5）	质地构型、土层厚度

7.3 计算单因素评价（模糊评价法）

7.3.1 模糊评价法基本原理

耕地是在自然因素和人为因素共同作用下形成的一种复杂的自然综合体，它受时间、空间因子的制约。在现阶段，这些制约因子的作用还难以用精确的数字来表达。同时，耕地质量本身在"好"与"不好"之间也无截然界限，这类界限具有模糊性，因此，可以用模糊评价法来计算单因素评价评语。

模糊数学的概念与方法在农业系统数量化研究中得到广泛的应用。模糊子集、隶属函数与隶属度是模糊数学的三个重要概念。一个模糊性概念就是一个模糊子集，模糊子集的取值自0~1中间的任一数值（包括两端的0与1）。隶属度是元素符合这个模糊性概念的程度。完全符合时隶属度为1，完全不符合时为0，部分符合即取0与1之间一个中间值。隶属函数是表示元素与隶属度之间的解析函数。根据隶属函数，对于每个都可以算出其对应的隶属度。

应用模糊子集、隶属函数与隶属度的概念，可以将农业系统中大量模糊性的定性概念转化为定量的表示。对不同类型的模糊子集，可以建立不同类型的隶属函数关系。

7.3.2 建立隶属函数的方法：最小二乘法

隶属函数可以简单理解为经验公式，是两个变量的函数关系近似表达式。函数关系的常数如何确定，因此，我们只能要求选取这样的 a、b，使得在……，处的函数值与实验数据……，相差都很小，就是要使偏差（$i=0,1,2,……,7$）都很小，因为偏差有正有负，在求和时，可能互相抵消，为了避免这种情形，可对偏差取绝对值再求和，只要

$$\sum_{i=0}^{7}\left|y_i - f(t)\right| = \sum_{i=0}^{7}\left|y_i - (at_i + b)\right|$$

很小,就可以保证每个偏差的绝对值都很小,但是这个式子中有绝对值记号,不便于进一步分析讨论。由于任何实数的平方都是正数或零,因此我们可以考虑选取常数 a、b,使

$$M = \sum_{i=0}^{7}\left[y_i - (at_i + b)\right]^2$$

最小来保证每个偏差的绝对值都很小,这种根据偏差的平方和为最小的条件来选择常数 a 和 b 的方法叫做最小二乘法。

7.4 特尔斐法简介

评价与决策涉及价值观、知识、经验和逻辑思维能力,因此专家的综合能力是十分可贵的。评价与决策中经常要有专家的参与,例如给出一组地下水位的深度,评价不同深度对作物生长影响的程度通常由专家给出。特尔斐法是美国兰德公司于1964年首先采用的一种方法。这个方法的核心是充分发挥专家对问题的独立看法,然后归纳、反馈,逐步收缩、集中,最终产生评价与判断。特尔斐法的基本步骤如图 7-1 所示。

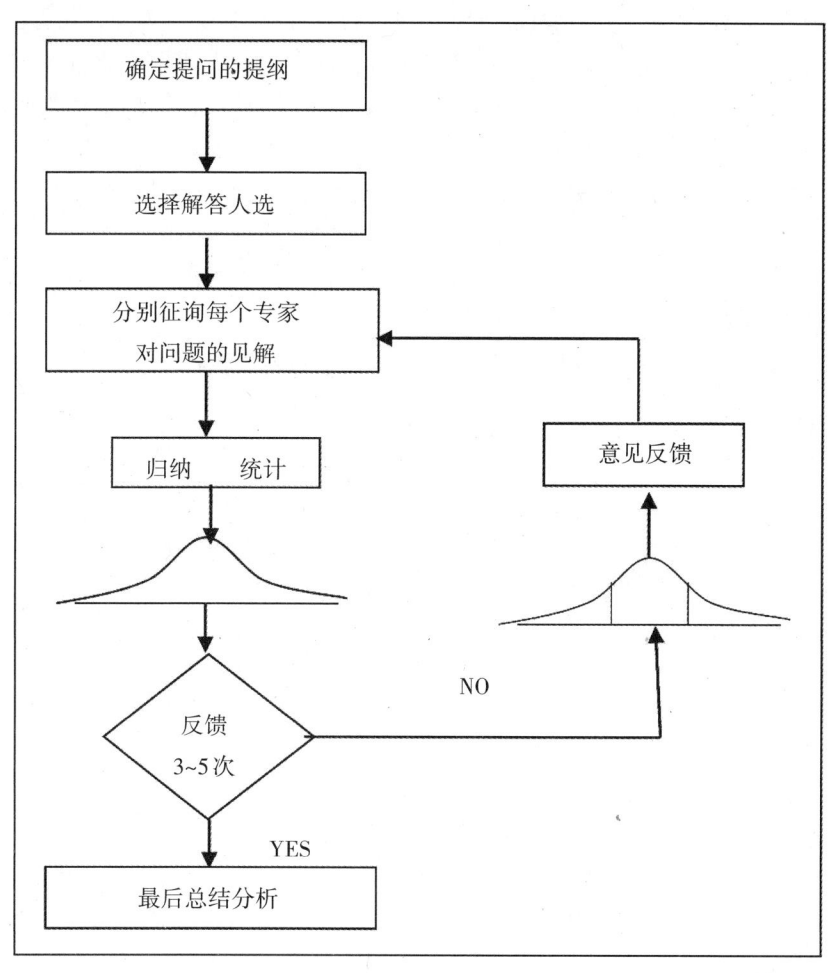

图 7-1 特尔斐法的基本步骤

(1)确定提问的提纲。列出的调查提纲应当用词准确,层次分明,集中于要判断和评价的问题。为了使专家易于回答问题,通常还在提出调查提纲的同时提供有关背景材料。

(2)选择专家。为了得到较好的评价结果,通常需要选择对问题了解较多的专家0~50人,针对耕地质量评价而言,可选择10~20人为宜。

(3)调查结果的归纳、反馈和总结。收集到专家对问题的判断后,应作系统归纳。定量判断的归纳结果通常符合正态分布。这时可在仔细听取持极端意见专家的理由后,去掉两端各25%的意见,寻找出意见最集中的范围,然后把归纳结果反馈给专家,让他们再次提出自己的评价和判断。这样反复3~5次后,专家的意见会逐步趋近一致。这时就可做出最后的分析报告。

以榆中县为例。榆中县南北地形差异较大,导致南北气候也存在差异,因而气候必须纳入参评指标中;立地条件是耕地地力的决定因素,如榆中县大地貌类型有三种,平原、中山、高山,非常重要,因此为必选指标;土壤剖面性状是直观体现各类土壤状况的因素,很稳定,为必选项;土壤养分是土壤肥力的最为明显的表现,而且容易获得,为必选项;土壤管理能在一定范围内体现出人为因素对土壤的影响力,很有必要作为评价指标。

依据以上评价原则,邀请对榆中县气候、立地条件、土壤、农业生产比较熟悉的省、市、县专家,采用特尔斐法从全国66个评价指标中选取了11个指标作为榆中县耕地地力评价指标,见表7-3。

表7-3 榆中县耕地地力评价指标总汇

准则层	指标层
剖面性状	质地构型、有效土层厚度
立地条件	地貌类型、土壤侵蚀程度、坡度、灌溉保证率
理化性状	CEC、有效磷、有机质
气候	≥10℃的积温、年降水量

7.5 示例

根据模糊数学的理论,我们将选定的评价指标与耕地质量之间的关系分为峰型函数、戒上型函数、戒下型函数、直线型函数以及概念型函数5种类型的隶属函数。对于前4种类型,可以用特尔斐法对一组实测值评估出相应的一组隶属度,并根据这两组数据拟合隶属函数,也可以根据唯一差异原则,用田间试验的方法获得测试值与耕地质量的一组数据,用这组数据直接拟合隶属函数。常用隶属函数见表7-4。

表 7-4 常用隶属函数表

	数学表达	函数图形
上戒型	$y_i = \begin{cases} 0, & u_i \leq u_t \\ 1/(1 + a_i(u_i - c_i)^2), & u_t < u_i < c_i, (i=1,2,\cdots,m) \\ 1, & c_i \leq u_i \end{cases}$ y_i 为第 i 个因素评语；u_i 为样品观测值；c_i 为标准指标；a_i 为常数；u_t 为指标下限值	
下戒型	$y_i = \begin{cases} 0, & u_t \leq u_i \\ 1/(1 + a_i(u_i - c_i)^2), & c_i < u_i < u_t, (i=1,2,\cdots,m) \\ 1, & u_i \leq c_i \end{cases}$ u_t 为指标上限值	
峰型	$y_i = \begin{cases} 0, & u_i > u_{t1} \text{或} u_i < u_{t2} \\ 1/(1 + a_i(u_i - c_i)^2), & u_{t1} < u_i < u_{t2} \\ 1, & u_i = c_i \end{cases}$ u_{t1}、u_{t2} 分别为指标上、下限值	
直线型	$y_i = b + a_i \times u_i$	

以定西市安定区为例，隶属函数拟合方法如下：

(1)土壤有机质

① 专家评估

有机质隶属度见表 7-5。

表 7-5　有机质隶属度

有机质（g/kg）	6	7	8	9	10	11	12
评分值	0.23	0.32	0.41	0.54	0.63	0.74	0.82
有机质（g/kg）	13	14	15	16	17	18	19
评分值	0.83	0.87	0.93	0.98	0.99	0.99	1

② 计算参数

采用软件计算参数 a、c（见表 7-6）。

表 7-6　迭代过程

ID	RSS	a	c
0	0.204059209294365	3.39342285029332E−02	15.3706688646742
*	0.120692820805637	1.62567947464078E−02	15.5125525108233
1	0.120692820805637	1.62567947464078E−02	15.5125525108233
*	6.00919573010375E−02	1.88723415384977E−02	16.0231130516322
2	6.00919573010375E−02	1.88723415384977E−02	16.0231130516322
*	4.82193697458551E−02	0.016065197558803	16.5973801277124
3	4.82193697458551E−02	0.016065197558803	16.5973801277124
*	4.74930484897306E−02	1.58180509030678E−02	16.7505533846666
4	4.74930484897306E−02	1.58180509030678E−02	16.7505533846666
*	4.74927887257688E−02	1.58413285388892E−02	16.7477669578102
5	4.74927887257688E−02	1.58413285388892E−02	16.7477669578102
*	4.74927794956405E−02	1.58366683543997E−02	16.7484693763568
6	4.74927794956405E−02	1.58366683543997E−02	16.7484693763568
*	4.74927791195607E−02	1.58376094244273E−02	16.7483252779126
7	4.74927791195607E−02	1.58376094244273E−02	16.7483252779126
*	4.74927791041862E−02	1.58374191537875E−02	16.7483545089113
8	4.74927791041862E−02	1.58374191537875E−02	16.7483545089113
*	4.74927791035576E−02	1.58374576265136E−02	16.7483485980993
9	4.74927791035576E−02	1.58374576265136E−02	16.7483485980993
*	4.74927791035319E−02	1.58374498471791E−02	16.7483497933706
10	4.74927791035319E−02	1.58374498471791E−02	16.7483497933706
*	4.74927791035308E−02	1.58374514201901E−02	16.7483495516835
11	4.74927791035308E−02	1.58374514201901E−02	16.7483495516835
*	4.74927791035308E−02	1.58374511021211E−02	16.7483496005537
12	4.74927791035308E−02	1.58374511021211E−02	16.7483496005537
*	4.74927791035308E−02	0.015837451166436	16.7483495906719
*	4.74927791035308E−02	0.015837451166436	16.7483495906719
*	4.74927791035308E−02	0.015837451166436	16.7483495906719

续表

ID	RSS	a	c
*	4.74927791035308E-02	0.015837451166436	16.7483495906719
*	4.74927791035308E-02	0.015837451166436	16.7483495906719
*	4.74927791035308E-02	1.58374511664359E-02	16.748349590672
*	4.74927791035308E-02	1.58374511664349E-02	16.7483495906722
*	4.74927791035308E-02	0.015837451166425	16.7483495906744
*	4.74927791035308E-02	1.58374511663267E-02	16.7483495906964
13	4.74927791035308E-02	1.58374511663267E-02	16.7483495906964

迭代过程结束,由于任何参数的改变量小于 0.00000001。

③ 拟合图形

根据上述结果拟合图形,见图 7-2。

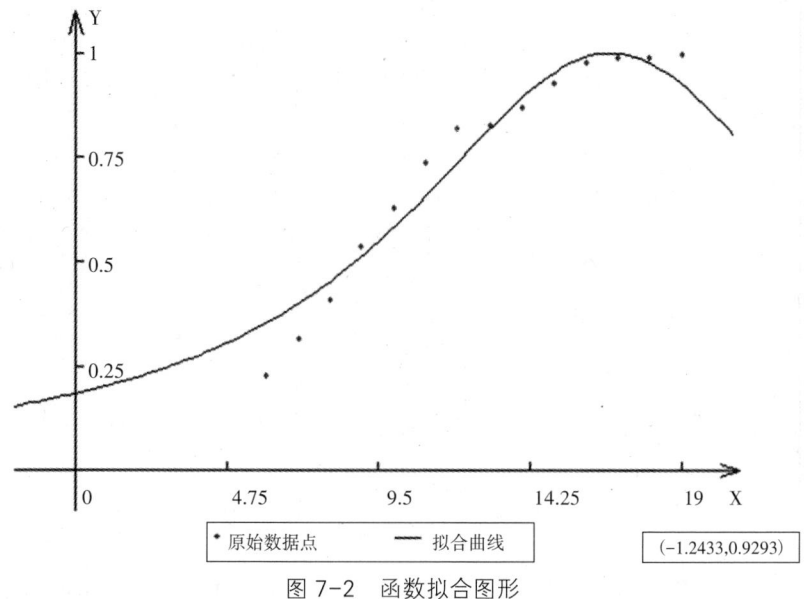

图 7-2 函数拟合图形

(2)土壤有效磷

① 专家评估

有效磷隶属度见表 7-7。

表 7-7 有效磷隶属度

有效磷(mg/kg)	3	5	7	9	11	13
评分值	0.13	0.24	0.36	0.47	0.57	0.66
有机质(g/kg)	15	17	19	21	23	25
评分值	0.75	0.82	0.91	0.95	0.99	1

② 计算参数

采用软件计算参数 a、c(见表 7-8)。

表 7-8 迭代过程

ID	RSS	a	c
0	0.423076234531925	0.423076234531925	18.5729292459527
*	0.399850612820669	0.399850612820669	18.6709897944415
1	0.399850612820669	0.399850612820669	18.6709897944415
*	0.15930416168978	0.15930416168978	19.1132780172602
2	0.15930416168978	0.15930416168978	19.1132780172602
*	5.63389585578458E-02	5.63389585578458E-02	20.7240595468971
3	5.63389585578458E-02	5.63389585578458E-02	20.7240595468971
*	3.72754416216343E-02	3.72754416216343E-02	21.8831335404741
4	3.72754416216343E-02	3.72754416216343E-02	21.8831335404741
*	3.60837539171953E-02	3.60837539171953E-02	22.2343656409924
5	3.60837539171953E-02	3.60837539171953E-02	22.2343656409924
*	3.60789626806749E-02	3.60789626806749E-02	22.2492017684967
6	3.60789626806749E-02	3.60789626806749E-02	22.2492017684967
*	3.60789561711467E-02	3.60789561711467E-02	22.2503709383114
7	3.60789561711467E-02	3.60789561711467E-02	22.2503709383114
*	3.60789560483492E-02	3.60789560483492E-02	22.2502539647386
8	3.60789560483492E-02	3.60789560483492E-02	22.2502539647386
*	3.60789560449126E-02	3.60789560449126E-02	22.2502753544081
9	3.60789560449126E-02	3.60789560449126E-02	22.2502753544081
*	3.60789560448156E-02	3.60789560448156E-02	22.2502717980843
10	3.60789560448156E-02	3.60789560448156E-02	22.2502717980843
*	3.60789560448129E-02	3.60789560448129E-02	22.2502723964334
11	3.60789560448129E-02	3.60789560448129E-02	22.2502723964334
*	3.60789560448128E-02	3.60789560448128E-02	22.2502722959179
12	3.60789560448128E-02	3.60789560448128E-02	22.2502722959179
*	3.60789560448128E-02	3.60789560448128E-02	22.2502723128068
*	3.60789560448128E-02	3.60789560448128E-02	22.2502723128068
*	3.60789560448128E-02	3.60789560448128E-02	22.2502723128068
13	3.60789560448128E-02	3.60789560448128E-02	22.2502723128068
*	3.60789560448128E-02	3.60789560448128E-02	22.2502723099691
*	3.60789560448128E-02	3.60789560448128E-02	22.2502723099691
*	3.60789560448128E-02	3.60789560448128E-02	22.2502723099691
*	3.60789560448128E-02	3.60789560448128E-02	22.2502723099691
*	3.60789560448128E-02	3.60789560448128E-02	22.2502723099692
14	3.60789560448128E-02	3.60789560448128E-02	22.2502723099692

迭代过程结束,由于任何参数的改变量小于 0.00000001

③ 拟合图形

根据上述结果拟合图形,见图 7-3。

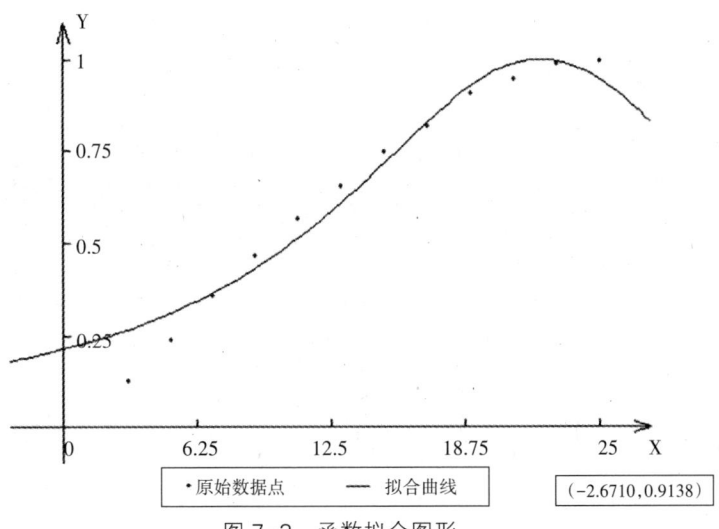

图 7-3 函数拟合图形

(3) 土壤速效钾

① 专家评估

速效钾隶属度见表 7-9。

表 7-9 速效钾隶属度

速效钾 (mg/kg)	90	110	130	150	170	190	210
评分值	0.1	0.2	0.4	0.6	0.85	0.95	1

② 计算参数

采用软件计算参数 a、c (见表 7-10)。

表 7-10 迭代过程

D	RSS	a	c
0	0.298363496464466	1.11023576097106E-03	179.126910574728
*	0.56905093557543	1.32812135484606E-04	179.126968537343
*	0.534160291473088	1.41522372162609E-04	179.126916362046
*	0.322003865570713	2.20780692115274E-04	179.126911145285
*	0.159186595960204	6.21035205966813E-04	179.126910627656
1	0.159186595960204	6.21035205966813E-04	179.126910627656
*	0.149421789078399	4.82840004359188E-04	179.126911165189
2	0.149421789078399	4.82840004359188E-04	179.126911165189
*	0.148780575699306	5.10410261155804E-04	179.126916120369
3	0.148780575699306	5.10410261155804E-04	179.126916120369
*	0.148772366541196	5.07271750402832E-04	179.126966743873
4	0.148772366541196	5.07271750402832E-04	179.126966743873
*	0.148763659586409	5.07713953486562E-04	179.127471796392
5	0.148763659586409	5.07713953486562E-04	179.127471796392
*	0.148678125285747	5.0760969474279E-04	179.132521993252
6	0.148678125285747	5.0760969474279E-04	179.132521993252

续表

D	RSS	a	c
*	0.147828071455746	5.07200357561695E-04	179.182823340768
7	0.147828071455746	5.07200357561695E-04	179.182823340768
*	0.139822649433196	5.03177360236403E-04	179.666793703243
8	0.139822649433196	5.03177360236403E-04	179.666793703243
*	9.11399386931E-02	4.74210823363907E-04	183.156743809634
9	9.11399386931E-02	4.74210823363907E-04	183.156743809634
*	3.20488964072E-02	4.07262273589678E-04	191.239232515686
10	3.20488964077E-02	4.07262273589678E-04	191.239232515686
*	2.36797097203E-02	3.68356157723797E-04	195.997253722882
11	2.36797097203E-02	3.68356157723797E-04	195.997253722882
*	2.35655982363E-02	3.67794709989647E-04	196.533321406133
12	2.35655982363E-02	3.67794709989647E-04	196.533321406133
*	2.35654934661E-02	3.68092099152467E-04	196.508020316589
13	2.35654934661E-02	3.68092099152467E-04	196.508020316589
*	2.35654899101E-02	3.68009578411692E-04	196.512284830072
14	2.35654899101E-02	3.68009578411692E-04	196.512284830072
*	2.35654896748E-02	3.68031112406532E-04	196.511249024233
15	2.35654896748E-02	3.68031112406532E-04	196.511249024233
*	2.35654896590E-02	3.68025529664668E-04	196.511515651588
16	2.35654896590E-02	3.68025529664668E-04	196.511515651588
*	2.35654896579E-02	3.68026976027653E-04	196.511446646042
17	2.35654896579E-02	3.68026976027653E-04	196.511446646042
*	2.35654896579E-02	3.68026601339833E-04	196.511464521404
18	2.35654896576E-02	3.68026601339833E-04	196.511464521404
*	2.35654896579E-02	3.68026698404031E-04	196.511459890831
19	2.35654896579E-02	3.68026698404031E-04	196.511459890831
*	2.35654896579E-02	3.6802667325925E-04	196.511461090398
20	2.35654896579E-02	3.6802667325925E-04	196.511461090398
*	2.35654896579E-02	3.68026679773085E-04	196.511460779646
21	2.35654896579E-02	3.68026679773085E-04	196.511460779646
*	2.35654896579E-02	3.68026678085654E-04	196.511460860148
*	2.35654896579E-02	3.68026678085654E-04	196.511460860148
22	2.35654896579E-02	3.68026678085654E-04	196.511460860148
*	2.35654896579E-02	3.68026678522786E-04	196.511460839294
*	2.35654896579E-02	3.68026678522786E-04	196.511460839294
23	2.35654896579E-02	3.68026678522786E-04	196.511460839294
*	2.35654896579E-02	3.68026678409546E-04	196.511460844696
24	2.35654896579E-02	3.68026678409546E-04	196.511460844696

迭代过程结束,由于任何参数的改变量小于 0.00000001

③ 拟合图形

根据上述结果拟合图形,见图7-4。

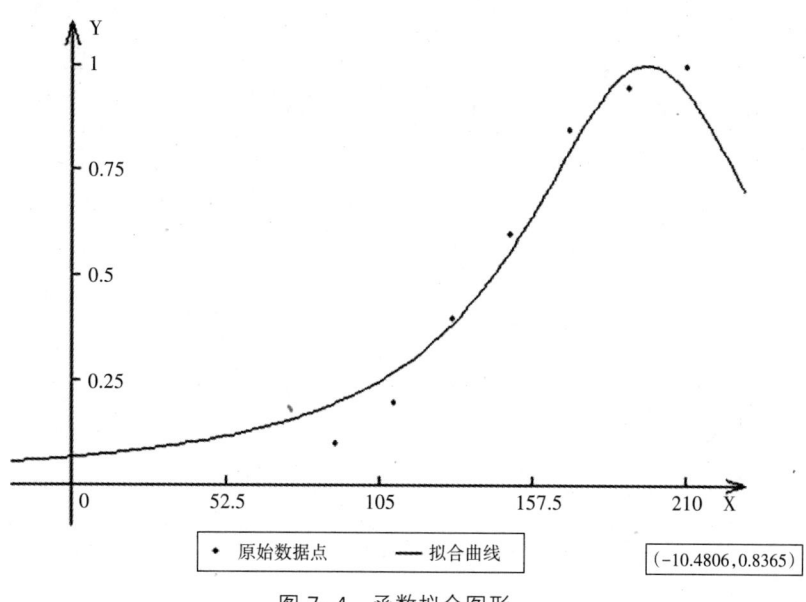

图 7-4 函数拟合图形

(4) 年降水量

① 专家评估

年降水量隶属度见表7-11。

表 7-11 年降水量隶属度

年降水量(mm)	240	260	280	300	320	340	360	380
评分值	0.16	0.24	0.33	0.43	0.51	0.58	0.66	0.73
年降水量(mm)	400	420	440	460	480	500	520	540
评分值	0.86	0.88	0.91	0.95	0.96	0.98	0.98	

② 计算参数

采用软件计算参数 a、c(见表7-12)。

表 7-12 迭代过程

ID	RSS	a	c
0	0.303394940379854	1.10787116694225E-04	440.148524549678
*	0.204497191221637	4.81266956456087E-05	440.14852467904
1	0.204497191221637	4.81266956456087E-05	440.14852467904
*	0.157295732777774	6.45473302636330E-05	440.148525561765
2	0.157295732777774	6.45473302636330E-05	440.148525561765
*	0.157204288045353	6.54907779703512E-05	440.148536113427
3	0.157204288045353	6.54907779703512E-05	440.148536113427
*	0.157202697624865	6.54076864636275E-05	440.148642444438

续表

ID	RSS	a	c
4	0.157202697624865	6.54076864636275E−05	440.148642444438
*	0.157193670967222	6.54148877985407E−05	440.14970499591
5	0.157193670967222	6.54148877985407E−05	440.14970499591
*	0.157103527505377	6.54076030150115E−05	440.160326324401
6	0.157103527505377	6.54076030150115E−05	440.160326324401
*	0.156208657662357	6.53425169841057E−05	440.266055448572
7	0.156208657662357	6.53425169841057E−05	440.266055448572
*	0.147874199084847	6.47197830233076E−05	441.277211787107
8	0.147874199084847	6.47197830233076E−05	441.277211787107
*	0.100679437837631	6.04395781686369E−05	448.270313237843
9	0.100679437837631	6.04395781686369E−05	448.270313237843
*	4.92811181915E−02	5.16802857277984E−05	463.2747863908
10	4.92811181915E−02	5.16802857277984E−05	463.2747863908
*	4.06226647408E−02	4.70804776138473E−05	472.546058879613
11	4.06226647408E−02	4.70804776138473E−05	472.546058879613
*	4.03118914718E−02	4.63007864169187E−05	474.57986908016
12	4.03118914718E−02	4.63007864169187E−05	474.57986908016
*	4.03102489929E−02	4.62541711057488E−05	474.725151881951
13	4.03102489929E−02	4.62541711057488E−05	474.725151881951
*	4.03102447995E−02	4.62511421242258E−05	474.732975550988
14	4.03102447995E−02	4.62511421242258E−05	474.732975550988
*	4.03102447892E−02	4.62510728790219E−05	474.733302259189
15	4.03102447892E−02	4.62510728790219E−05	474.733302259189
*	4.03102447892E−02	4.62510604782518E−05	474.733324631074
16	4.03102447892E−02	4.62510604782518E−05	474.733324631074
*	4.03102447892E−02	4.62510609048646E−05	474.733324988347
17	4.03102447892E−02	4.62510609048646E−05	474.733324988347
*	4.03102447892E−02	4.62510608076389E−05	474.733325089839
18	4.03102447892E−02	4.62510608076389E−05	474.733325089839
*	4.03102447892E−02	4.62510608163979E−05	474.733325085178
*	4.03102447892E−02	4.62510608163979E−05	474.733325085178
*	4.03102447892E−02	4.62510608163978E−05	474.733325085178
*	4.03102447892E−02	4.62510608163979E−05	474.733325085178
*	4.03102447892E−02	4.62510608163979E−05	474.733325085178
*	4.03102447892E−02	4.62510608163976E−05	474.733325085178
*	4.03102447892E−02	4.62510608163955E−05	474.733325085181
*	4.03102447892E−02	4.62510608163744E−05	474.733325085214
*	4.03102447892E−02	4.62510608161791E−05	474.733325085517

续表

ID	RSS	a	c
*	4.03102447892E-02	4.62510608150764E-05	474.733325087229
*	4.03102447892E-02	4.62510608137338E-05	474.733325089313
19	4.03102447892E-02	4.62510608137338E-05	474.733325089313

迭代过程结束,由于任何参数的改变量小于 0.00000001

③ 拟合图形

根据上述结果拟合图形,见图 7-5。

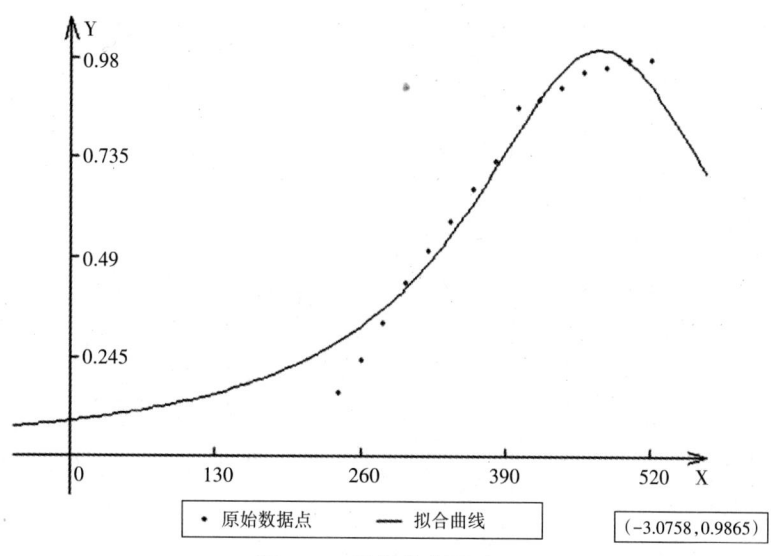

图 7-5 函数拟合图形

(5) 耕层厚度

① 专家评估

耕层厚度隶属度见表 7-13。

表 7-13 耕层厚度隶属度

耕层厚度(cm)	20	21	22	23	24	25	26	27
评分值	0.5	0.58	0.61	0.64	0.67	0.7	0.73	0.75
耕层厚度(cm)	28	29	30	31	32	33	34	35
评分值	0.78	0.8	0.85	0.9	0.93	0.95	0.98	1

② 计算参数

采用软件计算参数 a、c(见表 7-14)。

表 7-14 迭代过程

RSS	a	c
2.89485294117647E-03	3.18382352941177E-02	-0.102426470588237

③ 拟合图形

根据上述结果拟合图形,见图 7-6。

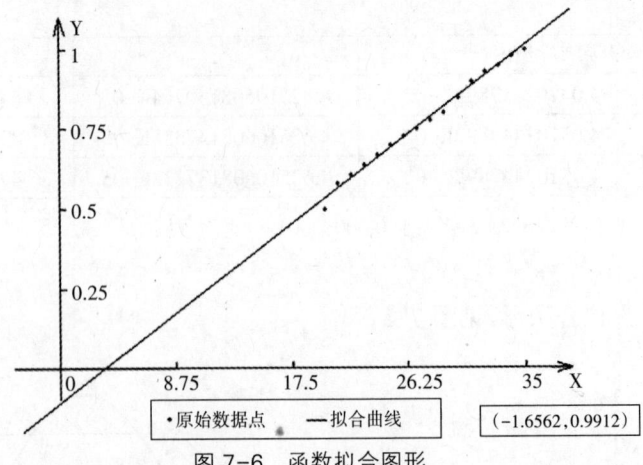

图 7-6 函数拟合图形

(6) 土壤坡度

① 专家评估

土壤坡度隶属度见表 7-15。

表 7-15 土壤坡度隶属度

坡度(°)	0	5	10	15	20	25	30
评分值	1	0.96	0.81	0.64	0.46	0.39	0.23
坡度(°)	35	40	45	50	55	60	35
评分值	0.23	0.20	0.17	0.13	0.08	0.08	0.23

② 计算参数

采用软件计算参数 a、c(见表 7-16)。

表 7-16 迭代过程

RSS	a	c
0.136748901098901	−1.61868131868132E−02	0.89945054945055

③ 拟合图形

根据上述结果拟合图形,见图 7-7。

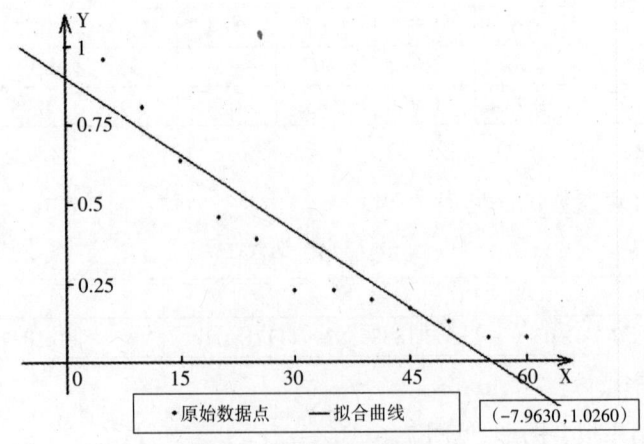

图 7-7 函数拟合图形

（7）≥10 ℃积温

① 专家评估

≥10 ℃积温隶属度见表 7-17。

表 7-17　≥10 ℃积温隶属度

≥10 ℃积温（℃）	1600	1700	1800	1900	2000	2100	2200
评分值	0.31	0.38	0.48	0.56	0.64	0.74	0.84
≥10 ℃积温（℃）	2300	2400	2500	2600	2700	2800	
评分值	0.92	0.97	0.99	0.99	1		

② 计算参数

采用软件计算参数 a、c（见表 7-18）。

表 7-18　迭代过程

RSS	a	c
4.78240093240093E-03	7.08741258741257E-04	-0.919627039627037

③ 拟合图形

根据上述结果拟合图形，见图 7-8。

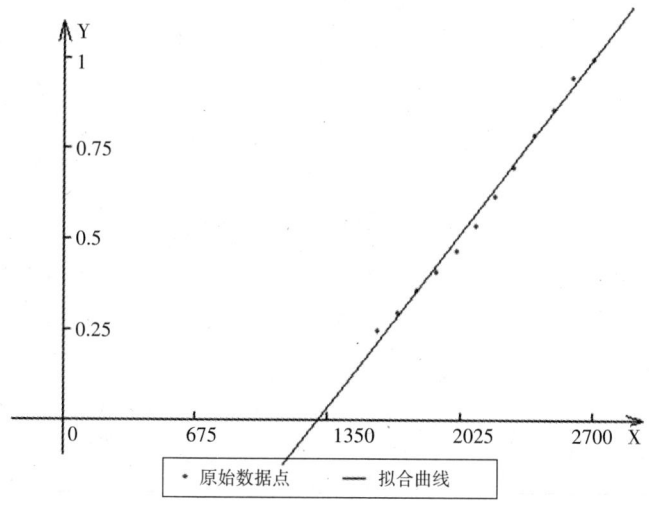

图 7-8　函数拟合图形

综上，安定区评价指标的隶属函数类型见表 7-19。

表 7-19　安定区评价指标的隶属函数类型

函数类型	项目	函数关系式	C 值	U_t 值
戒上型	年降水量	$y_i = -0.441162 + 0.003913 \times u_i$	497	149
戒上型	速效钾	$y_i = \dfrac{1}{\left[1 + 0.000006(u_i - c_i)^2\right]},\ u_t < u_i < c_i\ (i=1, 2, \cdots, m)$	441.22	109.00

续表

函数类型	项目	函数关系式	C 值	U_t 值
戒上型	有机质	$y_i = \dfrac{1}{\left[1 + 0.09432(u_i - c_i)^2\right]}$, $u_t < u_i < c_i (i=1, 2, \cdots, m)$	14.95	7.20
戒上型	有效磷	$y_i = \dfrac{1}{\left[1 + 0.008612(u_i - c_i)^2\right]}$, $u_t < u_i < c_i (i=1, 2, \cdots, m)$	19.87	3.5
直线型	耕层厚度	$y = 0.03 \times X - 0.102$	—	—
直线型	≥10 ℃积温	$y = 0.000709 \times X - 0.919$	—	—
直线型	坡度	$y = -0.016 \times X + 0.899$	—	—

(8) 其他指标隶属度

坡向、质地构型、地貌类型隶属度分别见表 7-20 ~ 22。

表 7-20　坡向隶属度及其描述

坡向	平地	南	东南	东	西南	东北	西	西北	北
隶属度	0.90	0.83	0.81	0.72	0.81	0.61	0.68	0.57	0.46

表 7-21　质地构型隶属度及其描述

质地构型	夹黏轻壤	夹砂中壤	砂底中壤	均质中壤	均质轻壤	均质重壤
隶属度	0.57	0.72	0.67	0.98	0.85	0.40

表 7-22　地貌类型隶属度及其描述

地貌类型	河流低阶地	河漫滩	川台地	黄土丘陵
隶属度	0.65	0.70	0.95	0.76

7.6　单因素权重的确定（层次分析法）

由于各评价因素对耕地地力的影响程度是有差异的，必须确定它们的权重。确定评价因素权重可以有多种方法，如主成分分析、多元回归分析、逐步回归分析、灰色关联分析、层次分析等。本书评价选用层次分析法来确定各评价指标的权重。

7.6.1　层次分析法基本原理

层次分析方法的基本原理是把复杂问题中的各个因素按照相互之间的隶属关系排成从高到低的若干层次，根据对一定客观现实的判断就同一层次相对重要性相互比较的结果,决定该层次各元素重要性先后次序。

在排序计算中,每一层次的因素相对上一层次某一因素的单排序问题又可简化为一系列成对因素的判断比较。为了将比较判断定量化,层次分析法引入1~9比率标度方法,并写成矩阵形式,即构成所谓的判断矩阵。形成判断矩阵后,即可通过计算判断矩阵的最大特征根及其对应的特征向量,计算出某一层元素相对于上一层次某一个元素的相对重要性权值。在计算出某一层次相对于上一层次各个因素的单排序权值后,用上一层次因素本身的权值加权综合,即可计算出某层因素相对于上一层整个层次的相对重要性权值,即层次总排序权值。这样,依次由上而下即可计算出最低层因素相对于最高层的相对重要性权值或相对优劣次序的排序值。决策者根据对系统的这种数量分析,进行决策、政策评价、选择方案、制订和修改计划、分配资源、决定需求、预测结局、找到解决冲突的方法等。

用层次分析法做系统分析,首先要把问题层次化,根据问题的性质和达到的总目标,将问题分解为不同的组成因素,并按照因素间的相互关联影响以及隶属关系将各因素按不同层次聚合,形成一个多层次的分析结构模型,并最终把系统分析归结为最低层(供决策的方案、措施等)相对于最高层(总目标)的相对重要性权值的确定或相对优劣次序的排序问题。

这种将思维过程数学化的方法,不仅简化了系统分析和计算,还有助于决策者保持其思维过程的一致性。在一般的决策问题中,决策者不可能给出精确的比较判断,这种判断的不一致性可以由判断矩阵的特征根的变化反映出来。因而,我们引入了判断矩阵最大特征根以外的其余特征根的负平均值作为一致性指标,用以检查和保持决策者判断思维过程的一致性。

7.6.2 判断矩阵标度

层次分析法的信息基础主要是人们对于每一层次中各因素相对重要性给出的判断。这些判断通过引入合适的标度用数值表示出来,写成判断矩阵。判断矩阵表示针对上一层次某因素,本层次与之有关因子之间相对重要性的比较。假定 A 层因素中 ak 与下一层次中 $B_1, B_2, \cdots, B_n$ 有联系,构造的判断矩阵一般取如下形式(见表 7-23):

表 7-23 判断矩阵形式表

ak	B_1	B_2	$\cdots$	B_n
B_1	b_{11}	b_{12}	$\cdots$	b_{1n}
B_2	b_{21}	b_{22}	$\cdots$	b_{2n}
$\vdots$	$\vdots$	$\vdots$		$\vdots$
B_n	b_{n1}	b_{n2}		b_{nn}

判断矩阵标度及其含义见表 7-24。

表 7-24　层次判断矩阵标度

标度	含义
1	表示两个因素相比,具有同样重要性
3	表示两个因素相比,一个因素比另一个因素稍微重要
5	表示两个因素相比,个因素比另一个因素明显重要
7	表示两个因素相比,个因素比另一个因素强烈重要
9	表示两个因素相比,个因素比另一个因素极端重要
2,4,6,8	上述两相邻判断的中值
倒数	因素 i 与 j 比较的判断 $b_{ij}b_{ji}$,则因素 j 与 i 比较的判断

7.6.3　层次分析法的基本步骤

7.6.3.1　建立层次结构模型

在深入分析所面临的问题之后,将问题中所包含的因素划分为不同层次,如目标层、准则层、指标层等,用框图形式说明层次的递阶结构与因素的从属关系。当某个层次包含的因素较多时(如超过9个),可将该层次进一步划分为若干子层次。

7.6.3.2　构造判断矩阵

判断矩阵元素的值反映了人们对各因素相对重要性(或优劣、偏好、强度等)的认识,一般采用1~9及其倒数的标度方法,当相互比较因素的重要性能够用具有实际意义的比值说明时,判断矩阵相应元素的值则可以取这个比值。

7.6.3.3　层次单排序及其一致性检验

建立比较矩阵后,就可以求出各个因素的权值。采取的方法是用和积法计算出各矩阵的最大特征根 λ_{max} 及其对应的特征向量 W,并用 $CR=CI/RI$ 进行一致性检验。计算方法如下：

(1)将比较矩阵每一列正规化(以矩阵为例)

$$\hat{b}_{ij} = \frac{b_{ij}}{\sum_{i=1}^{n} b_{ij}}$$

(2)每一列经正规化后的比较矩阵按行相加

$$\bar{W}_i = \sum_{j=1}^{n} \hat{b}_{ij}\, j = 1, 2, \cdots, n$$

(3)对向量

$$\bar{W} = [\bar{W}_1, \bar{W}_2, \cdots, \bar{W}_n]$$

正规化

$$W_i = \frac{\bar{W}_i}{\sum_{i=1}^{n} \bar{W}_i}, i = 1, 2, \cdots, n$$

所得到的 $\bar{W} = [\bar{W}_1, \bar{W}_2, \cdots, \bar{W}_n]^T$ 即为所求特征向量,也就是各个因素的权重值。

(4)计算比较矩阵最大特征根 λ_{max}

$$\lambda_{max} = \sum_{i=1}^{n} \frac{(AW)_i}{nW_i}, i = 1, 2, \cdots, n$$

式中:$(AW)_i$表示向量的第i个元素。

一致性检验:首先计算一致性指标CI

$$CI = \frac{\lambda_{max} - n}{n - 1}$$

式中:n为比较矩阵的阶,也即是因素的个数。

然后根据表7-25查找出随机一致性指标RI,由下式计算一致性比率:

$$CR = \frac{CI}{RI}$$

表 7-25 随机一致性指标值

n	1	2	3	4	5	6	7	8	9	10	11
RI	0	0	0.58	0.90	1.12	1.24	1.32	1.41	1.45	1.49	1.51

7.6.3.4 层次总排序

计算同一层次所有因素对于最高层(总目标)相对重要性的排序权值,称为层次总排序。这一过程是最高层次到最低层次逐层进行的。若上一层次A包含m个因素$A_1, A_2, \cdots, A_m$,其层次总排序权值分别为$a_1, a_2, \cdots, a_m$,下一层次B包含n个因素$B_1, B_2, \cdots, B_n$,它们对于因素A_j的层次单排序权值分别为$b_{1j}, b_{2j}, \cdots, b_{nj}$,(当$B_k$与$A_j$无联系时,$b_{kj}$=0)此时$B$层次总排序权值由表7-26给出。

表 7-26 层次总排序表

层次	A_1	A_2	$\cdots$	A_m	B层次总排序权值
	a_1	a_2	$\cdots$	a_m	
B_1	b_{11}	b_{12}	$\cdots$	b_{1n}	$\sum_{i=1}^{m} a_1 b_{11}$
B_2	b_{21}	b_{22}	$\cdots$	b_{2n}	$\sum_{j=1}^{m} a_j b_{2j}$
$\vdots$	$\vdots$	$\vdots$	$\cdots$	$\vdots$	$\vdots$
B_n	b_{n1}	b_{n2}	$\cdots$	b_{nn}	$\sum_{j=1}^{m} a_j b_{nj}$

7.6.3.5 层次总排序的一致性检验

这一步骤也是从高到低逐层进行的。如果B层次某些因素对于A_j单排序的一致性指标为CI_j,相应的平均随机一致性指标为CR_j,则B层次总排序随机一致性比率为:

$$CR = \frac{\sum_{j=1}^{m} a_j CI_j}{\sum_{j=1}^{m} a_j RI_j}$$

类似地,当$CR < 0.10$时,认为层次总排序结果具有满意的一致性,否则需要重新调整判断矩阵的元素取值。

7.6.4 应用实例

以甘肃省榆中县为例,列举层次分析的方法及步骤。

7.6.4.1 确定指标体系及构造层次结构

根据专家研讨会的结果,从全国耕地质量评价指标体系框架中选取的10个评价因子各自的属性和特点,将其分别归入到气候、立地条件、剖面性状及耕层养分状况四个准则层中,构造的层次结构如图7-9。

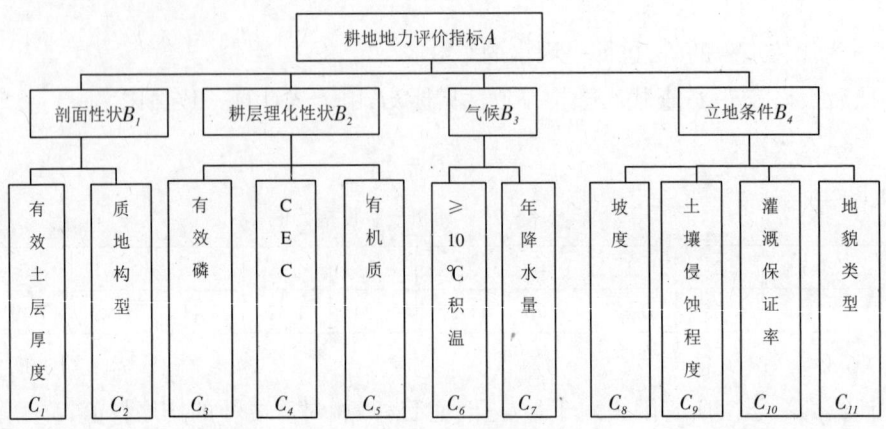

图7-9 榆中县评价因子的层次结构图

7.6.4.2 建立判断矩阵

针对各准则层及指标层各指标之间的相互关系,由专家通过特尔斐法按照准则层对目标层、指标层各因素对准则层相应因素的相对重要性,给出数量化的评估,经多次反馈和商讨,最终建立了5个判断矩阵(表7-27~31)。参照表7-32中评价因子的层次结构,对于目标层A,对准则层B中的各因素进行重要性判断,请专家组分别给予判断和评估,得到准则层B对于目标层A的判断矩阵。同理亦可得到指标层C相对于各准则层B的判断矩阵。如表7-32评价指标层次结构图所示,并利用县域耕地资源管理信息系统建立榆中县耕地地力评价层次分析模型。

表7-27 榆中县耕地地力评价准则层判断矩阵($A-B_i$)

A	B_1	B_2	B_3	B_4
B_1	1	0.3382	0.1481	0.1176
B_2	2.957	1	0.3285	0.179
B_3	6.75	3.044	1	0.3758
B_4	8.5	5.586	2.661	1

特征向量:[0.0480, 0.1102, 0.2808, 0.5610]

最大特征根为:4.0773

$CI=2.57818813978075E-02$

$RI=0.9$

$CR=CI/RI=0.02864653<0.1$

一致性检验通过!

表 7-28　榆中县剖面性状判断矩阵(B_1-C_1~C_2)

B_1	C_1	C_2
C_1	1	0.2016
C_2	4.96	1

特征向量:[0.1678, 0.8322]

最大特征根为:2.0000

CI=-3.20005120162392E-05

RI=0

CR=CI/RI= 0.00000000 < 0.1

一致性检验通过!

表 7-29　榆中县耕层理化性状判断矩阵(B_2-C_3~C_5)

B_2	C_3	C_4	C_5
C_3	1	0.189	0.1333
C_4	5.29	1	0.3717
C_5	7.5	2.69	1

特征向量:[0.0699, 0.2961, 0.6339]

最大特征根为:3.0459

CI=2.29326859466399E-02

RI=0.58

CR=CI/RI= 0.03953911 < 0.1

一致性检验通过!

表 7-30　榆中县气候判断矩阵(B_3-C_6~C_7)

B_3	C_6	C_7
C_6	1	0.1742
C_7	5.74	1

特征向量:[0.1484, 0.8516]

最大特征根为:2.0000

CI= -4.60010580487502E-05

RI= 0

CR=CI/RI= 0.00000000 < 0.1

一致性检验通过!

表 7-31　榆中县立地条件判断矩阵（B_4-C_8~C_{11}）

B_1	C_8	C_9	C_{10}	C_{11}
C_8	1	0.4167	0.1393	0.1172
C_9	2.4	1	0.2632	0.1949
C_{10}	7.18	3.8	1	0.4854
C_{11}	8.53	5.13	2.06	1

特征向量：[0.0495, 0.1017, 0.3255, 0.5234]

最大特征根为：4.0423

CI= 1.41062554573275E-02

RI= 0.9

$CR=CI/RI$= 0.01567362 < 0.1

一致性检验通过！

层次总排序一致性检验：

CI=1.04257529218478E-02

RI= 0.568801018770937

$CR=CI/RI$= 0.01832935 < 0.1

总排序一致性检验通过！

表 7-32　榆中县耕地地力评价因子的权重

层次 C	层次 A				组合权重	总排序
	剖面性状	耕层理化性	气候	立地条件		
	0.0480	0.1102	0.2808	0.5610	$\sum C_i A_i$	
有效土层厚度	0.1678				0.0137	10
质地构型	0.8322				0.0343	8
有效磷		0.0699			0.0112	11
CEC		0.2961			0.0359	7
有机质		0.6339			0.0631	4
≥10 ℃积温			0.1484		0.0417	6
年降水量			0.8516		0.2391	2
坡度				0.0495	0.0278	9
土侵蚀程度				0.1017	0.0570	9
灌溉保证率				0.3255	0.1826	3
地貌类型				0.5234	0.2936	1

7.6.4.3　计算各因子权重

建立判断矩阵以后，就可以求出各个因素的权重。在 SPSS 软件中，系统将直接根据所构建的判别矩阵，首先计算出各判别矩阵的权重值，然后计算同一层次所有因素对于总目标相对排序权值，即进行层次总排序，最终所得到的表 7-32 中的组合权重即为各耕地地力评价因子的权重值。

由于在实际评价中，判断的逻辑一致性是不可能完全严谨的，往往会出现 $A > B$，$B >$

C 的情况下存在 $C>A$ 的情况和比较错误,所以计算判断矩阵的权重后,还要进行逻辑一致性检验。通常用 $CR=CI/RI$ 值来检查决策者判断思维的一致性,一般认为 $CR>0.1$ 时,判断矩阵具有满意的一致性。因此,由表中的 CR 值可知,各判断矩阵和组合权重均通过了一致性检验,具有满意的一致性。

7.6.4.4 评价指标隶属度确定

对于评价指标体系中的有机质、有效磷、CEC、有效土层厚度、≥10 ℃的积温、年降水量、坡度等数值型数据,根据其对榆中县耕地生产潜力的影响大小,邀请省、市、县等专家利用模糊评价法和特尔斐法进行评分(见表 7-33 ~ 39),再在县域耕地资源管理信息系统中利用最小二乘法确定隶属函数模型,各指标隶属函数模型见表。

表 7-33 榆中县耕层土壤有机质含量分级及隶属度

有机质(g/kg)	5	7	9	11	13	15	17	19	21
隶属度	0.138	0.269	0.408	0.566	0.713	0.840	0.903	0.948	0.979

表 7-34 榆中县耕层土壤有效磷含量分级及隶属度

有效磷(mg/kg)	10	12	14	16	18	20	22	24	26	28
隶属度	0.201	0.303	0.42	0.54	0.68	0.8	0.92	0.95	0.973	0.989

表 7-35 榆中县耕地有效土层厚度分级及隶属度

有效土层厚度(cm)	40	50	60	70	80	90	100	110	120	130
隶属度	0.300	0.413	0.538	0.663	0.800	0.900	0.978	0.979	1.000	1.000

表 7-36 榆中县耕层土壤CEC分级及隶属度

CEC(cmol/kg)	4	6	8	10	12	14	16	18	20	22	24
隶属度	0.238	0.333	0.431	0.523	0.629	0.724	0.860	0.968	0.981	0.988	0.994

表 7-37 榆中县耕层年将水量分级及隶属度

年降水量(mm)	200	300	400	500	600	700	800	900
隶属度	0.381	0.575	0.731	0.890	0.938	1.000	1.000	1.000

表 7-38 榆中县耕层≥10 ℃积温分级及隶属度

≥10℃积温	1000	1200	1400	1600	1800	2000	2200	2400	2600	2800	3000
隶属度	0.167	0.283	0.400	0.517	0.622	0.737	0.850	0.950	0.983	0.992	1.000

表 7-39 榆中县耕层坡度分级及隶属度

坡度(°)	0	2.5	5	7.5	10	12.5	15	17.5	20	22.5	25
隶属度	1.00	0.956	0.925	0.849	0.750	0.636	0.509	0.383	0.258	0.170	0.114

对于评价指标体系中地貌类型、土壤侵蚀程度、质地构型、灌溉保证率等概念性指标隶属度的确定不需要建立隶属函数,可依据这些指标对耕地生产潜力的影响由专家直接评分确定隶属度,详见表 7-40 ~ 42。

表 7-40 榆中县耕层土壤侵蚀程度隶属度

土壤侵蚀程度	一级	二级	三级	四级	五级
隶属度	1.000	0.786	0.586	0.357	0.171

表 7-41　榆中县地貌类型隶属度

质地构型	均质轻壤	均质中壤	均质重壤	壤底轻壤	砂底轻壤
隶属度	0.929	1.000	0.763	0.771	0.475
质地构型	夹砂轻壤	壤底砂壤	砂底中壤	砂身轻壤	夹黏中壤
隶属度	0.694	0.681	0.638	0.488	0.631

表 7-42　榆中县耕层灌溉保证率隶属度

灌溉保证率	0	50	75
隶属度	0.063	0.750	0.988

7.6.4.5　拟合隶属函数

见图 7-10。

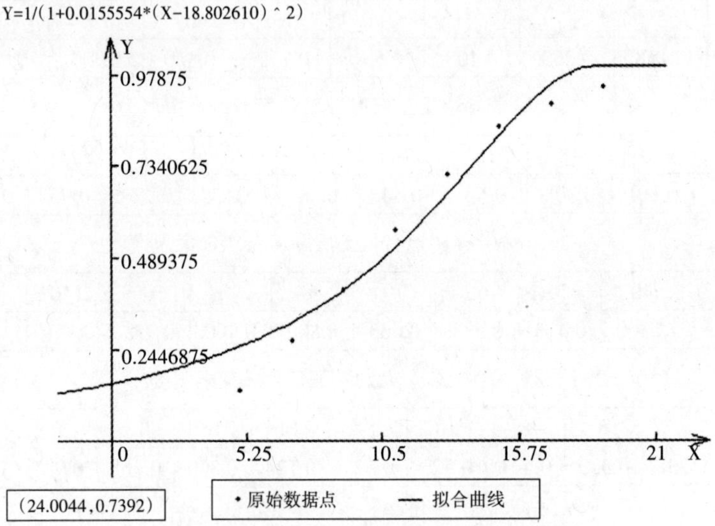

图 7-10　榆中县有机质的隶属函数拟合图

其隶属函数为戒上型,形式为:

$$y = \begin{cases} 0 & x \leq x_t \\ 1/[1 + A \times (x - C) \times 2] & x_t < x < c \\ 1 & c \leq x \end{cases}$$

7.6.4.6　耕地地力等级的确定

(1)计算耕地地力综合指数

用指数和法来确定耕地的综合指数,公式为:

$$IFI = \sum F_i \times C_i$$

式中:IFI(Integrated Fertility Index)代表耕地地力综合指数;F_i 为第 i 个因素评语;C_i=第 i 个因素的组合权重。

具体操作过程:在县域耕地资源管理信息系统中,在"专题评价"模块中编辑立地条件、物理性状和化学性状的层次分析模型以及各评价因子的隶属函数模型,然后选择"耕地生产潜力评价"功能进行耕地地力综合指数的计算。榆中县数值性指数隶属函数模型见表 7-43。

表 7-43 榆中县数值性指数隶属函数模型

评价指标	函数类型	函数模型	A	c	U_{tl}
有机质	戒上型	$1/[1+a\times(u-c)^2]$	0.015554	18.803	5
有效磷	戒上型	$1/[1+a\times(u-c)^2]$	0.010863	25.26	5
有效土层厚度	戒上型	$1/[1+a\times(u-c)^2]$	0.000302	113.49	40
CEC	戒上型	$1/[1+a\times(u-c)^2]$	0.0078	21.05	4
≥10 ℃积温	戒上型	$1/[1+a\times(u-c)^2]$	0.000001	2451.201	1000
坡度	戒下型	$1/[1+a\times(u-c)^2]$	0.007892	2.84	25
年降水量	戒上型	$1/[1+a\times(u-c)^2]$	0.000003	809.75	200

（2）确定最佳的耕地地力等级数目

计算耕地地力综合指数之后，在耕地资源管理系统中选择累积曲线分级法进行评价，根据曲线斜率的突变点（拐点）来确定等级的数目和划分综合指数的临界点，将榆中县耕地地力共划分为五级，各等级耕地地力综合指数见图 7-11（注：图 7-11 所示的耕地面积和比例为计算面积，本书中所用面积是用 2007 年土地调查结果平差以后的面积）。

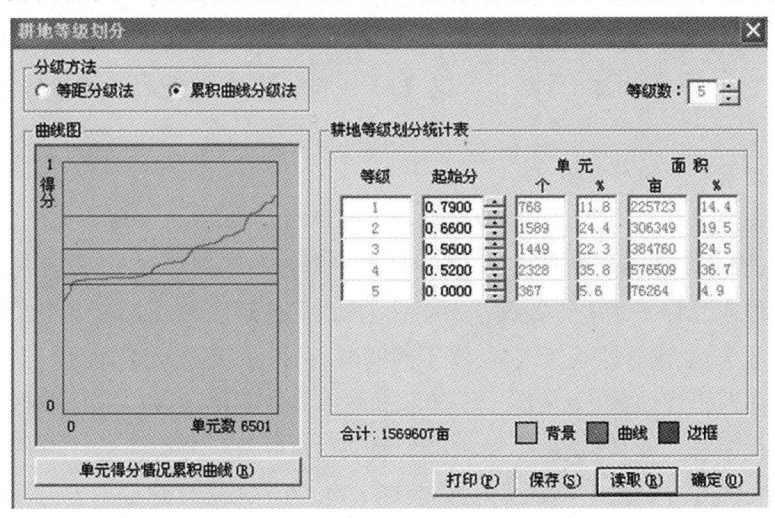

图 7-11 榆中县耕地地力等级曲线

统计出五个等级耕地的综合指数见表 7-44。

表 7-44 榆中县耕地地力等级综合指数

IFI	>0.8	0.67~0.8	0.55~0.67	0.528~0.55	0.430~0.528
面积（hm²）	10752.71	17818.23	27265.31	23658.9	12600.43
耕地地力等级	一等	二等	三等	四等	五等

第八章 耕地质量监测数据的汇总与发布

8.1 耕地质量监测数据汇总整理

耕地质量监测数据汇总是指省级或县级层面根据耕地质量监测点监测数据信息,结合当地农业实际情况及时进行监测数据信息的分析、整理、评价和发布监测报告的过程。应尽可能在获取数据的短时间内完成并进行发布,以体现耕地质量监测工作的及时性和指导农业生产的时效性。耕地质量监测数据汇总要遵循宏观与微观相结合的原则。数据汇总提供的耕地质量监测信息既能在宏观上为农业生产决策提供依据,又能在微观上为农业技术推广部门、农业生产单位和广大农民确定生产管理措施提供依据。其次还要遵循信息内容与农业生产实际相结合的原则。数据汇总提供的耕地质量监测信息要体现出实用性,应充分考虑当地的自然地理条件和区域特点、耕地土壤类型、农业生产布局和种植制度、作物生长季节和栽培管理要求、水利条件和灌溉制度、施肥技术措施等情况,进行分类汇总分析。

8.1.1 数据汇总的基本方法

耕地质量监测管理单位进行监测数据信息汇总时,应当充分考虑当地的区域特点、耕地土壤类型,农业生产布局和种植制度,主导农作物分布区域等方面因素,根据实际情况按照以下一种或几种方式进行数据汇总:一是按自然地理区域或农业生产区域汇总。主要是综合考虑气候、地形地貌等因素,将不同监测点划分在不同区域内进行汇总。如甘肃省可划分为河西走廊地区、中东部干旱地区和陇南高寒阴湿地区。二是按种植的主导农作物类型进行汇总。如马铃薯、小麦、玉米、油菜种植区进行分类汇总。三是按监测点的土壤类型代表性进行汇总。如灌漠土类、灰钙土类、黑垆土类监测数据进行分类汇总整理(常用方法)。

8.1.2 数据分析整理常用方法

8.1.2.1 数据处理的误差

任何试验研究,误差总是会出现的,一般情况下也难以彻底消除,耕地质量监测试验得到的数据也存在着误差,误差能够掩盖客观事物的本来面目。生物统计能帮助我们对试验数据进行科学处理,去伪存真,从中引出符合客观实际的正确结论。农学田间试验周期长,容易受到各种因素的影响。因此,试验的科学设计和正确实施在其研究中就显得十分重要。生物统计是田间试验研究中不可缺少的有力工具,数据整理分析离不开统计分析,这样能减小误差和工作量,提高效率,收到事半功倍之效。

8.1.2.2 相关概念

(1)总体与样本。总体就是同质事物的全体。构成总体的每一个成员叫做个体或总体单元。所谓同质,不是绝对的而是相对的,是随着研究目的而变的。总体的大小,可能是有限的,也可能是无限的,前者称为有限型,后者称为无限型。我们对事物的研究,在于找出其总体的客观规律性。总体的性质决定于其中个体的性质,要对总体做出合乎实际的估计,最好是对总体中的全部个体都进行观察和测定。但是由于一个总体所包含的个体往往很多,甚至无穷,以致在研究时不能对其全部一一加以考察;有时测定是破坏性的,就是总体所包含的个体有限,也不允许全部加以考察。因此,我们只能从总体中取出部分个体进行研究,这部分个体的总和称为样本。一般情况下,我们的研究工作总是通过样本来了解总体。根据样本包含个体数目的多少,样本也有大小之分,超过30个以上的称为大样本,小于30个以下者为小样本。

(2)真值与平均值。在一定条件下,事物所具有的真实数值就是真值。偶然因素对事物的影响有正有负、有大有小,根据误差分布规律,偶然性因素对事物的影响,大小相等的正负作用的概率相同。因此,如果将测定数无限增多的情况下,求出其平均值,则偶然性因素的正负作用相抵消,则测定的平均值就极接近于真值,一般就把这个平均值当作真值看待。在实际操作中,我们测定数总是有限的,故其平均值只能是近似真值或称最佳值。

(3)误差及产生原因。误差就是观察结果与真值之间的差异。因偶然因素无法真正消除,误差自始至终存在,任何试验研究中误差总是难免的。试验结果都具有误差,可存在于一切科学试验的过程之中。根据误差的性质和产生原因,可以将其分为系统误差和随机误差两大类。

①系统误差。这种误差是由某个或某些固定因素引起的。如在田间试验中,土壤肥力朝向一个方向递减或递增,又如测试或测量过程中个人的习惯与偏向等都会引起系统误差。系统误差的出现一般是有规律的,其产生的原因往往是可知的或能掌握的。因而,这种误差可以根据其产生的原因加以校正和消除。一般来说,在试验中应尽可能设法预见各种系统误差的具体来源,并极力设法消除其影响。

②随机误差。当在同一条件下对同一对象反复进行测定时,在无系统误差存在的情况下,每次测定结果出现的误差时大时小、时正时负,没有确定的规律。这种误差称为随机误差,也称偶然误差,它是由偶然因素引起的,是不能预知的,也是不可避免的,只能减小,不能消除。随机误差和其他随机事件一样,服从一定的概率分布,其发生受概率的大小所支配。也就是说,随机误差就其个体看是偶然的,而就其总体来说,却具有其必然的内在规律。根据研究,随机误差服从正态分布。多次测定的平均值比单个测定值的随机误差小,因为随着重复次数的增加,随机误差由于正负相抵消,其平均值不断减小,逐步趋于零。

系统误差与随机误差的区分是相对的,它们之间是可以相互转化的。当人们对误差来源及其变化认识不足时,往往把某些系统误差归于随机误差。反之,随着认识的加深,可能把原来认识不到而归为随机误差的某项误差予以澄清而明确为系统误差。随机误差代表着试验的精确性。通常在试验中所谈的误差均指随机误差。试验的科学设计和正确实施均能降低试验误差,提高试验精确性。对于试验结果中随机误差的处理,主要是依靠概率统计方法。

(4)方差与标准差。方差是数据偏离平均值距离的平方的平均值。方差的计算使用了数据集的所有数值,而不只是个别极值(如极大值和极小值),因此方差可以很好地反映数据的整体离散程度。在计算方差时,原来的单位也参与计算变为平方值,所以方差经过开方,其平方根即为标准差,标准差度量单位与观测值相同。如果要比较不同样本变异程度的大小,标准差因度量单位不同,是不能比较的。因此,要比较不同样本变异的大小,要将标准差转换为相对值。标准差占平均数的百分率称为变异系数。变异系数是不带单位的数值,故用它是可以比较不同样本相对变异的大小。

在田间试验中,有的时候尽管我们采取各种办法避免出现了误差,但总还是会出现少数不符合常规或一时难以解释的异常数据。对于异常数据,首先要分析其出现的原因,是与试验设计有关还是与检测方法有关,或者是样本取样代表性不够有关。找到原因后,再逐个校正。判断异常数据一般靠专业知识或数理知识判定,如以往的栽培施肥试验经验,施肥区的产量、植物性状较不施肥区的低或差,那么该检测数据便有较大可能为异常数据。对于异常数据的处理,要实事求是,不能简单地回避或舍弃,如果样本容量较大,异常数据仅仅是个例,可以作为缺失数据进行剔除,或者用估值进行替代。

8.2 长期耕地质量监测数据的统计分析

统计假设性测验就是试验者根据试验目的,先作处理无效的假设,再设定一概率标准,根据样本的实际结果,经过计算做出在概率的意义上接受或否定该假设的统计分析方法。统计假设检验也称显著性检验,统计假设测验的目的是判定样本统计数间的差异是否显著,所以又叫差异显著性测验。常用方法有 t 测验、F 测验、u 测验和 χ^2 测验等。

8.2.1 统计测验基本步骤

8.2.1.1 提出假设

要了解这个样本所属总体与已知总体的关系,首先应对所研究的总体提出一个无效假设,记作 $H_0:\mu=\mu_0$,意指所比较的两个总体间无差异。本例中即假定新品种的总体平均数 μ 与已知总体的平均数 μ_0 相等,而 $\bar{x}-\mu_0=200$ kg 属随机误差,而非真实差异。再提出备择假设,记作 $H_A:\mu \neq \mu_0$。本例中备择假设意味着 $\bar{x}-\mu_0=200$ kg,不是随机误差所造成,而是新品种与原品种总体平均产量存在真实差异。

如果比较两个样本的平均数是否真正存在差异,则可以假设两个样本所属总体的平均数相等,即 $H_0:\mu_1=\mu_2$;其备择假设为 $H_A:\mu_1 \neq \mu_2$。

8.2.1.2 计算概率

在假定无效假设成立的前提下,获得样本平均数的抽样分布,计算假设正确的概率。由抽样分布可知,若 $x\sim N(\mu,\sigma)$,则样本平均数 $\bar{x}\sim N(\mu_{\bar{x}},\sigma_{\bar{x}})$,$\mu_{\bar{x}}=\mu$,$\sigma_{\bar{x}}=\dfrac{\sigma}{\sqrt{n}}$,将其标准化得:

$$u=\frac{\bar{x}-\mu_{\bar{x}}}{\sigma_{\bar{x}}}=\frac{\bar{x}-\mu}{\sigma_{\bar{x}}}$$

8.2.1.3 统计推断

根据"小概率事件实际不可能性"原理,确定一个接受或否定 H_0 的概率标准,生物统计上称为显著水平,用 a 表示。一般农业试验中,常常采用 a=0.05 和 a=0.01 两个显著水平。当实得差异由随机误差造成的概率小于5%或1%时,可以认为是小概率事件,在一次抽样中是不可能发生的。因而在 a=0.05 或 a=0.01 水平上否定 H_0,接受 H_A,可以称两总体平均数差异显著($0.01\leq P\leq0.05$)或差异极显著($P\leq0.01$);若概率 $P>0.05$ 时,则认为 H_0 成立的可能性大,应接受 H_0,否定 H_A,两总体平均数差异不显著。

实际计算中,因为已经知道,两尾概率为0.05的临界值为 u=1.96,两尾概率为0.01的临界值为 u=2.58,所以,在推断时只需将实得 u 值与 $u_{0.05}$ 和 $u_{0.01}$ 相比较,就可做出接受或否定 H_0 的结论。即:

$|u|<u_{0.05}(1.96)$ 推断为接受 H_0,差异不显著。

$|u|\geq u_{0.05}(1.96)$ 推断为否定 H_0,接受 H_A,差异显著。

$|u|\geq u_{0.05}(2.58)$ 推断为否定 H_0,接受 H_A,差异极显著。

(1)单个平均数假设测验

这是测验某一样本平均数所属总体平均数是否和某一指定的总体平均数相同。根据不同情况采用 u 测验或 t 测验。

① t 测验

利用 t 分布进行的假设测验称为 t 测验(t-test)。当总体方差未知,又是小样本时用此类测验。

若为小样本而 σ^2 为未知时,如以样本方差 s^2 估计总体方差 σ^2,则其标准化离差 $\dfrac{\bar{x}-\mu}{s_{\bar{x}}}$ 的分布不呈正态,而作 t 分布,具有自由度 $v=n-1$。

$$t=\frac{\bar{x}-\mu}{s_{\bar{x}}}$$

其中

$$s_{\bar{x}}=\frac{s}{\sqrt{n}}$$

为样本平均数的标准误,是 $\sigma_{\bar{x}}$ 的估计值,s 为样本标准差,n 为样本容量。

由于测验时假设 $H_0:\mu=\mu_0$

故

$$t=\frac{\bar{x}-\mu_0}{s_{\bar{x}}}$$

查附表,当 $v=n-1$ 时的 t_α 值,如果实得 $|t|\geqslant t_\alpha$,则否定 H_0,接受 H_A。当 $|t|<t_\alpha$ 时,接受 H_0。

② u 测验

利用 u 分布来进行的假设测验称为 u 测验。当总体方差 σ^2 已知或未知但大样本时,采用这种测验方法。

u 值的计算公式为:

$$u=\frac{\bar{x}-\mu}{\sigma_{\bar{x}}}$$

其中平均数标准误为:

$$\sigma_{\bar{x}}=\frac{\sigma}{\sqrt{n}}$$

由于假设 $H_0:\mu=\mu_0$

故

$$u=\frac{\bar{x}-\mu_0}{\sigma_{\bar{x}}}$$

由于总体标准差不易求得,若为大样本,可以用样本标准差估计总体标准差,则样本平均数的标准误及 u 值为:

$$s_{\bar{x}}=\frac{s}{\sqrt{n}}$$

$$u=\frac{\bar{x}-\mu_0}{s_{\bar{x}}}$$

如果实得 $|u|\geqslant u_\alpha$,则否定 H_0,接受 H_A。当 $|u|<u_\alpha$ 时,接受 H_0。

(2)两个样本平均数假设测验

在试验研究中要经常比较两个处理平均数间的差异,以测验两个样本平均数所属总体平均数有无显著差异。测验方法因试验设计的不同而分为成组数据平均数假设测验和成对数据平均数假设测验。

① 成对数据平均数假设测验

在比较两个样本平均数差异显著性时,如果试验单位差异较大,可以利用局部控制原则,采用配对设计,以消除试验单位不一致对试验结果造成的影响,提高试验精确度。配对设计的特点是将条件相同的两个供试单位配成一对,并设有多个配对,然后对每一配对的两个供试单位分别随机地给予不同处理,以这种设计方法获得的数据称为成对数据。例如,在试验设计时将条件最为近似的两个小区或同一植株(或器官)的对称部位随机进行两种不同处理,并设若干重复;或在同一供试单位上进行处理前和处理后的对比,并设若干重复,等等,所获得的数据均为成对数据。

设两个样本的观察值分别为 x_1 和 x_2,共配成 n 对,各个对的差数为 $d=x_1-x_2$,差数的平

均数为 $\bar{d}=\bar{x}_1-\bar{x}_2$，则差数标准差 s_d 为：

$$s_d = \sqrt{\frac{SS_d}{n-1}}$$

其中，

$$SS_d = \sqrt{\sum(d-\bar{d})^2} = \sum d^2 - \frac{(\sum d)^2}{n}$$

差数平均数的标准误为：

$$s_{\bar{d}} = \frac{s_d}{\sqrt{n}} = \sqrt{\frac{SS_d}{n(n-1)}}$$

于是有

$$t = \frac{\bar{d} - \mu_d}{s_{\bar{d}}}$$

具有 $v=n-1$。由于假设 $H_0:\mu_d=0$，上式可改为：

$$t = \frac{\bar{d}}{s_{\bar{d}}}$$

若算得 $|t|<t_{0.05}$，则接受 $H_0:\mu_d=0$；若 $|t|\geqslant t_{0.05}$，否定 $H_0:\mu_d=0$，接受 $H_A:\mu_d\neq 0$，两个样本平均数差异显著。

② 成组数据平均数假设测验

非成对材料，采用完全随机设计，各试验单位彼此独立，不论两个样本的容量是否相同，所获得的数据均为成组数据。例如选取肥力较为均匀的地块，随机划分20个小区，然后再随机安排10小区做甲处理，10个小区做乙处理，于是试验结果可得到两组数据，每组10个观测值，彼此相互独立。又如，在同一块地上，采取两种抽样方法，A法取10个样点，B法取15个样点，也可得到两组数据。

根据两样本所属总体的方差是否已知，以及样本容量的大小不同，成组数据平均数假设检验方法有 u 测验和 t 测验。

a. 在两个样本总体方差 σ_1^2 和 σ_2^2 已知，或未知但两个样本都是大样本时，用 u 测验。
u 值的计算公式为：

$$u = \frac{(\bar{x}_1 - \bar{x}_2) - (\mu_1 - \mu_2)}{\sigma_{\bar{x}_1 - \bar{x}_2}}$$

其中平均数差数标准误为：

$$\sigma_{\bar{x}_1 - \bar{x}_2} = \sqrt{\frac{\sigma_1^2}{n_1} + \frac{\sigma_2^2}{n_2}}$$

在实际工作中，总体的方差往往是未知的，如果两个样本均为大样本，可以用两个样本均方 s_1^2 和 s_2^2 分别直接估计其总体的方差，则样本平均数差数的标准误为：

$$s_{\bar{x}_1 - \bar{x}_2} = \sqrt{\frac{s_1^2}{n_1} + \frac{s_2^2}{n_2}}$$

由于假设 $H_0:\mu_1=\mu_2$

故

$$u=\frac{\bar{x}_1-\bar{x}_2}{s_{\bar{x}_1-\bar{x}_2}}$$

如果实得$|u|\geqslant u_\alpha$，则否定H_0，接受H_A；当$|u|<u_\alpha$时，接受H_0。

b.两个样本总体方差σ_1^2和σ_2^2为未知，又是小样本，且可假定$\sigma_1^2=\sigma_2^2$时，用t测验。
t值计算公式为：

$$t=\frac{(\bar{x}_1-\bar{x}_2)-(\mu_1-\mu_2)}{s_{\bar{x}_1-\bar{x}_2}}$$

由于假设$H_0:\mu_1=\mu_2$，故上式为：

$$t=\frac{\bar{x}_1-\bar{x}_2}{s_{\bar{x}_1-\bar{x}_2}}$$

由于一般资料可以假定两个样本所属总体方差相等，即$\sigma_1^2=\sigma_2^2$，为了增加误差估计的精确度，将两个样本均方乘以各自的自由度之和，再除以两个样本自由度之和，得到两个样本均方的加权平均数s_e^2(又称为合并均方)，用s_e^2作为总体方差σ^2的估计值。

$$s_e^2=\frac{s_1^2(n_1-1)+s_2^2(n_2-1)}{(n_1-1)+(n_2-1)}=\frac{\sum(x_1-\bar{x})^2+\sum(x_2-\bar{x})^2}{(n_1-1)+(n_2-1)}=\frac{SS_1+SS_2}{v_1+v_2}$$

样本平均数差数的标准误为：

$$s_{\bar{x}_1-\bar{x}_2}=\sqrt{\frac{s_e^2}{n_1}+\frac{s_e^2}{n_2}}$$

$v=n_1+n_2-2$

当$n_1=n_2=n$时，则上式变为：

$$s_{\bar{x}_1-\bar{x}_2}=\sqrt{\frac{2s_e^2}{n}}$$

如果实得$|t|\geqslant t_\alpha$，否定H_0，接受H_A；当$|t|<t_\alpha$时，接受H_0。

8.2.2 方差分析

8.2.2.1 单因素方差分析

（1）问题提出

设因素A具有k个水平$A_1,A_2,\cdots,A_k$，在水平A_i下总体服从等方差的正态分布$N(\mu_i,\sigma^2)$，$i=1,2,\cdots,k$。其中$\sigma>0$，$\mu_1,\mu_2,\cdots,\mu_k$是未知参数。今在水平A_j下进行n_j次试验，得到样本观测值

x_{ij}，$j=1,2\cdots,k,i=1,2,\cdots,n_j$。

欲检验k个水平对事物变化所施加的影响有无显著性差异，即要检验k个总体的均值$\mu_1,\mu_2,\cdots,\mu_k$是否相等。检验假设是

$H_0:\mu_1=\mu_2=\cdots=\mu_k$

（2）平方和分解

记 $x.. = \sum_{j=1}^{k}\sum_{i=1}^{n_j} x_{ij}$, $\bar{x} = \frac{1}{n}x..$, $x_j = \sum_{i=1}^{n_j} x_{ij}$, $\bar{x}_j = \frac{1}{n_j}x_j$

其中 $n=n_1+n_2+\cdots+n_k, j=1,2,\cdots,k$。称 $\bar{x}$ 为总平均，$\bar{x}_j$ 为第 j 个试验水平 A 上的组内平均。

记

$$S_t = \sum_{j=1}^{k}\sum_{i=1}^{n_j}(x_{ij} - \bar{x})^2$$

$$S_A = \sum_{j=1}^{k} n_j(\bar{x}_j - \bar{x})^2$$

$$S_R = \sum_{j=1}^{k}\sum_{i=1}^{n_j}(x_{ij} - \bar{x}_j)^2$$

称 S_t 为总离差平方和（简称为总平方和）；S_A 为组间平方和（条件误差——水平变化引起的）；S_R 为组内平方和（或误差平方和）。很显然，S_A 越大，水平变化对总体的影响越大。可以证明：

$$S_t = S_A + S_R$$

称上式为总平方和分解公式。记为

$f_t=n-1$，$f_A=k-1$，$f_R=n-k$。

按平方和自由度的定义不难得到，f_t, f_A, f_R 分别是 S_t, S_A 与 S_R 的自由度。显然有

$$f_t = f_A + f_R$$

称式为总平方和自由度分解分式。

（3）显著性检验

可以证明，当假设 H_0 成立时，统计量

$$F = \frac{S_A/(k-1)}{S_R/(n-k)} \sim F(k-1, n-k)$$

（4）表格化计算

如表4-1，实际计算时，常采用如下简化公式

$$S_t = \sum_{j=1}^{k}\sum_{i=1}^{n_j} x_{ij}^2 - n\bar{x}^2$$

$$S_A = \sum_{j=1}^{k} n_j \bar{x}_j^2 - n\bar{x}^2$$

$$S_R = S_t - S_A$$

计算各平方和，且可以表格化计算如表8-1、2。

（5）显著性检验

对任意两个不同组的组均值 μ_i 和 μ_j，要检验其差异是否显著，可以使用统计量的 t 检验、LDS 或 LRS 法进行检验，以 t 检验为例

$$t_{ij} = \frac{|\bar{x}_i - \bar{x}_j|}{\sqrt{\left(\frac{1}{n_i} + \frac{1}{n_j}\right)\frac{S_R}{n-k}}}$$

当假设

$H : \mu_i = \mu_j$

成立时，t_{ij} 统计量服从自由度为 $n-k$ 的 t 分布。

要判断 μ_i 与 μ_j 差异是否显著，也可以单独对水平 A_i 与 A_j 上的观测数据做单因素方差分析。

表8-1 单因素方差分析计算表

水 平	A_1	A_2	...	A_k	总 和
样本值	x_{11} x_{21} ... $x_{n_1 1}$	x_{12} x_{22} ... $x_{n_2 2}$	...	x_{1k} x_{2k} ... $x_{n_k k}$	
求 和	$\sum_{i=1}^{n_1} x_{i1}$ （列加）	$\sum_{i=1}^{n_2} x_{i2}$ （列加）	...	$\sum_{i=1}^{n_k} x_{ik}$ （列加）	$\sum_{j=1}^{k}\sum_{i=1}^{n_j} x_{ij}$ （行加）
容量	n_1	n_2	...	n_k	n
平均值	$\bar{x}_1$	$\bar{x}_2$	...	$\bar{x}_k$	$\bar{x}$
平均值平方	$\bar{x}_1^2$	$\bar{x}_2^2$	...	$\bar{x}_k^2$	$\sum_{j=1}^{k}\bar{x}_j^2$
平方和	$\sum_{i=1}^{n_1} x_{i1}^2$ （列加）	$\sum_{i=1}^{n_2} x_{i2}^2$ （列加）	...	$\sum_{i=1}^{n_k} x_{ik}^2$ （列加）	$\sum_{j=1}^{k}\sum_{i=1}^{n_j} x_{ij}^2$ （行加）

表8-2 单因素方差分析表

平方和	自由度	均 方	F 值	临界值	显著性
组间 S_A	f_A	$MS_A = \frac{S_A}{f_A}$	$F = \frac{MS_A}{MS_R}$	$F_a(f_A, f_R)$	
组内 S_R	f_R	$MS_R = \frac{S_R}{f_R}$			
总和 S_t	f_t				

8.2.2.2 双因素无重复试验的方差分析

(1)问题提出

设因素 A,B 同时对试验结果（总体 X）发生作用。因素 A 有 m 个水平 $A_1,A_2,\cdots,A_m$；因素 B 有 r 个水平 $B_1,B_2,\cdots B_r$。因素 A,B 的水平组合 (A_i,B_j) ($i=1,2,\cdots,m;j=1,2,\cdots,r$) 构成了新的组合试验，共有 mr 个水平的这种组合试验。若将组合水平 (A_i,B_j) 视为总体 X_{ij} ($i=1,2,\cdots,$

$m; j=1,2,\cdots,r$),于是得到mr个总体。我们假定它们相互独立,且服从等方差的正态分布,即

$$X_{ij} \sim N(\mu_{ij},\sigma^2) \ (i=1,2,\cdots,m;j=1,2,\cdots,r)$$

在每一组合试验(A_i, B_j)(总体X_{ij})下进行一次观测(无重复),得到mr个观测值x_{ij}($i=1,2,\cdots,m;j=1,2,\cdots,r$),我们的目的是要检验假设

H_0: μ_{ij} ($i=1,2,\cdots,m;j=1,2,\cdots,r$)均相等。

(2)平方和分解

记 $x.. = \sum_{i=1}^{m}\sum_{j=1}^{r} x_{ij}, \bar{x} = \frac{1}{mr} x..$ ——总平均,

$x_{i.} = \sum_{j=1}^{r} x_{ij}, \bar{x}_{i.} = \frac{1}{r} x_{i.}$ ——水平A_i效应平均 $(1 \leqslant i \leqslant m)$,

$x_{.j} = \sum_{i=1}^{m} x_{ij}, \bar{x}_{.j} = \frac{1}{m} x_{.j}$ ——水平B_j效应平均 $(1 \leqslant j \leqslant r)$,

$S_t = \sum_{i=1}^{m}\sum_{j=1}^{r} \left(x_{ij} - \bar{x}\right)^2$ ——总离差平方和,

$S_A = r \sum_{i=1}^{m} \left(\bar{x}_{i.} - \bar{x}\right)^2$ ——因素A的离差平方和,

$S_B = m \sum_{j=1}^{m} \left(\bar{x}_{.j} - \bar{x}\right)^2$ ——因素B的离差平方和,

$S_R = \sum_{i=1}^{m}\sum_{j=1}^{r} \left(x_{ij} - \bar{x}_{i.} - \bar{x}_{.j} + \bar{x}\right)^2$ ——除因素A,B外的其他随机因素引起的试验误差,称为误差平方和。可以证明:

$$S_t = S_A + S_B + S_R$$

S_t的自由度为$f_t = mr-1$,称为总自由度;S_A的自由度为$f_A = m-1$;S_B的自由度为$f_B = r-1$;S_R的自由度为$f_R = (m-1)(r-1)$。

显然有

$$f_t = f_A + f_B + S_R$$

(3)显著性检验

若以上假设成立,则统计量

$$F_A = \frac{S_A/f_A}{S_R/f_R} = \frac{S_A/(m-1)}{S_R/(m-1)(r-1)} \sim F[m-1,(m-1)(r-1)]$$

$$F_B = \frac{S_B/f_B}{S_R/f_R} = \frac{S_B/(r-1)}{S_R/(m-1)(r-1)} \sim F[r-1,(m-1)(r-1)]$$

对给定的显著性水平α查表得λ_A及λ_B,使

$P(F(m-1,(m-1)(r-1)) > \lambda_A) = \alpha$,

$P(F(r-1,(m-1)(r-1)) > \lambda_B) = \alpha$。

$$\begin{cases} 若 F_A > \lambda_A 则认为因素A的作用是显著的; \\ 若 F_A \leq \lambda_A 则认为因素A的作用不显著。 \end{cases}$$

$$\begin{cases} 若 F_B > \lambda_B 则认为因素B的作用是显著的; \\ 若 F_B \leq \lambda_B 则认为因素B的作用不显著。 \end{cases}$$

(4)表格化计算

如表8-3。于是有

$$S_A = \frac{\sum_{i=1}^{m} x_{i\cdot}^2}{r} - \frac{x_{\cdot\cdot}^2}{mr}, \quad S_B = \frac{\sum_{j=1}^{r} x_{\cdot j}^2}{m} - \frac{x_{\cdot\cdot}^2}{mr}$$

$$S_t = C - x_{\cdot\cdot}^2/(mr), \quad S_R = S_t - S_A - S_B$$

其中 $C = \sum_{i=1}^{m}\sum_{j=1}^{r} x_{ij}^2$

表8-3 双因素方差分析计算表

样品水平＼水平	B_1	B_2	…	B_r	和	平方和
A_1	x_{11}	x_{12}	…	x_{1r}	$x_{1\cdot} = \sum_{j=1}^{r} x_{1j} = r\bar{x}_{1\cdot}$（行加）	$x_{1\cdot}^2$
A_2	x_{21}	x_{22}	…	x_{2r}	$x_{2\cdot} = \sum_{j=1}^{r} x_{2j} = r\bar{x}_{2\cdot}$（行加）	$x_{2\cdot}^2$
…	…	…	…	…	…	…
A_m	x_{m1}	x_{m2}	…	x_{mr}	$x_{m\cdot} = \sum_{j=1}^{r} x_{mj} = r\bar{x}_{m\cdot}$（行加）	$x_{m\cdot}^2$
和	$x_{\cdot 1} = \sum_{i=1}^{m} x_{i1} = m\bar{x}_{\cdot 1}$（列加）	$x_{\cdot 2} = \sum_{i=1}^{m} x_{i2} = m\bar{x}_{\cdot 2}$（列加）	…	$x_{\cdot r} = \sum_{i=1}^{m} x_{ir} = m\bar{x}_{\cdot r}$（列加）	$x_{\cdot\cdot} = \sum_{i=1}^{m}\sum_{j=1}^{r} x_{ij} = mr\bar{x}$（列加）	
平方和	$x_{\cdot 1}^2$	$x_{\cdot 2}^2$	…	$x_{\cdot r}^2$	$C = \sum_{i=1}^{m}\sum_{j=1}^{r} x_{ij}^2$	

8.2.2.3 双因素等重复试验的方差分析

设有2个因素A, B同时作用于总体X。因素A有m个水平$A_1, A_2, \cdots, A_m$，因素B有r个水平$B_1, B_2, \cdots, B_r$。它们的每一组合(A_i, B_j)就是一个新的试验水平，作为一个总体X_{ij}。对每个组合试验(即每个总体X_{ij})作l次重复试验，得到$mrl(l\geq 2)$个观测值$x_{ijk}(i=1,2,\cdots,m;j=1,2,\cdots,r;k=1,2,\cdots,l)$。

表8-4 双因素无重复试验方差分析表

来源	平方和	自由度	均方	F比
因素A	S_A	$m-1$	$\dfrac{S_A}{m-1}$	$\dfrac{S_A/(m-1)}{S_R/(m-1)(r-1)}$
因素B	S_B	$r-1$	$\dfrac{S_B}{r-1}$	$\dfrac{S_B/(r-1)}{S_R/(m-1)(r-1)}$
误差R	S_R	$(m-1)(r-1)$	$\dfrac{S_R}{(m-1)(r-1)}$	
总计	S_t	$mr-1$		

$$\bar{x} = \frac{1}{mrl}\sum_{i=1}^{m}\sum_{j=1}^{r}\sum_{k=1}^{l}x_{ijk}, \quad \bar{x}_{ij.} = \frac{1}{l}\sum_{k=1}^{l}x_{ijk}$$

$$\bar{x}_{i..} = \frac{1}{rl}\sum_{j=1}^{r}\sum_{k=1}^{l}x_{ijk}, \quad \bar{x}_{.j.} = \frac{1}{ml}\sum_{i=1}^{m}\sum_{k=1}^{l}x_{ijk}$$

$$S_t = \sum_{i=1}^{m}\sum_{j=1}^{r}\sum_{k=1}^{l}(x_{ijk}-\bar{x})^2, \quad P = \frac{1}{mrl}\left(\sum_{i=1}^{m}\sum_{j=1}^{r}\sum_{k=1}^{l}x_{ijk}\right)^2$$

$$Q_A = \frac{1}{rl}\sum_{i=1}^{m}\left(\sum_{j=1}^{r}\sum_{k=1}^{l}x_{ijk}\right)^2, \quad Q_B = \frac{1}{ml}\sum_{j=1}^{r}\left(\sum_{i=1}^{m}\sum_{k=1}^{l}x_{ijk}\right)^2$$

$$Q_I = \frac{1}{l}\sum_{i=1}^{m}\sum_{j=1}^{r}\left(\sum_{k=1}^{l}x_{ijk}\right)^2, \quad C = \sum_{i=1}^{m}\sum_{j=1}^{r}\sum_{k=1}^{l}x_{ijk}^2$$

则

$S_A = Q_A - P$，$S_B = Q_B - P$

$S_I = Q_I - Q_A - Q_B + P$，$S_R = C - Q_I$

$S_t = S_A + S_B + S_I + S_R$

S_t, S_R, S_A, S_B, S_I 分别表示总离差、重复试验、A的作用、B的作用、A与B的交互作用引起的差异平方和。各有自由度 $f_t = mrl-1$，$f_R = mr(l-1)$，$f_A = m-1$，$f_B = r-1$，$f_I = (m-1)(r-1)$，且有

$S_t = S_R + S_A + S_B + S_I$

$f_t = f_R + f_A + f_B + f_I$

方差分析表类似于表8-1（略）。

8.2.2.4 重复比较

如果 t 检验进行所有两个均值的同时比较，当均值个数大于2时，尽管每次比较的冒险率都是 α。但全体的冒险率却超过，因此，t 检验只能适用于随机地抽出的两个均值的比较，并不适应于所有的两个均值的同时比较。这里仅介绍多重比较的 S 法。

用 $MS_R = S_R/f_R$ 表示 σ^2 的无偏估计，并用 f_R 表示 S_R 的自由度。假定观测数据满足方差分析的基本要求。

在单因素方差分析中，用于比较因素 A 的 i, j 两水平的均值是否相等的统计量。

$$D_{ij} = S_\alpha \sqrt{MS_R\left(\frac{1}{n_i} + \frac{1}{n_j}\right)}$$

其中

$$S_\alpha = \sqrt{(k-1)F_\alpha(k-1, f_R)}$$

当 $|\bar{x}_i - \bar{x}_j| > D_{ij}$，则认为 i,j 两水平的均值不相等；否则，认为相等。

8.2.3 多元回归与相关分析

8.2.3.1 直线回归方程的建立

(1) 直线回归方程表达式

对于两个相关变量，一个变量用符号 x 表示，另一个变量用 y 表示，通过试验或调查获得两个变量的成对观测值，可表示为 $(x_1, y_1), (x_2, y_2), \cdots, (x_n, y_n)$。如果两个相关变量间的关系是直线关系，根据 n 对观测值所描出的散点图。如果把变量 y 与 x 内在联系的总体直线回归方程记为 $y = \alpha + \beta x$，由于依变量的实际观测值总是带有随机误差，因而实际观测值 y_i 可表示为：

$$y_i = x_i + \beta x_i + \varepsilon_i \quad (i=1,2,\cdots,n)$$

由此设样本直线回归方程为：

$$\hat{y} = a + bx$$

其中，a 是 α 的估计值，b 是 β 的估计值。

回归直线在平面坐标系中的位置取决于 a、b 的取值，为了使 $\hat{y} = a + bx$ 能最好地反应 y 和 x 两变量间的数量关系，根据最小二乘法，a、b 应使回归估计值与观测值的偏差平方和最小，即：$Q = \sum(y - \hat{y})^2 = \sum(y - a - bx)^2 = $ 最小。

根据微积分学中的极值原理，令 Q 对 a、b 的一阶偏导数等于 0，即：

$$\frac{\partial Q}{\partial a} = -2\sum(y - a - bx) = 0$$

$$\frac{\partial Q}{\partial b} = -2\sum(y - a - bx)x = 0$$

整理得关于 a、b 的正规方程组：

$$\begin{cases} an + b\sum x = \sum y \\ a\sum x + b\sum x^2 = \sum xy \end{cases}$$

解正规方程组，得：

$$b = \frac{\sum xy - (\sum x)(\sum y)/n}{\sum x^2 - (\sum x)^2/n} = \frac{\sum(x - \bar{x})(y - \bar{y})}{\sum(x - \bar{x})^2} = \frac{SP_{xy}}{SS_x}$$

$$a = \bar{y} - b\bar{x}$$

研究 y 和 $\hat{y}$ 间的关系，可发现回归方程的三个基本性质：

性质 1，$Q = \sum(y - \hat{y})^2 = $ 最小；

性质 2, $\sum(y - \hat{y}) = 0$;

性质 3, 回归直线必须通过中心点 $(\bar{x}, \bar{y})$。

如果将计算的 b 式代入方程,得到回归方程的另一种形式:

$$\hat{y} = \bar{y} - b\bar{x} + bx = \bar{y} + b(x - \bar{x})$$

(2)直线回归的显著性检验

若 x 和 y 变量间并不存在直线关系,但由 n 对观测值 (x_i, y_i) 也可以根据上面介绍的方法求得一个回归方程 $\hat{y} = a + bx$。显然回归方程所反应的两个变量间的直线关系是不真实的,即变量 x 与 y 间是否存在直线关系。由此应对其实显著性检验。

① 回归关系显著性检验——F 检验

x 与 y 两个变量间是否存在直线关系,可用 F 检验法进行检验。由 $y_i = x_i + \beta x_i + \varepsilon_i$ 式可推知,若 x 与 y 间不存在直线关系,则总体回归系数 b=0,若 x 与 y 间存在直线关系,则总体回归系数 b≠0。所以,对 x 与 y 间是否存在直线关系的假设检验其无效假设 H_0:b=0,备择假设 H_A:b≠0。在无效假设成立的条件下,回归均方与离回归均方的比值服从 $df_1 = 1$ 和 $df_2 = n - 2$ 的 F 分布,所以可以用

$$F = \frac{MS_R}{MS_r} = \frac{MS_R/df_R}{SS_r/df_r} = \frac{SS_R}{SS_r/(n-2)}, df_1=1, df_2=n-2$$

来检验回归关系即回归方程的显著性。

回归平方和还可用下面的公式计算得到:

$$SS_R = \sum(\hat{y} - \bar{y})^2 = \sum[b(x - \bar{x})]^2$$

$$= b^2 \sum(x - \bar{x})^2 = b^2 SS_x = bSP_{xy} = \frac{SP_{xy}}{SS_x} \cdot SP_{xy} = \frac{SP_{xy}^2}{SS_x}$$

上式推广到多元线性回归分析的情况。可得到离回归平方和计算公式为:

$$SS_r = SS_y - SS_R = SS_y - \frac{SP_{xy}^2}{SS_x}$$

② 回归系数的显著性检验——t 检验

采用回归系数的显著性检验——t 检验也可检验 x 与 y 间是否存在直线关系。回归系数显著性检验的无效假设和备择假设分别为 H_0:β=0,H_A:β≠0。

t 检验的计算公式为:

$$t = \frac{b}{S_b}, df = n - 2$$

$$S_b = \frac{S_{yx}}{\sqrt{SS_x}}$$

其中,S_b 为回归系数标准误。

事实上,统计学已证明,在直线回归分析中,这二种检验方法是等价的,可任选一种进行检验。

(3)直线回归的区间估计

前面已求出了总体回归截距 a、回归系数 β 和 x 所对应的 y 值总体平均数 $a+\beta x$ 的估计值 a,b 和 $\hat{y}$。这仅是一种点估计。下面在一定置信度下对 α、β 以及 $\alpha+\beta x$ 做出区间估计。

① 总体回归截距 a 的置信区间

统计学已证明 $\dfrac{a-\alpha}{S_a}$ 服从自由度为 $n-2$ 的 t 分布。其中，S_a 叫做样本回归截距标准误，计算公式为：

$$S_a = S_{yx}\sqrt{\dfrac{1}{n} + \dfrac{\bar{x}^2}{SS_x}}$$

容易导出 α 的 95%、99% 置信区间为：

$[a - t_{0.05(n-2)}S_a, a + t_{0.05(n-2)}S_a]$

$[a - t_{0.01(n-2)}S_a, a + t_{0.01(n-2)}S_a]$

② 总体回归系数 β 的置信区间

统计学已证明 $\dfrac{b-\beta}{S_b}$ 服从自由度为 $n-2$ 的 t 公布，其中，S_b 叫做样本回归系数标准误。

可以导出 β 的 95%、99% 置信区间为：

$[b - t_{0.05(n-2)}S_b, b + t_{0.05(n-2)}S_b]$

$[b - t_{0.01(n-2)}S_b, b + t_{0.01(n-2)}S_b]$

③ 单个 y 值的置信区间

有时需要估计当 x 取某一数值时，相应 y 总体的一个 y 值的置信区间。因为 $(\hat{y} - y)/S_y$ 服从自由度为 $n-2$ 的 t 分布，其中，S_y 为单个 y 值的估计标准误，计算公式为：

$$S_y = S_{yx}\sqrt{1 + \dfrac{1}{n} + \dfrac{(x-\bar{x})^2}{SS_x}}$$

当 x 取某一数值时，单个 y 值的 95%、99% 置信区间为：

$[\hat{y} - t_{0.05(n-2)}S_y, \hat{y} + t_{0.05(n-2)}S_y]$

$[\hat{y} - t_{0.01(n-2)}S_y, \hat{y} + t_{0.01(n-2)}S_y]$

8.2.3.2　曲线回归

在很多情况下，两个变量关系可以不是直线（线性）的相关关系，而是某种曲线（非线性）关系。

设变量 x 和 y 的 n 次试验观测数据点为 $(x_i, y_i), i = 1,2,\dots,n$，在坐标系中画出散点图，由散点图所呈现出的形状，与常见的已知函数图作比较，选择一条曲线拟合这 n 个点。采用的方法是通过等量代换，把非线性回归化成线性回归，从而就可以估计曲线的参数。通常采用的是六类曲线：

(1)双曲线函数

双曲线函数 $1/y = a + b/x$，作变换 $x' = 1/x, y' = 1/y$，则有 $v = a + bu$。

(2)幂函数

幂函数曲线 $y=ax^b$,其中 $x>0, a>0$,两边取对数:$\ln y = \ln a + b\ln x$,作变换 $x'=\ln x, y'=\ln y, a'=\ln a$,则有 $y'=a'+bx'$。

(3)指数曲线

指数曲线 $y=ae^{bx}$,其中参数 $a>0$,两边取对数:$\ln y = \ln a + bx$,作变换 $y'=\ln y, a'=\ln a$,则有 $y'=a'+bx$。

(4)倒指数曲线

倒指数曲线 $y=ae^{b/x}$,其中 $a>0$,两边取对数:$\ln y = \ln a + b/x$,作变换 $x'=1/x, y'=\ln y, a'=\ln a$,则有 $y'=a'+bx'$。

(5)对数曲线

对数曲线 $y = a + b\ln x$,作变换 $x' = \ln x$,则有 $y = a + bx'$。

(6)S型曲线

S型曲线 $y = \dfrac{1}{a+be^{-x}}$,作变换 $y' = \dfrac{1}{y}, x' = e^{-x}$,则有 $y' = a + bx'$。

8.2.3.3 多元回归

变量间的相互关系,可以分为两类:一类是确定性关系,也叫函数关系,例如 $S = \pi r^2$,表示的就是圆的面积 S 和半径 r 之间的关系。另一种就是相关关系,这一关系的特征是:变量之间很难用一种精确地方法表示出来,例如人的身高和体重之间有一定的关系,但是由身高不能精确地计算出体重,有体重也不能精确地计算出身高,从数据来看,它们也确实具有某种"相关"趋势。回归分析就是来处理这种特征的数学方法。回归分析一般分为线性回归和非线性回归,根据自变量的多少,线性(非线性)回归有不同的划分。当自变量只有一个时,称为一元线性(非线性)回归,当自变量有多个时,称为多元线性(非线性)回归。

(1)多元回归的线性模型和多元回归方程式

若依变数 Y 同时受到 m 个自变数 $X_1, X_2, \cdots, X_m$ 的影响,且这 m 个自变数皆与 Y 呈线性关系,则这 $m+1$ 个变数的关系就形成 m 元线性回归。因此,一个 m 元线性回归总体的线性模型为:

$$Y_j = \beta_0 X_0 + \beta_1 X_{1j} + \beta_2 X_{2j} + \cdots + \beta_m X_{mj} + \varepsilon_j$$

其中,$\varepsilon_j \sim N(0, \sigma_\varepsilon^2)$。相应的,一个 m 元线性回归的样本观察值组成为:

$$y_j = b_0 + b_1 x_{1j} + b_2 x_{2j} + \cdots + b_m x_{mj} + e_j$$

在一个具有 n 组观察值的样本中,第 j 组观察值($j=1, 2, \cdots, n$)可表示为 $(x_{1j}, x_{2j}, \cdots, x_{mj}, y_j)$,便是 $M=(m+1)$ 维空间中的一个点。

同理,一个 m 元线性回归方程可给定为:

$$\hat{y} = b_0 + b_1 x_1 + b_2 x_2 + \cdots + b_m x_m$$

式中,b_0 是 $x_1, x_2, \cdots, x_m$ 都为 0 时 y 的点估计值;b_1 是 $b_{y1\cdot23\cdots m}$ 的简写,它是在 $x_2, x_3, \cdots, x_m$ 皆保持一定时,x_1 每增加一个单位对 y 的效应,称为 $x_2, x_3, \cdots, x_m$ 不变(取常量)时 x_1 对 y 的偏回归系数(partial regression coefficient);b_2 是 $b_{y2\cdot13\cdots m}$ 的简写,它是在 $x_1, x_3, \cdots, x_m$ 皆保持一定

时，x_2 每增加一个单位对 y 的效应，称为 $x_1,x_3,\cdots,x_m$ 不变(取常量)时 x_2 对 y 的偏回归系数；依此类推，b_3 是 x_3 对 y 的偏回归系数；……；b_m 是 x_m 对 y 的偏回归系数。

在多元回归系统中，b_0 一般很难确定其专业意义，它仅是调节回归响应面的一个参数；$b_i(i=1,2,\cdots,m)$ 表示了各个自变数 x_i 对依变数 y 的各自效应，而 $\hat{y}$ 则是这些各自效应的集合，代表着所有自变数对依变数的综合效应。

(2) 多元回归统计数的计算

由 n 组观察值求解 m 元线性回归方程，可按上一章中"直线回归的矩阵求解"所介绍的方法进行。

n 组观察值形成 n 个等式，用矩阵表示则为：

$$\begin{pmatrix} y_1 \\ y_2 \\ \vdots \\ y_n \end{pmatrix} = \begin{pmatrix} 1 & x_{11} & \cdots & x_{m1} \\ 1 & x_{12} & \cdots & x_{m2} \\ \vdots & \vdots & & \vdots \\ 1 & x_{1n} & \cdots & x_{mn} \end{pmatrix} \begin{pmatrix} b_0 \\ b_1 \\ \vdots \\ b_m \end{pmatrix} + \begin{pmatrix} e_1 \\ e_2 \\ \vdots \\ e_n \end{pmatrix}$$

即

$Y=Xb+e$

矩阵 X 为 $(m+1)\times n$ 阶而非 $2\times n$ 阶，列向量 b 为 $(m+1)$ 阶而非 2 阶。

由最小二乘法求 b，结果为：

$b = (X'X)^{-1}X'Y$

8.2.4 相关关系分析

8.2.4.1 决定系数和相关系数

上面直线回归的讨论中已经证明了等式：$\sum(y-\bar{y})^2 = \sum(\hat{y}-\bar{y})^2 + \sum(y-\hat{y})^2$。从这个等式不难看到：$y$ 与 x 直线回归效果的好坏取决于回归平方和 $\sum(\hat{y}-\bar{y})^2$ 与离回归平方和 $\sum(y-\hat{y})^2$ 的大小，或者说取决于回归平方和在 y 的总平方和 $\sum(y-\bar{y})^2$ 中所占的比例的大小。这个比例越大，y 与 x 的直线回归效果就越好，反之则差。我们把比值 $\sum(\hat{y}-\bar{y})^2/\sum(y-\bar{y})^2$ 叫做 x 对 y 的决定系数，记为 r^2，即

$$r^2 = \frac{\sum(\hat{y}-\bar{y})^2}{\sum(y-\bar{y})^2}$$

决定系数的大小表示了回归方程估测可靠程度的高低，或者说表示了回归直线拟合度的高低。显然有 $0 \leqslant r^2 \leqslant 1$。因为

$$r^2 = \frac{\sum(\hat{y}-\bar{y})^2}{\sum(y-\bar{y})^2} = \frac{SP_{xy}^2}{SS_x SS_y} = \frac{SP_{xy}}{SS_x} \cdot \frac{SP_{xy}}{SS_y} = b_{yx} \cdot b_{xy}$$

而 SP_{xy}/SS_x 是以 x 为自变量、y 为依变量时的回归系数 b_{yx}。若把 y 作为自变量、x 作为依变量，则回归系数 $b_{xy}=SP_{xy}/SS_y$，所以决定系数 r^2 等于 y 对 x 的回归系数与 x 对 y 的回归系数的乘积。这就是说，决定系数反映了 x 为自变量、y 为依变量和 y 为自变量、x 为依变量时两

个相关变量 x 与 y 直线相关的信息,即决定系数表示了两个互为因果关系的相关变量间直线相关的程度。但决定系数介于0和1之间,不能反映直线关系的性质——是同向增减或是异向增减。

若求 r^2 的平方根,且取平方根的符号与乘积和 SP_{xy} 的符号一致,即与 b_{xy}、b_{yx} 的符号一致,这样求出的平方根既可表示 y 与 x 的直线相关的程度,也可表示直线相关的性质。统计学上把这样计算所得的统计量称为 x 与 y 的相关系数,记为 r,

$$r = \frac{SP_{xy}}{\sqrt{SS_x SS_y}} = \frac{\sum xy - \frac{(\sum x)(\sum y)}{n}}{\sqrt{\left[\sum x^2 - \frac{(\sum x)^2}{n}\right]\left[\sum y^2 - \frac{(\sum y)^2}{n}\right]}}$$

8.2.4.2 相关系数的显著性检验

上述根据实际观测值计算得来的相关系数 r 是样本相关系数,它是双变量正态总体中的总体相关系数 ρ 的估计值。样本相关系数 r 是否来自 $\rho \neq 0$ 的总体,还须对样本相关系数 r 进行显著性检验。此时无效假设、备择假设为 $H_0:\rho=0$,$H_A:\rho \neq 0$。与直线回归关系显著性检验一样,可采用 t 检验法与 F 检验法对相关系数 r 的显著性进行检验。

t 检验的计算公式为

$$t = \frac{r}{S_r}, \quad df = n-2$$

其中,$S_r = \sqrt{(1-r^2)/(n-2)}$,叫做相关系数标准误。

F 检验的计算公式为

$$F = \frac{r^2}{(1-r^2)/(n-2)}, \quad df_1=1, df_2=n-2$$

统计学家已根据相关系数 r 显著性 t 检验法计算出了临界 r 值并列出了表格。所以可以直接采用查表法对相关系数 r 进行显著性检验。具体作法是:先根据自由度 $n-2$ 查临界 r 值,得 $r_{0.05(n-2)}$,$r_{0.01(n-2)}$。若 $|r|<r_{0.05(n-2)}$,$P>0.05$,则相关系数 r 不显著,在 r 的右上方标记"ns";若 $r_{0.05(n-2)} \leq |r| < r_{0.01(n-2)}$,$0.01<P \leq 0.05$,则相关系数 r 显著,在 r 的右上方标记"*";若 $|r| \geq r_{0.01(n-2)}$,$P \leq 0.01$,则相关系数 r 极显著,在 r 的右上方标记"**"。

8.2.4.3 相关系数与回归系数的关系

从相关系数计算公式的导出可以看到:相关变量 x 与 y 的相关系数 r 是 y 对 x 的回归系数与 x 对 y 的相关系数 b_{xy} 的几何平均数:

$$r = \sqrt{b_{yx} \cdot b_{xy}}$$

这表明直线相关分析与回归分析关系十分密切。事实上,它们的研究对象都是呈直线关系的相关变量。直线回归分析将两个相关变量区分为自变量和依变量,侧重于寻求它们之间的联系形式——直线回归方程;直线相关分析不区分自变量和依变量,侧重于揭示它们之间的联系程度和性质——计算出相关系数。两种分析所进行的显著性检验都是

解决 y 与 x 间是否存在直线关系。因而二者的检验是等价的。即相关系数显著,回归系数亦显著;相关系数不显著,回归系数也必然不显著。由于利用查表法对相关系数进行检验十分简便,因此在实际进行直线回归分析时,可用相关系数显著性检验代替直线回归关系显著性检验,即可先计算出相关系数 r 并对其进行显著性检验,若检验结果 r 不显著,则用不着建立直线回归方程;若 r 显著,再计算回归系数 b、回归截距 a,建立直线回归方程,此时所建立的直线回归方程代表的直线关系是真实的,可利用来进行预测和控制。

8.2.5 相关参数计算

试验研究中相关施肥参数,如土壤养分校正系数、肥料利用率、作物养分需要量、土壤养分丰缺指标等较为常用,下面做一简要介绍。

8.2.5.1 土壤养分校正系数

将土壤有效养分测定值乘一个校验系数,以表达土壤供肥量。该系数称为土壤养分校正系数。

$$校正系数(\%) = \frac{缺素区作物地上部分吸收该元素量(kg/亩)}{该元素土壤测定值(mg/kg) \times 0.15}$$

8.2.5.2 肥料利用率

利用施肥区作物吸收的养分量减去缺素区农作物吸收的养分量,其差值视为肥料供应的养分量,再除以所用肥料养分量就是肥料利用率。

$$肥料利用率(\%) = \frac{施肥区农作物吸收养量(kg/亩) - 缺素区农作物吸收养分量(kg/亩)}{肥料养分施用量(kg/亩)}$$

上述公式以计算氮肥利用率为例来进一步说明:施肥区农作物吸收养分量(kg/亩)为作物总吸氮量;缺氮区农作物吸收养分量为不施用氮肥的作物总吸氮量;肥料养分施用量为施用的氮肥的纯养分用量;吸氮量可以通过作物植株与果实中氮的含量和产量计算得出。

吸氮量(kg/亩)=果实产量(kg/亩)×果实含氮量(%)+茎叶产量(kg/亩)×茎叶含氮量(%)

8.2.5.3 作物单位养分吸收量

通过下面公式可以计算作物单位养分吸收量。

$$作物单位养分吸收量 = \frac{果实产量(kg/亩) \times 果实中元素含量(\%) + 茎叶产量(kg/亩) \times 茎叶元素含量}{经济产量(kg/亩)} \times 100$$

8.2.5.4 地力贡献率

基础地力产量是指在不施肥情况下作物的产量,基础地力率指同一季作物的基础地力产量占常规施肥区产量的百分量,其变化反映土壤基础地力的升降。现根据甘肃省河西灌溉农业灌淤土相关调查结果对耕地地力贡献率进行计算。

计算公式=(常规区籽粒产量-空白区籽粒产量)/空白区籽粒产量

8.2.5.5 土壤耕层养分收支平衡

土壤耕层养分处于动态变化之中,人工施肥视为增加养分,作物收获后取走籽粒及秸秆视为拿走养分。土壤养分处在动态平衡下,才能保证作物的稳产和高产。

土壤耕层养分=施入养分(纯量)-作物(籽粒+秸秆+根部)中养分含量(纯量)

下面以四个监测点施肥对土壤耕层养分平衡的影响做一简单分析：

永昌点除2000年种植蔬菜肥料投入总量达916.5 kg/hm²外，其他年份施肥总量和古浪点一样，随监测年度增加而递减，而且年度间减幅较大，1998年施肥总量为537.15 kg/hm²，2001年为298.20 kg/hm²；酒泉点施肥总量(纯氮、纯磷、纯钾总和)年度间较平稳，每年稳定在450~465 kg/hm²；古浪点5年间均种植春小麦，但施肥总量从1997年720.30 kg/hm²降到2001年280.35 kg/hm²。

(1)化肥投入结构不合理

从施肥结果看，仅有古浪点在化肥施用上比较重视钾肥，但也反映出氮磷钾比例失调，5年纯氮磷钾用量为1:0.27:0.29，与世界化肥施用比例1:0.43:0.37相比，施用结构不尽合理；永昌、酒泉点化肥用量结构更不合理，年度间只用氮磷肥，不施钾肥，而且氮磷用量也不合理。

(2)有机肥施用量不足

从田间记载分析，只有酒泉点连年施用有机肥，用量较为稳定，纯养分含量每年在195~210 kg/hm²，其他各点年度间有机肥不连年施用。永昌、古浪监测点分别在2001年、2000年和2001年不施用有机肥，同时永昌点不施用钾肥，归还于土壤的钾极少，而作物又从土壤中带走大量的钾，导致土壤耕层钾严重亏缺。

(3)生物产量对土壤耕层养分平衡的影响

灌漠土监测点年养分投入总量均大于作物吸收量。三个点5年平均每公顷产春小麦籽粒6 642.90 kg、茎叶8 386.50 kg，吸收养分总量为356.70 kg/hm²，不及投入养分总量401.70 kg/hm²，但春小麦有其自身的吸肥特点，作物从3个监测点中带出的氮占投入氮的77.21%，磷占27.10%，钾占231.89%，钾的吸收量远远超出投入量，而投入总量中钾所占的比例又较小，大量的钾依靠土壤本身提供。这种入不敷出的施肥制度，不能使土壤最大限度发挥产出能力，导致土壤耕层氮盈余、磷富积、钾亏缺，同时更不利于土壤肥力向高水平方向发展。

表8-5 施肥量与产出量关系表

地点	年度	产量(kg/亩)				肥料投入总量(kg/亩)			作物名称
		空白		常规		N	P	K	
		籽粒	茎叶	籽粒	茎叶				
永昌	1998	308.00	369.6	419.70	503.64	21.97	10.10	3.74	8132-9春小麦
	1999	241.75	290.10	491.30	589.56	19.07	10.03	3.74	90687春小麦
	2001	252.00	277.2	410.00	451.00	11.15	8.73	0.00	甘啤3号大麦
古浪	1997	251.26	313.29	473.33	578.64	21.20	13.10	13.72	武春1号春小麦
	1998	71.00	126.00	396.00	575.00	19.30	9.10	8.65	永良4号春小麦
	1999	96.70	164.00	390.20	577.50	16.15	7.27	6.00	永良4号春小麦
	2000	73.40	96.50	398.00	521.00	11.00	3.10	4.10	永良4号春小麦
	2001	86.70	100.50	412.20	494.60	11.04	3.53	4.12	宁春4号春小麦

续表

地点	年度	产量(kg/亩)				肥料投入总量(kg/亩)			作物名称
		空白		常规		N	P	K	
		籽粒	茎叶	籽粒	茎叶				
酒泉	1998	445.00	571.00	485.00	582.00	19.04	8.25	3.32	8737春小麦
	1999	437.00	554.00	520.00	610.00	19.14	8.82	3.32	酒春3号春小麦
玉门	1997	302.1	362.5	571.0	685.2	15.72	5.30	1.66	大麦
	1998	232.5	279.0	485.0	582.0	14.42	5.50	1.66	小麦
	1999	41.0		86.0		5.2	3.1	0	孜然
	2000	197.5	237.0	466.0	559.2	13.06	4.0	0.83	小麦
	2001	170.0	204.0	568.0	681.2	17.58	6.1	2.49	大麦

8.3 甘肃省耕地质量监测报告的编制

耕地质量监测报告是一年监测工作的总结,是试验效果的客观展现,以真实、科学化表述肥料在一定作物上的影响效果为目的。耕地质量监测报告的编写以客观田间记载和取土化验检测数据为依据,每年年底前撰写完成,省级农业部门按时报送农业农村部。监测报告应涵盖监测点基本情况,耕地质量主要性状的现状及变化趋势,农田肥料投入与结构现状及变化趋势,作物产量现状及变化趋势等内容。耕地质量监测报告每年撰写一次,于年度监测任务完成后,监测点土样化验结果出来,由耕地质量监测承担单位撰写,并报上一级农业部门。

8.3.1 监测报告的基本结构

(1)报告题目

监测报告的题目简单明了,一般由时间、省份构成。例如:2016年甘肃省耕地质量监测报告。

(2)概述

监测报告首先应阐述监测工作的背景及开展情况,包括本省监测点的设置基本情况,监测点分布的数目、种植制度、土壤类型等内容。

(3)监测工作的做法与成效

监测报告应涵盖耕地质量监测工作主要做了哪些工作,取得了哪些成绩,有什么经验做法或教训值得借鉴;监测成果有哪些方面的应用等等。

(4)监测结果与分析

监测结果与分析部分应以监测化验所得数据为基础,用图表及简要文字展示肥料的应用效果。监测评价基于综合其农学效率、经济效益和其他效益等方面的试验结果,主要包括不同施肥处理对试验地土壤理化性状、作物生物学性状、产量和品质、肥料利用率、经济效益等方面的影响,必要时增加生态环境安全效果等其他效益评价。作物产量部分应描述测产的方法。生物统计检验分析应用 F 检验、新复极差检验、LSR检、LSD检验,或根据需要增加其他统计方法进行数据分析。

(5)结论与讨论

监测报告可以对获得的研究结果进行分析、比较、解释、评价、综合论述,从而得出本区域内年度耕地质量变化结论。可论述监测报告得出的结果已经证明了的理论,并加以解释,但要对结果进行论述而非重述。指出监测报告得出的结果与以往其他研究者发表的成果不一致的地方,并加以说明;指出监测结果在实际应用中的方向,明确提出存在的问题和今后注意的事项。监测结论要概括出本年度试验得出的基本信息和规律,力求简明扼要、条理清晰。

(6)报告落款

主要包括监测工作执行单位、报告完成时间等。例如,××省耕地质量建设管理总站;负责人:×××;时间:××××年××月××日。

以上简单介绍了耕地质量监测报告的撰写框架和顺序,实际编写过程中可以参考,但不一定全部按照上述顺序进行论述,可按照实际安排;主要内容包括上述报告要点即可。

8.4 甘肃省耕地质量主要肥力因素演变规律

甘肃省耕地质量监测经过20多年的持续开展,积累了许多有益的数据资料,对于掌握甘肃省耕地质量主要理化性状、现状和其变化规律趋势提供了坚实基础。现将有关指标分析总结如下:

8.4.1 耕地质量主要肥力因素演变规律

8.4.1.1 有机质现状及演变趋势

1997~2016年长期定位监测点的数据表明:甘肃省典型耕地土壤有机质总趋势是呈波浪式逐渐积累上升的过程,但积累速度缓慢。2015年监测数据与建点初期(1997年)相比,其中灌漠土积累最多,年平均积累0.28 g/kg,其次为黄绵土,年平均积累0.16 g/kg;如图8-1所示,1997~2003年,黑垆土耕层土壤有机质呈上升趋势;从2003~2008年间,耕层土壤有机质逐年下降,至2008年达到最低值;之后又呈上升阶段,2015年达到16.96 g/kg;灌漠土耕层有机质含量1997~1999年间呈上升趋势,从1999年开始逐渐下降,2002年又趋于上升。1997~2016年黄绵土耕层有机质含量基本呈不断上升趋势,从1999年的6.2 g/kg上升至9.08 g/kg,增加幅度为46%,平均年增幅为2.44%。这主要是由于多年来大量化肥的施用促进了作物地上和地下生物量的提高,大量的根茬留在地里,加之近年来测土配方施肥项目、耕地保护与质量提升等项目的实施,使得土壤有机质含量总体有所提高。

由图8-2可知,土壤平均有机质含量年度变化趋势较为平稳,2016年度有机质平均含量为11.16 g/kg,较建点初期提高0.39 g/kg,增幅为3.63%。但与全国平均水平相比,仍处于较低水平。

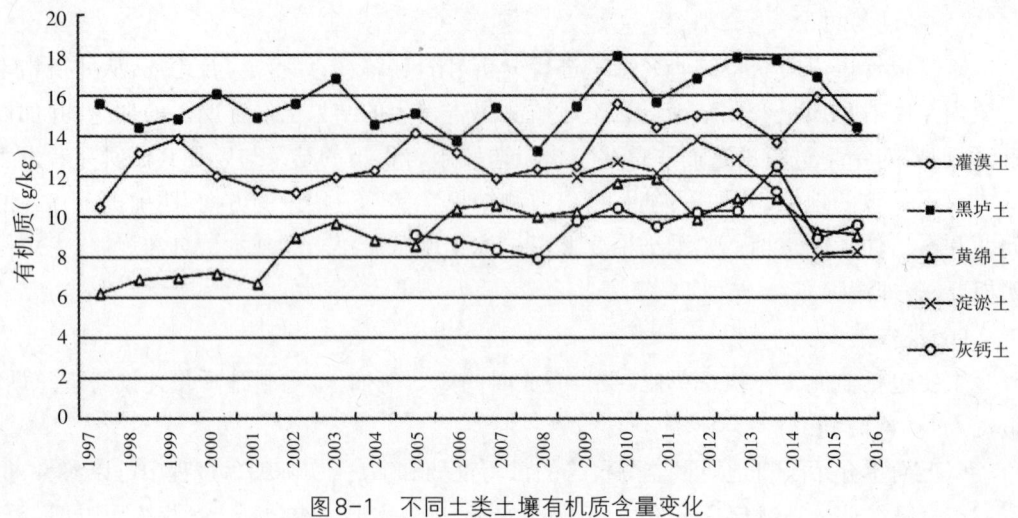

图8-1 不同土类土壤有机质含量变化

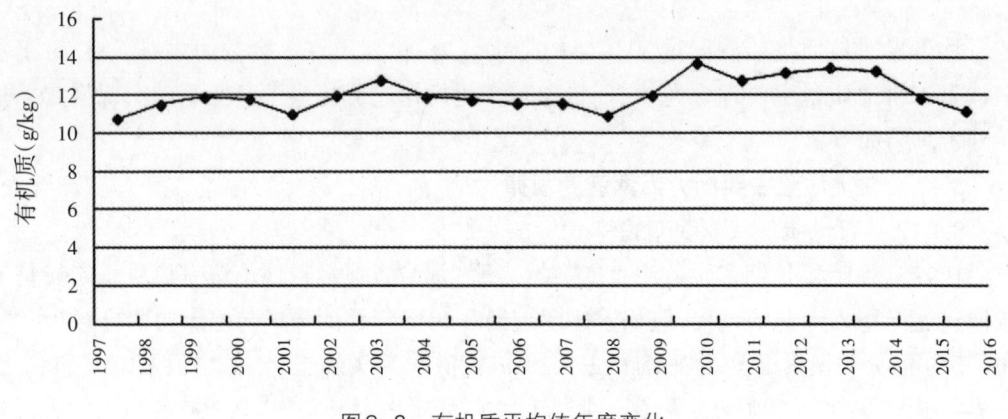

图8-2 有机质平均值年度变化

8.4.1.2 全氮现状及演变趋势

全氮含量变化趋势与有机质含量变化趋势有一定的正相关性。由图8-3可知,2015年监测数据与1997年相比,灌漠土全氮含量增加最多,年平均增加1.16%,其次为黄绵土,年平均积累0.003 g/kg;1997～2003年,黑垆土耕层土壤全氮含量呈上升趋势;从2003～2007年间,耕层土壤全氮又逐年下降,之后又至缓慢上升阶段;灌漠土耕层全氮含量1997～2002年间呈下降趋势,2002年为最低点,达到0.68 g/kg。1997～2006年黄绵土耕层全氮含量呈不断下降趋势,之后又稳步提升。通过对全省9个监测点耕层土壤全氮长期监测结果表明(如图8-4所示),2016年耕层土壤全氮含量平均为0.76 g/kg。1997～2016年19年间,监测点耕层土壤全氮平均含量呈增加趋势,增加了0.01 g/kg,土壤全氮平均含量基本保持平稳,略有增加。

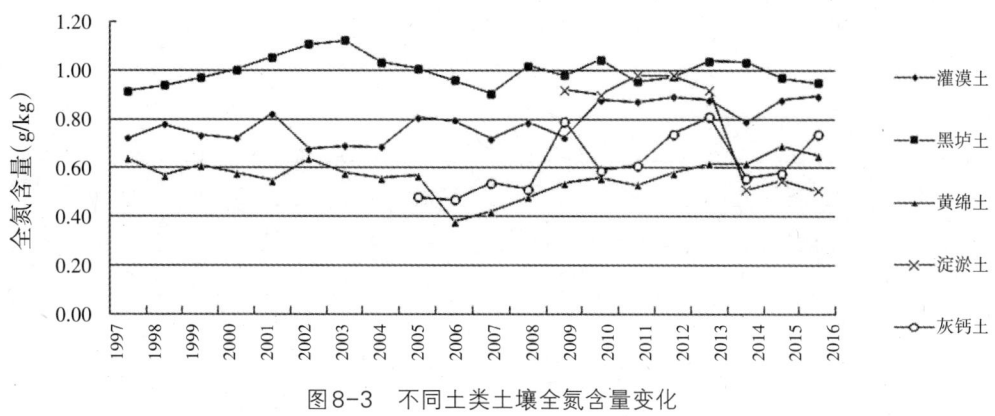

图 8-3　不同土类土壤全氮含量变化

图 8-4　土壤全氮平均含量年度变化

8.4.1.3　全磷现状及演变趋势

磷是植物生长发育必需的营养元素,土壤中磷素的多少及有效程度对作物产量和品质至关重要,是土壤肥力的重要指标之一,而土壤有效磷是当季作物可从土壤中获取的主要磷养分资源。通过对全省9个监测点耕层土壤有效磷监测结果表明(如图8-5所示),1997～2016年,灌漠土农田耕层土壤有效磷含量平均年增加 1.08 mg/kg,每年增加率8.8%,相对于黑垆土和黄绵土来说增幅最大;从黑垆土耕层土壤有效磷平均含量变化趋势看,1997～2006年呈上升趋势,2007～2011年有显著下降趋势,之后又呈上升趋势。黄绵土耕地土壤有效磷含量较建点初期值增加明显,年增加率3.79%;黄绵土耕层土壤有效磷含量1997～2009年间总体上呈基本平稳状态,2009年后开始显著上升。这与第二次土壤普查以后磷素化肥的大量施用有密切的关系,磷肥施用得到普及,为磷素在土壤中的积累提供了物质基础。如图8-6所示,土壤中有效磷平均含量较建点初期有大幅度增长,增幅为65%。

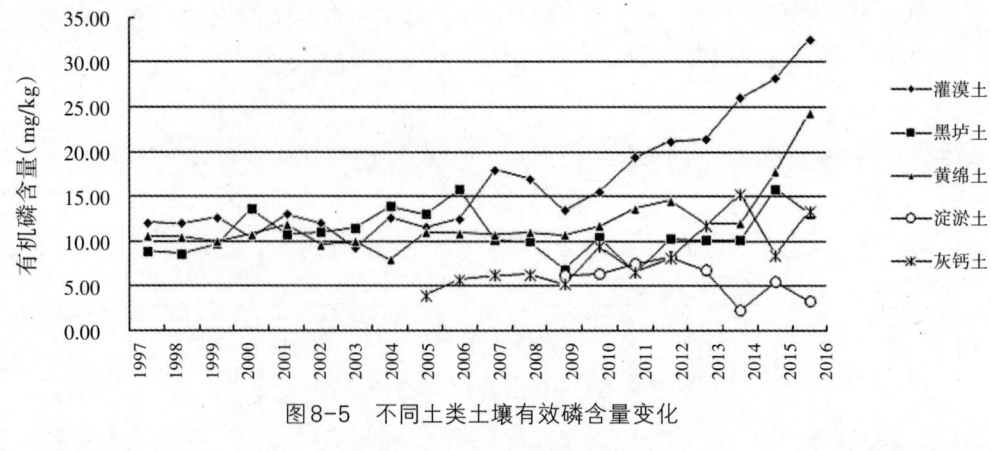

图 8-5　不同土类土壤有效磷含量变化

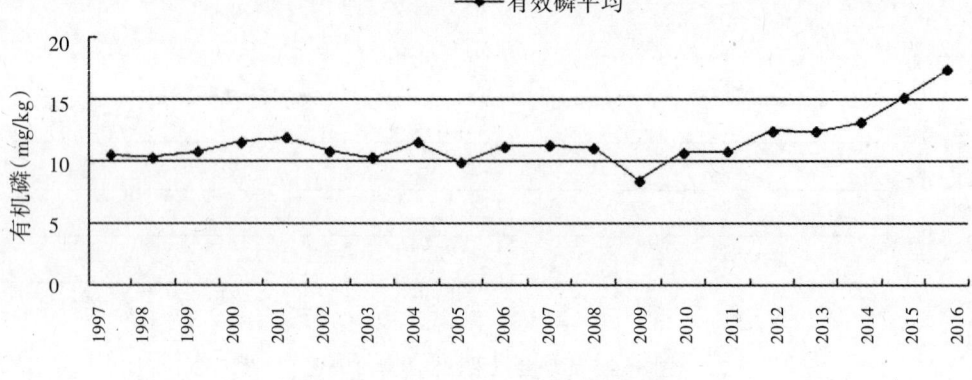

图 8-6　土壤有效磷平均含量年度变化

8.4.1.4　速效钾现状及演变趋势

钾是植物生长不可缺少的大量营养元素,土壤速效钾能在短期内被作物吸收利用。1997~2005年间,灌漠土耕层土壤速效钾含量下降速率较快,12年中下降了113.76 mg/kg,下降率为40.6%,之后速效钾含量下降速率减缓,2016年含量为118.53 mg/kg。如图8-7所示,从黑垆土耕层土壤速效钾平均含量变化趋势来看,1997~2001年期间,耕层土壤速效钾含量基本保持平稳,2002~2005年呈上升趋势,之后又缓慢下降,从174.01 mg/kg下降到2016年的125.45 mg/kg。黄绵土耕层土壤速效钾含量总体呈先增加后减少,再趋向平稳的趋势。2016年结果显示,黄绵土土壤速效钾平均含量为151.07 mg/kg,与建点初期结果相比有所增加,幅度为43.8%。综合来看,甘肃省土壤速效钾平均含量由建点初期的167.44 mg/kg下降至2016年的135.28 mg/kg,降幅为19.2%(如图8-8所示)。

耕层土壤速效钾下降的主要原因是,由于第二次土壤普查结果表明甘肃省绝大部土壤不缺钾,在长期的生产中,农民忽视了钾肥的施用,土壤中的钾随着作物地上部分的带出而有所减少。

第八章 耕地质量监测数据的汇总与发布

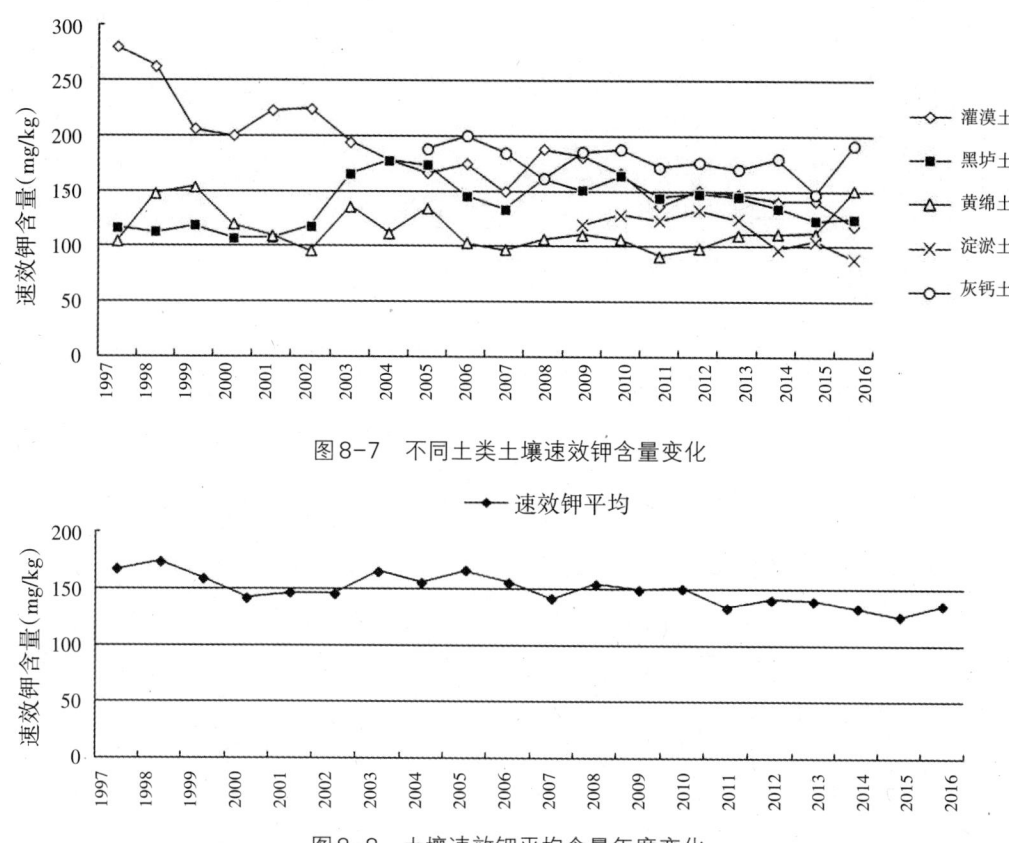

图8-7 不同土类土壤速效钾含量变化

图8-8 土壤速效钾平均含量年度变化

与全国365个监测点结果相比较,2014年甘肃省9个监测点耕地耕层土壤速效钾含量高于全国水平,比全国监测平均含量高44.8 mg/kg,处于全国速效钾分级的三级,属于中等偏上水平。

8.4.1.5 缓效钾现状及演变趋势

缓效钾是指存在于层状硅酸盐矿物层间和颗粒边缘,不能被中性盐在短时间内浸提出的钾,因此也叫非交换性钾,占土壤全钾的1%～10%。2004～2016年间,灌漠土耕层土壤缓效钾含量有所增加,13年中增加了83.53 mg/kg,增长率为13.6%,2016年含量为696.5 mg/kg。如图8-9所示,从黑垆土耕层土壤缓效钾平均含量变化趋势来看,2004～2008年期间,耕层土壤缓效钾含量下降迅速,2008～2016年呈波浪式变化趋势,下降速率减缓,与2005年数据相比,2016年土壤缓效钾含量下降率为11.8%。黄绵土耕层土壤缓效钾含量总体呈先减少后增加的趋势。2016年结果显示,黄绵土土壤缓效钾平均含量为989.6 mg/kg,与建点初期结果相比有所增加,幅度不大。综合来看,甘肃省土壤缓效钾平均含量由建点初期的874.25 mg/kg增加至2016年的965.37 mg/kg,增幅为19.2%(如图8-10所示)。

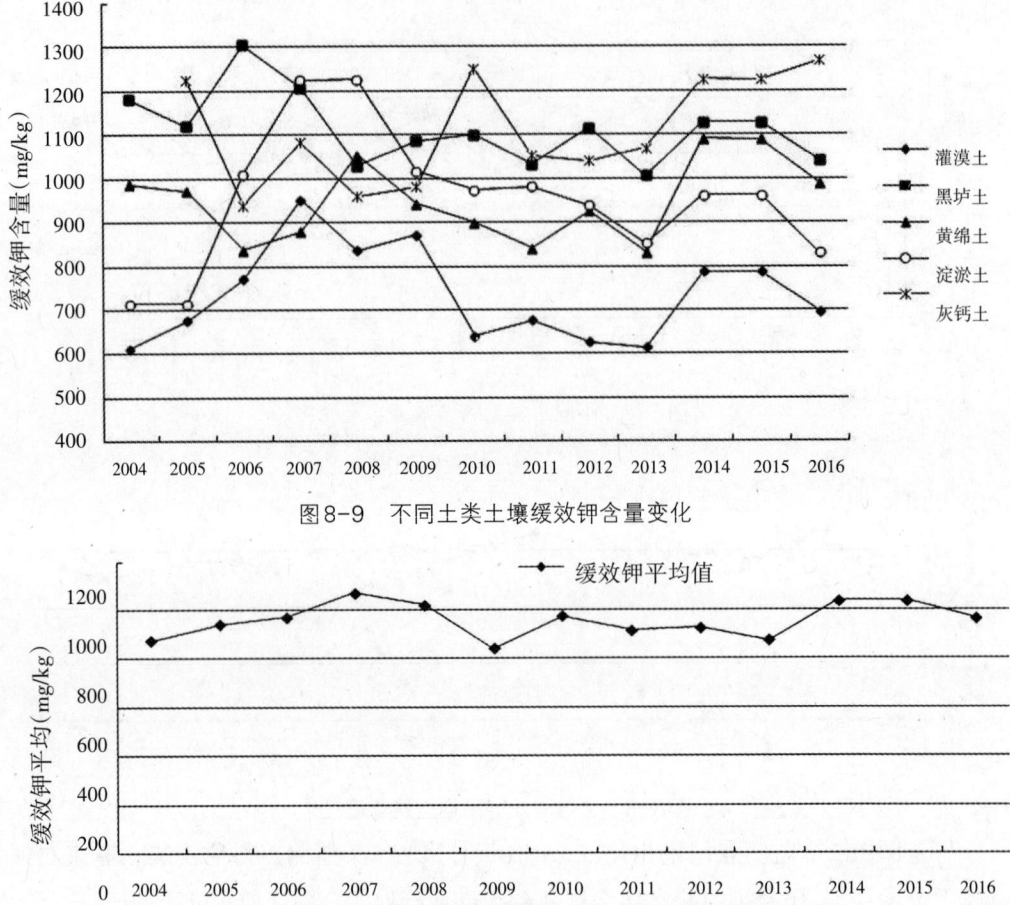

图8-9 不同土类土壤缓效钾含量变化

图8-10 不同土类土壤缓效钾平均含量变化

8.4.1.6 酸碱度现状及演变趋势

如图8-11所示,2004~2011年间,黄绵土、黑垆土土壤pH变化剧烈,灌漠土、灰钙土土壤pH 2005~2015年间基本保持稳定态势,在2016年有所下降。由图8-12可知,从13年的耕层土壤pH平均值变化趋势来看,2004~2010年期间,耕层土壤pH基本平稳,2011~2016年呈倒"W"式变化趋势,变化较为剧烈,与2004年数据相比,2016年土壤pH略有增加,增幅为0.31%。半干旱或干旱地区的自然土壤,由于土壤水分蒸发量大,而降雨量又偏少,下层的盐基物质容易随着毛管水的上升而聚集在土壤上层,使土壤pH略有增高。

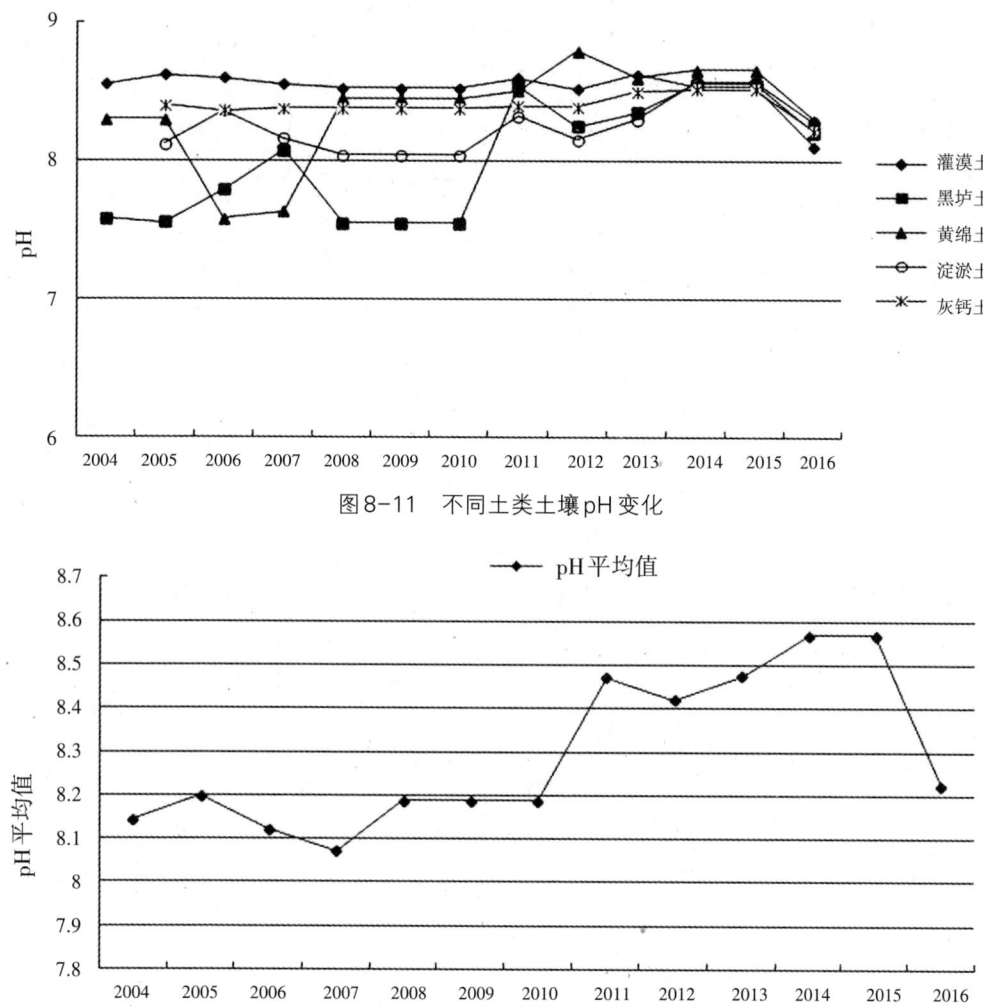

图8-11 不同土类土壤pH变化

图8-12 不同土类土壤pH平均值变化

8.4.1.7 土壤容重现状及演变趋势

由图8-13可知,除黄绵土土壤容重下降明显外,灌漠土、黑垆土、灰钙土和淀淤土土壤容重2012~2016年间变化较为稳定。2016年监测数据与2012年相比,灌漠土土壤容重变化较小,平均降低0.9%;黄绵土土壤容重下降0.2 g/cm³;2012~2016年,灰钙土土壤容重略有上升,增幅为6.1%。通过对全省9个监测点耕层土壤容重长期监测结果表明(如图8-14所示):2016年耕层土壤容重平均为1.19 g/cm³。2012~2016年5年间,监测点耕层土壤容重平均呈下降趋势,下降了0.03 g/cm³,下降率为2.72%。

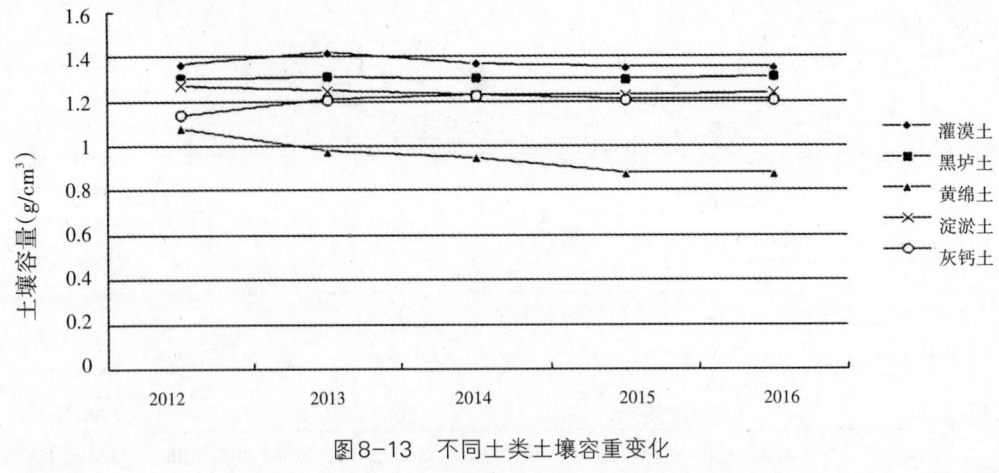

图 8-13 不同土类土壤容重变化

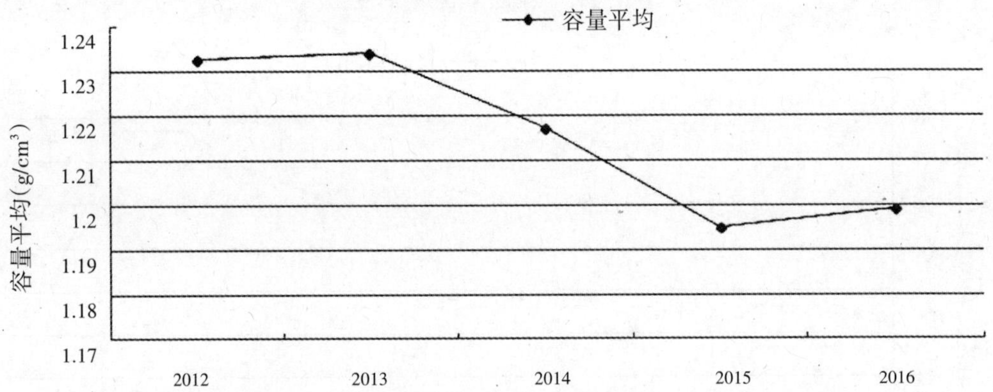

图 8-14 土壤容重平均值变化

8.4.1.8 土壤耕层厚度现状及演变趋势

由图 8-15 可知,除黑垆土土壤耕层厚度下降外,灌漠土、黄绵土、灰钙土和淀淤土耕层厚度均有所增加。其中,淀淤土土壤厚度增加最为明显,从 2012 年的 22.8 cm 增加到 2016 年的 30 cm,增幅为 31.5%。其他 3 种土类耕层厚度增幅在 0.8%～2.5%之间。如图 8-16 所示,2012～2016 年间,通过对全省 9 个监测点耕层土壤容重长期监测结果表明,耕层土壤厚度呈波浪式上升趋势,2016 年耕层厚度平均为 25.5 cm。与 2012 年相比,监测点耕层土壤厚度平均增加了 1.61 cm,增幅为 6.73%。耕层土壤厚度增加,意味着土壤耕层环境在趋于改善,土壤孔隙度增加、蓄水蓄肥能力提高,更加适于作物生长。

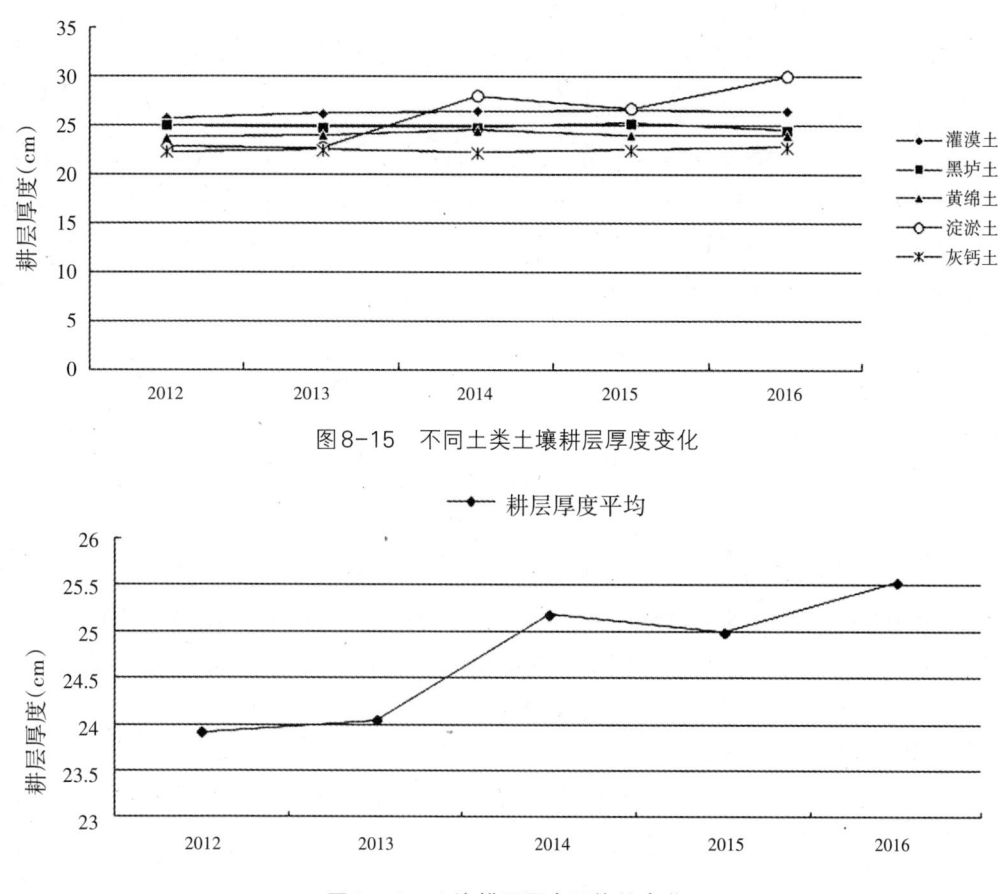

图 8-15 不同土类土壤耕层厚度变化

图 8-16 土壤耕层厚度平均值变化

8.4.2 耕地质量等级情况

根据中华人民共和国农业行业标准 NY/T 2872—2015,利用层析分析法和隶属函数法,以省级耕地资源管理信息系统为基础,以甘肃省测土配方数据为基础,将甘肃省耕地质量共分为十个等级,2015 年各等级的面积见表 8-6。一、二等地主要分布在河西地区,地貌类型以平原为主,属于疏勒河、黑河、石羊河流域;三、四、五、六等地主要分布在陇东高原、陇中高原,地貌类型以黄土塬、丘陵为主,属于泾河、黄河、渭河流域;七、八等地主要分布在天水、陇南山地,属于嘉陵江流域;九、十等地主要分布在甘南高原,属于洮河流域。加权平均后,2015 年甘肃省的耕地质量平均等级为 6.27。

表8-6 甘肃省2015年耕地质量等级表

级别	IFI	耕地面积（hm²）	占总面积（%）	级别	IFI	耕地面积（hm²）	占总面积（%）
一等地	0.700~0.817	718478.82	13.28	六等地	0.600~0.620	821421.95	14.81
二等地	0.680~0.700	354370.20	6.55	七等地	0.580~0.600	1246422.21	21.22
三等地	0.660~0.680	427408.34	7.90	八等地	0.560~0.580	942017.43	16.34
四等地	0.640~0.660	333811.32	6.17	九等地	0.540~0.560	283218.47	5.40
五等地	0.620~0.640	301349.93	5.57	十等地	0.448~0.540	138382.1	2.76

以甘肃省2016年测土配方数据为基础,对甘肃省的耕地质量等级进行更新,各等级的面积见表8-7。较2015年,甘肃省的一、二、三等地面积和比例与2015年持平,没有变化。四等地增加了0.1%,五等地增加了0.02%,六等地增加了0.04%,七等地增加了0.27%,八等地减少0.45%,九、十等地基本持平。2016年甘肃省耕地质量平均等级为6.25,与2015年相比,耕地质量提高了0.02个等级。

表8-7 甘肃省2016年耕地质量等级表

级别	IFI	耕地面积（hm²）	占总面积（%）	级别	IFI	耕地面积（hm²）	占总面积（%）
一等地	0.700~0.817	718478.81	13.28	六等地	0.600~0.620	803419.45	14.85
二等地	0.680~0.700	354370.20	6.55	七等地	0.580~0.600	1162658.86	21.49
三等地	0.660~0.680	427408.33	7.90	八等地	0.560~0.580	861308.93	15.89
四等地	0.640~0.660	339221.55	6.27	九等地	0.540~0.560	296480.71	5.40
五等地	0.620~0.640	302431.97	5.59	十等地	0.448~0.540	139583.99	2.78

变化原因分析:一、二、三等地保持不变,这三个等级的耕地,是甘肃省的高产区,农业机械化、灌溉条件都好,近期内耕地质量上升的空间不大;四、五、六、七、八等地,占甘肃省耕地面积的近65%,是提升耕地质量的重点区域,这些区域重点实施了有机质提升、化肥减量增效、测土配方施肥等项目,因此本区域耕地质量稍有提升。九、十等地,本身的立地条件较差,坡度较大,这一区域的耕地,提升质量的难度很大,因此与2015年相比,基本没有变化。

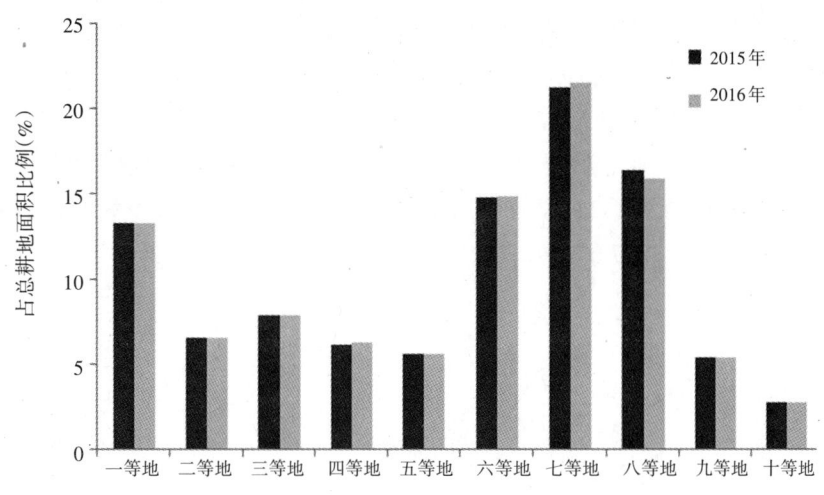

图 8-17 甘肃省耕地质量变化情况

8.4.3 肥料投入与养分平衡

8.4.3.1 肥料投入情况变化

施肥是保证作物高产和稳产的主要农艺措施,对保持地力常新极为重要。肥料施用量和肥料效益的长期监测研究是合理施肥和高效施肥的基础工作。随着科技进步和人们认识的提高,甘肃省施肥技术体系也在不断地变化。20世纪50~60年代以单施有机肥为主,70年代施用氮肥为主,80年代氮、磷化肥配合施用,至90年代后根据作物的需肥规律制定平衡施肥和配方施肥方案,但对有机肥的投入明显减少。

长期定位监测数据表明,甘肃省1998~2017年监测点施用肥料总量平均值为49.15 kg/亩、化肥总量平均值为31.70 kg/亩、有机肥总量平均值为17.45 kg/亩,化肥施用量占肥料总量的64.50%。其中1998~2004年,肥料总量、化肥总量、有机肥总量平均值均呈现下降的变化趋势。2004~2009年肥料施用量呈先上升后下降的变化趋势。2009~2016年监测点施肥总量、有机肥总量、化肥总量的平均值出现平稳的趋势。2017年,由于监测点位增加使得监测点的肥料总量、化肥总量、有机肥总量有所上升。

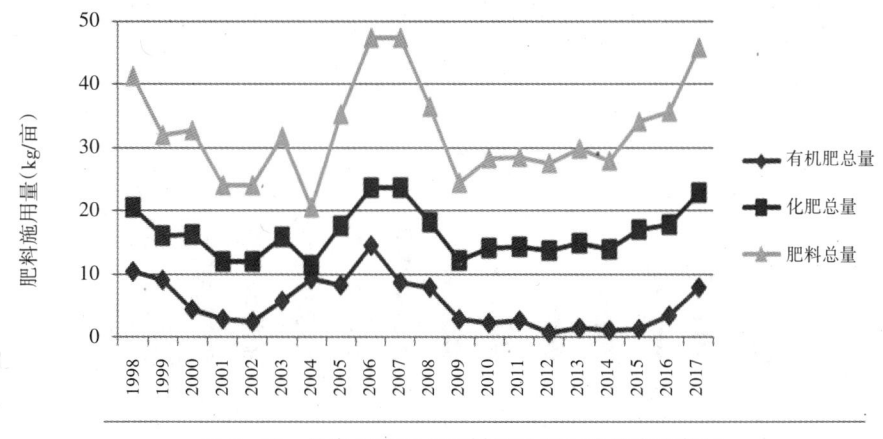

图 8-18 甘肃省监测点肥料施用量平均值变化趋势

8.4.3.2 主要粮食作物产量与肥料投入变化趋势

作物产量是土壤生产力指标的综合体现。小麦、玉米是甘肃地区的主要作物,其中玉米是需肥较多、施肥量较大的作物。2004~2017年,甘肃省监测点主要粮食作物单产水平与肥料投入量一直呈上升趋势,2004年监测点常规区主要粮食作物产量为382 kg/亩,2016年为613 kg/亩,增加了231 kg/亩,增产61%;化肥投入量2004年为15.79 kg/亩,2016年为23.43 kg/亩,增加量为7.64 kg/亩,增幅为48%,说明在甘肃施肥具有明显的增产作用。

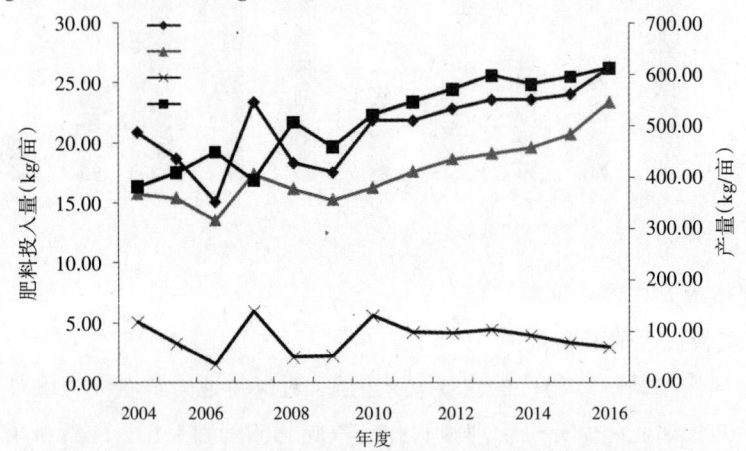

图8-19 甘肃省监测点主要粮食作物产量与肥料投入量变化趋势

8.4.3.3 耕地土壤养分盈亏变化趋势

以种植玉米与小麦等粮食作物为主的甘肃省监测点为例分析农田土壤养分盈亏变化趋势。以土壤表观盈亏量(肥料养分的投入量-作物养分的吸收量),及实际平衡盈亏率(%)[(投入/支出-1)×100%],来衡量农田施肥水平及养分平衡。

(1)监测点小麦土壤养分盈亏

2016年,甘肃省小麦监测点耕地土壤氮素(N)盈余11.0 kg/亩;磷素(P_2O_5)盈余10.4 kg/亩;钾素(K_2O)盈余为7.7 kg/亩。甘肃省土壤中的氮、磷、钾元素一直处于盈余状态,其中氮素盈余较为明显。这与近些年来开展的测土配方施肥技术的推广、秸秆还田技术推广有一定的关系(图8-20~22)。

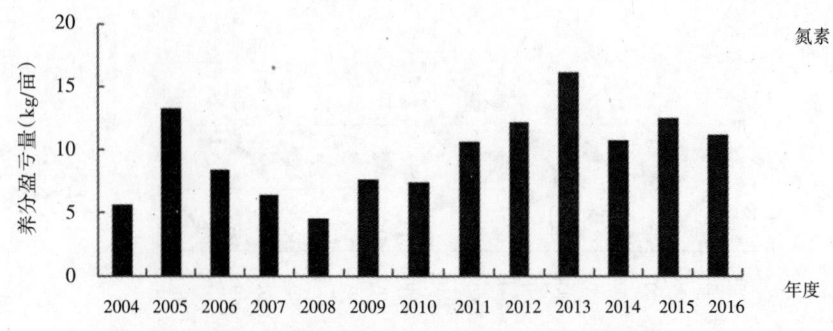

图8-20 甘肃省小麦监测点氮素盈亏变化

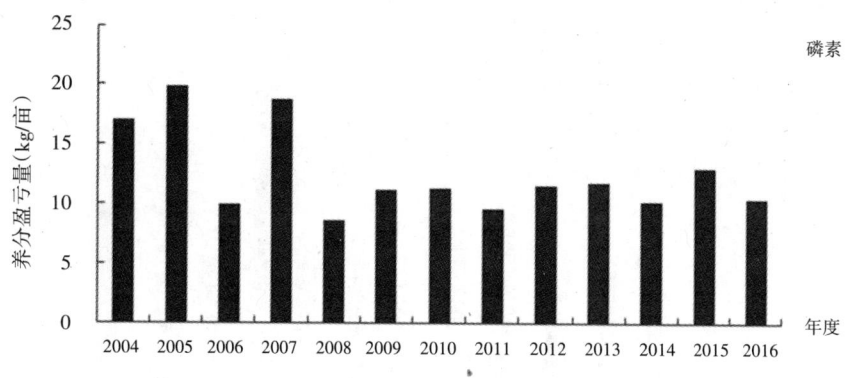

图 8-21 甘肃省小麦监测点磷素盈亏变化

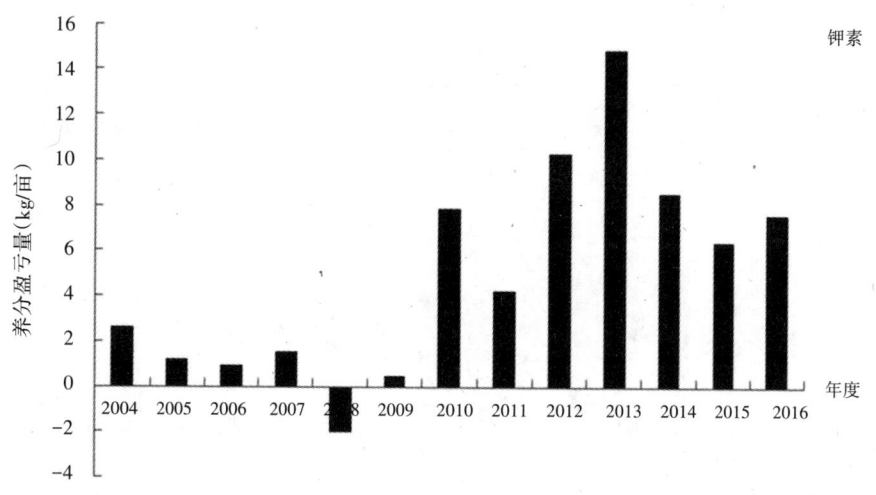

图 8-22 甘肃省小麦监测点钾素盈亏变化

(2) 监测点玉米土壤养分盈亏

近10年来玉米氮肥、磷肥、钾肥用量投入基本上呈现增长的趋势。根据表观平衡计算得到玉米监测点养分盈亏量,玉米氮素从2008年起养分盈余量有了较大幅度的增长,至2013年达到最高(18.8 kg/亩),2016年为11.4 kg/亩;磷均处于盈余状态,钾素2014年、2015年处于亏缺状态,但近3年的情况又有所变化,2016年分别为11.0 kg/亩和0.02 kg/亩(图8-23~25)。

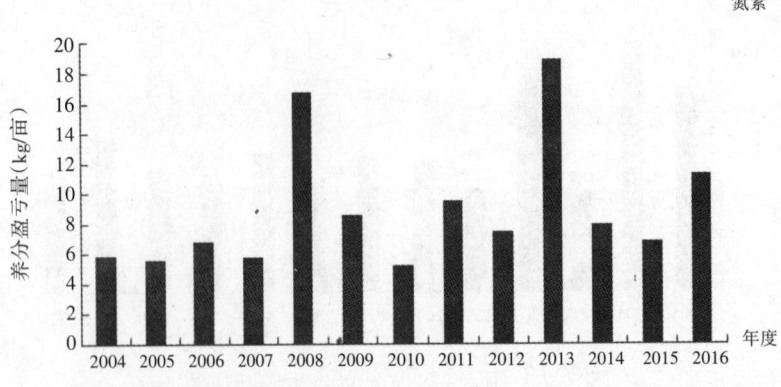

图 8-23 甘肃省玉米监测点钾素盈亏变化

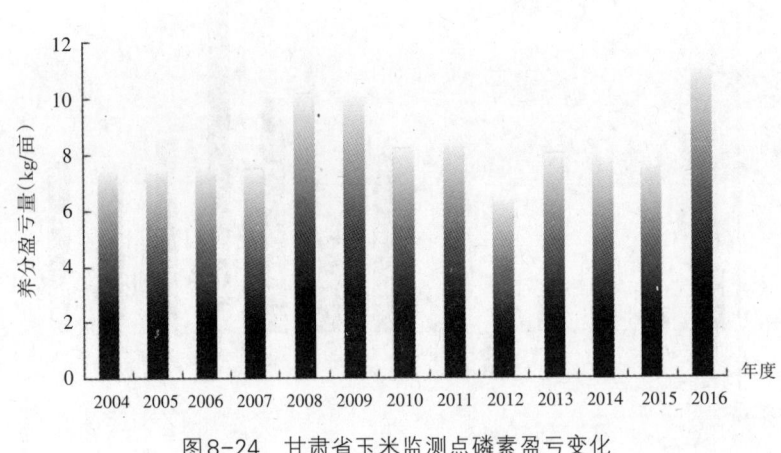

图 8-24 甘肃省玉米监测点磷素盈亏变化

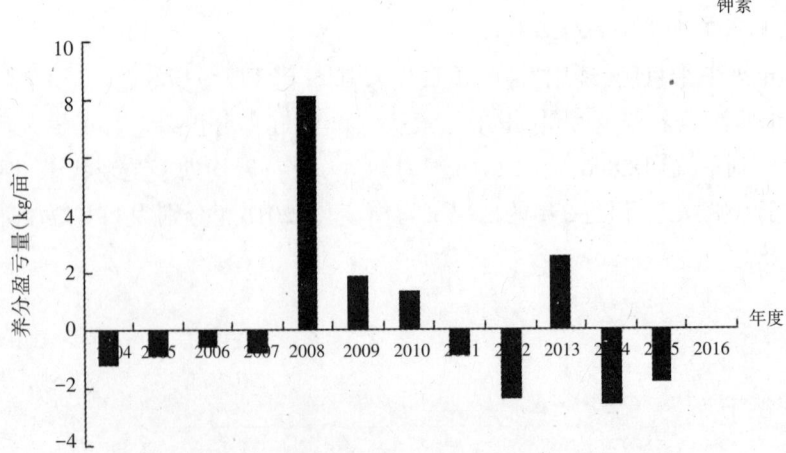

图 8-25 甘肃省玉米监测点钾素盈亏变化

8.4.3.4 肥料投入与产量

(1) 养分回收率

① 小麦养分回收率

2004~2016年,甘肃省小麦氮肥与钾肥养分回收率呈现下降趋势,磷肥养分回收率基本保持稳定,在小于10%范围内徘徊。2004年化肥养分回收率平均为37.2%,2016年平均为33.6%,下降率为9.7%。2004年氮肥养分回收率平均为67.0%,2016年平均为50.3%,下降率为25.0%。钾肥养分回收率2016年平均为29.9%,较2004年下降了25.1个百分点,下降率为45.8%;磷肥养分回收率2016年较2004年提高了1.3个百分点(图8-26)。

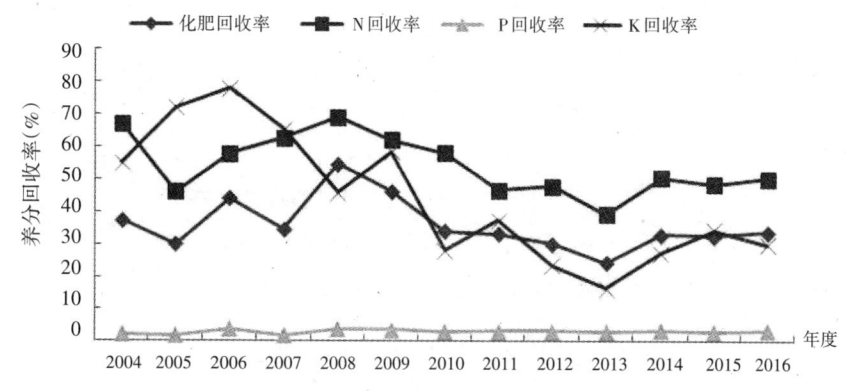

图8-26 甘肃省小麦监测点肥料回收率变化趋势

② 玉米养分回收率

2004~2016年,甘肃省玉米磷肥养分回收率基本保持稳定,均小于20%。整体来看,氮肥与钾肥养分回收率呈现下降趋势,2004年化肥养分回收率平均为67.0%,2016年平均为49.5%,下降率为25.9%。2004年氮肥养分回收率平均为72.1%,2016年平均为55.8%,下降率为22.5%。钾肥养分回收率2016年平均为99.5%,较2004年下降了18.1个百分点,下降率为15.2%;磷肥养分回收率2016年较2004年降低了6.6个百分点(图8-27)。

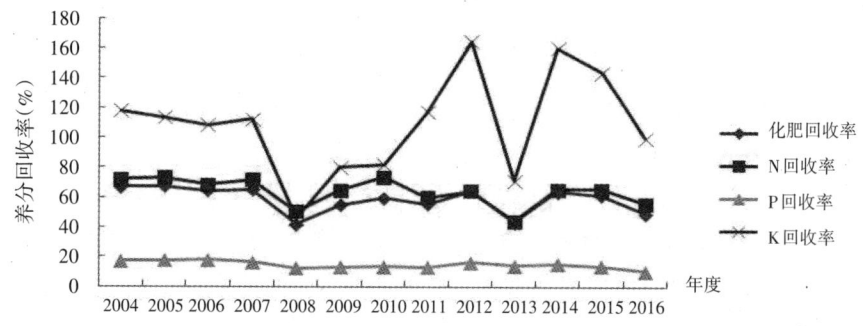

图8-27 甘肃省玉米监测点肥料回收率变化趋势

(2) 农学利用率

① 小麦农学利用率

2004~2016年,甘肃省氮肥、钾肥农学利用率均呈现下降趋势,磷肥农学利用率略有上升。化肥农学利用率在2011~2016年间变化趋势与氮肥农学利用率变化趋势基本重合。2004年氮肥、钾肥农学利用率分别为14.5、42.1 kg/kg;2016年氮肥、钾肥农学利用率9.6、19.7 kg/kg,分别下降了4.85、22.2 kg/kg,年下降率为2.8%、4.5%。磷肥2016年农学利用率为19.7 kg/kg,年增幅为3.3%(图8-28)。

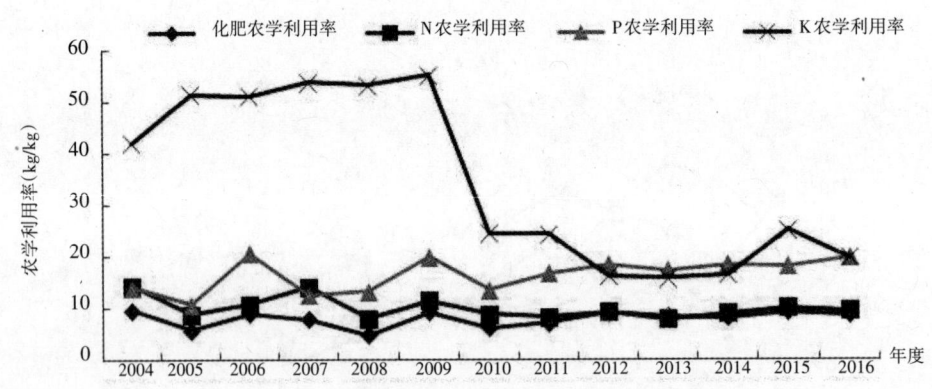

图8-28 甘肃省小麦监测点农学利用率变化

② 玉米农学利用率

2004~2016年,甘肃省氮肥和磷肥的农学利用率呈基本稳定趋势,略有下降,但磷肥农学利用率整体上在小范围内浮动,钾肥农学利用率2007~2016年变化幅度较大。化肥农学利用率在2004~2009年间变化规律与氮肥变化规律一致。2004年氮肥、磷肥农学利用率分别为14.3、33.2 kg/kg;2016年氮肥、磷肥农学利用率13.3、27.7 kg/kg,分别下降了0.85、5.67 kg/kg,年下降率为5.8%、1.7%。钾肥2016年农学利用率为53.9 kg/kg,年增幅为1.6%(图8-29)。

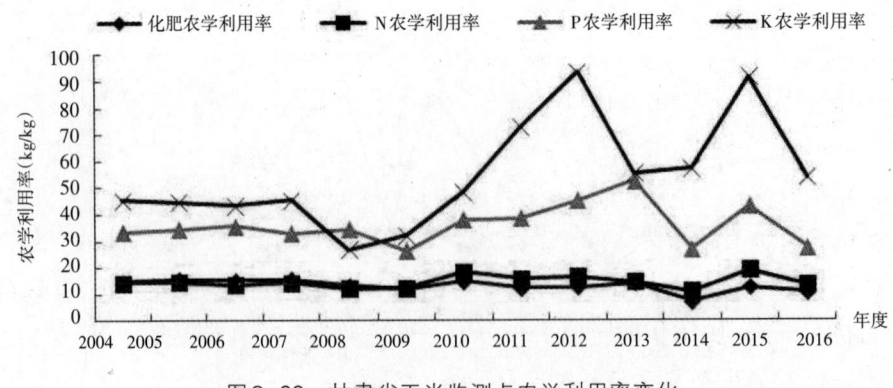

图8-29 甘肃省玉米监测点农学利用率变化

(3)作物偏生产力

①小麦偏生产力

2004~2016年,甘肃省小麦化肥投入量基本稳定,小麦产量增长也不明显,在400 kg/亩左右徘徊。2004年化肥平均投入量25.4 kg/亩,小麦单产水平406.6 kg/亩;2016年化肥平均投入量为24.4 kg/亩,小麦单产水平395.1 kg/亩。

2004年化肥偏生产力为16.0 kg/kg,2016年为16.1 kg/kg,上升了1.1%。甘肃省耕地质量监测点小麦氮肥偏生产力呈现下降趋势,2016年氮肥偏生产力为17.7 kg/kg,下降了25.7%。2008~2013年氮肥偏生产力持续下降,2013年以后又持续提高;监测点磷肥偏生产力呈现上升趋势,2004~2010年磷肥偏生产力变化较为复杂,2010年以后磷肥偏生产力变化较稳定,2016年磷肥偏生产力为36.2 kg/kg,较2004年提高了56.3%。监测点小麦钾肥偏生产力呈现复杂变化,2004~2016年整体上看为下降趋势,2008~2010年钾肥偏生产力变化剧烈。2016年钾肥偏生产力为36.3 kg/kg,较2004年降低了47.2%(图8-30)。

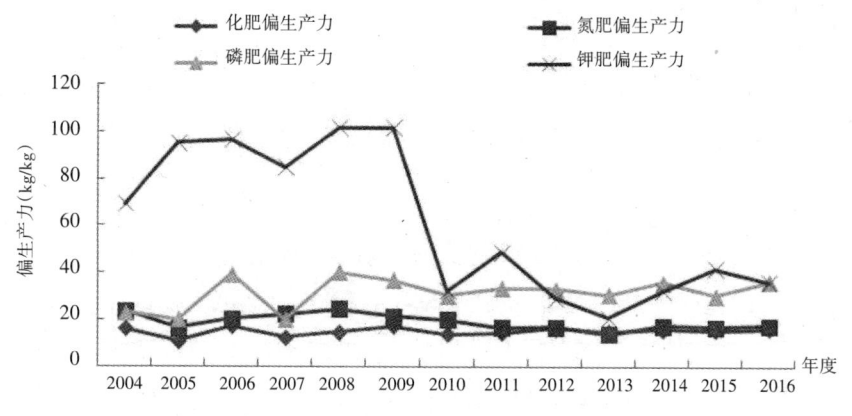

图8-30 甘肃省小麦监测点肥料偏生产力变化趋势

②玉米偏生产力

2004~2016年,与小麦相似,甘肃省化肥投入量呈现上升趋势,但玉米产量增长并不显著。2004年化肥平均投入量20.1 kg/亩,玉米单产水平700 kg/亩;2016年化肥平均投入量为31.6 kg/亩,玉米单产水平718.1 kg/亩。13年间化肥投入提高了57.0%,玉米单产提高了18.2 kg/亩。

甘肃省肥料偏生产力(PEP)呈现下降趋势,说明肥料效益在下降。化肥偏生产力变化趋势与肥料偏生产力相似,2004年化肥偏生产力为34.7 kg/kg,2016年为22.5 kg/kg,下降了34.7%。甘肃省耕地质量监测点玉米氮肥偏生产力整体上基本稳定,略有下降,2016年氮肥偏生产力为28.1 kg/kg,下降了15.5%。近3年来氮肥偏生产力持续下降;监测点磷肥偏生产力呈现下降趋势,2004~2012年磷肥偏生产力变化较为稳定,2012年以后磷肥偏生产力持续下降,2016年磷肥偏生产力为57.8 kg/kg,较2004年下降了25.5%。玉米监测点钾肥偏生产力呈现复杂变化,2008~2012年呈持续上升趋势,2003~2016年钾肥偏生产力变化较为明显。2016年钾肥偏生产力为112.8 kg/kg,较2004年提高了6.6%(图8-31)。

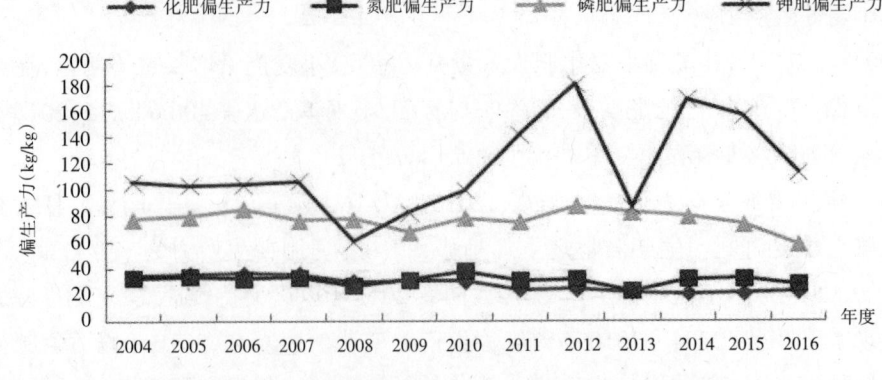

图8-31 甘肃省玉米监测点肥料偏生产力变化趋势

8.4.4 耕地质量主要问题及建设措施

近些年来,甘肃省耕地质量问题凸显,较多集中在耕地的盐碱化、地力降低等方面,在全国范围内甘肃省属于生态退化区。

8.4.4.1 耕地质量主要问题

（1）耕地土壤盐碱化

甘肃省属内陆,海拔高、风力大、日照强,水分挥发较大。盐碱化耕地主要分布在内陆河的疏勒河、黑河、石羊河及黄河灌区的引黄灌区和中东部地区等,其中面积较大且分布集中的是内陆河流域河西走廊一带和黄河流域引黄灌溉农业区,中东部葫芦河等河谷川地边缘有零星分布。盐碱耕地多分布在绿洲内部和边缘,盐碱荒地分布在绿洲与沙漠、戈壁交汇区域。盐碱地按照土壤含盐量可划分为轻度、中度、重度盐碱地,一般轻度盐碱地土壤含盐量为0.1%~0.3%,中度为0.3%~0.6%,重度为>0.6%。目前,全省盐碱耕地492.4万亩,占国土二次调查全省耕地总面积8 115.35万亩的6.1%。其中：轻度盐碱耕地219.1万亩（占国土二次调查耕地总面积的2.7%）、中度盐碱耕地182.4万亩（占国土二次调查耕地总面积的2.2%）、重度盐碱耕地91.0万亩（占国土二次调查耕地总面积的1.1%）。盐碱耕地主要分布在内陆河流域的河西走廊一带和黄河流域的引黄灌溉农业区。一些耕地由于次生盐碱化加重而被迫成为弃耕地。盐碱危害造成大量中、低产田和农民贫困,使大面积土壤资源难以利用。

（2）耕地土壤有机质低

甘肃省耕地土壤受地形及气候的影响,土壤有机质含量普遍低于全国平均水平。全省82.5%的耕地土壤有机质含量处于中等（20 g/kg）以下水平。2016年,甘肃省耕地地力评价调查点土壤有机质平均含量为15.0 g/kg,土壤有机质主要集中在15~20 g/kg区间,占总评价调查点的比例为37.1%,说明很多地区大部分土壤有机质含量基本都低于20 g/kg,而土壤有机质是土壤中各种营养特别是氮、磷的重要来源,它有胶体特征,能吸附较多的阳离子,使土壤具有保肥性和缓冲性,它还能使土壤疏松和形成团聚体,同时它还是土壤中微生物重要的碳源和能源,所以土壤有机质含量是土壤肥力高低的一个重要指标,由上述土壤有机质含量来看,甘肃省耕地地力大部分都处于耕地地力低下水平。

(3)部分耕地土壤污染严重

随着地膜在农业生产中使用范围不断扩大,用量逐年增加,残留的地膜对耕地土壤的污染在加剧。尤其是中东部旱作农业地区,已经成为"白色污染"的重灾区。据测算,甘肃省旱作地区连年使用地膜,地膜累计残留于土壤中,残留量平均每亩0.2~5 kg,其后果是可导致农作物减产,影响农民持续增收;播种时种子点到残膜上无法扎根,作物的出苗成活率和产量都受到极大影响。与此同时,有些地区矿产资源丰富,石油、有色金属、煤炭等矿业企业众多,这些企业的建设不仅严重破坏环境,而且其生产过程表现的高能耗、高污染、高排放的特点很容易造成水和土壤的污染。一些特定种类的矿产,往往伴生着大量有害重金属,包括镉、砷、铅等。通过排水、土壤渗漏等渠道扩散到周围土壤。如2006年,甘肃省徽县铅冶炼活动致使周边400 m范围内土地和农作物遭受严重污染。由于西北地区干旱少雨,引用流域水进行灌溉是主要灌溉方式。河流中的工业废弃物和重金属等会通过灌溉进入农田土壤环境中,进而污染土壤及农作物。据统计,目前甘肃白银灌区与沿黄灌区农田土壤中铬、铅、锌、镉、汞等物质严重超标,且有逐年加重的趋势,一些地方的农田甚至已不能耕种。

针对上述甘肃省耕地土壤存在的问题,我们要加大对耕地质量的保护力度,提升耕地质量,加强耕地土壤的生态保护意识,遏制土壤污染退化蔓延的发展势头,为农业稳产增产和"藏粮于地"做出贡献。

8.4.4.2 耕地质量建设

(1)基础地力提升工程

以提升有机质含量为重点,提倡大力施用腐熟农家肥,推广增施商品有机肥,全面推广秸秆快速腐熟还田技术,因地制宜发展绿肥种植,提高土壤有机质含量,调整优化土壤碳氮比,优化土壤结构,增强耕地保水、保肥和满足作物生长需要的能力。

(2)盐碱地改良工程

以降低盐碱含量和危害为重点,在排盐、隔盐、抑盐的同时,根据不同区域、不同流域、不同盐碱化发生程度,有步骤、分阶段采取农艺措施、生物措施、化学措施、工程措施等综合改良方法。在轻度盐碱地上综合采取"增施有机肥+土壤改良剂+秸秆还田(种植绿肥)+垄膜沟灌+深松耕技术",连续改良3年,抑制盐害发生,做到有盐无害,亩可增产粮食40 kg。在中度盐碱地上综合采取"冬泡地+挖沟(井)排碱+增施有机肥+施用土壤改良剂+秸秆还田(种植绿肥)+高效农田节水+种植耐盐碱作物+深松耕技术",连续改良4年,使土壤含盐量达到轻度水平,亩可增产粮食50 kg。在重度盐碱地上综合采取"冬泡地+暗管排碱+铺沙压碱+增施有机肥+施用土壤改良剂+深松耕技术",连续改良5年,使土壤含盐量达到中度水平,亩可增产粮食60 kg。

(3)高标准农田质量建设工程

以平衡农田土壤水分和养分条件为重点,在配套完善田间基础设施的前提下,按照不同区域、农作物生产和农艺技术应用要求,改善耕作条件,消除土壤主要障碍因素,满足农作物高产栽培、节能节水、抵御干旱等自然灾害能力,实现持续高产稳产、优质高效和安全环保。高标准农田质量建设要从以下四个方面采取有效的措施:一要提高土壤有机质含量,主要包括增施有机肥、秸秆还田、绿肥翻压还田等,特别是要加大有机肥施用量,一般情况下,亩施用农家肥3000 kg或商品有机肥300 kg,连续施用3年以上;二要推广科学施肥技术,根据土壤养分状况确定各种肥料最佳施用量,对土壤氮、磷、钾及中微量元素、有机质含量和盐碱等状况进行定期监测,并根据实际情况不断调整施肥配方;三要在有条件的地区发展水肥一体化技术,达到高效利用肥水资源的目的;四要控制土壤重金属含量,采取生物、化学、农艺的综合措施,降低土壤重金属含量,将影响作物生长的障碍因素降到最低限度。

(4)新增耕地质量快速培肥工程

以快速活化土壤为重点,推广施用微生物、高碳等功能性有机肥和土壤活化剂,配合秸秆还田、肥田作物种植、土壤改良剂施用和深松耕技术,快速培肥地力、改良土壤、改善土壤耕作性能。通过连续实施,使地力等级、粮食生产能力提高。

8.4.4.3 耕地质量保护

(1)加强耕地质量管理工作立法的步伐

耕地是农业发展之基、农民安身之本、国家安邦之根。保护耕地不仅为确保粮食安全提供了资源基础,而且直接关系所在国家或地区的经济增长、社会稳定和生态建设。没有一定数量、肥沃和持续生产能力的耕地作保证,就难以保障粮食安全,满足国民经济和社会发展对农产品的需求。习近平总书记反复强调,我们的饭碗必须牢牢端在自己手里,并明确提出耕地红线不仅是数量上的,也是质量上的,保护好耕地是保障粮食生产能力和丰富农产品供给的基础条件。近些年来,耕地质量不断被人们所重视,很多省份都加大了对耕地质量的保护力度。如甘肃省就出台了《甘肃省耕地质量管理办法》,办法的出台为我们保护和管理耕地质量提供了法律保障。下一步,甘肃耕地质量管理部门计划将办法上升为条例,进一步加大对耕地质量的保护力度。

(2)加强耕地质量监测与调查成果的应用

耕地质量监测与调查成果,近些年来得到了有关部门的重视,开始应用在领导离任审计、省长粮食安全考核等方面,但应用还不够。我们还应该加强耕地质量监测在高标准农田建设、土地利用总体规划、永久基本农田划定、补充耕地占补平衡等方面的应用。另外,对耕地质量进行动态监测,对变化态势进行预警,根据预警采取防范对策,这样只要较少的投入就可以使耕地质量维持在一个较高的水平。因此,耕地质量监测在耕地质量预警方面也要加强应用。

(3)加强新增耕地质量验收评定

加强与国土等部门联系,积极争取土地出让金,有步骤、分阶段地开展耕地质量验收评定工作,完善《耕地质量验收技术规范》,对土地开发整理项目区土壤基本情况进行调研,建立基础数据库,定期和不定期地对项目执行情况进行督查和指导,对新增耕地质量开展评定、验收和建设工作。

8.5 甘肃省耕地质量重点年度监测报告

8.5.1 1997~2002年甘肃省耕地质量监测总结报告

甘肃省自1996年起,在国家农业相关部门的统一安排下,结合甘肃省耕种土壤的实际情况,在主要耕种土壤黑垆土、黄绵土、灌漠土、灰钙土上建立了土壤耕层养分长期定位监测点9个,其中国家级点6个、省级点3个。通过对耕种土壤的长期定位监测,基本掌握了土壤耕层肥力变化特征、耕层养分盈亏状况和主要影响因素。

（1）监测点基本情况与样品处理

9个监测点,每个点设空白区和常规区两处理,空白区不施任何肥料,常规区施肥情况各点根据当地施肥水平而定。其中黑垆土2个点设在陇东旱塬区,海拔1300~1600 m,年降水量550~600 mm;黄绵土2个点设在中部干旱区,海拔1200~2200 m,年降水量450~530 mm;灌漠土4个点设在河西灌区,海拔1750~1790 m,年降水量180~200 mm;灰钙土1个点设在中部干旱区,海拔1600~1800 m,年降水量300~350 mm。9个监测点的地力水平、施肥结构和施肥量、农业种植制度等,基本代表了甘肃省主要耕种土壤类型。

土壤监测样分基础土样和耕层农化样（0~20 cm）。基础土样在1996年建点时采样分析,结果见表8-8;耕层农化样为每年最后一季作物收获后采集的土样,分析其有机质、全氮、碱解氮、速效磷、速效钾;植株样分析其全氮、全磷、全钾。

表8-8 监测点基本情况表

类型	土类	地点	主栽作物	熟制	有机质(g/kg)	全氮(g/kg)	全磷(g/kg)	全钾(g/kg)
国家级点	黑垆土	庆阳地区农科所试验田	冬小麦/玉米	一年一熟或两年三熟	14.8	1.26	0.84	19
		平凉市大寨乡白土村	冬小麦/玉米	一年一熟或两年三熟	11.5	0.83	0.61	/
	黄绵土	定西市安定区景泉乡官兴村	春小麦/豌豆	一年一熟或两年三熟	6.1	0.39	0.64	18.4
		秦州区西十里良种场	冬小麦/玉米	一年一熟或两年三熟	11.8	1.02	0.84	18.5
	灌漠土	永昌县良种场	春小麦/玉米	一年一熟	13	0.98	0.87	18.9
		古浪县良种场	春小麦/玉米	一年一熟	16.9	1.05	0.72	17.1
省级点		酒泉地区农科所试验田	春小麦/玉米	一年一熟	11	0.97	0.75	17
		玉门市下西号乡	春小麦/玉米	一年一熟	12.4	0.74	/	/
	灰钙土	会宁县甘沟乡田坪村	春小麦/豌豆	一年一熟	10	0.84	0.83	18.8

注：表中数据为1996年建点时测定的基础土样值

土样化验方法为：有机质——重铬酸钾滴定法,全氮——硫酸-硫酸钾-硫酸铜消煮蒸馏滴定法,碱解氮——扩散法,速效磷——碳酸氢钠浸提-钼锑抗比色法,速效钾——醋酸铵浸提-火焰光度计法;植株样化验方法为：全氮——硫酸-过氧化氢消煮蒸馏法,全磷——硫酸-过氧化氢消煮钼锑抗比色法,全钾——硫酸-过氧化氢消煮火焰光度计法。

（2）监测结果与分析

1997～2002年甘肃省耕地土壤监测点监测结果见表8-9。

表8-9　1997～2002年监测点耕层养分化验结果表

地点		时间	有机质(g/kg)	全氮(g/kg)	碱解氮(mg/kg)	速效磷(mg/kg)	速效钾(mg/kg)
黑垆土	平凉	1997	16.4	1.18	84	26.6	114
		1998	13.7	1	81	16.6	105
		1999	14.8	1.08	89	18.7	106
		2000	15.1	0.97	93	26.6	95
		2001	13.2	1.09	94	21.8	95
		2002	14.7	1.02	67.2	21	100
	庆阳	1998	14.8	1.12	84	37.1	120
		1999	19.3	1.16	151	29.6	131
		2000	17.2	1.04	73	36.4	120
		2001	13	1.1	97	26.2	120
		2002	16.6	1.2	80.2	22	136
	平均		15.4	1.09	90.3	25.67	112.9
黄绵土	定西	1997	6.2	0.64	51	16.6	105
		1998	6.9	0.57	42	17.5	165
		1999	19.4	0.98	70	20.0	204
		2000	17.2	1.04	73	36.4	120
		2001	6.7	0.55	73	12.9	110
		2002	9	0.64	62.1	17	96
	秦州	1998	11.1	0.97	77	9.5	95
		1999	13.6	0.87	84	7.9	102
		2000	12.9	0.84	45	11.3	85
		2001	13.4	1	92	9.2	90
		2002	14.2	1.04	90.0	30.0	130
	平均		11.8	0.83	69.0	17.12	118.4
灌漠土	永昌	1997	13	0.98	63	19.9	654
		1998	14.5	1.04	84	37.9	625
		1999	17	0.9	149	30.7	449
		2000	13.4	0.83	95	44.7	302
		2001	13.3	0.99	70	21.8	340
		2002	15.3	0.91	54.2	51.0	408

续表

地点		时间	有机质(g/kg)	全氮(g/kg)	碱解氮(mg/kg)	速效磷(mg/kg)	速效钾(mg/kg)
灌漠土	古浪	1997	5.2	0.39	58	11.2	81
		1998	6.8	0.6	50	46.9	178
		1999	10	0.41	67	13.3	92
		2000	6.5	0.47	78	7.8	90
		2001	6.4	0.55	94	37.5	155
		2002	8.8	0.58	36.6	11.0	160
	酒泉	1997	11.1	0.85	65	13.2	135
		1998	19.1	1.02	83	30.2	200
		1999	16.1	0.88	144	23.8	165
		2000	15.7	0.83	94	22.2	130
		2001	13.1	0.99	97	27.4	310
		2002	9.3	0.62	38.8	13.0	286
	玉门	1997	12.7	0.74		12	
		1998	12.4	0.75		12	
		1999	12.5	0.75		12	
		2000	12.6	0.76		13	
		2001	12.7	0.76		13	
		2002	11.4	0.6	43.2	23	160
	平均		12.0	0.75	77.1	22.86	205
灰钙土	白银	1997	9.5	0.84	53	7.9	144
		1998	9.1	0.76	63	4.2	155
		1999	11.3	0.63	53	15.9	185
		2000	8.6	0.63	54	14.5	160
		2001	7.8	0.65	40	7.6	125
		2002	8.4	0.56	35.0	8.0	208
	平均		9.2	0.68	49.67	9.7	162.8

①有机质

分析2002年与1997年土壤耕层有机质,积累最多的是黄绵土,年平均累积0.98 g/kg,灌漠土年平均累积0.23 g/kg,黑垆土和灰钙土耕层有机质基本持平。从有机质变化过程看,1998年和1999年各监测点土壤有机质都有不同程度的增加,2000年和2001年又表现不同程度的下降,但总趋势是呈积累。主要原因是推广秸秆还田、种植绿肥、增加农田有机投入、调整作物布局等,增加了归还于土壤的根茬、秸秆等有机物,促进了土壤有机质的积累。

②全氮

监测土壤耕层全氮含量变化与有机质含量变化相吻合,随有机质含量的增加而提高。2002年与1997年相比,全氮积累最多的是黄绵土,年平均积累0.04 g/kg,其他3种土类虽有增加,但增加量不大。

③碱解氮

碱解氮含量受土壤全氮和施用化学氮肥的影响较大,在不考虑其他因素的情况下,碱解氮含量变化应与全氮一致,但由于各监测点在监测年度间施用氮肥品种、数量、种植作物和产量高低等不同,导致年度间土壤碱解氮含量变化较大。如灌漠土和黑垆土在1998年和1999年氮肥投入总量相对增加,使1999年碱解氮增加到120 mg/kg,2000年氮肥投入总量减少,碱解氮又分别陡落。总的变化是随化学氮肥施用量的增加,土壤中盈余的氮素提高了碱解氮的含量。土壤碱解氮积累量最多的是黄绵土,年均为7.88 mg/kg。

④速效磷

监测数据表明,土壤速效磷含量年度间变化波动较大,随作物产量的提高,从土壤中带走的磷量也增加,土壤耕层速效磷含量则降低。灌漠土耕层速效磷2002年比1997年增加,其他3种土壤耕层速效磷均降低,降幅最大的是黄绵土,年均降低1.38 mg/kg。

⑤速效钾

灌漠土4个监测点速效钾均高于黑垆土、黄绵土和灰钙土,其原因是灌漠土监测点连年施用钾肥,黑垆土、黄绵土和灰钙土各点不施钾肥。从灌漠土田间记载分析,1999年和2000年作物产量较高,从土壤中带走的钾增加,相应的耕层速效钾出现较大幅度下降。黄绵土和灰钙土耕层速效钾1998年、1999年两年出现小幅上升,2000年开始又呈下降,这主要是1998年和1999年两年两种土壤作物产量较2000年和2001年低,从土壤中带走的钾相对少。黑垆土各监测点不施钾肥,作物产量年度间增减变幅不大,从土壤中带走的钾量也变化不大,耕层速效钾含量逐年减少,但年度间减幅不大。

(3)农田耕层养分盈亏状况与影响因素

耕层养分盈亏情况为氮盈余、磷富积、钾亏缺。氮磷盈余最多的是黑垆土,其次是灌漠土,黄绵土个别年份耕层氮磷略有亏缺;钾素亏缺最大的是灌漠土,其次是黑垆土、黄绵土。

①肥料投入对农田耕层养分的影响

从监测结果看,各监测点在施肥方面是不尽合理的。首先,9个监测点1997～2002年化肥养分平均投入量为255.47 kg/hm²,其中纯N 136.48 kg/hm²,P_2O_5 109.44 kg/hm²,K_2O 9.55 kg/hm²,是第二次土壤普查时期(20世纪80年代初期)64.74 kg/hm²的4倍,但N∶P∶K为1∶0.35∶0.07,仍然是氮肥所占比重较大,磷、钾肥较小。其次,各监测点施用的农肥基本上是人畜粪尿堆积而成的土杂粪,质量较差。黄绵土、黑垆土监测点农肥实物用量分别为22 500 kg/hm²、45 000 kg/hm²,灌漠土农肥用量为56 250 kg/hm²,虽然漠土和黑垆土农肥施用数量相对较大,但这两种土类是甘肃省的粮食高产土壤,土壤产出量高,相应地作物从土壤中带出的养分量也大,加之个别监测点连续两年不施用有机肥,造成土壤耕层有机质降低。再次是有机与无机肥施用比例失调,从各监测点施肥情况分析,有机肥提供的氮磷钾总量与化肥提供的氮磷钾总量之比为1:1.59,虽然总量差距不大,但有机肥提供的氮是化肥氮的1/3,有机肥提供的钾是化肥钾的4倍,磷素水平基本相当。由此可知农田土壤耕层氮积累主要是化肥氮用量增加而积累,钾主要来源于有机肥,如果投入土壤的有机肥数量少,质量差或不施有机肥,则意味着归还土壤的钾极少或为零。

②生物量对农田耕层养分的影响

监测结果还表明,各监测点年养分投入总量均大于作物吸收量,但作物有其自身的吸肥特点。作物从土壤中带出的氮占投入氮的67.3%、磷占23.2%、钾占198%,使土壤耕层氮积累、磷富积、钾亏缺。黑垆土产小麦籽粒3 097.8 kg/hm²、茎叶4 006.8 kg/hm²,吸收氮、磷、钾养分总量为178.20 kg/hm²;黄绵土产小麦籽粒4 257.75 kg/hm²、茎叶4 393.80 kg/hm²,吸收养分总量为210.15 kg/hm²;灌漠土产小麦籽粒6 642.90 kg/hm²、茎叶8 386.50 kg/hm²,吸收养分总量为356.70 kg/hm²;灰钙土产小麦籽粒1 260.00 kg/hm²、茎叶1 455.00 kg/hm²,吸收养分总量80.10 kg/hm²。可见,生物产量越高,从土壤中带出的养分量越多,若肥料施用量不足或结构不合理,则不利于土壤肥力向高水平方向发展。

(4)小结

通过对甘肃省黑垆土、黄绵土、灌漠土和灰钙土连续6年定位监测,基本掌握了这4种土壤耕层养分含量和盈亏状况。

2002年监测值与1997年相比,有机质黄绵土和灌漠土增加,其中增加最多的是黄绵土,年均增加0.98 g/kg,黑垆土和灰钙土基本持平;全氮除灰钙土降低外,其他3种土类均增加;碱解氮各土类均表现增加,增加最多的仍是黄绵土,年均增加7.88 mg/kg;速效磷除灌漠土增加外,其他3种土类均降低,降幅最大的是黄绵土,年均降低1.38 mg/kg;速效钾各土类均降低,但总体降幅不大。4类土壤耕层养分盈亏总体状况是:氮盈余,磷富积,钾亏缺;氮磷盈余最多的是黑垆土,其次是灌漠土;钾素亏缺最大的是灌漠土,其次是黑垆土、黄绵土。

8.5.2 2003～2005年甘肃省耕地质量监测总结报告

土壤是农业生产的基础。土壤监测是一项基础性、长期性、公益性事业。开展土壤监测工作,摸清耕地地力的基本情况,掌握地力变化的趋势,对加强耕地质量建设与管理,提高耕地的粮食综合生产能力具有十分重要的作用。按照《土壤监测技术规程》的有关要求,根据本省气候、土壤类型等特点,制定了《甘肃省土壤监测实施方案》并与地县监测技术人员、农户密切配合协作,严格按技术规程、实施方案要求,规范操作内容,开展土壤监测工作。目前,各地监测工作有序进行,取得了一批监测数据,初步建立具有甘肃省特色的监测技术体系,摸清了监测所在地地力变化特点及规律,为耕地地力建设、农业结构调整、科学配方施肥技术提供了大量翔实的基础资料,现将有关监测工作总结如下:

(1)土壤肥力监测工作开展情况

①加强监测技术管理,提高监测技术工作的组织管理

从1997开始,甘肃省耕保站就成立了以站长为组长的土壤监测管理小组,全面加强

监测技术工作组织领导,监测技术工作由甘肃省耕保站土壤科承担,任务是编制《甘肃省土壤监测实施方案》,收集各地县站的基础监测数据、数据信息资料汇总、年度工作总结上报;开展全省土壤监测技术指导,解决各监测点开展监测技术工作中存在的问题。各地监测点主要承担监测点的布设、监测试验的实施、田间采样及记载、数据上报、监测点年度工作总结等工作。通过加强监测工作的组织管理,保证了甘肃省监测工作质量,为全面实施各项监测技术工作创造了有利条件。

②合理布设监测网点,提高耕地地力监测的范围

甘肃地形复杂,气候类型、土壤类型多样,按照大的地貌类型可分为陇东(陇中)黄土高原旱作农业区、河西走廊灌溉农业区、陇南山地旱作农业区等三大地貌类型区。众多的气候、土壤条件为监测工作带来了一定的难度。为此,甘肃省耕保站根据大区域地貌、气候、土壤等基本特点和农业生产实际、农业产业化状况,并根据各区域实施单位的实施条件、技术状况、监测人员水平,综合考虑监测点的布设,最终确定在具有代表性、面积较大的黑垆土、黄绵土、灌漠土、灰钙土等四大类土壤上布设土壤监测点,以提高耕地地力监测的范围。使全省监测点布局更为合理,为分区科学指导农业生产奠定了基础。

甘肃省监测点分布:国家级监测点黑垆土区设在平凉市大寨乡白土村、庆阳地区农科所试验田;黄绵土区设在定西市安定区景泉乡官兴村、天水市秦州区农科所试验田,灌漠土区设在永昌县良种场试验田、武威市古浪县良种场试验田;省级点设在白银市会宁县甘沟乡田坪村(灰钙土)、酒泉市地区农科所试验田、玉门市下西号乡下西号村(灌漠土)。

③严格方案要求的监测内容,做好田间采样、观察与记载工作

近年来,根据全省农业生产的实际,对监测方案内容进行了适当调整,即在原有设立空白和常规两处理基础上,增设了平衡施肥区,主要是考虑实施平衡施肥技术后,及时动态地了解土壤养分变化特点和动态变化趋势。每小区严格按照规程要求规划小区面积、施肥、播种。为了更好地摸清土壤基础地力、土壤肥力变化情况、施肥与作物产量之间的关系,监测点各小区采取单打单收。

土壤样品的采集、田间观察与记载是土壤监测工作的中心环节,也是保证监测工作有序进行的关键。为此,要求各地具体负责监测的人员,严格按照规程要求的内容,做好采样、田间观察与记载等,保证监测土样、植株样的质量。各监测点每年秋季10月中、下旬采样,土壤样品经风干后,土样和作物植株样统一寄送甘肃省耕保站。同时,要求各地监测人员从上年度最后一季作物收获采样结束时,就开始为翌年的监测工作做好田间观察与记载,包括气候变化、干旱、冰雹等自然灾害,播种日期、施肥、灌水、除草等田间作业,为正确处理监测样品和数据分析奠定基础。各地监测人员和监测户根据甘肃省耕保站制定的监测技术方案,严把采样、田间观察与记载关。目前,各地监测原始资料齐备,监测数据代表性强,在一定程度上能够反映出各区域土壤养分的变化情况及特点。

④加强对水肥耦合技术研究,提高监测技术的含量

甘肃是我国西部重要的旱作农业省,农业水资源匮乏、土壤养分含量偏低,开展土壤

墒情、养分综合监测工作,对于甘肃省今后农业可持续发展具有重要作用。为此,结合全国农技中心安排的定西、庆阳、平凉、天水四地的土壤墒情与旱情监测标准站工作,以及结合原农业部、全国农技中心安排的旱作节水农业专项资金项目,在静宁、崇信、通渭、会宁等15个县分别新建立了土壤养分与水分定位监测点近30个,将国家级墒情监测与国家级土壤肥力监测相结合,在土壤肥力监测点上建立了墒情与旱情长期定位监测站。将土壤墒情监测纳入土壤监测工作范围,扩展土壤监测技术内容,开展土壤墒情、养分耦合的动态监测,为更好地指导甘肃省旱作农业生产,发展旱作节水农业,提高甘肃省旱作区水肥综合利用率和利用效率,指导旱作区科学施肥技术提供第一手资料。

⑤严格化验分析,保证监测数据的准确性

为保证监测技术的质量,确定由甘肃省农产品质量监测中心为土壤监测样品的统一化验单位。为提高监测数据的准确性、科学性,减少化验操作误差,甘肃省耕保站和甘肃省农产品质量监测中心研究后,在每一批样品测试中通过加质控样(主要利用甘肃省质检中心原有的标准土样为基础),以确保监测土样的准确性;在土样、植株样测定过程中,要不定期指定相关的专业技术人员参与主要化验工作,和化验人员共同解决样品测试过程中存在的主要问题,从而保证了样品的试验室操作工作的顺利进行。

⑥应用监测技术数据资料,有效指导当地农业生产

甘肃省每年都将监测结果分析总结后上报全国农技中心,及时反馈给地县,同时结合配方施肥在甘肃省12个县实施的实际,在甘州、会宁、麦积等地开展耕地质量调查工作,并根据近几年来的土壤养分含量变化情况和农户对肥料的使用现状,及时调整施肥结构,为农户提供基础配方,使甘肃省配方施肥工作与耕地质量调查工作有机结合,既供配方施肥在甘肃省实施的有利时机,扩展了土壤养分调查范围,也为各地县实施配方施肥提供了重要的技术参考。同时,甘肃省耕保站还根据肥料生产厂商的要求和配方施肥的参数,开展有偿服务,指导专用肥、复混肥的生产,提高监测技术的应用范围和效果。

(2)甘肃省耕地的基本特征

① 耕地资源的基本特点

甘肃省地处西北内陆地区,全省地域辽阔,省内地势高亢,地形复杂,气候多样,地域差异性大,土壤类型较多。地貌包括西秦岭山地(陇南山地)、黄土高原、内蒙古高原和青藏高原各一部分,分属长江、黄河、内陆河等三大流域,按大的区域土壤类型划分为陇南山地丘陵褐土、棕壤类型区;黄土高原黑垆土、黄绵土类型区;河西内陆绿洲灌漠(淤)土类型区等三大类型区。全省年降雨量40~850 mm,年日照时数为1 700~3 400 h,全省光照充足,昼夜温差大,地貌类型复杂多样,耕地条件差,土地支离破碎,山地面积大,气候和生态环境严酷。

全省共有14个市、州,87个县、区,总土地面积45.4万平方千米,现有耕地面积2004年统计数为5 105.84万亩(土壤普查面积毛耕地面积9 666.06万亩,土地资源详查面积7 750万亩),其中有效灌溉面积1 505万亩,梯田面积2 509.82万亩。总人口2 500万人,

农村人口2 000万人。土壤普查资料显示,《中国土壤分类系统》60个土类中有37个在甘肃省有广泛发育,土壤类型的丰富在全国其他省区是不多见的。全省现有耕地中包含了25个土类,178个土种,分布在全省79个县(市、区),其中面积最大的土种为坡黄绵土,1 580.73万亩(毛耕地,下同),占总耕地面积的16.35%,面积最小只有几千亩。

全省耕地资源及利用方面基本特点:

一是山地多、川塬地少,耕地中旱地多、水浇地少,土壤肥力严重不足。2004年统计面积中山旱地面积5 089.7万亩,占耕地面积的99.68%,有效灌溉面积1 505万亩,占耕地的26.5%,现有梯田面积2 509.82万亩,占耕地的49.2%。土壤水资源不足是严重制约农业生产的重要因素,水资源不足,大部分地区年降水量仅约300 mm,河西走廊在200 mm以下。农业基础设施建设滞后,农业投入不足,靠天吃饭的状况未得到根本改变,抗御持续干旱特别是抗大旱的能力还很低,一遇到大的自然灾害,农业生产就会产生大的波动。

二是耕地数量逐年减少。随着甘肃省小城镇建设步伐的加快,生态退耕还林还草、灾害性毁地以及非法乱批滥占农田等现象日益突出,甘肃省的耕地数量将进一步减少,据统计从1978~2005年28年间由5 343.33万亩下降到5 105.84万亩,耕地净减少237.49万亩,年均减少耕地8.8万亩,递减近4.6%,其中1998~2002年短短5年间就减少120.5万亩。

三是耕地地力条件差,土壤肥力严重不足。由于长期重用地、轻养地,重化肥、轻有机肥,重产出、轻投入,重眼前利益、轻长远利益,对耕地保护不够,甚至是掠夺式经营,使耕地超负荷应用,导致耕地地力退化、耕性变差,质量逐年下降。耕地中低产田(产量≤400 kg/亩)数量大,面积4 567.5万亩,占总耕地面积的89.6%。养分含量低,耕地土壤有机质平均含量为10.0 g/kg,低于20 g/kg的面积占82.5%;全氮0.5~2 g/kg,缺氮面积占73.1%;全磷0.4~0.8 g/kg,速效磷2~34 mg/kg,缺磷面积占85%;全钾15~20 g/kg,速效钾41~599 mg/kg,钾肥肥效越来越明显;缺锌、钼、硼、铁面积分别占66.2%、79.8%、35%、28.8%。

四是因耕地不当利用引起自然灾害频繁发生。甘肃省森林覆盖面积较少,耕地2/3为坡地,70%以上地区农业靠自然降雨,且多集中在7、8、9月以暴雨形式降落,水土流失严重。生态环境不断恶化,土壤侵蚀面积38.9万平方千米,占总土地面积的85.7%,且水土流失严重,水土流失约12.7万平方千米,每年仅向黄河输沙量就达5.18亿吨。植被稀疏,森林覆盖率仅为9.04%,是全国荒漠化和荒漠化影响最严重的省份之一,荒漠化土地面积约28.3万公顷,占全省总面积的62.3%,风沙带东西长达1 600 km,是农业生产主要的制约因素。同时耕地资源现状特点是对土壤自然条件依赖性较大,农、林、牧生产在客观生态条件上有一定的限制性,开发利用和治理的难度也较大,极大地制约着甘肃省农业和农村经济的持续发展。

② 耕地类型与等级

甘肃省耕地土壤类型复杂,在一定的条件下,有一定的土壤类型出现。由于耕地土壤所适应的生物气候条件和地方性的母质、地形、水文、成土年龄等条件的不同,形成了不同区域具有不同的耕地土壤类型。根据这一特点将甘肃省耕地土壤划分为三大类型区:北方山地丘陵棕壤、褐土型,黄土高原黑垆土型和黄绵土型,内陆灌漠(淤)土型。在划分三大类型的基础上,将黄土高原黄土类型区进一步分为黄土高原陇东、黄土高原陇中、黄土高原陇中北部沿黄灌区和黄土高原高寒阴湿四个亚区。各类型区和亚区分别反映了土壤在农、林、牧利用上的适宜程度、限制因素和土壤资源利用方向,有利于更好地评价甘肃省耕地的农作物生产能力,提出耕地资源合理配置区域化优势与特色农业。

根据本省耕地资源特征,选取水分条件、大于10℃积温、土壤侵蚀、盐碱化程度及改良条件、地形坡度、土壤质地、有效土层厚度、水文与排水条件、有机质与生物产量等10项因素为土壤质量的鉴定因素,其中水热条件和地形部位,基本上确定了本省土地资源农、林、牧业利用方向。在此以生物产量全面衡量土地生产能力,将甘肃省耕地划分为7个地力等级。

一等地:粮食平均亩产600~700 kg,在国家等级中为四等地。分布于甘肃省山地丘陵区的川、谷地带和河西内陆绿洲区,面积为53.91万亩(毛耕地,下同),占总耕地的0.56%。其特点是地形平坦,渠系配套,水源有保证,土层深厚,质地适中,腐殖质含量高,养分丰富,肥效稳而持续时间长,土壤熟化度高,养分释放快,既发老苗又发小苗,水热条件适宜,一般无限制因素,是甘肃省质量最好的耕种土壤。

二等地:粮食平均亩产500~600 kg,在国家等级中为五等地。面积为392.82万亩,占总耕地的4.06%。分布地区与一等地相间存在,在农业利用上有一项或几项限制因素,主要是土层较薄,质地稍粗或有弱盐碱危害,但仍属甘肃省生产潜力高的耕种土壤。

三等地:粮食平均亩产400~500 kg,在国家等级中为六等地。分布在河西内陆灌区,面积527.31万亩,占总耕地的5.92%,有一定的灌溉条件,但保灌率不高,土壤为底砂、腰砂或漏砂型,受中轻度盐碱危害,也是甘肃省生产潜力较高的耕种土壤。

四等地:粮食平均亩产300~400 kg,在国家等级中为七等地。甘肃省除陇东黄土高原黄土型亚区外,其他各区和亚区均有分布,面积460.27万亩,占总耕地的4.76%。这一等级耕地为黄土高原类型区中的陇中和高寒阴湿亚区的优等地,土壤耕层相对较厚,熟化程度较高,但干旱缺水是粮食生产的主要障碍因素;山地丘陵区耕地土层较薄,养分较低,有中度水土流失;内陆灌漠土区在这一等级中的耕地土层也较薄,受盐碱侵害或保灌率较低。

五等地:平均亩产200~300 kg,在国家等级中为八等地。面积2 187.96万亩,占总耕地的22.64%,在各类型区和亚区均有分布。山地丘陵区和黄土高原区的耕地土层较薄,肥力较低,受干旱影响;内陆灌漠土区耕地保灌率很低,或受盐碱危害较重,或干旱缺水。

六等地:平均亩产100~200 kg,在国家等级中为九等地。面积3 411.59万亩,占总耕地的35.29%,在各类型区和亚区均有分布。在农业利用上的限制因素主要是干旱、缺水、灾害性天气频繁、土壤质地粗或黏、坡度较大、盐碱危害严重等,对作物选择性较强,土壤有机质含量低,耕性差。

七等地:平均亩产<100 kg,在国家等级中为十等地。面积2 587.19万亩,占总耕地的

26.77%,在各类型区和亚区均有分布,主要分布在中部干旱半干旱黄土丘陵区、陇南山地、定西和临夏南部山地、祁连山地也有一定面积分布。土壤障碍因素多而且强度大,有些障碍因素很难治理。

(3)甘肃耕地养分资源变化的基本特点

2005年与建点初期的1997年相比,各典型土壤类型有机质变化保持基本持平或略有积累,其中黄绵土积累最多,年平均积累0.9 kg/kg,其次为灌漠土,年平均积累0.5 kg/kg,黑垆土则有所下降;全氮则表现略有积累,10年间平均积累0.1～0.3 kg/kg;碱解氮、速效磷积累则表现为明显上升;速效钾均表现逐渐下降。

① 有机质变化及特点

1997～2005年监测数据显示,土壤耕层有机质从1997～2005年总的变化趋势是逐渐积累,与建点时数值基本持平。主要表现为1997～1999年,土壤有机质呈积累阶段,至1999年达到最高值;从1999～2001年间,土壤有机质逐年下降,至2001年达到最低值;之后也呈上升阶段,至2004年又下降至最低,从2005年又逐渐回升。从多年变化分析,甘肃省典型耕地土壤有机质总趋势是呈逐渐积累过程。主要原因是推广秸秆还田、种植绿肥、增加农田有机投入、调整作物布局等,增加了归还于土壤的根茬、秸秆等有机物,促进了土壤有机质的积累。土壤有机质含量的高低与土壤类型有关,除黄绵土年度间有机质变化幅度较大外,其他两种土壤在连续5年的监测中有机质变化趋势逐渐增加。

② 全氮变化及特点

全氮含量变化趋势与有机质含量变化趋势有一定的关系,表现为随有机质含量的增加而提高。从分析表现看,黑垆土的全氮含量呈逐年下降趋势,至2004年下降至最低值,之后呈上升趋势,而灌漠土、黄绵土除2004年的测定值整体较低外,其余各数据间则整体保持平衡。全氮含量与土壤类型也有一定的相关性,除黄绵土全氮含量年度间变幅较大外,其他两种土壤全氮变化为:黑垆土>灌漠土。

③ 碱解氮变化及特点

碱解氮含量受土壤全氮和施用化学氮肥的影响较大,在不考虑其他因素的情况下,碱解氮含量变化应与全氮一致,但由于各监测点在监测年度间施用氮肥品种、数量、种植作物和产量高低等不同,导致年间土壤碱解氮含量变化较大。根据分析显示,各土壤类型碱解氮变化不是十分规律,如灌漠土和黑垆土在1998年和1999年、2003年氮肥投入总量相对增加,使1999年碱解氮增加到120 mg/kg,2000年氮肥投入总量减少,碱解氮又分别陡落,而2003年在氮肥用量增加后,碱解氮又有所回升。从多年的监测数据分析,碱解氮总的变化是逐渐随化学氮肥施用量的增加,土壤中盈余的氮素提高了碱解氮的含量。土壤碱解氮积累量最多的是黑垆土,年均为1.95 mg/kg,其他依次为:灌漠土>黄绵土。

④ 速效磷变化及特点

土壤速效磷含量年度间变化波动较大,但随磷肥施用量和施肥水平的不断提高、作物产量的提高,土壤耕层速效磷含量普遍表现逐渐上升。从分析结果看,甘肃省中、东区域的土壤类型随着施用磷肥水平的提高,特别是氮、磷配施技术的不断深入,速效磷上升趋势十分明显,其整体水平保持在 20~30 mg/kg 的水平,而河西灌漠土区,速效磷较以前比较有了一定程度的下降,这可能与河西各区域注重农业结构调整特别是注重氮磷配方施肥和精准施肥等方面有一定的关系,但从总的表现看,其土壤耕层速效磷也表现逐渐上升趋势。

⑤速效钾变化及特点

分析监测结果显示,各地监测点速效钾含量普遍表现下降趋势,这是甘肃省一个带有普遍性的问题。以前普遍认为,甘肃省所处的西北地区为钾素富集区,但随着农业生产水平的提高,特别是农业结构调整的发展,钾素养分日益缺乏,成为当今农业生产面临的一个重要问题;从各土类速效钾变化情况分析,黄绵土速效钾含量均高于黑垆土、灌漠土,原因是:黄绵土多为半干旱地区,每年带出的钾有限,而灌漠土、黑垆土各点从来不施钾肥或施用钾肥数量有限。从灌漠土田间记载分析,1999 年和 2000 年作物产量较高,从土壤中带走的钾增加,反映 1999 年和 2000 年耕层速效钾出现较大幅度下降。黄绵土和灰钙土耕层速效钾 1998 年、1999 年两年出现小幅上升,2000 年开始又呈下降,这主要是 1998 年和 1999 年两年两种土壤作物产量较 2000 年和 2001 年低,从土壤中带走的钾相对少。黑垆土各监测点不施钾肥,作物产量年度间增减变幅不大,从土壤中带走的钾量也变化不大,耕层速效钾含量逐年减少,但年度间减幅不大。

(4) 典型耕地土壤肥力监测分析结果

由于甘肃省典型耕地土壤有黑垆土、灌漠土、黄绵土、灰钙土 4 类,此次只分析灌漠土的肥力变化情况。

① 灌漠土的基础地力

地力贡献率是指不施肥作物产量与施肥作物产量之比,它是农田土壤养分供给力的一种相对评价方式。土壤贡献率低,则表明土壤肥沃度差,作物对肥料依赖性强,根据灌漠土定位监测点的无肥区和常规施肥区产量(表 8-10)得到了土壤基础地力贡献率及其变化。从表中看出,1997~2001 年对永昌、古浪 2 点连续 5 年监测产量分析的监测结果表明,小麦、玉米不施肥区对永昌、古浪、肃州、玉门 4 点监测产量分析,其地力基础贡献率平均为 47.73%,而肥料的增产贡献率为 52.27%,说明河西灌区灌漠土基础地力产量仍较低,基础地力较差,需要持续施肥方可获得高产。

② 土壤养分的变化特点

有机质:2005 年与建点初期的 1997 年相比,各点耕层有机质均表现增加。其中增加最多的是酒泉点,年均递增 0.5 g/kg,其次是古浪和永昌点。

全氮与碱解氮:监测结果显示,全氮(x)和有机质(y)呈显著正相关($y=0.22+0.044x$,相关系数 $r=0.84$),故全氮随有机质的增减而变化。碱解氮含量受土壤全氮和氮肥的影响较大,在不考虑其他因素情况下,碱解氮含量变化应与全氮一致,各监测点在监测年度间施用氮肥品种、数量、种植作物和产量高低等不同,导致年度间土壤碱解氮含量变化较大,但各点碱解氮总的变化呈增加趋势,增加最多的是古浪点,年均增加9 mg/kg;其次是酒泉点,年均增加8 mg/kg。

表8-10 灌漠土基础地力率变化表

	年份	空白区籽粒产量（kg/亩）	常规区籽粒产量（kg/亩）	基础地力率
永昌	1998	308	419.7	73.39
	1999	241.75	491.3	49.21
	2001	252	410	61.46
古浪	1997	251.26	473.33	53.08
	1998	71	396	17.93
	1999	96.7	390.2	24.78
	2000	73.4	398	18.44
	2001	86.7	412.2	21.03
肃州	1998	445	485	91.75
	1999	437	520	84.04
玉门	1997	302.1	571	52.91
	1998	232.5	485	47.94
	1999	41	86	47.67
	2000	197.5	466	42.38
	2001	170	568	29.93

速效磷:同一监测点不同年度间施肥水平不同、作物产量不同,耕层速效磷的含量也不同。3个点在1998年均有较大增幅,1999年又均降低,随后2年有增有减。5年间速效磷变化总的是增加,年均增加量大小顺序为:古浪、肃州、永昌。

速效钾:从监测结果看,永昌点耕层速效钾含量随监测年份增加而降低,年均降低88 mg/kg,其原因是该点连年不施钾肥,个别年份还不施有机肥,而作物每年从土壤中带出大量的钾,使土壤耕层速效钾含量降低;古浪和酒泉两点耕层速效钾2001年比1997年分别增加76 mg/kg、175 mg/kg,古浪点监测年度间种植作物品种一致,产量水平相当,作物从土壤中带走的钾量也相当,但年度间钾肥用量不同,土壤耕层速效钾含量相应地不同;酒泉点监测年度间钾肥投入量一致,但作物品种和产量年度间变化较大,土壤耕层速效钾含量变化也较大。

③土壤耕层养分收支平衡状况

灌漠土三个监测点耕层养分收支总的情况是氮盈余53.10 kg/hm², 磷富积79.50 kg/hm², 钾亏缺81.00 kg/hm²。氮磷盈余最多的是永昌点,其次是肃州点,钾亏缺最多的是肃州点。

④施肥对土壤耕层养分平衡的影响

主要表现以下特点(见表8-11):一是肥料投入总量趋于减少,肃州点施肥总量(纯氮、纯磷、纯钾总和)年度间较平稳,每年稳定在450~465 kg/hm²;永昌点除2000年种植蔬菜肥料投入总量达916.5 kg/hm²外,其他年份施肥总量和古浪点一样,随监测年度增加而递减,而且年度间减幅较大,1998年施肥总量为537.15 kg/hm²,2001年为298.20 kg/hm²;古浪点5年间均种植春小麦,但施肥总量从1997年720.30 kg/hm²降到2001年280.35 kg/hm²。仅有古浪点在化肥施用上比较重视钾肥,但也反映出氮磷钾比例失调,5年纯氮磷钾用量为1:0.27:0.29,与世界化肥施用比例1:0.43:0.37相比,施用结构不尽合理;永昌、肃州点化肥用量结构更不合理,年度间只用氮磷肥,不施钾肥,而且氮磷用量也不合理。

表8-11 灌漠土肥料投入情况表

地点	年份	有机肥纯量(kg)				化肥纯量(kg)				总量
		N	P	K	合计	N	P	K	合计	
永昌	1999	6.57	5.4	3.74	15.71	15.4	4.7	0	20.1	35.81
	2000	6.57	5.4	3.74	15.71	12.5	4.63	0	17.13	32.84
	2001	7.3	6	4.2	17.5	38.4	5.2	0	43.6	61.1
	2002	0	0	0	0	11.15	8.73	0	19.88	19.88
古浪	1999	9.2	6.1	8.72	24.02	12.00	7.00	5.00	24	48.02
	2000	7.30	6.00	4.15	17.45	12.00	3.10	4.5	19.6	37.05
	2001	5.11	4.20	2.91	12.22	11.04	3.07	3.09	17.2	29.42
	2002	0	0	0	0	11	3.1	4.1	18.2	18.2
	2003	0	0	0	0	11.04	3.53	4.12	18.69	18.69
肃州	2000	5.84	4.8	3.32	13.96	13.2	3.45	0	16.65	30.61
	2001	5.84	4.8	3.32	13.96	13.3	4.02	0	17.32	31.28
	2002	4.38	3.6	2.49	10.47	15.6	4.01	0	19.61	30.08
	2003	5.84	4.8	3.32	13.96	13.7	2.72	0	16.42	30.38
玉门	1999	2.92	2.40	1.66	6.98	12.8	2.9	0	15.7	22.68
	2000	2.92	2.40	1.66	6.98	11.5	3.1	0	14.6	21.58
	2001	0	0	0	0	5.2	3.1	0	8.3	8.3
	2002	1.46	1.20	0.83	3.49	11.6	2.8	0	14.4	17.89
	2003	4.38	3.60	2.49	10.47	13.2	2.4	0	15.6	26.07

⑤有机肥施用量不足

从田间记载分析,只有肃州点连年施用有机肥,用量较为稳定,纯养分含量每年在195~210 kg/hm²,其他各点年度间有机肥不连年施用。永昌、古浪监测点分别在2001年、2000年和2001年不施用有机肥,同时永昌点不施用钾肥,归还于土壤的钾极少,而作物又从土壤中带走大量的钾,导致土壤耕层钾严重亏缺。

⑥生物产量对土壤耕层养分平衡的影响

灌漠土监测点年养分投入总量均大于作物吸收量。3个点5年平均每公顷产春小麦籽粒6 642.90 kg、茎叶8 386.50 kg,吸收养分总量为356.70 kg/hm²,不及投入养分总量

401.70 kg/hm², 但春小麦有其自身的吸肥特点, 作物从3个监测点中带出的氮占投入氮的77.21%、磷占27.10%、钾占231.89%, 钾的吸收量远远超出投入量, 而投入总量中钾所占的比例又较小, 大量的钾依靠土壤本身提供。这种入不敷出的施肥制度, 不能使土壤最大限度发挥产出能力, 导致土壤耕层氮盈余、磷富积、钾亏缺, 同时更不利于土壤肥力向高水平方向发展。

表8-12 灌漠土土壤养分平衡表

地点	年份	投入量(kg)				作物吸收量(kg)				平衡量(kg)		
		N	P	K	合计	N	P	K	合计	N	P	K
永昌	2001	21.97	10.10	3.74	35.81	11.92	1.89	8.25	22.06	10.05	8.21	-4.51
	2002	19.07	10.03	3.74	32.84	13.94	2.22	9.64	25.80	5.13	7.81	-5.90
	2003	11.15	8.73	0.00	19.88	10.43	1.64	8.4	20.47	0.72	7.09	-8.4
	平均	17.40	9.62	2.49	88.53	12.10	1.92	8.76	68.33	5.30	7.70	-6.27
古浪	1998	21.20	13.10	13.72	48.02	13.49	2.14	9.42	25.05	7.71	10.96	4.3
	1999	19.30	9.10	8.65	37.05	11.80	1.86	9.04	22.7	7.5	7.24	-0.39
	2001	16.15	7.27	6.00	29.42	11.69	1.83	9.05	22.57	4.46	5.44	-3.05
	2002	11.00	3.10	4.10	18.2	11.56	1.82	8.36	21.74	0.56	1.28	-4.26
	2003	11.04	3.53	4.12	18.69	11.69	1.86	8.09	21.64	-0.65	1.67	-3.97
	平均	15.74	7.22	7.32	151.38	12.05	1.90	8.79	113.7	3.92	5.32	-1.47
肃州	2002	19.04	8.25	3.32	30.61	13.77	2.18	9.51	25.46	5.27	6.07	-6.19
	2003	19.14	8.82	3.32	31.28	14.68	2.33	10.02	27.03	4.46	6.49	-6.7
	平均	19.09	8.54	3.32	61.89	14.23	2.26	9.77	52.49	4.87	6.28	-6.45
玉门	1998	15.72	5.30	1.66	22.68	14.79	2.35	12.31	29.45	0.93	2.95	-0.65
	1999	14.42	5.50	1.66	21.58	13.77	2.19	9.51	25.47	0.65	3.31	-7.85
	2000	5.2	3.1	0	8.3	/	/	/	/	/	/	/
	2001	13.06	4.0	0.83	17.89	13.23	2.09	9.14	24.46	-0.17	1.91	-8.31
	2002	17.58	6.1	2.49	26.17	14.71	2.33	12.25	29.29	2.87	3.77	-9.76
	平均	15.20	5.23	1.66	96.62	14.13	2.24	10.80	108.67	1.07	2.99	-9.14
总平均		16.42	7.35	4.10		12.96	2.05	9.50		3.54	5.30	-5.40

(5)监测技术工作中存在的主要问题

①监测点监测技术内容有待进一步加强

主要表现为: 一是布点不均匀, 样点的代表性不强, 有待今后进一步加强。甘肃省地域辽阔, 现有耕种土类25个, 目前甘肃省仅对4个土类进行监测, 监测样点面积有限, 监测范围小, 代表性还有一定的缺陷, 在一定程度上不能充分反映甘肃省近年来农业结构调整后土壤养分的变化情况。二是上报资料填报内容还有待于进一步规范, 如在数据计量单位、有机肥与化肥纯量折算等还缺乏有效的统一标准, 对数据的及时分析, 特别是多年来数据类比方面带来了一定的困难。三是田间记载内容还有待进一步完善, 部分市县由于田间观测记录不全, 严重影响对监测结果的分析。四是各监测点监测样品上报不及时, 影响了样品的化验分析工作, 拖延了数据分析汇总和信息反馈。

②气候与水肥因子耦合的研究急需加强

鉴于甘肃省农业生产的实际,受干旱气候的影响,土壤监测点的影响因子增加,使不同年度同一处理和同一年度不同处理间作物产量变化的可比性受到影响,其变化规律有待进一步观测。同时也影响了肥料养分的有效性,使土壤养分处于变化不稳定状态。

③对土壤监测工作的认识有待进一步加强

充分认识土壤监测工作是一项基础性、长期性、公益性事业,通过对土壤理化性状和生产力的监测,可掌握土壤基础地力变化规律,加之甘肃省主要耕地土壤类型多、布点少,为此,希望国家相关部门在今后的监测工作中,增加监测经费、增加监测点数、扩大监测面,使监测工作更接近于农业生产,并服务于农业。

8.5.3 2006~2009年甘肃省耕地质量监测总结报告

(1)2009年土壤监测工作情况回顾

①加强监测技术管理,提高监测技术工作的组织管理

从1997监测伊始,甘肃省耕保站就成立了以站长为组长的土壤监测管理小组,全面加强监测技术工作组织领导,监测技术工作由甘肃省耕保站土壤科承担,任务是编制《甘肃省土壤监测实施方案》,收集各地县站的基础监测数据、数据信息资料汇总、年度工作总结上报;开展全省土壤监测技术指导,解决各监测点开展监测技术工作中存在的问题。各地农技中心主要承担监测点的布设、监测试验的实施、田间采样及记载、数据上报、监测点年度工作总结等工作。通过加强监测工作的组织管理,保证了甘肃省监测工作质量,为全面实施各项监测技术工作创造了有利条件。

②合理布设监测网点,提高耕地监测的范围

甘肃地形复杂,气候类型、土壤类型多样,按照大的地貌类型可分为陇东(陇中)黄土高原旱作农业区、河西走廊灌溉农业区、陇南山地旱作农业区等三大地貌类型区。众多的气候、土壤条件为监测工作带来了一定的难度。为此,我们根据区域地貌、气候、土壤等基本特点和农业生产实际、农业产业化状况,并根据各区域实施单位的实施条件、技术状况、监测人员水平,综合考虑监测点的布设,最终确定在具有代表性、面积较大的黑垆土、黄绵土、灌淤土、灰钙土等四大类土壤上布设土壤监测点,以提高耕地监测的范围。使全省监测点布局更为合理,为分区科学指导施肥技术奠定了基础。

甘肃省监测点分布:黑垆土区设在平凉市大寨乡白土村、庆阳市农科所试验田;黄绵土区设在安定区景泉乡官兴村、天水市秦州区农科所试验田;灌淤土区设在永昌县良种场试验田、武威市古浪县良种场试验田、酒泉市农科所试验田、玉门市下西号乡下西号村;灰钙土区设在白银市会宁县甘沟乡田坪村。

③严格按方案要求,做好田间采样、观察与记载工作

近年来,甘肃省耕保站根据全省农业生产的实际,对监测方案内容进行了适当调整,即在原有设立空白和常规两处理的基础上,增设了平衡施肥区,主要是考虑实施配方施肥技术后,及时动态地了解土壤养分变化特点和动态变化趋势。每小区严格按照规程要求

规划小区面积、施肥、播种。为了更好地摸清土壤基础地力、土壤肥力变化情况、施肥与作物产量之间的关系,监测点各小区采取单打单收计产。

土壤样品的采集、田间观察与记载是土壤监测工作的中心环节,也是保证监测工作有序进行的关键。为此,甘肃省耕保站要求各地具体负责监测的人员,严格按照规程要求的内容,做好采样、田间观察与记载等,保证监测土样、植株样的质量。各监测点每年秋季10月中、下旬采样,土壤样品经风干后,土样和作物植株样统一寄送甘肃省耕保站。同时,要求各地监测人员从上年度最后一季作物收获采样结束时,就开始为翌年的监测工作做好田间观察与记载,包括气候变化、干旱、冰雹等自然灾害,播种日期、施肥、灌水、除草等田间作业,为正确处理监测样品和数据分析奠定基础。各地监测人员和监测户根据甘肃省耕保站制定的监测技术方案,严把采样、田间观察与记载关。目前,各地监测原始资料齐备,监测数据代表性强,在一定程度上能够反映出各区域土壤养分的变化情况及特点。

④严格化验分析,保证监测数据的准确性

为保证监测技术的质量,甘肃省耕保站确定由甘肃省农科院测试中心为土壤监测样品的统一化验单位(该单位经过质量监测部门认定)。为提高监测数据的准确性、科学性、减少化验操作误差,甘肃省耕保站和测试单位研究后,在每一批样品测试中通过加质控样(主要利用甘肃省质检中心原有的标准土样为基础),以确保监测土样的准确性;在土样、植株样测定过程中,甘肃省耕保站不定期指定相关的专业技术人员参与主要化验工作,和化验人员共同解决样品测试过程中存在的主要问题,从而保证了样品的试验室操作工作顺利进行。

⑤应用监测技术数据资料,有效指导当地农业生产

结合配方施肥在甘肃省80个县(区)实施的实际,在甘州、会宁、麦积等地设置土壤监测点,开展耕地质量调查工作,根据近几年来的土壤养分含量变化情况和农户对肥料的使用现状,及时调整施肥结构,为农户提供基础配方,使甘肃省配方施肥工作与耕地质量调查工作有机结合,充分利用配方施肥在甘肃省实施的有利时机,扩展了土壤养分调查范围,也为各地县实施配方施肥提供了重要的技术参考。同时,甘肃省耕保站还根据肥料生产厂商的要求和配方施肥的参数,开展有偿服务,指导专用肥、复混肥的生产,提高监测技术的应用范围和效果。

(2)甘肃典型耕地养分资源变化的基本特点

根据2008年全国国家级耕地土壤的监测结果,比较甘肃省各监测点数据显示:甘肃省主要耕地土壤的有机质远低于全国水平,全氮、有效磷含量部分基本接近全国水平,速效钾含量高于全国水平。从全国各大区域监测结果分析,甘肃省主要耕地养分含量指标低于华北、东北、华南、华东地区,基本接近西北地区的平均水平。其中有机质2008年的全国的平均水平为24.26 g/kg,而甘肃省2009年平均水平仅为11.6~14.4 g/kg;全氮全国水平为1.44 g/kg,而甘肃省平均水平仅为1 g/kg;有效磷全国的平均水平为22.97 g/kg,而

甘肃省平均水平为 12.85~25.64 g/kg,速效钾含量全国的平均水平为 126.86 g/kg,而甘肃省平均水平为 115~255 g/kg。

2009 年与土壤普查时的数据和建点初期的 1997 年相比,各典型土壤类型有机质变化保持基本持平或略有积累,其中黄绵土积累最多,年平均积累 0.08%,其次为灌淤土,年平均积累 0.06%,黑垆土则有所下降;全氮则表现略有积累,平均积累 0.01%~0.05%;碱解氮、速效磷积累则表现为明显上升;速效钾普遍呈大幅下降趋势,特别是黑垆土、黄绵土由199 mg/kg 降至 132 mg/kg 水平。

表 8-13　甘肃主要农田土壤耕层养分对比表(1997~2009 年)

土类	时间	有机质(%)	全氮(%)	碱解氮(mg/kg)	速效磷(mg/kg)	速效钾(mg/kg)
黑垆土	普查值	1.06	0.081	65.5	5.7	149.5
	1997 年建点	1.64	0.12	84.00	26.60	114.00
	监测平均值	1.44	0.14	72.99	32.79	132.59
黄绵土	普查值	0.97	0.084	75.0	6.0	199.0
	1997 年建点	0.62	0.064	51	16.6	105
	监测平均值	1.16	0.14	66.03	12.41	135.41
灌淤土	普查值	1.32	0.069	46.8	6.5	186.0
	1997 年建点	0.91	0.07	60.50	15.45	367.50
	监测平均值	1.18	0.10	62.80	27.38	344.15

(3)甘肃主要耕地土壤 1997~2009 年变化的特点

①有机质变化及特点:1997~2009 年监测数据显示,土壤耕层有机质从 1997~2009 年总的变化趋势是积累与建点时数值基本持平。主要表现为 1997~1999 年,土壤有机质呈积累阶段,至 1999 年达到最高值;从 1999~2001 年间,土壤有机质逐年下降,至 2001 年达到最低值;之后也呈上升阶段,至 2004 年又下降至低点,从 2005 年开始又逐渐呈回升,2006~2009 年基本呈稳定趋势。

从多年变化分析,甘肃省典型耕地土壤有机质总趋势是呈逐渐积累过程,但积累速度还相当有限。主要原因是推广秸秆还田、种植绿肥、增加农田有机投入、调整作物布局等多因素影响,但也和甘肃省地处西北地区,土壤水分缺乏,土壤的腐殖化过程比较缓慢等有关。此外,土壤有机质含量的高低与土壤类型有关,除黄绵土年度间有机质变化幅度较大外,其他两种土壤在连续多年的监测中有机质变化趋势呈缓慢逐渐增加趋势,但与全国水平相比还有一定的差距。

②全氮变化及特点:全氮含量变化趋势与有机质含量变化趋势有一定的关系,表现为随有机质含量的增加而提高。黑垆土的全氮含量呈逐年下降趋势,至 2004 年下降至最低值,之后呈上升趋势,而灌淤土、黄绵土除 2004 年的测定值整体较低外,其余各数据间则整体保持平衡,其中 2005~2007 年全氮数据也继续保持平稳增加。全氮含量与土壤类型也有一定的相关性,除黄绵土全氮含量年度间变幅较大外,其他两种土壤全氮变化为:黑

垆土>灌淤土。

③碱解氮变化及特点：碱解氮含量受土壤全氮和施用化学氮肥的影响较大，在不考虑其他因素的情况下，碱解氮含量变化应与全氮一致，但由于各监测点在监测年度间施用氮肥品种、数量、种植作物和产量高低等不同，导致年度间土壤碱解氮含量变化较大。各土壤类型碱解氮变化不是十分规律，如灌淤土和黑垆土在1998年和1999年、2003年氮肥投入总量相对增加，使1999年碱解氮增加到120 mg/kg，2000年氮肥投入总量减少，碱解氮又分别陡落，而2003年在氮肥用量增加后，碱解氮又有所回升。2005~2009年碱解氮数据除个别地区有很大程度的增加外，其余各地则呈下降趋势。从多年的监测数据分析，碱解氮总的变化是随化学氮肥施用量的增加，土壤中盈余的氮素提高了碱解氮的含量。土壤碱解氮积累量最多的是黑垆土，年均为1.95 mg/kg，其他依次为：灌淤土>黄绵土。

④速效磷变化及特点：土壤速效磷含量年度间变化波动较大，但随磷肥施用量和施肥水平的不断提高、作物产量的提高，土壤耕层速效磷含量普遍表现逐渐上升。甘肃省中、东区域的土壤类型随着施用磷肥水平的提高，特别速效磷上升趋势十分明显，其整体水平保持在20~30 mg/kg的水平；而河西灌淤土区，速效磷较以前比较有了一定程度的下降，这可能与河西各区域注重农业结构调整特别是注重氮磷配方施肥和精准施肥等方面有一定的关系。从总的表现看，土壤耕层速效磷表现呈逐渐上升趋势。但也应该看到，甘肃省土壤磷素的整体水平还不是很高，特别是中东部地区，速效磷的整体水平仅为30 mg/kg以下，特别是磷肥的肥效还没有得到有效地发挥，因此，大力推广以增施磷肥为中心的配方施肥技术，仍是甘肃省广大地区施肥工作的一个重点。

⑤速效钾变化及特点：分析监测结果，各地监测点速效钾含量普遍表现下降趋势，这是甘肃省一个带有普遍性的问题。以前资料普遍认为，甘肃省所处的西北地区为钾素富集区，但随着农业生产水平的提高，特别是农业结构调整的发展，钾素养分日益缺乏，据近几年试验示范结果显示，施用钾肥的效应越来越显著，耕地农田土壤钾素含量不足已成为农业生产中面临的一个重要问题。

从各土类速效钾变化情况分析，黄绵土速效钾含量均高于黑垆土、灌淤土，原因是黄绵土多为半干旱地区，每年带出的钾素有限，而灌淤土、黑垆土各点从来不施钾肥或施用钾肥数量有限。从灌淤土田间记载分析，1999年和2000年作物产量较高，从土壤中带走的钾增加，反映1999年和2000年耕层速效钾出现较大幅度下降。黄绵土和灰钙土耕层速效钾1998年、1999年两年出现小幅上升，2000年开始又呈下降，这主要是1998年和1999年两年两种土壤作物产量较2000年和2001年低，从土壤中带走的钾相对少。黑垆土各监测点不施钾肥，作物产量年度间增减变幅不大，从土壤中带走的钾量也变化不大，耕层速效钾含量逐年减少，但年度间减幅不大。从整体水平分析，甘肃省广大地区已逐步出现钾素养分不足的特点，从近几年钾肥试验分析，只要施用钾肥，作物产量就有一个明显的改善，因此，在配方施肥技术中大力推广钾肥施用，已成为提高甘肃省作物产量中一个较为有效的技术措施。

(4)主要土壤类型微量元素变化情况

与建点初期相比,甘肃省主要耕地农田土壤微量元素变化表现以下特点:

一是各典型土壤类型有效态微量元素都低于全国同类地区水平,并有不同程度的变化,表现为:有效铁、有效铜含量有明显的下降趋势,有效锌、有效硼含量上升趋势显著。

二是各有效态微量元素含量变化分析,有效铁由 5~8 mg/kg 水平上升了 4.5~8 mg/kg,其中黑垆土年均下降 0.21%;有效锰由 5~8 mg/kg 水平下降至 4.5~8 mg/kg,其中黑垆土年均下降 0.21%;有效铜含量由 0.95~1.29 mg/kg 水平下降至 0.79~1.10 mg/kg,其中黑垆土、黄绵土有较大程度的下降;有效锌含量由 0.2~0.5 mg/kg 水平上升至 0.5~1.12 mg/kg 水平,特别是河西灌淤土区有效锌含量由 0.5 mg/kg 水平上升至 1.12 mg/kg,年均上升 6.2%;有效硼含量由 0.24~0.66 mg/kg 水平上升至 0.56~0.80 mg/kg,特别是陇东黑垆土和河西灌淤土区均表现上升趋势。

三是综合各地监测结果表明,甘肃省耕地土壤有效铁、有效铜含量呈下降趋势,有效锌、有效硼呈上升趋势,其原因主要是甘肃省河西及陇东地区玉米田结合测土施肥技术施用锌肥,而油菜地大量施用硼砂的结果。

(5)主要耕地农田土壤类型重金属元素变化情况

从监测结果结合甘肃省环境保护站制定的《无公害农产品产地环境质量》地方标准中的土壤环境质量要求内容显示,甘肃省监测区的总汞、总砷、铅、镉、铬等重金属指标均未超过规定的内容,这表明甘肃省监测区主要耕地土壤有害重金属含量对耕地危害程还不是很高。

从具体的监测内容分析:一是甘肃省 pH 平均值为 8.14,变化范围在 7.2~8.65 间,这表明甘肃省耕地土壤 pH 仍较高。二是汞平均值 0.02 mg/kg,变化幅度 0.008~0.039 mg/kg,远低于指标 ≤0.5 mg/kg 范围;砷平均值 11.85 mg/kg,变化幅度 10.19~13.59 mg/kg,远低于指标 ≤25 mg/kg 范围;铅平均值 28.48 mg/kg,变化幅度 18.27~38.84 mg/kg,远低于指标 ≤150 mg/kg 范围;镉平均值 0.2 mg/kg,变化幅度 0.05~0.35 mg/kg,远低于指标 ≤0.8 mg/kg 范围;铬平均值 62.77 mg/kg,变化幅度 43.16~73.45 mg/kg,远低于指标 ≤200 mg/kg 范围,这表明甘肃省监测区主要耕地土壤有害重金属含量对耕地危害程度还不是很高。三是从地域分布分析,甘肃省河西灌溉农业区重金属含量分布要比陇东、中部旱作农业区要高,其中铅、镉、铬等重金属含量接近指标一半的水平,这突出表明防止农田土壤重金属污染已成为当前甘肃省耕地质量建设工作中一个重要的问题。

(6)监测技术工作中存在问题

①监测点的监测技术内容有待进一步加强

主要表现为:一是布点不均匀,样点的代表性不强,有待今后进一步加强。甘肃省地域辽阔,现有耕种土类 25 个,目前甘肃省仅对 4 个土类进行监测,监测样点面积有限,监测范围小,代表性还有一定的缺陷,在一定程度上不能充分反映甘肃省近年来农业结构调整后土壤养分的变化情况,监测技术数据只能说明监测区域土壤养分、微量元素、重金属污染具体情况,不能充分说明近年来甘肃省耕地质量的具体变化情况。

二是随着各地陆续建立测土配方施肥工作的监测点,如何将其纳入国家级监测工作序列,正常开展工作,保证监测经费成为监测工作的关键。

三是上报资料填报内容还有待于进一步规范,如在数据计量单位、有机肥与化肥纯量折算等还缺乏有效的统一标准,给数据的及时分析,特别是多年来数据类比方面带来了一定的困难。

四是田间记载内容还有待进一步完善,部分市县由于田间观测记录不全,严重影响对监测结果的分析。

五是各监测点监测样品上报不及时,影响了样品的化验分析工作,拖延了数据分析汇总和信息反馈。

②气候与水肥因子耦合的研究急需加强

甘肃省旱地面积占耕地面积的80%以上,由于降水分布不均一性,耕地土壤养分变化与土壤水分变化耦合性强,加强气候与水肥因子耦合的研究已成为提高耕地质量建设中的一个重要问题。鉴于甘肃省农业生产的实际,受干旱气候的影响,土壤监测点的影响因子增加,使不同年度同一处理和同一年度不同处理间作物产量变化的可比性受到影响。其变化规律有待进一步观测。同时也影响了肥料养分的有效性,使土壤养分变化处于不稳定状态。

③对土壤监测工作的认识有待进一步加强

充分认识土壤监测工作是一项基础性、长期性、公益性事业,通过对土壤理化性状和生产力的监测,可掌握土壤基础地力变化规律,加之甘肃省主要耕地土壤类型多、布点少,为此,希望在今后的监测工作中,增加监测经费、增加监测点数、扩大监测面,使监测工作更接近于农业生产,并服务于农业。

8.5.4　2010～2013年甘肃省耕地质量监测总结报告

耕地质量监测是《中华人民共和国农业法》、国务院《基本农田保护条例》、《甘肃省耕地质量管理办法》等法律法规赋予农业部门的一项重要职责,实施耕地质量监测是耕地质量保护与地力建设的一项公益性、基础性、长期性工作,通过长期的定位监测,不仅能够及时了解耕地地力动态变化特征及养分变化趋势,促进耕地资源的合理利用和综合生产能力的提高,而且对于指导农民科学施肥,提高耕地水、土、肥等资源利用率,改善农田生态环境,确保农业增效、农民增收具有十分重要的基础地位。甘肃省耕地土壤监测工作始于1997年。多年来,甘肃省耕保站始终将耕地质量监测工作列入站上重要的工作日程,坚持以提高耕地质量监测技术水平、加强监测成果应用为出发点,通过对多年监测数据总结与分析,初步掌握了甘肃省耕地土壤养分变化的基本特征,结合旱作节水农业、测土配方施肥、耕地质量评价等工作,加强监测成果的应用,提出不同区域、不同土壤类型提高土壤肥力对策与措施,为指导农民科学施肥、耕地质量建设提供了重要依据。

(1)甘肃耕地质量监测工作的作法与成效

①设立管理机构,明确目标任务

为全面加强耕地质量的管理,提高耕地质量的管理水平,成立了"甘肃省耕地质量管理办公室",其基本职责是制定全省耕地保护与开发、监测的主要技术内容、方案及中长期规划、开展技术指导培训等。为了切实加强耕地质量监测的指导与管理,成立了耕地质量监测专家顾问组,对耕地质量监测工作实行目标管理,组织有关专家对每年监测数据的准确性、资料的完整性、报告的时效性、成果应用的广泛性进行年度考评,并通报考评结果,按照考评结果安排工作经费。

②成立领导小组,建立工作机制

为了切实加强耕地质量监测的指导与管理,我们及时成立了以甘肃省耕保站站长为组长的耕地质量监测领导小组,全面加强监测技术工作组织领导,监测技术工作由甘肃省耕保站土壤科(甘肃省耕地质量管理办公室)承担,任务是编制《甘肃省土壤监测实施方案》,下发了《关于做好2013年度耕地质量监测工作的通知》以确保工作顺利实施。

③严格技术规程,确保监测质量

为保证监测质量,提高监测数据的准确性、科学性,我们严把数据质量关,制定了"五统一"的质量控制办法,即统一采样时间(以各季作物收获后10 d内为采集时间)、统一采集方法("S"性布点,15个混合样,土钻取样)、统一化验分析(有资质的检测单位)、统一调查内容(技术规范调查表格所有内容)、统一数据审核(专人统一负责数据审核),有力地提高了监测数据质量。重点把好"三个关"即取土采样关、检测分析关和数据审核关。

④整合资源优势,健全监测体系

2013年,为了推进耕地质量监测工作,充分利用测土配方施肥项目、有机质提升项目、高效农田节水项目、旱作农业项目、沃土工程项目的监测点,将其纳入耕地质量监测范围。到目前为止,已在全省80个县(市、区)初步建立了一批省级监测点,监测范围涉及全省主要土壤类型、县域内代表性土壤和优势作物种植区域,监测内容涉及土壤环境质量元素、微量元素及土壤盐渍化指标等。同时,我们与甘肃省农科院积极开展合作,成立了"甘肃省土壤长期定位监测协作网",将甘肃省农科院4个25年以上的长期定位监测纳入了甘肃省耕地质量监测点范围,进一步健全监测体系。

⑤强化检查指导,提升服务水平

为确保甘肃省监测质量工作的规范化、标准化建设,按统一格式、统一内容、统一标准的要求,及时在9个国家级监测点树立了永久性标志碑。同时,甘肃省依托土壤有机质提升项目的技术培训会议,对监测点的设置、田间管理、取土分析、田间调查等内容进行多次培训;结合其他项目的检查督导,定期对各监测点进行检查督导,确保了工作的有序开展,使甘肃省监测工作更加规范、标准。

⑥加强成果应用,指导农业生产

监测是手段,应用是主要目的。近年来,甘肃省耕保站始终坚持加强监测成果应用,为农业结构调整提供基础性依据。主要是指导80个县(市、区)完成了测土配方施肥和耕地质量调查与评价工作,有针对性地开展特色农产品产地环境的土壤性状调研工作,指导旱作节水农业生产、中低产田改良工作和补充耕地质量验收,取得了良好的应用效果。

(2)监测结果分析

①摸清了耕地质量现状

土壤有机质:土壤有机质是土壤的重要组成部分,又是植物矿质营养和有机营养的源泉,土壤的许多属性都直接或间接地与土壤有机质有关。同时,土壤有机质也是表征土壤质量与肥力的重要因子,其含量的高低与土壤肥力水平紧密相关。通过对全省9个监测点耕层土壤有机质长期监测结果表明,2013年耕层土壤有机质含量平均为14.49 g/kg。1997~2013年17年间,监测点耕层土壤有机质平均含量呈增加趋势,增加了3.18 g/kg,增加28.13%,年平均增加1.65%。这主要是由于多年来大量化肥的施用促进了作物地上和地下生物量的提高,大量的根茬留在地里,加之近年来沃土工程项目、测土配方施肥项目、有机质提升等项目的实施,使得土壤有机质含量总体有所提高。

与全国365个监测点结果相比较,2013年甘肃省9个监测点耕地耕层土壤有机质含量明显低于全国水平,平均比全国低10.61 g/kg,仍处于全国有机质分级的四级,属于偏低水平。

土壤全氮:氮素是植物生长所需营养三要素之首,土壤中的氮素含量与植物生长直接相关,土壤氮素水平是评价土壤质量的主要指标之一,土壤氮素的演变状态也是土壤肥力演变的核心内容。

通过对全省9个监测点耕层土壤全氮长期监测结果表明,2013年耕层土壤全氮含量平均为0.86 g/kg。1997~2013年17年间,监测点耕层土壤全氮平均含量呈增加趋势,增加了0.10 g/kg,增加12.60%。对1997~2013年监测点耕层土壤有机质和全氮进行统计分析,土壤全氮与有机质含量变化存在显著相关关系($r=0.81*$,$n=117$)。

与全国365个监测点结果相比较,2013年甘肃省9个监测点耕地耕层土壤全氮含量明显低于全国水平,比全国低0.62 g/kg,仍处于全国全氮分级的四级,属于偏低水平。

土壤有效磷:磷是植物生长发育必需的营养元素,土壤中磷素的多少及有效程度对作物产量和品质至关重要,是土壤肥力的重要指标之一,而土壤有效磷是当季作物可从土壤中获取的主要磷养分资源。

通过对全省9个监测点耕层土壤有效磷监测结果表明,2013年耕层土壤有效磷含量平均为19.81 mg/kg。1997~2013年17年间,监测点耕层土壤有效磷平均含量呈增加趋势,增加了6.61 mg/kg,增加50.07%。耕层土壤有效磷含量一直呈上升趋势,这与第二次土壤普查以后磷素化肥的大量施用有密切的关系。第二次土壤普查以来,全国大力推广磷肥施用,"九五""十一五"期间磷肥施用得到普及,为磷素在土壤中的积累提供了物质基础。

与全国365个监测点结果相比较,2013年甘肃省9个监测点耕地耕层土壤有效磷含量与全国水平相差不大,比全国低7.29 mg/kg。

土壤速效钾:钾是植物生长不可缺少的大量营养元素,土壤速效钾能在短期内被作物吸收利用。

通过对全省9个监测点耕层土壤有效磷监测结果表明,2013年耕层土壤速效钾含量平均为146.33 mg/kg。1997～2013年17年间,监测点耕层土壤速效钾平均含量呈下降趋势,下降50.33 mg/kg,下降25.59%。耕层土壤速效钾下降的主要原因是,由于第二次土壤普查结果表明甘肃省绝大部土壤不缺钾,在长期的生产中,农民忽视了钾肥的施用,土壤中的钾随着作物地上部分的带出而有所减少。

与全国365个监测点结果相比较,2013年甘肃省9个监测点耕地耕层土壤速效钾含量高于全国水平,比全国监测平均含量高44.8 mg/kg,处于全国速效钾分级的三级,属于中等偏上水平。

②开展了补充耕地质量监测

为了实施好补充耕地质量验收评定工作,在国家级试点单位秦州区和省级试点单位玉门市、古浪县、山丹县、华池县开发整理耕地上及时开展了耕地质量调查与监测,共采集土壤样品20个,完成全N、全P、全K、pH、阳离子交换量、电导率、水溶性盐总量、有机质、水解氮、全氮等项目进行调查分析,化验分析230项次。并建立了5个土壤肥力和墒情长期定位监测点,对土壤养分和墒情进行跟踪监测,摸清了占用耕地及补充耕地质量现状,提出了补充耕地培肥措施。

③摸清了甘肃省黄河流域盐碱地现状

针对全省土壤次生盐渍化大面积发生的现实,在土壤次生盐渍化较重的酒泉、张掖、武威、白银等市的20多个县开展土壤调查与监测,为盐碱地改良提供了科学依据。根据调查,全省盐碱地总面积为2 121.03万亩,盐碱耕地面积为483.72万亩(2015年),其中轻度盐碱耕地面积最大,为239.27万亩,占盐碱耕地面积的49.46%;其次是中度盐碱耕地,面积为169.65万亩,占盐碱耕地面积的35.07%;重度盐碱耕地面积最小,为74.81万亩,占盐碱耕地面积的15.47%。

④实施了移民区土壤改良工作

针对甘肃河西移民区土壤板结严重的问题,在瓜州县开展了土壤立地条件、养分现状等监测调查,提出了具体的改良措施,目前,改良耕地面积达到1.5万亩,占项目区总面积的50%以上,亩增产达到1倍左右,取得了良好的改良效果。

(3)存在的问题

①监测点数量较少,代表性不强

甘肃省地域辽阔,《中国土壤分类系统》60个土类中有37个在甘肃省有广泛发育,土壤类型的丰富在全国其他省区也是不多见的。现有耕地包含了25个土类,178个土种。目前甘肃省仅对4个土类进行监测,监测样点面积有限,监测范围小,代表性还有很大的缺陷,不能充分反映甘肃省近年来耕地土壤质量的变化情况。

②受外部影响较大,部分点变化较大

因受城乡规划占地及经济结构调整等影响,监测点的长期定位很容易中断,对监测结果造成影响很大。

③监测作物单一,服务范围有待扩展

目前,各监测点多集中于大宗粮食作物,但随着近年来农业结构的调整,甘肃省中药材、林果业等特色优势作物发展较快,为了对特色优势作物开展土肥技术指导服务,有必要在这些作物上进行长期定位监测。

④认识不到位,有待进一步加强

目前,社会各界对耕地质量监测工作重要性的认识还不到位,还没有充分认识到开展土壤监测工作的重要性,在城乡发展规划和结构调整中没有充分考虑对监测点的影响。为此在今后的工作中还需要强化宣传,提高社会各界的认识。

(4)下一步工作打算

①强化宣传培训,提高社会各界的认识水平

充分利用甘肃省委省政府关于认真贯彻落实学习《甘肃省耕地质量管理办法》这一有利时机,采取各种形式、利用各种媒体,在全省范围内对耕地质量监测工作进行有力地宣传,提高社会各界的认识,营造良好的范围,以推动全省耕地质量监测工作。

②健全监测体系,不断扩展服务范围

进一步完善土壤有机质提升项目、补充耕地质量验收评定、测土配方施肥项目等监测点建设标准,将其纳入耕地质量监测点范畴,逐步建立覆盖全省的耕地质量监测网体系,为农业结构调整、中低产田改良、高标准农田建设等提供科学依据。

③加强质量控制,确保工作成效

严格按照土壤监测技术规程要求及"五统一"的质量控制办法,进一步加大质量控制力度,力争做到操作规范、数据准确、结果可靠、应用科学。

④开展指导培训,提升服务水平

以土壤有机质提升、补充耕地质量验收评定、测土施肥项目为契机,采取多种形式技术培训,建立一支能长期稳定的监测技术队伍,保证监测工作的顺利实施,提升服务水平。

⑤建立省级信息系统,加强监测信息发布

鉴于目前监测数据只停留在技术层面,监测信息资源利用率低等问题,下一步工作重点是完善省级耕地质量监测数据库,建立省级耕地质量信息系统,强化监测信息发布工作。

8.5.5　2017年甘肃省轮作休耕试点区域耕地质量监测年度报告

8.5.5.1　项目区基本情况

(1)项目区地理环境

甘肃省位于黄河上游,分属黄河、长江、内陆河三大流域。地域狭长,南北宽530 km,东西长1655 km,全省土地总面积45.44万平方千米。省内山地、高原、平川、河谷、沙漠、戈壁交错分布,以山地和高原为主。这样的地域和地貌决定了甘肃省农业生产、自然生态、生产条件的多样性。气候干燥,光能充足,独特的日照资源使农业生产地域差别较大。河西走廊干旱少雨但具有良好的水利设施和灌溉条件,是我国重要的商品粮基地、制种基地和高原夏菜基地;陇中、陇东属旱作农业区,是我国重要的马铃薯、中药材、小杂粮、羊羔肉生产基地;甘南及河西牧区是我国重要的牛羊肉生产基地和细毛羊基地;陇南地区属亚热带气候,雨量充足,植被覆盖率高,动物资源丰富,是甘肃省重要的特色农产品基地。

①地理位置

甘肃省介于北纬32°11′~42°57′、东经92°13′~108°46′之间。处于青藏高原、黄土高原和内蒙古高原三大高原交汇处,主要有黄河、长江、内陆河三大流域。省内地貌类型错综复杂,以山地和高原为主,与平川、河谷、沙漠、戈壁交错分布。甘肃省北有六盘山、合黎山和龙首山;东为岷山、秦岭和子午岭;西接阿尔金山和祁连山;南壤青泥岭。东接陕西,南邻四川,西连青海、新疆,北靠内蒙古、宁夏并与蒙古人民共和国接壤。甘肃省辖12个地级市、2个自治州,17个市辖区、4个县级市、58个县、7个自治县。根据全国第二次土地调查数据显示,全省总耕地面积541万公顷。2014年甘肃省总人口为2 591万人。其中,农业人口2 075万人,人均耕地0.21 hm^2。

②地形地貌

甘肃省地处青藏高原、黄土高原和内蒙古高原三大高原交汇地带,分属黄河流域、长江流域及内陆河流域,在构造上属于鄂尔多斯地台、阿拉善—北山地台、祁连山褶皱系和秦岭褶皱系。甘肃省地貌实为一个山地形高原,地势高亢、地貌类型复杂。

甘肃省主要的地貌类型有高山、中山、低山、丘陵、平原和黄土塬,其中面积最大的地貌类型是平原,面积为1 431 hm^2,占总土地面积的32%,主要分布在河西地区;其次是丘陵,面积为1 300 hm^2,占总土地面积的29%,主要分布在酒泉市北部、白银市、临夏州、定西市、天水市、庆阳市;再次是中山,面积为1 060 hm^2,占总土地面积的23%,主要分布在甘南、陇南两市州;然后是高山,面积为544 hm^2,占总土地面积的12%,主要分布在酒泉市、张掖市和武威市的南部以及甘南州的南部;最后是黄土塬和低山,面积分别为111 hm^2和98 hm^2,黄土塬主要分布在平凉市和庆阳市,而低山主要分布在兰州市、白银市。根据甘肃的地貌概况,可将其归为6个地貌单元,陇南山地、陇东陇中黄土高原、甘南高原、祁连山地、河西走廊高平原和北山山地。

③气候条件

甘肃省可概括为5个气候区。陇南山区为暖温带湿润区,是秦岭的西延部分;陇中高原为温带半湿润区,位于甘肃中部;陇东高原为半干旱区,居于黄土高原西端,水土流失严重;甘南草原为高寒湿润区,位于甘肃省西南部,南邻四川,西界青海,以高寒草甸草原为主;河西走廊为暖温带干旱区,东起乌鞘岭,西至甘新交界处星星峡,南以祁连山、阿尔金山为界,北与内蒙古自治区相邻,绿洲、沙漠、戈壁广泛分布。

甘肃深居西北内陆,海洋温湿气流不易到达,成雨机会少,大部分地区气候干燥,属大陆性很强的温带季风气候。冬季寒冷漫长,春夏界线不分明,夏季短促,气温高,秋季降温快。全省年平均气温0.3 ℃～15.1 ℃,各地海拔不同,气温差别较大,日照充足,日温差较大。全省年降水量40～850 mm,大致从东南向西北递减,乌鞘岭以西降水明显减少,陇南山区和祁连山东段降水偏多。受季风影响,降水多集中在6～8月,占全年降水量的50%～70%。全省无霜期各地差异较大,陇南河谷地带一般在280 d左右,甘南高原最短,只有140 d。省内光照充足,光能资源丰富,年日照时数1 700～3 800 h,自东南向西北增多。河西走廊年日照时数2 800～3 800 h,敦煌是日照最多的地区;陇南1 800～2 300 h,是日照最少的地区;陇中、陇东和甘南为2 100～2 700 h。

④种植情况

甘肃省是中华民族早期农业的发源地之一,种植业发展稳定,粮食作物占种植业的主导地位,粮食作物播种面积占全省播种面积的70%左右,其中小麦、玉米、马铃薯为播种面积最大作物,遍布全省。其中冬小麦的主产区在陇东、陇东南地区,玉米主产区在河西走廊地区,马铃薯主产区在定西地区。近年来,油料作物、药材、蔬菜、水果等经济作物在全省播种面积有扩大趋势。甘肃省各个地区根据自身环境合理种植粮食作物和经济作物,每个地区都有自己的特色,比如享誉国内外的文县的党参、礼县的大黄、陇南的油橄榄、庆阳的黄花菜、甘谷的辣椒、静宁的苹果、清水的大麻、临夏的大蚕豆、定西的马铃薯、兰州的百合、永登的苦水玫瑰、民乐的紫皮大蒜、张掖的玉米种子等等。各地区特色农业的发展使得甘肃省的种植业发展越来越繁荣。

"十二五"以来,甘肃省的种植业取得了显著的成绩。2016年甘肃省播种面积为4 253.84千公顷,比2015年增加0.5%。其中粮食作物播种面积为2 813.94千公顷,其中小麦播种面积为762.32千公顷,玉米播种面积为1 017.12千公顷,大豆播种面积为89.32千公顷;油料作物播种面积为331.97千公顷,比上一年增加3.7%;甜菜播种面积为2.90千公顷,比上一年增加0.7%;蔬菜播种面积为546.96千公顷,比2015年增长3.8%。

⑤土壤类型

甘肃省土壤共分37个土类,99个亚类,171个土属,284个土种。土壤水平分布的纬度地带性明显,经度地带性不明显。土壤垂直带谱在各地呈现各异,带谱的繁简随山体的比高和坡向的不同而变化,山体比高大,带谱繁多,阴坡湿润,带谱完整;阳坡水分条件差,带谱单一,带谱趋向简单。土壤地域分布规律受各种地方因子影响而有不同组合。耕种土壤受人为作用强度不同,在各地有独特的分布规律。

⑥耕地质量与产量水平

耕地质量:甘肃省的耕地地力共分为十个等级。一、二等地主要分布在河西地区,地貌类型以平原为主,属于疏勒河、黑河、石羊河流域;三、四、五、六等地主要分布在陇东高原、陇中高原,地貌类型以黄土塬、丘陵为主,属于泾河、黄河、渭河流域;七、八等地主要分布在天水、陇南山地,属于嘉陵江流域;九、十等地主要分布在甘南高原,属于洮河流域。

一、二、三等地主要分布在草甸土、潮土、风沙土、灌漠土、龟裂土、灰钙土、灰漠土、灰棕漠土、栗钙土、盐土、棕漠土；四、五等地主要分布在褐土、黑钙土、黑垆土、红黏土、黄绵土、灰钙土、灰褐土、栗钙土、新积土；六、七、八等地主要分布在褐土、黑垆土、红黏土、黄绵土、灰钙土、灰褐土、栗钙土、亚高山草甸土；九、十等地主要分布在暗棕壤、褐土、黑钙土、黑土、黄绵土、灰褐土、栗钙土、山地草甸土、石质土、棕壤。

一、二等地主要分布在平原区，黄土塬上有少量分布；三、四等地主要分布在平原、黄土塬区，丘陵和中山区有少量分布；五、六、七等地主要分布在丘陵和中山区；八、九、十等地主要分布在中山区，丘陵和高山区有少量分布。

一等地主要分布在武威市、张掖市、酒泉市；二等地主要分布在庆阳市、武威市、张掖市、酒泉市；三、四等地主要分布在平凉市、庆阳市、兰州市、金昌市、白银市、山丹马场；五、六等地主要分布在白银市、天水市、庆阳市、定西市、陇南市、临夏州；七、八等地主要分布在白银市、天水市、庆阳市、定西市、陇南市、临夏州；九、十等地主要分布在白银市、天水市、定西市、陇南市、临夏州、甘南州。

产量水平：2016年粮食产量为1 140.6万吨，其中小麦产量为267.8万吨，玉米560.6万吨，豆类31.7万吨，薯类226.1万吨；油料作物产量为76万吨，油菜籽产量为34.2万吨；中草药材产量115.5万吨；麻类产量0.4万吨；甜菜产量16.6万吨；烟叶产量1.1万吨，烤烟产量0.9万吨；蔬菜产量1 951.5万吨；水果产量738.0万吨。

(2)项目县农田保护措施实施情况

制定了全省盐碱地治理意见。根据甘肃省政府主要领导指示精神，在调研论证的基础上，研究制定了符合实际且操作性较强的《甘肃省人民政府办公厅关于盐碱耕地治理与综合利用发展的意见》和《盐碱耕地治理与综合利用扶持办法》，并充分征求和吸收了甘肃省发改委等9个部门的意见，修改完善并上报。

制定了《甘肃省耕地质量监测网络建设规划》。在做好原有24个国家级长期定位监测点的基础上，借助耕地质量提升与化肥减量增效、耕地质量保护等土肥水项目，新增10个国家级、新建500个省级耕地质量长期定位监测点，布设了8 000个耕地质量调查监测与评价校点，制定了《甘肃省耕地质量监测网络建设规划》，稳步推进全省耕地质量监测与等级评价工作。

颁布了《甘肃省耕地质量管理办法》，规范了耕地质量管理的主要内容，明确了土肥部门耕地质量管理职责，提出了耕地质量保护主要措施，使全省耕地质量管理走向了法制化管理轨道。

(3)项目区轮作休耕实施情况

2017年甘肃省新增7个休耕制度试点县，项目试点县由2016年2个扩增至9个。全省休耕试点面积由2016年2万亩增至20万亩。

①环县

2017年环县休耕区域共设置监测点50个，对照监测点50个，耕地休耕区域设置在环城镇、甜水镇、天池乡、山城乡、耿湾乡和南湫乡等7乡镇22行政村、77村民小组、2 771户、

10 897块耕地合计5万亩。其中，环城镇西川行政村、高龚塬行政村、杨庙掌行政村、漫塬行政村、肖川行政村、唐塬行政村共6个行政村674户，休耕地块3 048块，休耕面积1万亩。甜水镇邱滩行政村、鲁掌村行政村、高崾岘行政村、狼儿滩行政村、赵掌行政村共5个行政村477户，休耕地块1 803块，休耕面积1万亩。南湫乡花儿山行政村、代家洼行政村共2个行政村200户，休耕地块592块，休耕面积0.7万亩。山城乡山城堡行政村、赵庄行政村、王山口子行政村共3个行政村235户，休耕地块1 529块，休耕面积0.6万亩。耿湾乡万家湾行政村437户，休耕地块1 641块，休耕面积0.5万亩。天池乡张邓塬行政村、天池行政村共2个行政村208户，休耕地块539块，休耕面积0.2万亩。

休耕试点区域内，地貌类型多为梁峁沟壑，耕地地形部位以塬地、山掌地为主，山地梯田和川地为辅，土壤理化性状及肥力等级等指标处于全县平均偏下水平，能较好代表全县耕地现状。

②秦州区

休耕区域共设置监测点10个，对照监测点10个，涉及华岐、杨家寺两镇的8个行政村（华岐：李沟村、北杨村、草滩村、罗台村，杨家寺：田家庄村、孙树村、王赵村、煤湾村）。

华岐镇位于秦州区南部，距秦州区63 km，东接平南镇，南邻天水镇，西与礼县红河乡接壤，北与牡丹镇毗邻。全镇总面积101 km²，有耕地面积65 600亩，主要农作物有小麦、玉米、脱毒马铃薯、复种荞麦，经济作物主要有胡麻、葵花、苹果等，年平均生产总值1 892万元，人均纯收入1 529元，有26个行政村、44个自然村、112个村民小组，农村总户数5 011户，农村总人口22 595人。杨家寺镇：杨家寺镇位于秦州区西部，东接秦岭乡，南邻礼县红河乡，西与礼县固城乡接壤，北与藉口镇毗邻，距秦州区43 km。全镇总面积122 km²，有耕地面积49 400亩，森林面积15 800亩。主要农作物有小麦、玉米、马铃薯，复种少量荞麦，经济作物有胡麻、油菜、苹果、梨等。全镇有30个村委会、77个村民小组，农村总户数3 230户，农村人口15 353人。

休耕区域的10个监测点全部设置在山地的坡腰。

③安定区

2017年，安定区耕地休耕制度试点工作任务4万亩，安排在安定区北部干旱区马铃薯种植相对集中、多年连作现象突出和土地流转集中的石泉、青岚、葛家岔、称钩、巉口、鲁家沟、白碌7个乡镇37村实施，实施对象为27家新型农业经营主体，实施面积40 800.58亩，占省上下达任务4万亩的102%。承担试点任务的地块3年不变，每个示范点1 000亩以上，地块相对集中连片。

④通渭县

2017年，通渭县耕地休耕制度试点工作任务3万亩，在耕地面积大且实施过土地整理项目的马营、华岭、陇阳、北城和三铺5乡镇20村、43社、2 775户共完成耕地休耕面积3.0万亩，共建成1 000亩以上集中连片片带8个，签订三级[县农牧林业局与各相关乡（镇）人民政府、各相关乡（镇）人民政府与各实施村委会、各实施村委会与休耕农户]耕地休耕协议书11 100份,发放耕地休耕试点明白卡共2 775份。其中:马营镇4村、15社、604户、7 233.26亩,建成集中连片片带2个;华岭乡5村、5社、455户、5 599.56亩,建成集中连片片带2个;北城乡4村、4社、605户、5 634.12亩,建成集中连片片带1个;陇阳乡4村、12社、846户、7 403.59亩,建成集中连片片带2个;三铺乡3村、7社、265户、4 129.47亩,建成集中连片片带1个。

⑤古浪县

古浪县耕地休耕试点实施在古浪县生态移民暨扶贫开发黄花滩"下山入川"工程项目区,位于西靖镇,现有耕地4.3万亩。该区域属干旱丘陵荒漠地带,温带季风气候,地势南高北低,海拔1 778～1 926 m,年平均温度6.6 ℃,全年有效光照时数2 852 h,年平均降雨量200 mm左右,平均蒸发量2 807 mm。耕地土壤类型主要为风沙土,土壤水溶性盐平均1.6 g/kg,pH平均值8.52,有机质平均3.07 g/kg,全氮平均0.19 g/kg,有效磷平均2.84 mg/kg,速效钾平均109.54 mg/kg,耕地表现为土壤盐分含量高,土壤有机质和养分含量低的特点,需通过休耕等一系列综合技术改善土壤理化性质、提高土壤肥力。由感恩新村、阳光新村和圆梦新村3个移民新村社区实施,试点面积1万亩,其中感恩新村3 754.26亩,阳光新村4 582.42亩,圆梦新村1 663.32亩。

⑥永登县

永登县休耕制度试点任务1万亩,按照休耕制度试点的具体要求,结合实际将试点任务落实到生态脆弱、地力较差、产能较低的柳树、武胜驿、坪城三个乡镇,其中柳树镇孙家井村2 000亩,武胜驿镇烧炭沟村2 000亩、火家台村1 500亩,坪城乡满塘村4 500亩,由5个农民专业合作社承担,每个示范片连片面积在1 000亩以上。

⑦会宁县

会宁县结合农业生产实际,坚持留够基本口粮田、集中连片搞休耕的原则,把村庄周边地和沟坝地作为农户基本口粮田,其余划定休耕区域,在充分尊重群众意愿的基础上,通过宣传政策、走访农户、调查摸底、征求意见、选定地块、公开公示、勘错纠误、公示确认、签订协议等方式,在汉岔镇赵岔村、中川镇大墩村、丁沟镇线川村、新庄镇寺寨村、新塬镇河坝村、刘寨镇甜水井村、土门镇杨岘村、土高山乡程塬村和上沟村等8个乡镇9个村,确定休耕地块13 228个,涉及农户1 941户,休耕面积30 000亩。其中南部半干旱易旱区7 889.91亩,以中川镇大墩村(5 529.53亩)为中心,延伸辐射丁家沟镇(2 359.88亩)。中川镇、丁家沟镇在会宁县城南部,地貌多黄土梁峁,南部山低坡缓,沟壑较小,一部分是河谷川地;中部半干旱区及北部半干旱易旱区22 110.05亩,其中新庄乡(寺寨村)、刘家寨子镇(甜水井村)、新塬镇(河坝村)、土高乡(程塬村和上沟村)、土门岘乡(杨岘村)分别为2 998.24亩、3 000亩、2 977.91亩、3 000亩、3 163.72亩,汉岔(赵岔村)6 970.73亩。休耕地块相对集中,每个片连片面积不少于1 000亩。北部项目区在县城北部,地貌主要是有一定的坡度,且周围与梁峁交错,形成残塬丘陵。试点地块连续3年不变,连续休耕3年。

⑧永靖县

永靖县休耕试点区域设置在坪沟乡和新寺乡。坪沟乡位于永靖县西北部,地处甘青交接;总面积96 km²,耕地面积17 555亩。全乡辖有7个行政村,49个自然社,总人口4 002人。涉及休耕的村为党湾、友好、大泉、余台、王坪5个村,任务面积为4 005.95亩。新寺乡位于永靖县西北部干旱山区,东邻王坪乡,西与青海省民和县接壤,南与红泉、川城两乡相连,北靠段岭,总面积为67 km²。全村共有6个行政村,55个社,1 002户,农业总人口4 941人,总耕地面积为19 153亩,人均3.88亩。休耕工作在大湾岘村实施,任务面积5 994.05亩。

2个休耕试点乡境内多为黄土梁峁沟壑地形,沟谷开阔,切割强烈,显示出长期受冲刷侵蚀的地貌景观。海拔1 900~2 400 m。主要土种有山地白麻土、山地黄麻土、山地大白土、山地红麻土、坪地白麻土、疏林麻土、生草麻土、灌丛麻红土、岩性红土等。该区年平均气温8.9 ℃,≥10 ℃积温1 900 ℃~2 700 ℃,年日照时数2 500~2 700 h,无霜期148~175 d,年降水量250~350 mm。

⑨静宁县

静宁县监测点布设工作本着兼顾项目实施范围、分布区域合理、突出重点集中示范区的原则,以每1 000亩为1个监测重点,共设了岘口、郭岔、周岔、田堡、雷河、石马坪、罗岔、涧沟、大湾等10个监测点。同时,在大湾、岘口、郭岔、雷河、周岔分别设立对照监测点5个。每个耕地休耕土壤肥力监测点都按地形地貌、土壤类型、耕作制度、施肥水平等分布在项目区有一定代表性的重点集中区域,而且基本都设在重点农田保护区内,能够较为真实地反映出静宁县耕地休耕土壤肥力的基本情况。

(4)休耕技术模式

①技术模式

调整种植结构,改种防风固沙、涵养水分、保护耕作层的绿肥植物,培肥地力,提高土壤有机质含量,同时减少农事操作,不断改善生态环境。围绕防止休耕地荒化、降低休耕地侵蚀、提升休耕地地力、协调休耕地水肥4个主要环节,规划设计符合生态特点的休耕地耕作、防护、培肥、调控治理修复技术模式,督促农户、村集体和新型经营主体,按照种植绿肥→杀青还田→深翻晒垡→增施有机肥→耙糖保墒→秸秆覆盖保护→翌年翻耕还田的流程,分年度、分不同技术模式进行休耕地年度管护,实现耕地质量提升,做到休而不荒、休而不废。

②主要工作措施

针对旱作区耕地土壤风蚀退化严重、有机质含量低、保水保肥性能差和过度开发利用等问题,针对会宁和环县当地休耕农田的自然生态条件和生产特点,有针对性地筛选适宜的绿肥品种和休耕模式、技术措施,达到培肥地力、农业增效、农民增收的目标。

防止休耕地荒化技术:沿用传统的深耕晒垡和精耕细作的耕作习惯,通过伏天深翻耕、伏秋早耕深耕、雨后耙糖收墒等措施,有效改善土壤理化性状、除草、杀菌灭虫、纳雨保墒,实现地力自然恢复。

降低休耕地侵蚀技术：通过少耕、深松耕、免耕、地表微地形改造技术，种植冬油菜、毛苕子等地表绿肥、养地植被覆盖，前茬全膜双垄沟播作物收获后，保护好地膜，周年覆盖、秸秆覆盖等措施，减少农田土壤侵蚀，保护农田生态环境。

提升休耕地地力技术：在休耕的土地上种植豆类、绿肥及油菜等养地作物，深耕翻压还田培肥地力；在地力较差的农田采用秸秆还田（粉碎直接还田、过腹还田、深埋秸秆还田），增施有机肥，并使用适量固氮菌剂，促进土壤有机质的改善。

协调休耕地水肥技术：应用深松耕，打破犁底层，扩大土壤蓄水库容；增施有机肥，补充土壤有机质，补偿地力消耗；秋季翻耕深施肥，调节土壤养分库；结合运用抗旱保水耕作措施，缩短地力恢复周期，提高保水能力。

监测耕地质量技术：定期监测评价休耕耕地质量变化情况，对试点实施前、不同年度耕地质量变化情况跟踪监测（土壤物理性状、土壤化学性状），建立数据库，积累数据，进行统计分析。

8.5.5.2 项目区耕地质量监测工作开展情况

（1）项目区耕地质量监测点布设情况

2017年甘肃省新增7个休耕制度试点县，项目试点县由2016年2个扩增至9个。全省休耕试点面积由2016年2万亩增至20万亩。通过综合考虑土壤类型、土地利用、耕地质量、土壤环境、管理水平、行政区划等因素，按照休耕试点区域原则上平均1 000亩耕地设立一个固定监测点，甘肃省在9个休耕试点县共建立耕地质量固定监测点196个；同时，在与试点区域监测点土壤类型、地貌类型、耕地质量等级、种植方式、土地利用方式、管理水平相同且区域相近的非休耕耕地上选择设置固定对照监测点，共计193个。各县根据实施方案，研究制定了休耕协议，对休耕地块数、总面积、休耕年限、补助标准、权利义务等进行了明确和规范，并与农户或经营主体签订了休耕协议。

全省196个监测点已全部设立固定监测牌，按既定模式完成作物与绿肥种植，并完成土样采集389个，送样化验389个，化验指标21项。同时，甘肃省耕保站指导项目县充分利用GIS、GS、GPS等地理信息系统和确权等级成果、二调成果及县域耕地质量信息管理系统成果，建立休耕试点区域耕地质量数据库、监测点数据库，并督促项目县及时上报检测结果至"轮作休耕试点区域耕地质量监测管理信息系统"。此外，在试点区域开展休耕地休耕年限、休耕地绿肥筛选、休耕地水肥同步提升覆盖技术、休耕地耕层优化技术、休耕地耕作措施、休耕地施肥制度优化、休耕地绿肥作物轮作等多项关键环节试验研究。

（2）耕地质量监测点监测情况

各试点县根据不同试点区域耕地休耕方式与特点、主要作物播种与收获季节，在固定时期开展调查监测与评价工作。

①采样时间和方法。以各季作物收获后10 d内为采集时间；采取"S"形布点，每个取样点用土钻取样1～2 kg，取样深度为20 cm，15～20个点混合后留样1～2 kg作为监测点土样，并按照监测点编号注明采样时间，制作标签。

②监测时间。监测分初始监测与年度监测两类。初始监测于建立监测点初期开展，年度监测按要求开展。

③监测内容。监测指标分统一监测指标和区域性补充监测指标两类。其中，统一监测指标为各休耕试点区域均需监测的指标，每年监测1次；区域性补充监测指标是依据不同试验区特点有针对性设置的指标，每年监测2次。为确保检测数据的准确和统一，化验分析选择有资质的检测单位检测。各监测点土壤容重、含水量指标由当地农业部门技术人员在采样时采用"环刀法"自行测定。

④田间调查。监测点田间观测记载与农户调查任务要有专人负责，要求负责该项工作的同志具备丰富的生产实践经验和较强的责任感与事业心。

⑤数据审核。每单位选择具有土壤肥料学知识的专人负责数据汇总审核。每年定期开展1~2次监测。并按期完成检测结果数据汇总上报工作。

(3)耕地土壤样品检测情况

休耕试点区域耕地土壤样品初始监测指标分统一调查监测指标和区域性补充调查监测指标。统一调查监测指标有：GPS经纬度坐标、土壤名称(含土类、亚类、土属、土种)、地貌类型、地形部位、坡度、海拔高度、常年降雨量、≥0℃有效积温、≥10℃有效积温、有效土层厚度、耕层厚度、灌溉能力、排水能力、耕地质量等级(一至十等)、土壤pH、土壤养分状况(含有机质、全氮、有效磷、速效钾、缓效钾、交换性钙、交换性镁、有效硫、有效硅、有效铁、有效锰、有效铜、有效锌、有效硼、有效钼)、耕层容重和主栽作物产量。环县作为西北生态严重退化区，区域性补充指标有耕层土壤水溶性盐总量、八大离子含量(含K^+、Ca^{2+}、Na^+、Mg^{2+}、Cl^-、SO_4^{2-}、HCO_3^-、CO_3^{2-})、盐化类型、盐渍化程度、秸秆还田方式、秸秆还田量。

土壤样品测试分析质量控制包括化验室内质量控制和化验室间质量控制，是控制误差的一种手段，其目的是要把检测误差控制在容许限度内，保证检测结果具有一定的精密度和准确度，使检测数据在给定的置信水平内，达到所要求的质量。

化验室质量控制从化验室内质量控制和化验室间质量控制入手，把检测误差控制在允许限度内，保证检测结果具有一定的精密度和准确度，使检测数据在给定的置信水平内，达到所要求的质量。在化验质量控制上，一是标准溶液严格按照国家有关标准配制、标定、使用和保存。二是每个测试批次及重新配制药剂都增加空白。三是准确度采用标准样品作为控制手段。通常情况下，每一批分析样品，在试验过程中都把省上下发的参比样品插入到其中，以验证结果的可靠性。发现参比样测试数据与标准数据相差较大时，就重新分析该批样品。基本上保证了分析数据的可靠性和实用性。从检测结果看，分析数据基本符合参比样品的误差标准，数据可靠，可以作为监测休耕效果、评价耕地质量的依据。四是精密度采用平行测定的允许差来控制，监测点土壤样品至少作10%~20%的平行样，少批量样品(5个样品以下)的增加为100%的平行测试。平行测试结果符合规定的允许差，最终结果以其平均值报出；平行测试结果超过规定的允许差，再加测1次，取符合规定允许差的测定值报出；如果多组平行测试结果超过规定的允许差，整批重作。每批样品的化验结果都参照标准样品,同时对检测结果进行综合审查,其测试结果与标准样品标准值的差值控制在标准偏差(s)范围内,检测结果准确可靠。同时,还要对检测结果依据专业知识进行合理性判断。各项试验示范项目,参照耕地质量调查监测相关要求进行监测,为大田休耕提供理论依据。

耕地休耕试点土壤样品检测工作是样品采集后通过购买服务的方式统一送到有化验室资质的单位分析化验(田间试验采集样品自行化验),确保数据准确性、可靠性。各地土壤样品检测项目及检测标准如下表所示。

表8-14 耕地休耕试点监测点检测项目及检测标准表

序号	项目	项目	方法
1	土壤性状	pH	NY/T 1121.2
2	土壤性状	耕层容重	NY/T 1121.4
3	土壤性状	有机质	NY/T 1121.6
4	土壤性状	全氮	NY/T 53 或 NY/T 1121.24
5	土壤性状	有效磷	NY/T 1121.7
6	土壤性状	速效钾	NY/T 889
7	土壤性状	缓效钾	NY/T 889
8	土壤性状	交换性钙	NY/T 1121.13
9	土壤性状	交换性镁	NY/T 1121.13
10	土壤性状	有效硫	NY/T 1121.14
11	土壤性状	有效硅	NY/T 1121.15
12	土壤性状	有效铁	NY/T 890
13	土壤性状	有效锰	NY/T 890
14	土壤性状	有效铜	NY/T 890
15	土壤性状	有效锌	NY/T 890
16	土壤性状	有效硼	NY/T 1121.8
17	土壤性状	有效钼	NY/T 1121.9
18	盐分	土壤水溶性盐总量	NY/T 1121.16
19	八大离子	K^+	原农业部测土配方施肥技术规范(农农发〔2011〕3号)
20	八大离子	Na^+	原农业部测土配方施肥技术规范(农农发〔2011〕3号)
21	八大离子	Ca^{2+}	原农业部测土配方施肥技术规范(农农发〔2011〕3号)
22	八大离子	Mg^{2+}	原农业部测土配方施肥技术规范(农农发〔2011〕3号)
23	八大离子	Cl^-	NY/T 1121.17
24	八大离子	SO_4^{2-}	NY/T 1121.18
25	八大离子	HCO_3^-	原农业部测土配方施肥技术规范(农农发〔2011〕3号)
26	八大离子	CO_3^{2-}	原农业部测土配方施肥技术规范(农农发〔2011〕3号)

8.5.5.3 耕地质量监测评价结果

(1)耕地质量主要性状指标现状与变化趋势

对甘肃省9个休耕试点区域收获后193个试验区土壤样品和196个对照区土壤样品

进行主要性状指标分析检测,结果如下:

① 休耕试点区域耕地土壤主要性状指标现状

休耕试点区域耕地土壤pH(如图8-32所示):试验区和对照区平均土壤pH平均值分别为8.4和8.5,主要集中分布在(7.5~8.5)和大于8.5的区间内。其中,分布在(7.5~8.5)的对照区监测点122个,占对照区监测点总数的63.21%;试验区监测点114个,占试验区监测点总数的58.16%。可以明显看出,休耕试点区域土壤绝大多数属于碱性土壤和强碱性土壤。

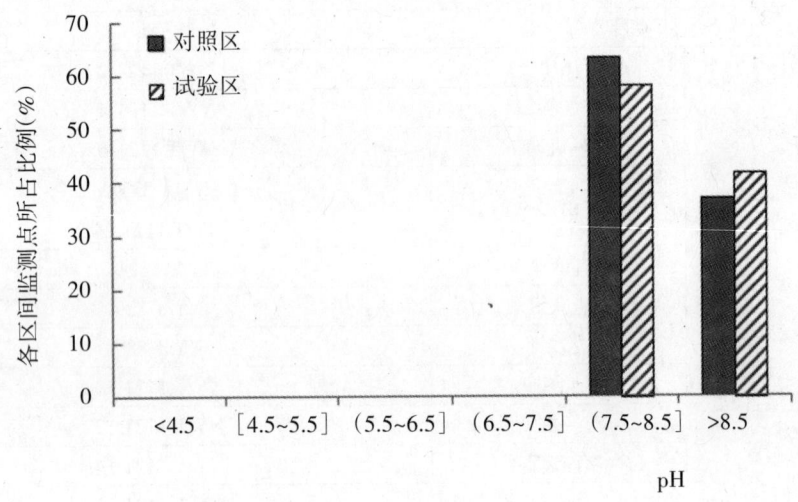

图8-32　休耕试点区域耕地土壤pH现状

各项目县试点区域土壤pH现状如图8-33所示。由图可以看出,各项目县试点区域土壤pH均高于8.0,属于碱性土壤。

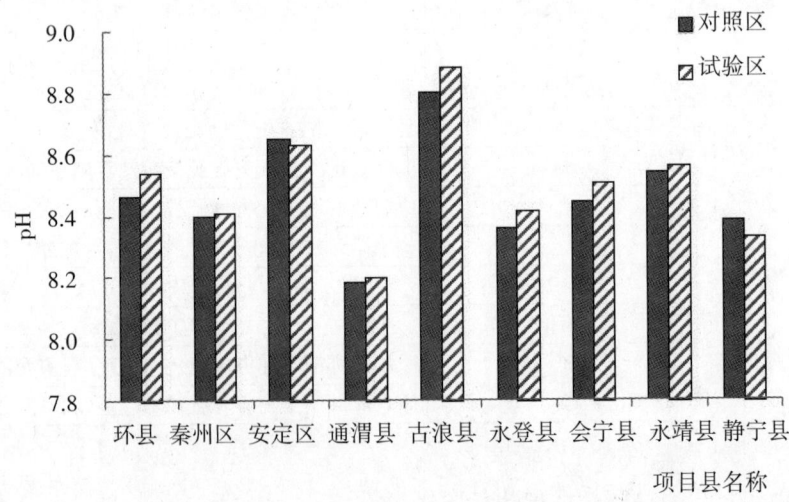

图8-33　各试点区域耕地土壤pH

休耕试点区域耕地土壤有机质含量:图8-34为休耕试点区域耕地土壤有机质含量现状,由图可以看出,试验区土壤有机质平均含量6.407 g/kg,主要集中在小于10 g/kg区间,小于10 g/kg的监测点有127个,占总监测点点数的64.80%;(10~20)g/kg的监测点有66个,占总监测点点数的33.67%。对照区域土壤有机质平均含量为6.302 g/kg,有机质含量分布规律与试验区一致。

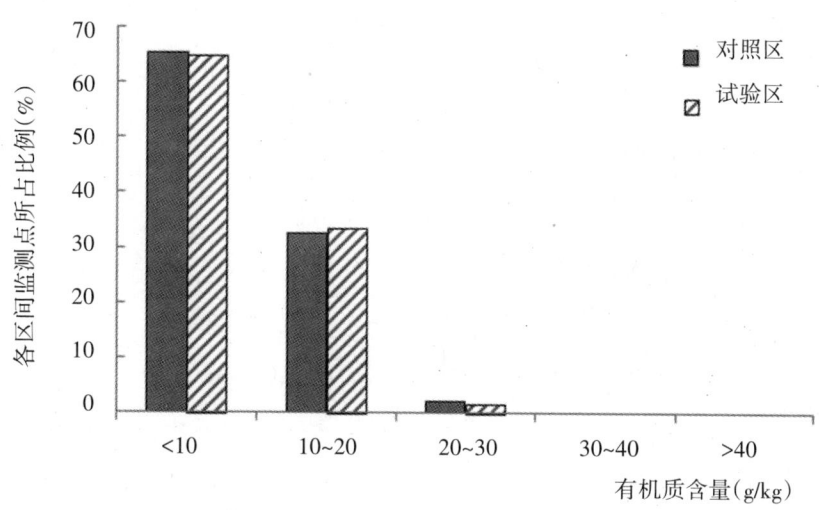

图8-34 休耕试点区域耕地土壤有机质含量现状

通过各项目县休耕试点区域耕地土壤有机质含量(图8-35)可以看出,秦州区、安定区和永靖县试点区耕层土壤有机质含量较高,均达到10.00 g/kg以上,其次为环县,其余各试点区土壤有机质含量均在2.00 g/kg左右。

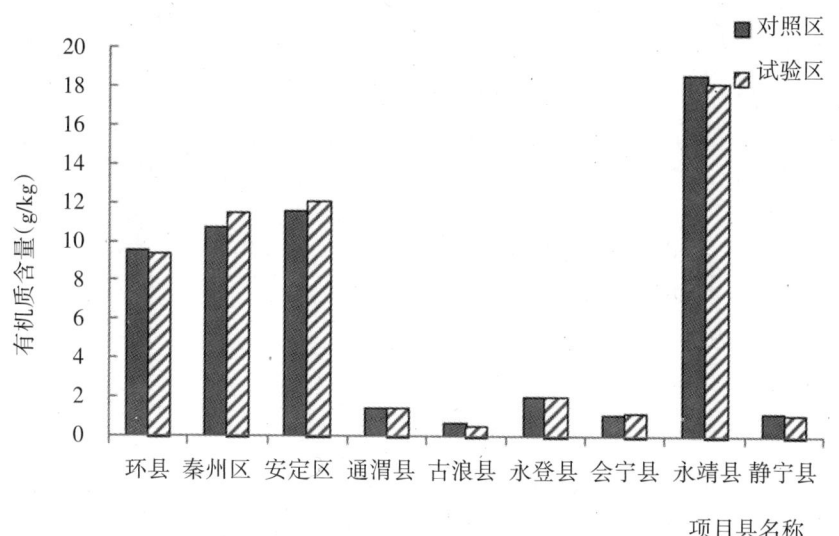

图8-35 各试点区域耕地土壤有机质含量

休耕试点区域耕地土壤全氮含量:结果表明,试验区土壤全氮含量平均值为0.436 g/kg,主要分布在小于0.75 g/kg的区间内,该区间内监测点数占监测点总数的72.45%;对照区土壤全氮含量平均值为0.436 g/kg,土壤全氮含量同样集中分布在小于0.75 g/kg的区间内(图8-36)。由此可以看出试点区域土壤全氮含量水平较低。

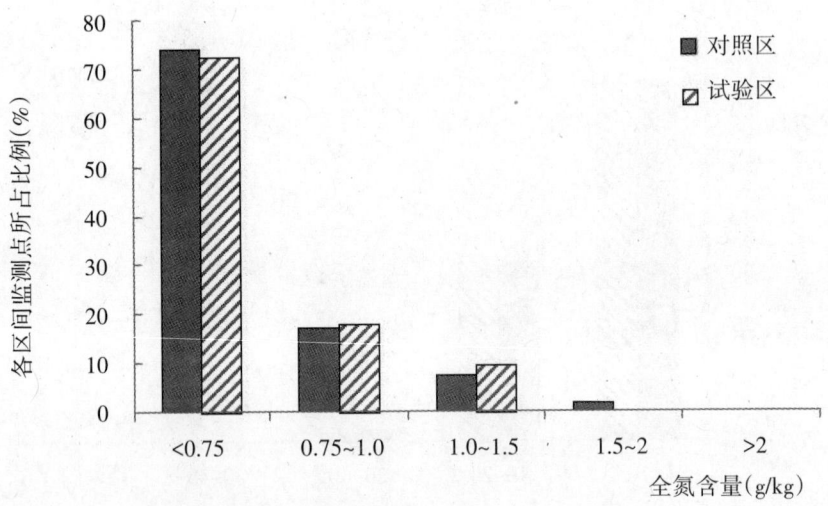

图8-36 休耕试点区域耕地土壤全氮含量现状

各试点区域耕地土壤全氮含量状况如图8-37。与有机质含量分布相似,各试点区域耕地土壤全氮含量也表现为秦州区、安定区、会宁县和环县含量较高,其余各试点区域全氮含量相对持平。

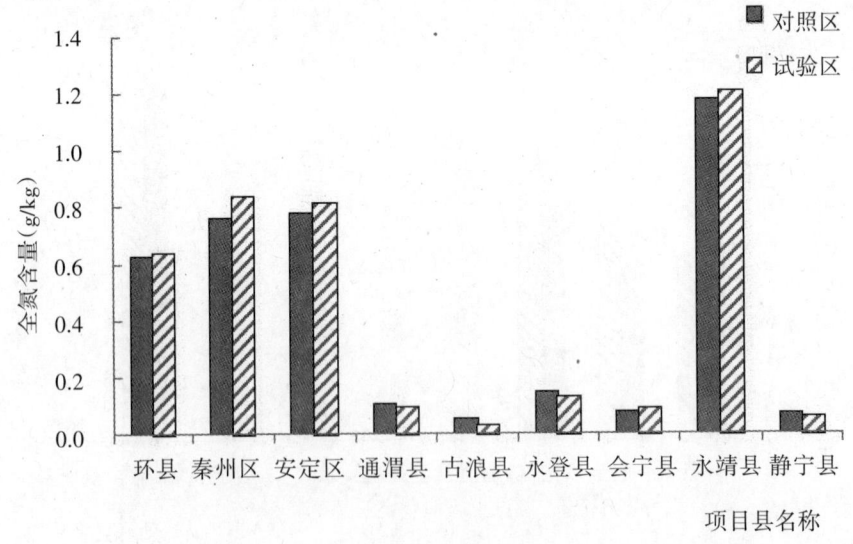

图8-37 各试点区域耕地土壤全氮含量

休耕试点区域耕地土壤有效磷含量:如图8-38所示,休耕试点区域土壤有效磷含量平均值为9.4 mg/kg,土壤有效磷含量集中在小于10 mg/kg区间内,分布在该区间的监测点有118个,占监测点总数的60.20%;(10~20) mg/kg的监测点58个,占监测点总数的29.59%。对照区土壤有效磷含量平均值为10.6 mg/kg,所有监测点土壤有效磷含量集中分布在小于10 mg/kg的区间内。

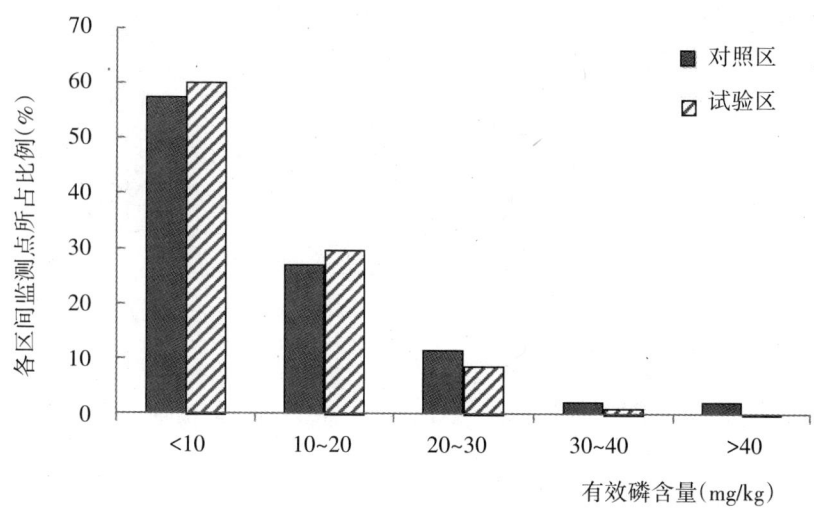

图8-38 休耕试点区域耕地土壤有效磷含量现状

各试点区域耕地土壤有效磷含量状况如图8-39所示。

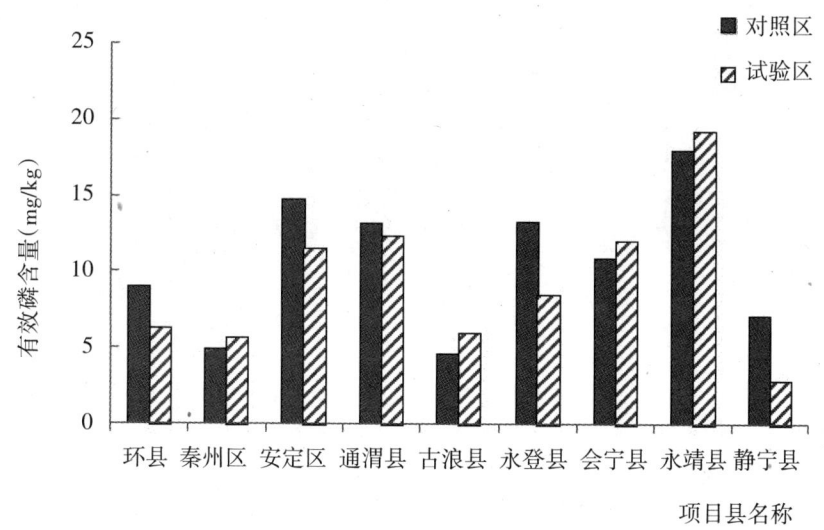

图8-39 各试点区域耕地土壤有效磷含量

休耕试点区域耕地土壤钾素含量:对甘肃省9个休耕试点区域196个试验区土壤样品和193个对照区土壤样品分析检测,试验区土壤速效钾含量平均值为160 mg/kg,对照区土壤速效钾含量平均值为167 mg/kg,试验区和对照区土壤速效钾含量均集中在(100~150] mg/kg之间。说明试点区域土壤钾素含量处在甘肃省较高水平。

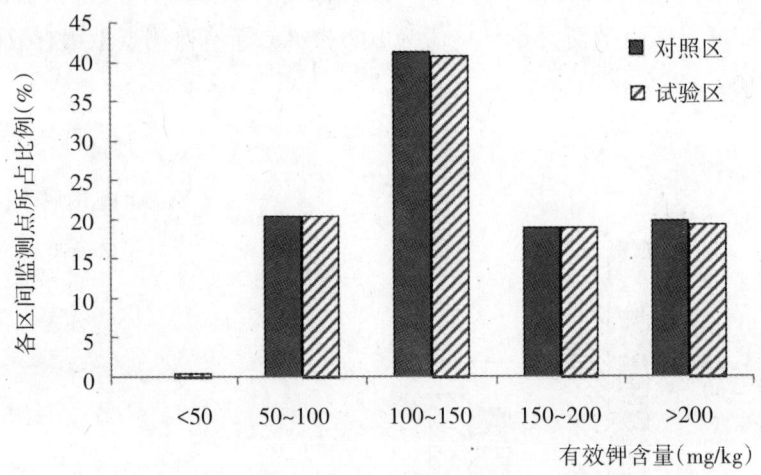

图8-40 休耕试点区域耕地土壤速效钾含量现状

各试点区域耕地土壤速效钾含量状况如图8-41。各试点区域耕地土壤速效钾含量均处于较高水平。

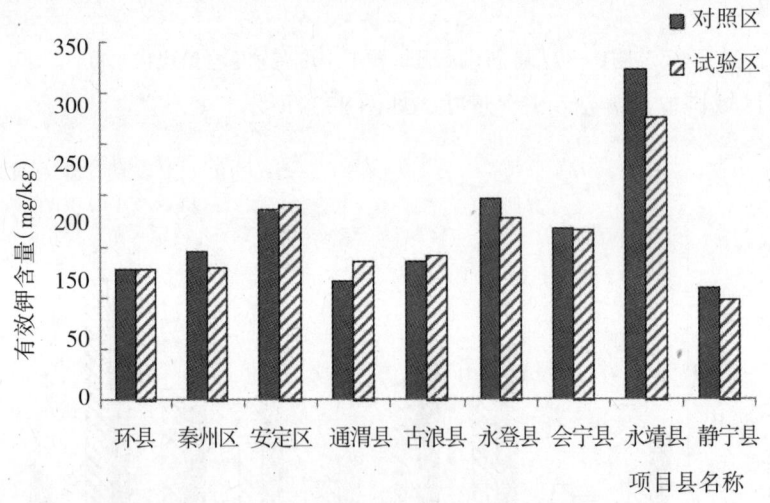

图8-41 各试点区域耕地土壤速效钾含量

休耕试点区域耕地土壤中量元素含量情况:对甘肃省9个休耕试点区域196个试验区土壤样品和193个对照区土壤样品分析检测,休耕试点区域耕地土壤中量元素含量情况为:试验区土壤有效硫含量平均值为15.03 g/kg,对照区土壤有效硫含量平均值为13.27 g/kg;试验区土壤有效硅含量平均值为132.95 mg/kg,对照区土壤有效硫含量平均值为134.12 g/kg;试验区土壤交换性钙含量平均值为32.4 cmol/kg,对照区土壤交换性钙含量平均值为32.3 cmol/kg;试验区土壤交换性镁含量平均值为2.3 cmol/kg,对照区土壤交换性镁含量平均值为 2.3 cmol/kg。

表 8-15　各休耕试点区域耕地土壤中量元素含量

试点区域	有效硫含量（mg/kg）		有效硅含量（mg/kg）		交换性钙含量（cmol/kg）		交换性镁含量（cmol/kg）	
	对照区	试验区	对照区	试验区	对照区	试验区	对照区	试验区
环　县	9.75	6.64	108.76	97.68	32.1	32.1	2.0	2.0
秦州区	3.06	3.38	280.04	254.67	29.7	30.6	1.7	1.3
安定区	7.52	11.20	109.26	111.97	32.0	32.0	2.5	2.4
通渭县	19.50	12.17	123.42	120.73	33.5	33.4	2.1	2.1
古浪县	24.70	44.13	92.70	112.30	31.6	31.1	2.5	2.8
永登县	11.83	22.12	153.81	148.23	33.9	33.7	3.3	3.2
会宁县	15.46	10.05	106.93	113.53	33.0	33.3	2.7	2.9
永靖县	8.82	5.67	127.50	135.70	32.1	32.7	1.8	1.8
静宁县	18.76	19.95	104.68	101.71	32.7	32.8	2.0	1.9

由表 8-15 可知，各休耕试点区域耕地土壤中量元素含量分布较为均匀，除秦州区有效硅含量显著高于其他试点区域外，各试点区域耕地土壤有效硫、交换性钙、交换性镁等中量元素含量情况大致相同。

休耕试点区域耕地土壤微量元素含量：包括铁、锰、铜、锌、硼、钼等。

休耕试点区域耕地土壤有效铁含量：对甘肃省 9 个休耕试点区域 196 个试验区土壤样品和 193 个对照区土壤样品分析检测，试验区土壤有效铁含量平均值为 8.00 mg/kg，对照区土壤有效铁含量平均值为 9.20 mg/kg。试验区和对照区土壤有效铁含量均集中分布在（4.5～10.0］mg/kg 区间内，（2.5～4.5］mg/kg 和（10.0～15.0］mg/kg 也有少量分布，说明甘肃省休耕试点区域土壤有效铁含量处于中等水平。

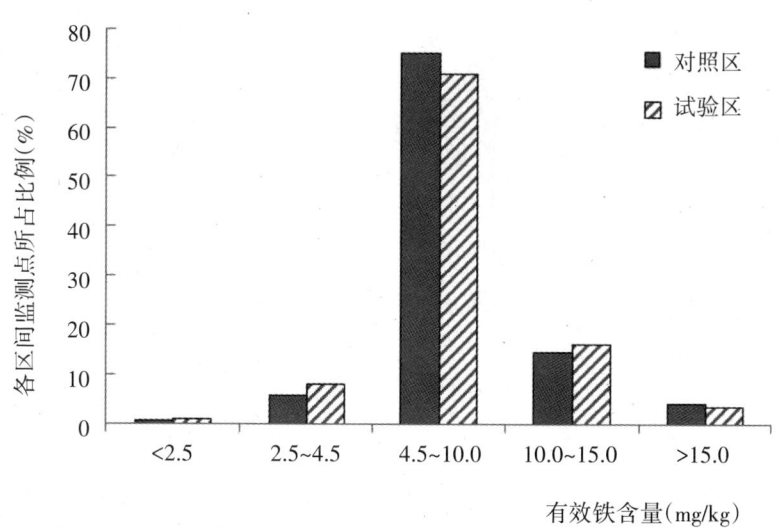

图 8-42　休耕试点区域耕地土壤有效铁含量现状

各试点区域耕地土壤有效铁含量状况如图8-43所示。由图可以看出除环县和古浪县试点区域土壤有效铁含量低于6.0 mg/kg外,其余各试点项目县土壤有效铁含量均在6.0 mg/kg以上。

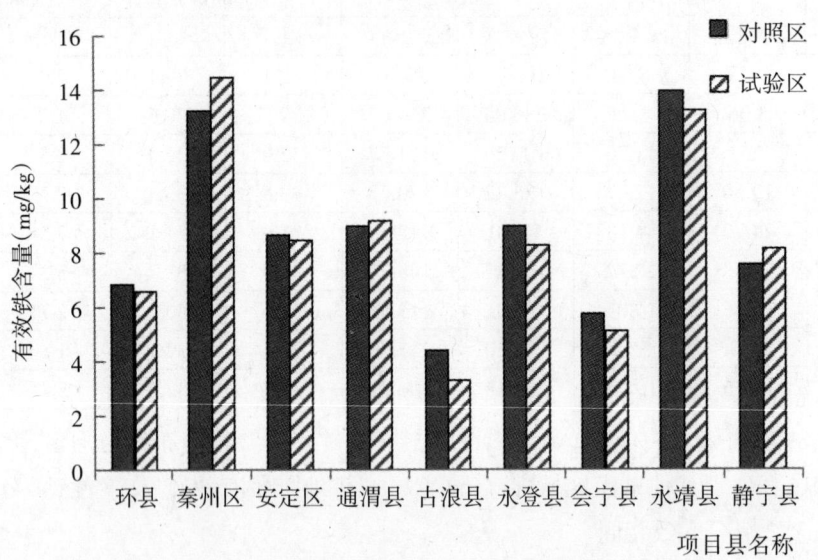

图8-43 休耕试点区域耕地土壤有效铁含量

休耕试点区域耕地土壤有效锰含量:对甘肃省9个休耕试点区域196个试验区土壤样品和193个对照区土壤样品分析检测,试验区土壤有效锰含量平均值为5.7 mg/kg,对照区土壤有效锰含量平均值为5.9 mg/kg。试验区和对照区土壤有效锰含量均集中分布在[3.0~7.0] mg/kg区间内(图8-44)。

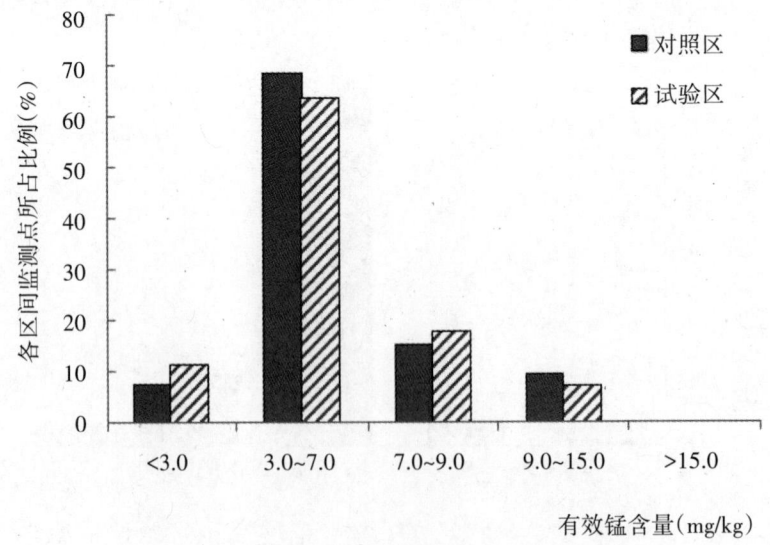

图8-44 休耕试点区域耕地土壤有效锰含量现状

各试点区域耕地土壤有效锰含量状况如图8-45。各试点项目县试验区和对照区土壤有效锰含量大致相似,但古浪县土壤有效锰含量状况为对照区显著高于试验区。

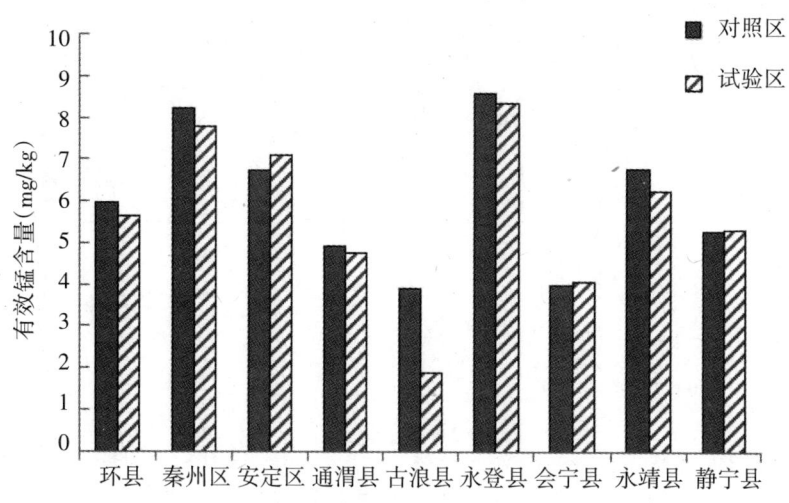

图8-45 耕试点区域耕地土壤有效锰含量

休耕试点区域耕地土壤有效铜含量:对甘肃省9个休耕试点区域196个试验区土壤样品和193个对照区土壤样品分析检测,试验区土壤有效铜含量平均值为0.80 mg/kg,对照区土壤有效铜含量平均值为0.86 mg/kg。休耕试点区域试验区和对照区土壤有效铜含量集中分布在(0.5~1.0] mg/kg区间内,说明试点区域土壤有效铜含量属于中等偏高水平(图8-46)。

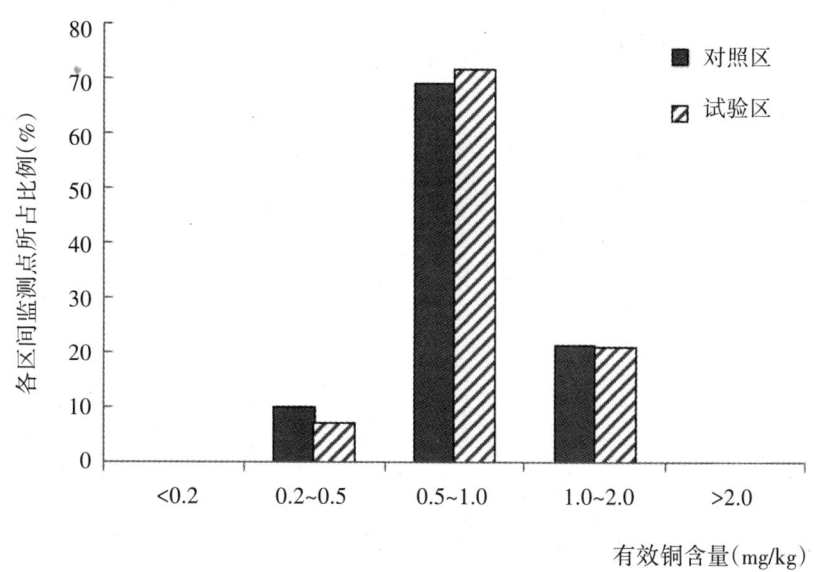

图8-46 休耕试点区域耕地土壤有效铜含量现状

各试点区域耕地土壤有效铜含量状况如图8-47所示。各试点区域土壤有效铜状况与有效锰大致相同。

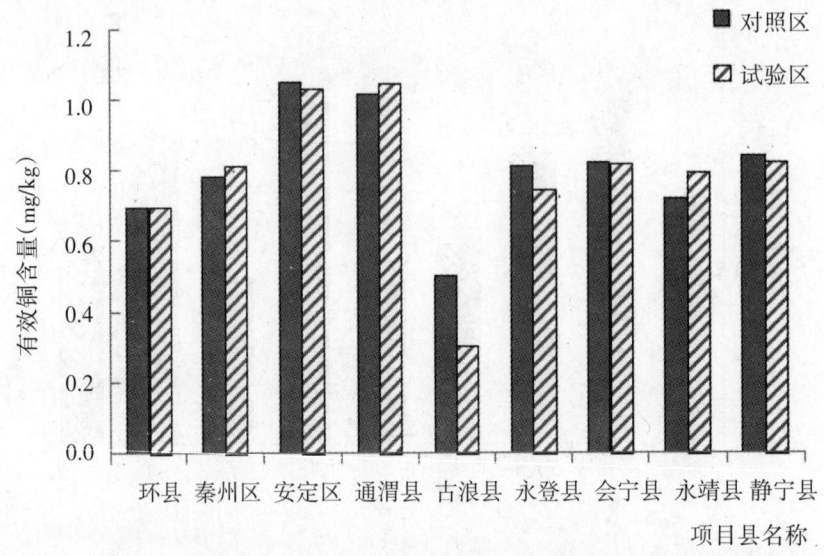

图8-47 休耕试点区域耕地土壤有效铜含量

休耕试点区域耕地土壤有效锌含量：对甘肃省9个休耕试点区域196个试验区土壤样品和193个对照区土壤样品分析检测，试验区土壤有效锌含量平均值为0.40 mg/kg，对照区土壤有效锌含量平均值为0.42 mg/kg。如图8-48所示，试点区域土壤有效锌主要分布在小于0.3 mg/kg和[0.3~0.5]mg/kg两个区间内，分布于这两个区间内的试验区和对照区点位数合计占比分别为77.55%和74.21%，由图可以看出甘肃省休耕试点区域土壤有效锌含量较低。

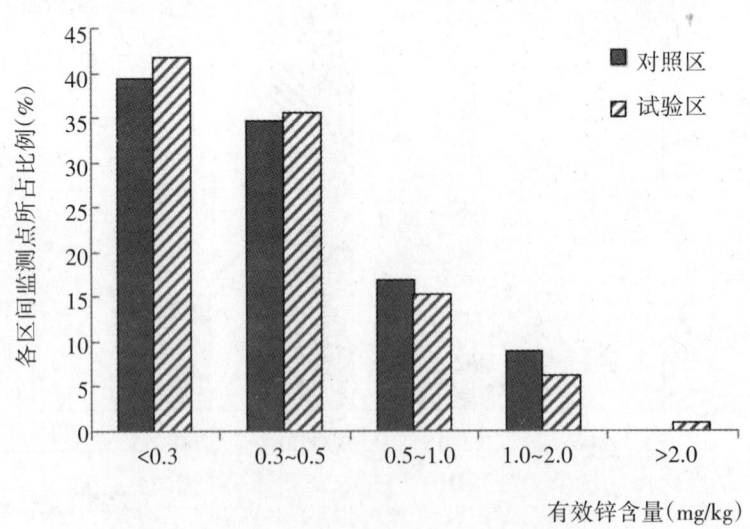

图8-48 休耕试点区域耕地土壤有效铜含量现状

各试点区域耕地土壤有效锌含量状况如图8-49。由图可以看出,永靖县休耕区域土壤有效锌含量显著高于其余8个试点区域;此外,永登县土壤有效锌含量也相对较高。

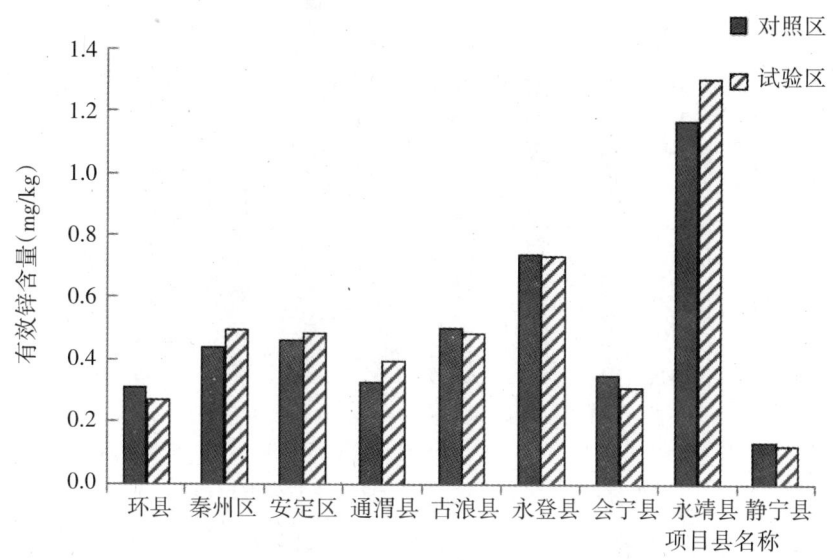

图8-49 休耕试点区域耕地土壤有效锌含量

休耕试点区域耕地土壤有效硼含量:对甘肃省9个休耕试点区域196个试验区土壤样品和193个对照区土壤样品分析检测,试验区土壤有效硼含量平均值为0.70 mg/kg,对照区土壤有效硼含量平均值为0.65 mg/kg。图8-50为休耕试点区域耕地土壤有效硼含量现状,由图可以看出,有效硼含量较低的区间对照区分布频率高于试验区,而高含量区间则表现为试验区点位分布多于对照区。

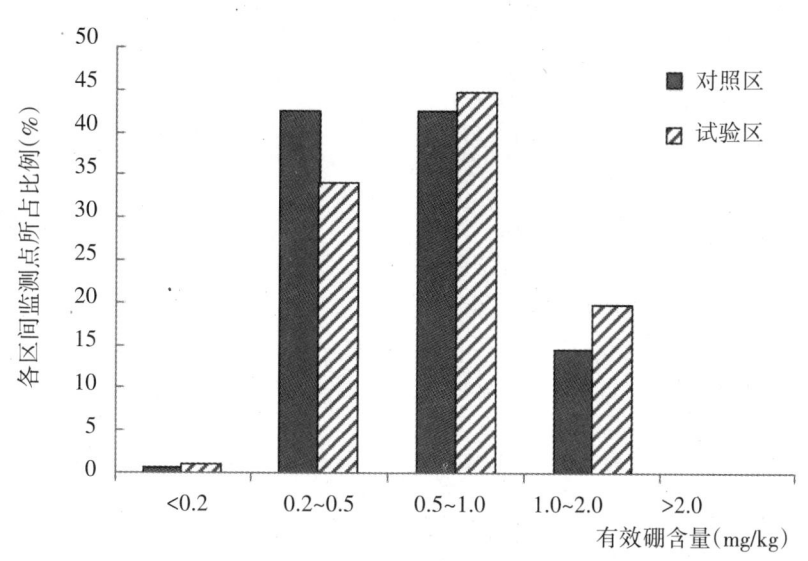

图8-50 休耕试点区域耕地土壤有效硼含量现状

各试点区域耕地土壤有效硼含量状况如图8-51所示。

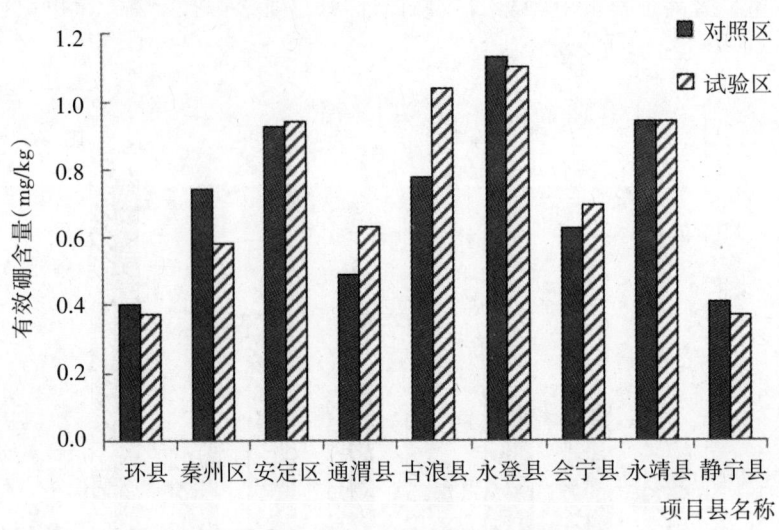

图8-51 休耕试点区域耕地土壤有效硼含量

休耕试点区域耕地土壤有效钼含量：对甘肃省9个休耕试点区域196个试验区土壤样品和193个对照区土壤样品分析检测，试验区土壤有效钼含量平均值为0.08 mg/kg，对照区土壤有效钼含量平均值为0.10 mg/kg。休耕试点区域土壤有效钼含量现状如图8-52所示，试验区和对照区土壤有效钼含量均集中分布在[0.05~0.15] mg/kg区间内，由此可以看出，休耕试点区域土壤有效钼含量处于较低水平。

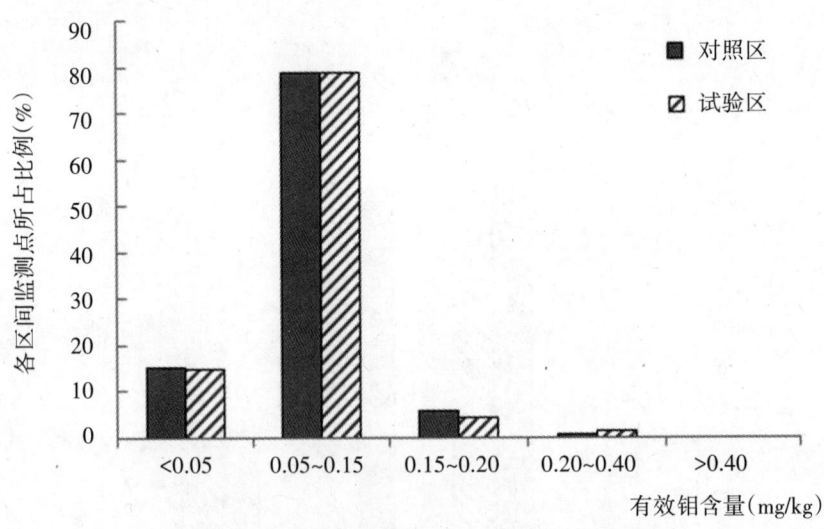

图8-52 休耕试点区域耕地土壤有效钼含量现状

各试点区域耕地土壤有效钼含量状况如图8-53。除秦州区对照区土壤有效钼高于试验区，其余各项目县试点区域土壤有效钼含量均表现为试验区高于或持平于对照区。

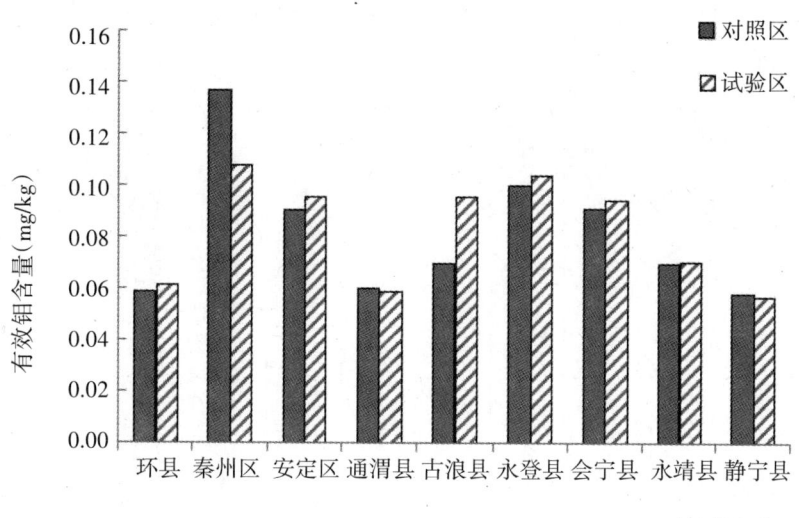

图8-53 休耕试点区域耕地土壤有效钼含量

对休耕试点区域耕地土壤微量元素的检测结果表明,休耕区域耕地土壤微量元素含量均处在中等偏低水平。

休耕试点区域耕地水溶性离子含量:对甘肃省9个休耕试点区域196个试验区土壤样品和193个对照区土壤样品分析检测,试验区土壤和对照区土壤水溶性盐总含量平均值均为0.3 g/kg,其中各类水溶性离子含量情况如图8-54所示。

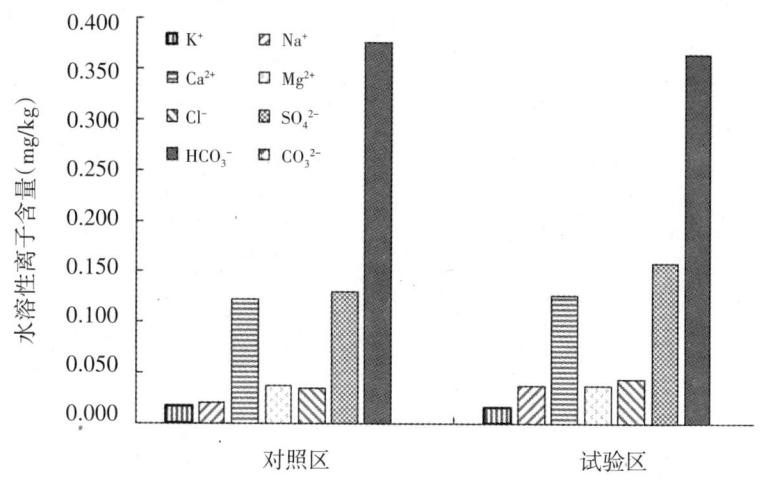

图8-54 休耕区域耕地土壤水溶离子含量

由图可以看出,全省休耕区域耕地土壤水溶离子主要以水溶性钙离子、水溶性硫酸根离子和碳酸氢根离子为主,休耕区域土壤盐渍化程度较高。

各试点区域耕地土壤水溶性盐总量情况表现为环县、秦州区、安定区和永靖县休耕区域土壤中水溶性盐含量较多,其余各县水溶性盐总含量显著低于这四个项目县(图8-55)。

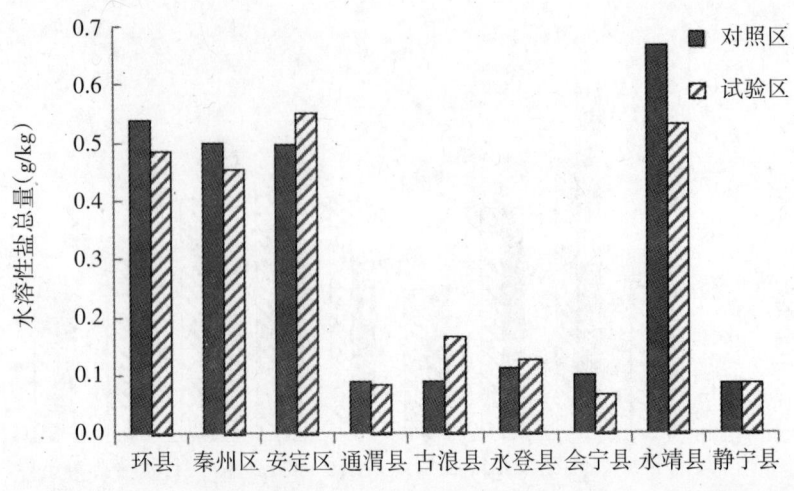

图8-55 休耕试点区域耕地土壤水溶性盐总含量

②休耕试点区域耕地土壤主要性状指标变化趋势现状

休耕试点区域耕地土壤pH：图8-56为休耕试点区域初始监测与年度监测间耕地土壤pH变化情况，由图可以看出，与休耕前的初始监测相比，试点区域耕地进行休耕后土壤pH变化不大，这是由于土壤酸碱度属于相对稳定的指标，休耕措施不会影响土壤pH。

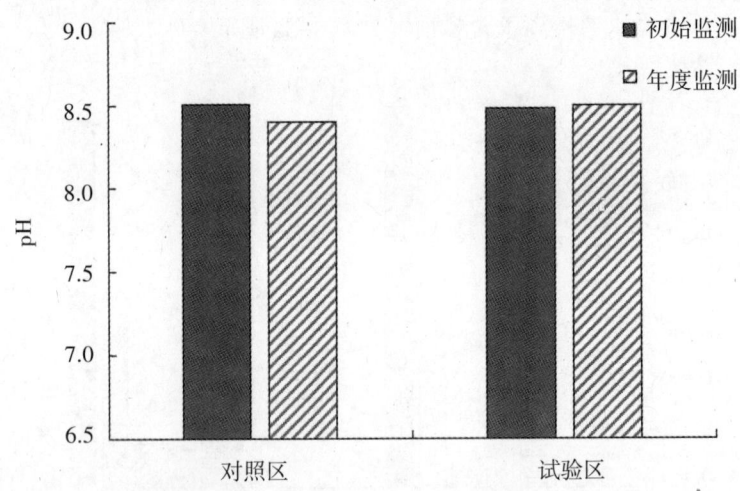

图8-56 休耕试点区域耕地土壤pH变化趋势

休耕试点区域耕地土壤有机质含量变化趋势：休耕试点区域初始监测与年度监测间耕地土壤有机质含量变化情况如图8-57所示，由图可以看出，与休耕前的初始监测相比，进行休耕后，对照区和试验区监测点土壤有机质含量均较显著升高。对照区和试验区土壤有机质年度监测均较休耕前初始监测显著升高的原因可能是种植绿肥作物和施肥的影响。

第八章 耕地质量监测数据的汇总与发布

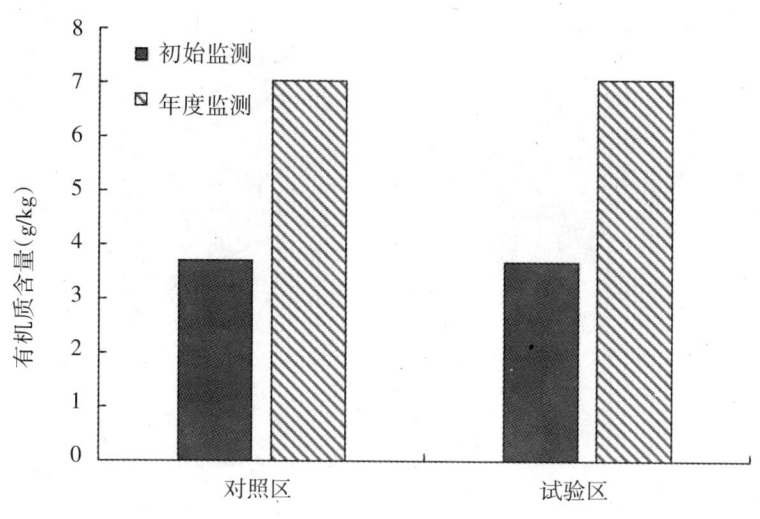

图8-57 休耕试点区域耕地土壤有机质含量变化趋势

休耕试点区域耕地土壤全氮含量变化趋势：休耕试点区域初始监测与年度监测间耕地土壤全氮含量变化情况如图8-58所示。与有机质含量变化趋势形似，进行休耕后，对照区和试验区监测点土壤全氮含量均较显著升高。由于土壤有机质含量和土壤全氮含量有着较高的相关性，所以初始监测与年度监测的土壤全氮含量的变化趋势与有机质相似，出现这种现象的原因同样可能是因为种植绿肥作物和施肥影响。

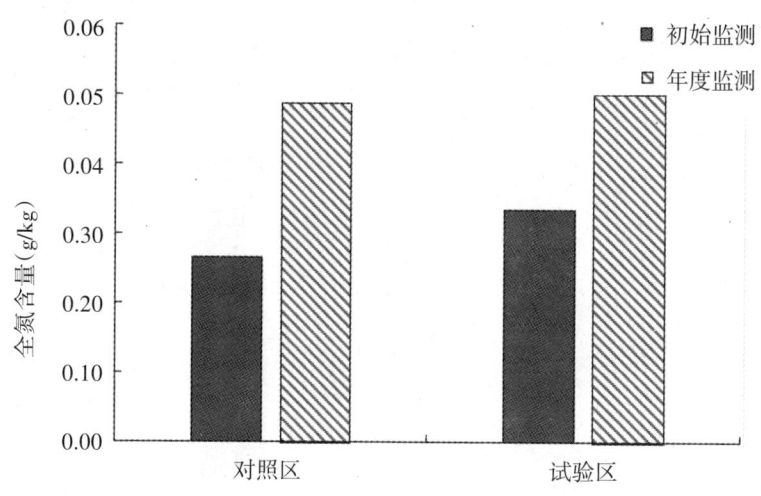

图8-58 休耕试点区域耕地土壤全氮含量变化趋势

休耕试点区域耕地土壤有效磷含量变化趋势：图8-59为休耕试点区域初始监测与年度监测间耕地土壤有效磷含量变化情况，由图可以看出，试点区域耕地进行休耕后，有效磷含量较休耕前初始监测有下降的趋势；与对照区监测点土壤有效磷含量变化情况相比，试验区有效磷含量降低的幅度更大。出现这种现象的原因可能是由于在原有长期稳定耕作措施的情况下，改变惯有耕作措施，可能会对土壤结构（团聚体结构等）造成影响发生了改变，从而影响了对磷素的吸收利用能力。

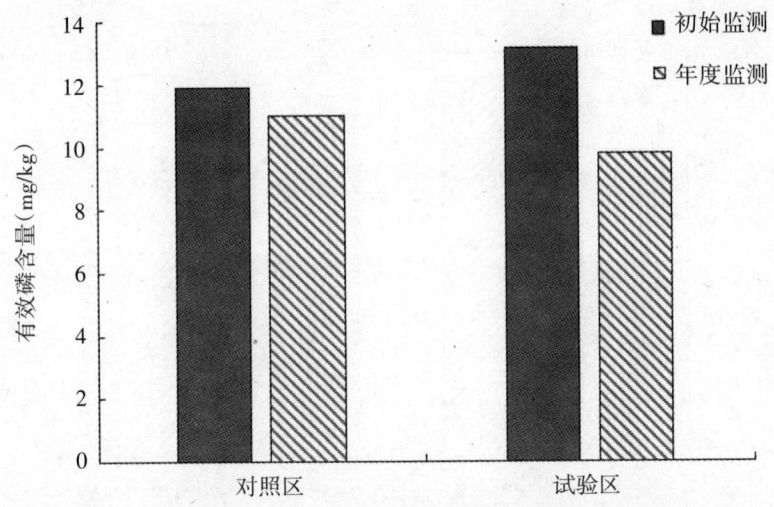

图8-59　休耕试点区域耕地土壤有效磷含量变化趋势

休耕试点区域耕地土壤速效钾量变化趋势：休耕试点区域初始监测与年度监测间耕地土壤速效钾含量变化情况如图8-60所示。进行休耕措施后，试验区土壤速效钾含量与休耕前的初始监测相比显著降低，而对照区土壤速效钾含量在休耕前后对比变化并不大。甘肃省大部分地区土壤钾素含量均属于较高水平，农民施肥习惯长期处于"重氮磷轻钾肥"的状态；而试点区域耕地进行休耕种植绿肥作物，本身对土壤钾素存在一定的消耗，但又未对土壤进行钾素补充，所以相比施肥的对照区，试验区土壤速效钾含量会出现下降的变化趋势。

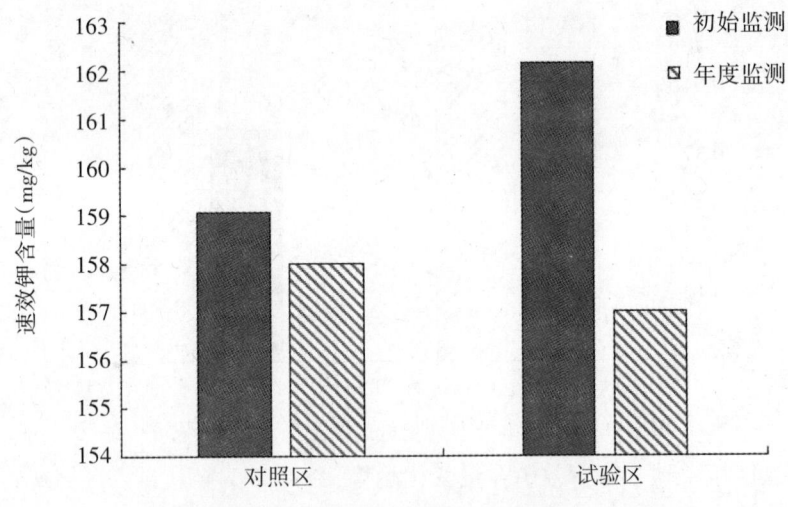

图8-60　休耕试点区域耕地土壤速效钾含量变化趋势

休耕试点区域耕地土壤中量元素含量变化趋势情况：图8-61为休耕试点区域初始监测与年度监测间耕地土壤中量元素（有效硫、有效硅、交换性钙及交换性镁）含量化情况，由图可以看出，试点区域耕地进行休耕后，有效硫和交换性镁含量较休耕前初始监测有下降的趋势，但下降幅度显著小于对照区；有效硅含量则表现出年度监测值大于初始监测值,且这种增长变化在未进行休耕的对照区更为明显;试点区域对照区和试验区土壤交换性钙含量均表现为年度监测值小于初始监测值。

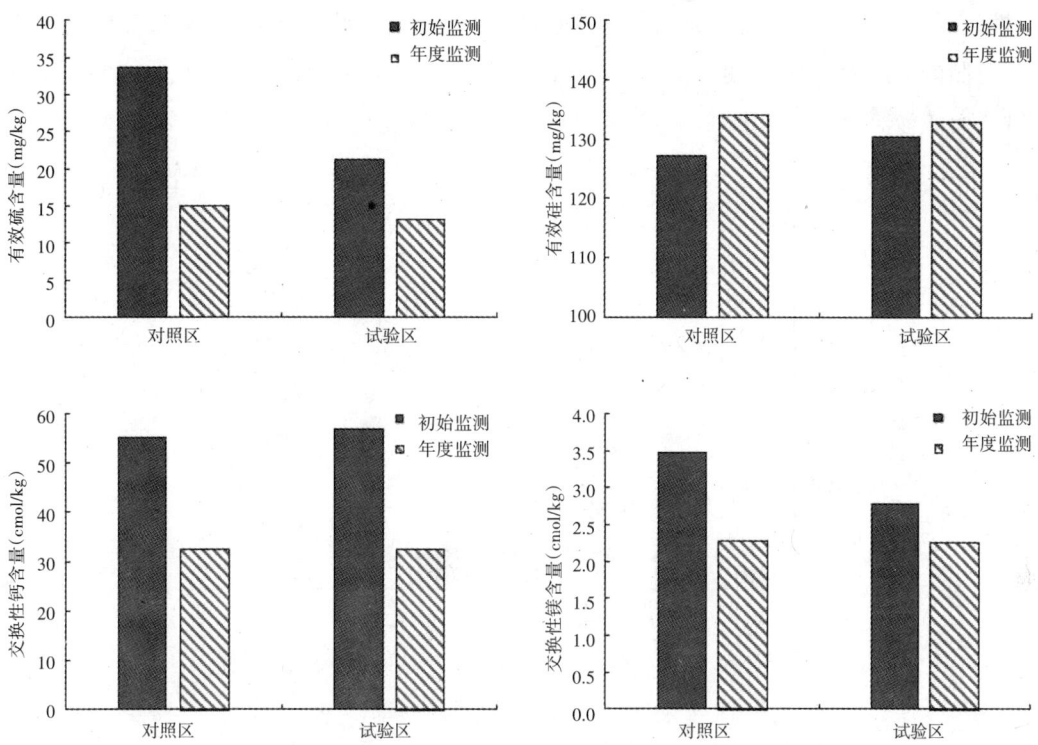

图8-61 休耕试点区域耕地土壤中量元素含量变化趋势

休耕试点区域耕地土壤微量元素含量变化趋势:表8-16为休耕试点区域初始监测与年度监测间耕地土壤各类微量元素含量变化情况,由表可以看出,休耕试点区域试验区各类微量元素含量与初始监测相比,进行休耕后微量元素含量除有效钼外整体下降,其中有效锰含量的降幅最大,达到36.99%;有效钼含量较初始监测值增大了11.11%。对照区监测点微量元素含量同样是有效钼的变化幅度最大,较初始监测值降低了30.42%;而对照区有效铜含量增加了4.88%。

表8-16 休耕试点区域耕地土壤微量元素含量变化情况

微量元素种类	对照区			试验区		
	初始监测	年度监测	变化幅度(%)	初始监测	年度监测	变化幅度(%)
有效铁	8.32	8.2	-1.44	8.26	8.00	-3.15
有效锰	8.48	5.9	-30.42	9.03	5.69	-36.99
有效铜	0.82	0.86	4.88	0.83	0.80	-3.61
有效锌	0.51	0.42	-17.65	0.52	0.40	-23.08
有效硼	0.71	0.65	-8.45	0.71	0.70	-1.41
有效钼	0.08	0.08	0.00	0.09	0.10	11.11

休耕试点区域耕地水溶性离子含量变化趋势:休耕试点区域初始监测与年度监测间耕地土壤水溶性含量变化情况如图8-62所示。进行休耕措施后,试验区和对照区土壤水溶性离子含量与初始监测相比较,均表现为钙离子和硫酸根离子降低,碳酸氢根离子增加;对照区与试验区变化幅度相比而言,钙离子和硫酸根离子降低的幅度试验区要大于对照区,而碳酸氢根离子增加的幅度试验区要小于对照区。

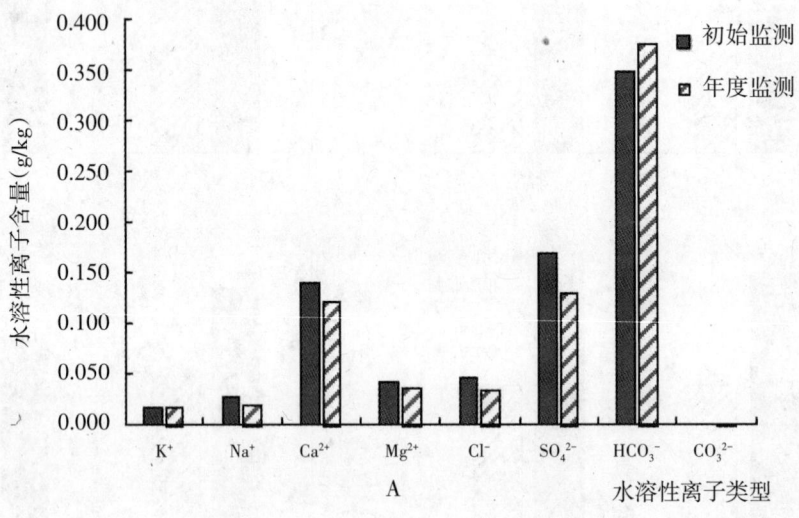

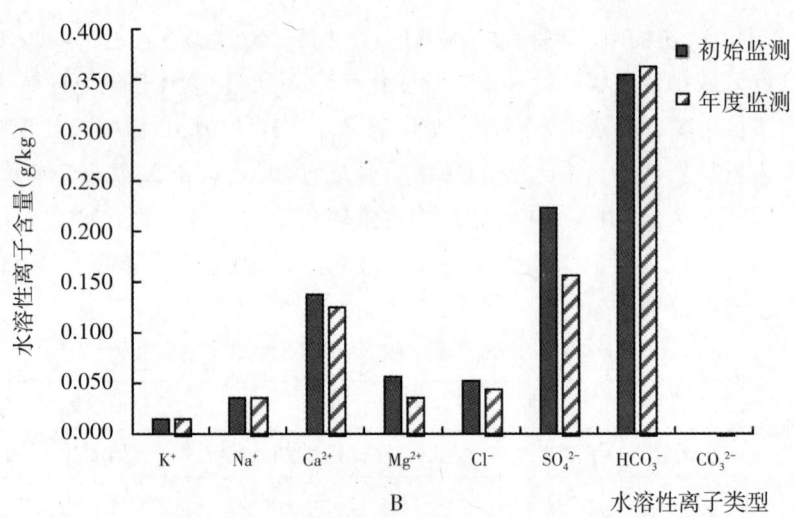

A:对照区;B:试验区

图8-62 休耕试点区域耕地土壤水溶性离子含量变化趋势

图8-63为休耕试点区域初始监测与年度监测间耕地土壤总盐含量变化情况,由图可以看出,试点区域耕地进行休耕后,对照区和试验区土壤总盐含量均有所降低,但试验区降低的幅度要大于对照区。

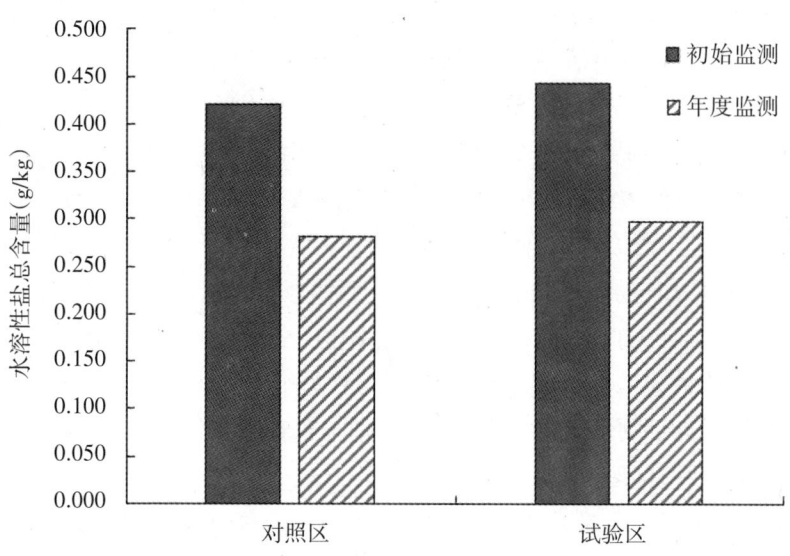

图8-63 休耕试点区域耕地土壤总盐含量变化趋势

8.5.5.4 轮作休耕技术措施对耕地质量变化的影响及变化趋势综合评价

(1)初始监测情况

休耕前期对甘肃省9个休耕试点区域196个试验区土壤样品和193个对照区监测点进行初始监测,监测结果表明:试验区土壤有机质含量平均值为5.15 g/kg,对照区土壤有机质含量平均值为5.42 g/kg;试验区土壤全氮含量平均值为0.35 g/kg,对照区土壤全氮含量平均值为0.47 g/kg;试验区土壤有效磷含量平均值为13.40 mg/kg,对照区土壤有效磷含量平均值为15.01 g/kg;试验区土壤速效钾含量平均值为160.41 mg/kg、缓效钾含量平均值为1 084.04 mg/kg,对照区土壤速效钾含量平均值为159.24 mg/kg、缓效钾含量平均值为1 081.48 mg/kg;试验区土壤有效硫含量平均值为24.34 mg/kg,对照区土壤有效硫含量平均值为15.01 g/kg;试验区土壤有效硅含量平均值为116.29 mg/kg,对照区土壤有效硅含量平均值为120.38 g/kg;试验区土壤交换性钙含量平均值为55.98 cmol/kg,对照区土壤交换性钙含量平均值为56.76 cmol/kg;试验区土壤交换性镁含量平均值为3.74 cmol/kg,对照区土壤交换性镁含量平均值为3.00 cmol/kg;试验区土壤有效铁含量平均值为8.80 mg/kg,对照区土壤有效铁含量平均值为9.06 mg/kg;试验区土壤有效锰含量平均值为8.77 mg/kg,对照区土壤有效锰含量平均值为9.13 mg/kg;试验区土壤有效铜含量平均值为0.84 mg/kg,对照区土壤有效铜含量平均值为0.87 mg/kg;试验区土壤有效锌含量平均值为0.46 mg/kg,对照区土壤有效锌含量平均值为0.46 mg/kg;试验区土壤有效硼含量平均值为0.67 mg/kg,对照区土壤有效硼含量平均值为0.70 mg/kg;试验区土壤有效钼含量平均值为0.08 mg/kg,对照区土壤有效钼含量平均值为0.09 mg/kg;试验区土壤和对照区土壤水溶性盐总含量平均值均为0.5 g/kg,全省休耕区域耕地土壤水溶离子主要以水溶性钙离子、水溶性硫酸根离子和碳酸氢根离子为主,休耕区域土壤盐渍化程度较高。

(2)年度监测情况

试点区域耕地进行休耕后,对甘肃省9个休耕试点区域196个试验区土壤样品和193个对照区监测点进行年度监测,监测结果表明:试验区土壤有机质含量平均值为6.30 g/kg,对照区土壤有机质含量平均值为6.41 g/kg;试验区土壤全氮含量平均值为0.44 g/kg,对照区土壤全氮含量平均值为0.42 g/kg;试验区土壤有效磷含量平均值为9.4 mg/kg,对照区土壤有效磷含量平均值为10.6 g/kg;试验区土壤速效钾含量平均值为160 mg/kg,对照区土壤速效钾含量平均值为167 mg/kg;试验区土壤有效硫含量平均值为24.3 mg/kg,对照区土壤有效硫含量平均值为13.3 g/kg;试验区土壤有效硅含量平均值为132.95 mg/kg,对照区土壤有效硅含量平均值为134.12 g/kg;试验区土壤交换性钙含量平均值为32.4 mol/kg,对照区土壤交换性钙含量平均值为32.3 cmol/kg;试验区和对照区土壤交换性镁含量平均值均为2.3 cmol/kg;试验区土壤有效铁含量平均值为8.5 mg/kg,对照区土壤有效铁含量平均值为8.7 mg/kg;试验区土壤有效锰含量平均值为5.7 mg/kg,对照区土壤有效锰含量平均值为6.0 mg/kg;试验区土壤有效铜含量平均值为0.78 mg/kg,对照区土壤有效铜含量平均值为0.80 mg/kg;试验区土壤有效锌含量平均值为0.51 mg/kg,对照区土壤有效锌含量平均值为0.68 mg/kg;试验区土壤有效硼含量平均值为0.74 mg/kg,对照区土壤有效硼含量平均值为0.71 mg/kg;试验区和对照区土壤有效钼含量平均值均为0.08 mg/kg;试验区土壤和对照区土壤水溶性盐总含量平均值均为0.3g/kg。

(3)休耕技术措施对耕地质量的影响分析

试验区监测点土壤有机质含量和全氮含量均较初始监测显著升高,有效磷含量较休耕前初始监测有下降的趋势,试验区土壤速效钾含量与休耕前的初始监测相比显著降低;有效硫和交换性镁含量较休耕前初始监测有下降的趋势,有效硅含量则表现出年度监测值大于初始监测值,交换性钙含量均表现为年度监测值小于初始监测值;休耕试点区域试验区各类微量元素含量与初始监测相比,进行休耕后微量元素含量除有效钼外整体下降,其中有效锰含量的降幅最大;进行休耕后,试验区土壤水溶性离子含量与初始监测相比较,均表现为钙离子和硫酸根离子降低,碳酸氢根离子增加。

休耕措施调整了试点区域耕地的主要种植结构,改种绿肥作物,减少化肥施用,可以促进耕层土壤"休养生息",使已经出现退化的土壤逐渐进入恢复状态;由于2017年是休耕项目实施的初期,休耕的区域耕地土壤主要性状指标变化不明显,甚至部分养分指标在休耕后出现了降低的现象,这可能是因为休耕初期对土壤施肥结构进行调整,减少了施肥量,但种植绿肥作物初期仍需要养分提供,因而导致部分养分含量降低。但由监测结果可以看出,休耕对试点区域水溶性盐离子有降低的作用,全省休耕区域耕地土壤水溶离子主要以水溶性钙离子、水溶性硫酸根离子和碳酸氢根离子为主,休耕区域土壤盐渍化程度较高,通过休耕监测后发现,休耕可以降低轻耕地土壤水溶性钙离子和水溶性硫酸根离子,从而减轻土壤盐渍化伤害。

8.5.5.5 提高耕地质量的对策建议

（1）调整种植制度

本着以有利于生态环境改善、耕地质量提升、农业持续发展为目标，积极引导和鼓励农民转变生产理念和传统的种植习惯，从过去的注重数量为主，转向数量、质量并重，实现增产增效相统一、生产生态相协调。坚持以市场为导向，调整优化种植结构，既实现耕地地力恢复、质量提升，又拓宽农产品市场渠道、增加农民收入。

（2）培肥地力

通过采取耕地休耕技术措施，如增施有机肥、种植绿肥、合理轮作等用地养地措施，改良土壤结构，提升耕地质量。

（3）政策扶持

为了鼓励农民积极开展耕地休耕，逐步提升耕地质量，研究出台耕地休耕试点扶持政策，建立利益补偿及扶持机制，以不影响农民收入为前提，合理测算补助标准，对承担休耕任务农户的原有种植作物收益和土地管护投入给予必要补助，确保种植收益不减少。

（4）科学施策

根据甘肃省实际，选择在干旱缺水、生态脆弱、土壤结构退化、农业产能较低的区域进行耕地休耕试点，并邀请相关专家和基层一线技术人员进行科学论证，因地制宜，科学合理制定适合本地本区域的休耕制度技术模式，要逐步建立茬口衔接合理、用地养地结合、资源高效利用的耕作模式，力争通过三年休耕，使土壤结构逐步改善，农业产能明显提高，农民收入快速增加，耕地质量得以大幅提升。

（5）示范引领

在实施区域科学布点，建设一批试验示范点，总结经验，集成推广种地养地和综合治理相结合的生产技术模式，引导农民自觉开展耕地休耕制度，并使其成为一项农业生产中永久实施的基本措施。集成推广测土配方施肥、病虫害绿色防控、地膜覆盖等新技术。突出测土配方施肥技术，改进施肥方式和方法，以有机肥施用为基础，逐步减少化学肥料施用量，逐步改良土壤结构，恢复和提高地力。

第九章　耕地质量监测信息系统

9.1　耕地质量监测数据系统简介

耕地质量监测数据系统是由扬州市耕地质量保护站设计并发布,监测数据系统由全国各省级土肥技术推广部门应用,汇总整理各省的监测数据并上报国家农业农村部。本书介绍的耕地质量监测数据系统大部分内容均来源于该系统的用户手册。

我国耕地质量监测工作开展30年来,获得了大量的监测数据,积累了第一手的数据资料,掌握了我国主要耕地土壤类型的质量状况和变化规律,监测结果在政府开展耕地质量建设与提升、制定农作物优势区域布局与农业发展规划、指导农民科学施肥等方面发挥了重要的基础支撑作用。

耕地质量监测数据管理系统是省级相关单位对项目相关数据进行统一格式录入、统一存储、管理、上报及应用的工具软件。系统以单机运行为主,以SQL Server数据库存储数据,必要时可通过Access、Excel等格式交换数据,为系统录入的数据在其他软件中应用奠定了基础。

9.2　耕地质量监测数据系统用户手册

9.2.1　工作流程

第一步,软件安装。

第二步,软件登录。

初始用户名:superuser,初始密码:china001,登录后可修改用户名和密码。

第三步,数据录入。

系统目前预设以下数据表格,其中表1与表2是建点时填写,表3是每年填写1次。

简称	表名
表1	监测点基本情况记载表
表2	监测点土壤剖面性状记载表
表3	国家耕地质量监测点数据上报表

第四步,数据库上报与接收。

对录入完成的数据进行审核,合格的数据上报到上级单位,最终接收到国家数据库当中,便于全国数据的分析与汇总。

第五步,数据应用。

数据录入完成,进行数据整理分析后得出结论,最终进行本地运用。

9.2.2 安装与运行

(1)运行环境

计算机硬件环境见表9-1。

表9-1 计算机硬件

硬件名称	最低配置	推荐配置
CPU	P4 2.0G	酷睿2.4G
内存	256M	1G
硬盘	剩余空间1G	剩余空间5G
显示器	17英寸	19英寸

计算机软件环境见表9-2。

表9-2 计算机软件

软件名称	配置
操作系统	Windows XP/Windows 2003/Windows Vista/Windows 7/Windows8
数据库	Microsoft SQL Server 2005
办公软件	Office 2003/Office2007/office2010

(2)软件安装

①如果电脑光驱有自动运行(Auto Run)功能,只需将载有"耕地质量监测数据管理系统"的光盘放入光盘驱动器,稍等片刻就会出现一个安装向导界面。如果您的电脑未设置自动运行功能,您可以找到光盘驱动器根目录下"JianCeSystem-FullSetup(1.0.0).exe"的文件,双击执行该文件,同样出现系统安装向导界面。

②如果电脑中以前没有安装过"Windows Installer 3.1"组件、"NET Framework 2.0"组件和"SQL Server 2005"组件等必备组件。安装向导程序首先会提示您安装这些组件。这时点击"安装"按钮完成此组件的安装。根据电脑性能,程序安装所有必备组件需要等待3~5 min时间。安装完上面的组件后,系统有可能会提示重新启动计算机,这时接受提示并重新启动计算机。

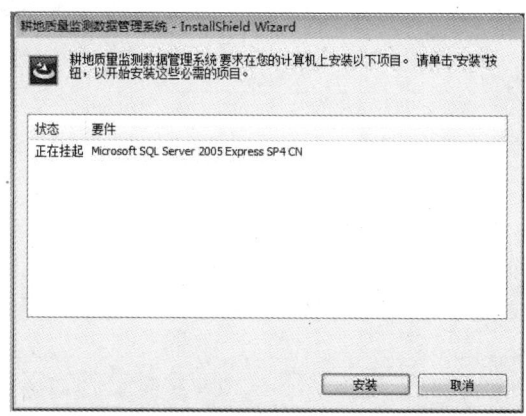

③到这一步程序才正式开始安装"耕地质量监测数据管理系统",安装向导弹出欢迎使用界面,点击"下一步"。

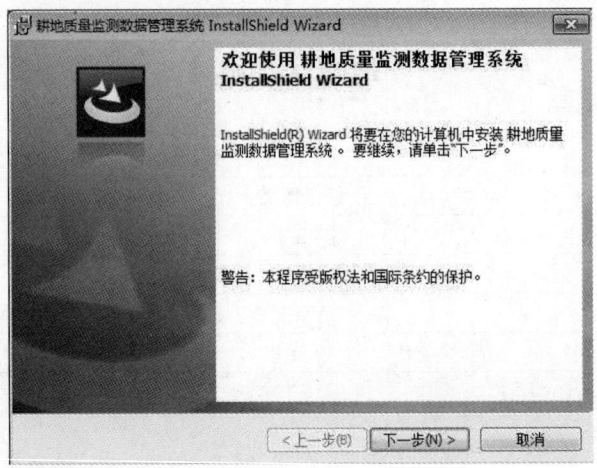

④接受许可协议条款后,点击"下一步"。

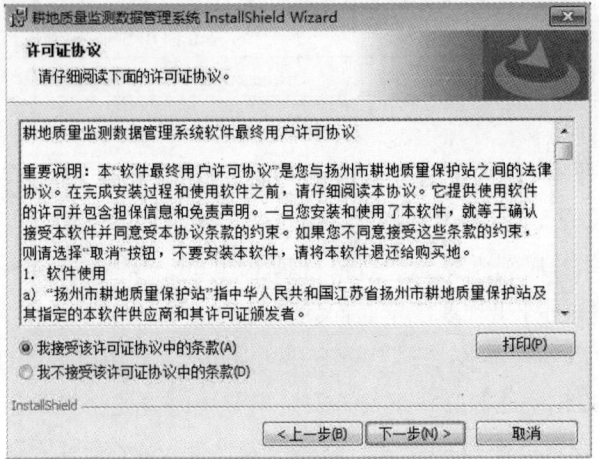

⑤输入用户名和单位后,点击"下一步"。

⑥选择"耕地质量监测数据管理系统"的安装类型,点击"下一步"。自定义类型可以修改安装路径。

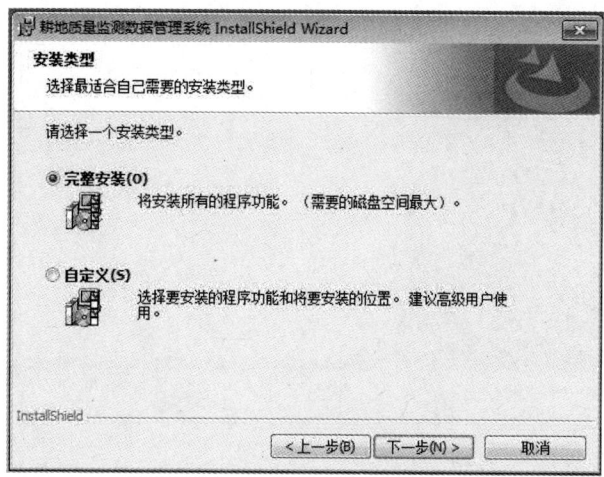

⑦确认安装界面,点击"下一步"。

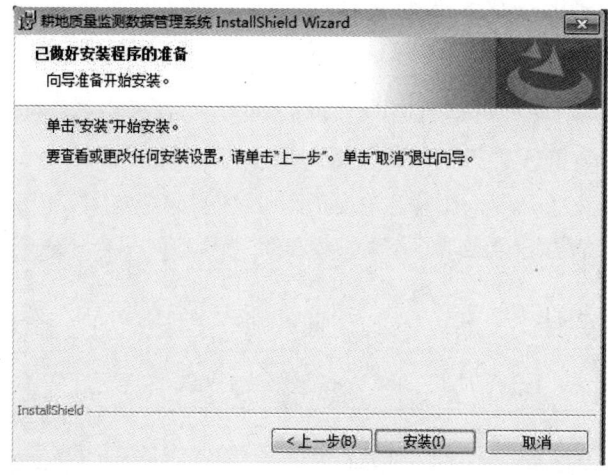

⑧正在安装"耕地质量监测数据管理系统",请稍候。

⑨安装完成界面,点击"完成"。

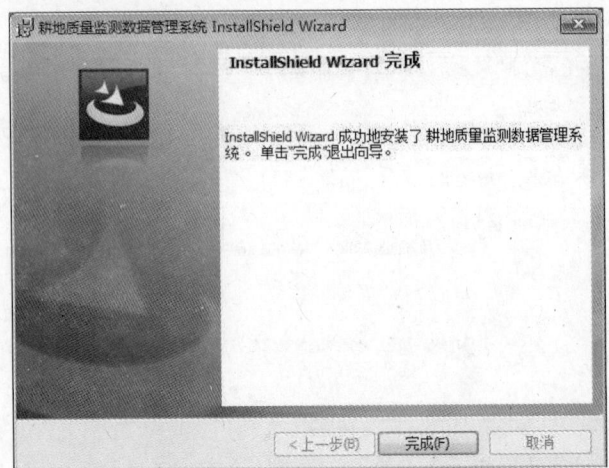

⑩ 到此"耕地质量监测数据管理系统"安装完毕。

软件安装完成后首次登录的用户名为superuser,密码为china001。登录后可以通过"工具—>用户管理"对用户名和密码进行设置。

9.2.3 软件运行与系统介绍

(1)点击桌面图标 即可运行"耕地质量监测数据管理系统",首次运行可能要多等待几秒钟,软件会对数据库进行初始化配置。

(2)登录系统。在登录界面中输入初始用户名和密码,点击按钮进入系统。

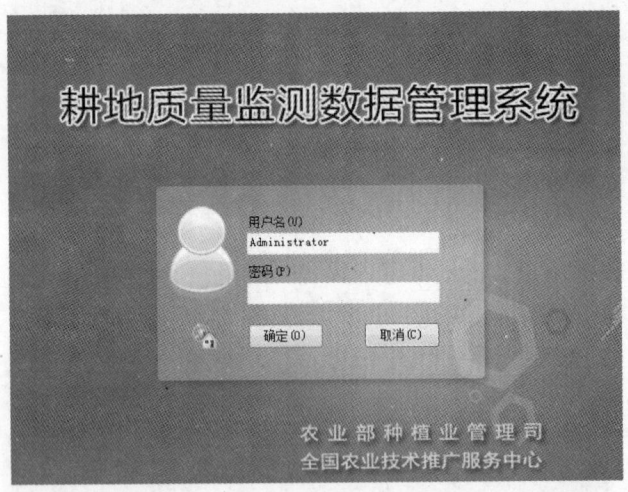

(3)主界面介绍。软件主界面最上面是菜单栏和工具栏,程序的所有功能都可以从这里实现;左侧是数据表目录窗口,用户想要查看某个数据表的记录或者编辑某个数据表的记录,都要首先从数据表目录窗口打开这张表。右面最大的区域为数据显示窗口,可以查看记录的详细信息(模板上淡红色标识的为必填项)。通过切换数据显示窗口顶部的"列表"选项卡,可以查看到当前数据表中有哪些监测点记录,方便用户快速定位。最下面是字段描述窗口,显示用户查看或者编辑字段的信息。

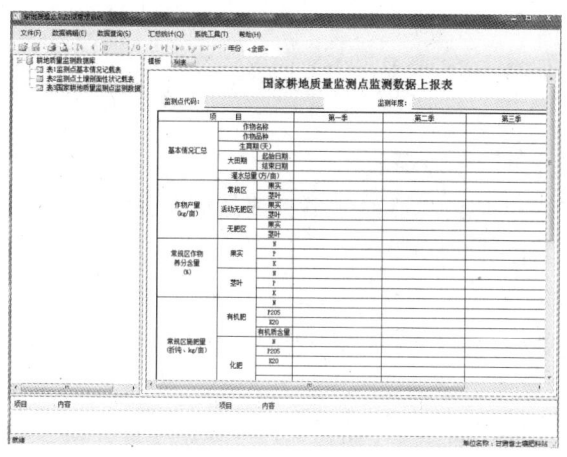

(4)功能介绍。

①表格浏览编辑：用户可以方便快捷地输入各项数据，可以实时浏览、修改或者删除数据。数据列表显示了数据表中全部的数据，通过它可以快速定位数据。

②数据库备份恢复：为了保障数据的完整性与安全性，数据库备份模块可以将系统中的数据库备份成单独的文件保存在计算机的磁盘中，在系统数据库受损或有需要的情况下，用户可以通过数据库恢复模块将备份的文件恢复到系统数据库中。为了保证数据安全，用户应定期备份数据库。

③数据查询统计：系统可以根据用户构建的查询语句筛选出符合条件的记录，便于用户的浏览。也可以根据不同功能进行数据汇总分析，并以统计表和统计图的形式展示出来。

9.2.4 使用说明

9.2.4.1 文件

(1)打开数据表

该命令对应的工具条按钮为：📁。

在打开数据表的界面上，用户在列表框中选定一个数据表后，点击"打开"按钮，即可打开该数据表。还有另外一种打开数据表的方法：在主界面左侧的数据表目录窗口中选定要打开的数据表，双击即可打开。打开数据表后，数据处于浏览状态。

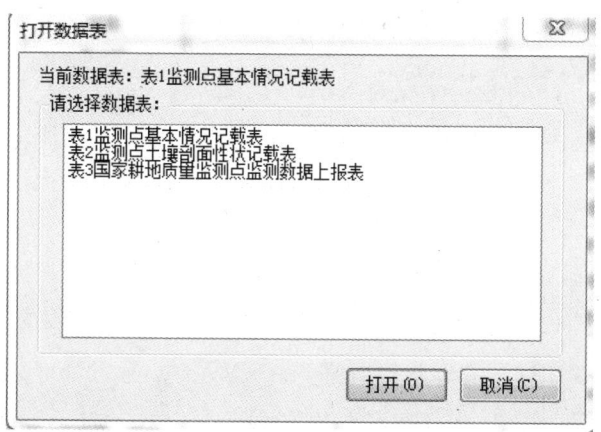

(2)关闭数据表

点击该菜单后,即可关闭正在浏览的数据表。

(3)保存数据

该命令对应的工具条按钮为:■。

当用户向一张数据表中添加记录,或者修改过数据表中某条记录,使用该命令可以将数据修改的最终结果保存到数据库中。

(4)数据库备份和恢复

"数据库备份和恢复"是对用户录入的表中所有的数据进行备份与恢复操作。

数据库备份:在数据库备份选项卡界面上,输入备份文件名,然后点击"保存"按钮,即可将当前状态的数据库保存成为一个备份文件。数据库备份选项卡界面上的列表框会显示所有存在的数据库备份文件。

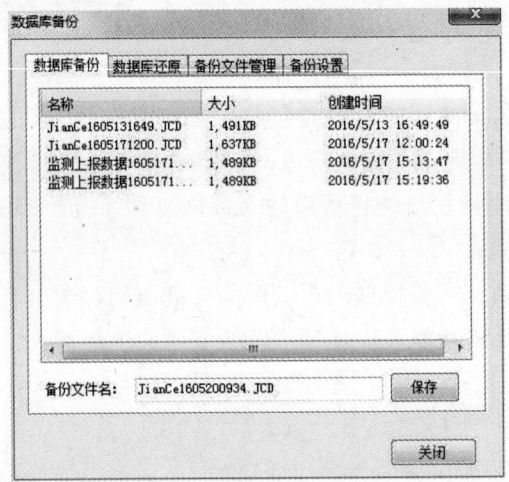

数据库还原:在数据库还原选项卡界面上,列表框会列出所有系统中存有的数据库备份文件,选中所要恢复的数据库备份文件,然后点击"还原"按钮,即可将该数据库备份文件恢复到数据库中。

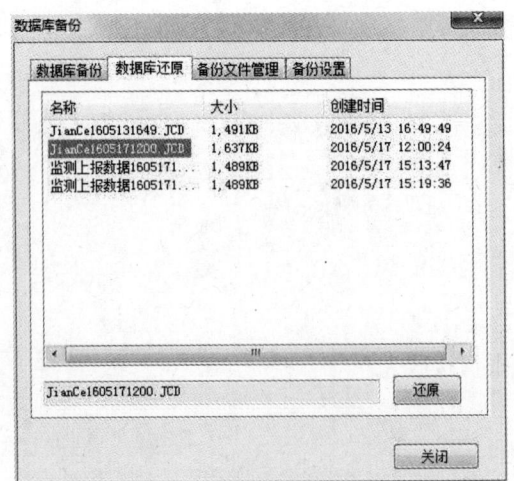

备份文件管理:在备份文件管理选项卡的页面上,列表框会列出所有系统中存有的数据库备份文件。用户可以删除或重命名某个数据库备份文件。

选中某个数据库备份文件,点击"删除"按钮即可将该数据库备份文件删除掉,点击"重命名"按钮,即可为该数据库备份文件输入一个新的名称。

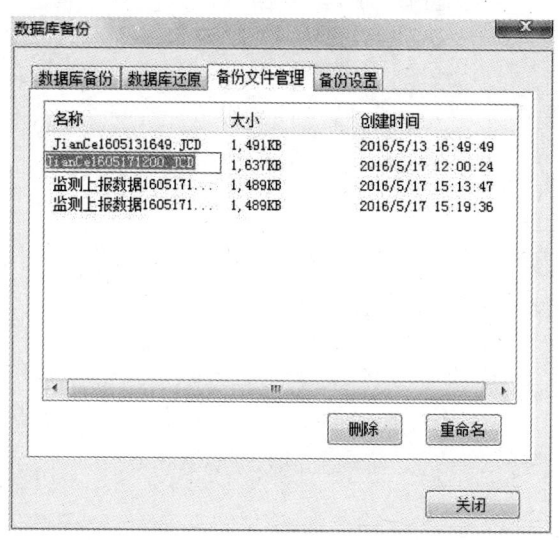

备份设置:在备份设置选项卡页面上,用户可以指定数据库备份文件存放路径。文件存放路径不能是分区根目录(如:E:\),也不能是含空格符的目录(如:桌面,桌面是个特殊的文件夹,该文件夹目录中含有空格),建议用户将数据库备份地址选在非系统盘上,确保数据安全。

通过"浏览"按钮选择新的存放路径。选择好新的路径后,点击"设置"按钮保存设置。

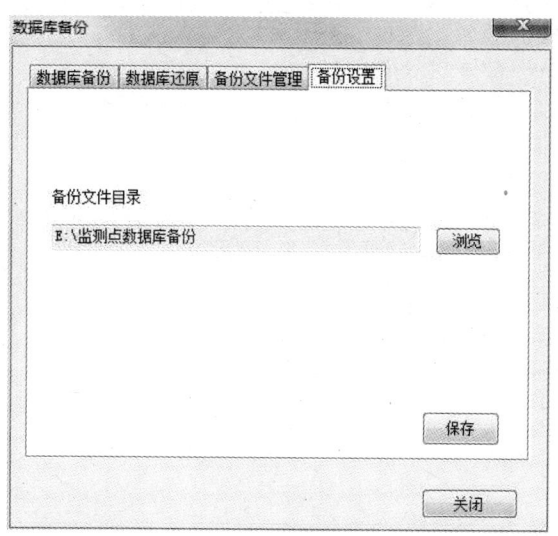

9.2.4.2　数据库上报与接收

(1)数据库上报

该功能主要用于县级或省级向上级上报数据。

先设置好上报文件的存储路径(不能为桌面),选择需要上报的表格,设置好监测年份(只对表3有作用,表1与表2不存在监测年份问题),点击"上报"按钮即可。生成的上报文件将保存在存储路径下,名称为"监测上报数据yyMMddHHmm(年月日时分).JCD"。

(2)数据库接收

该功能用于上级单位将上报数据接收到本地数据库中。

在接收数据库之前,将通过"数据库上报"功能备份成文件(监测上报数据yyMMddHHmm(年月日时分).JCD),并拷贝到主机上来。存放的路径不能包含空格(如:桌面),否则接收的时候会出错。数据库接收界面上,通过"添加"按钮选择拷贝过来的数据库上报文件,然后点击"下一步"。

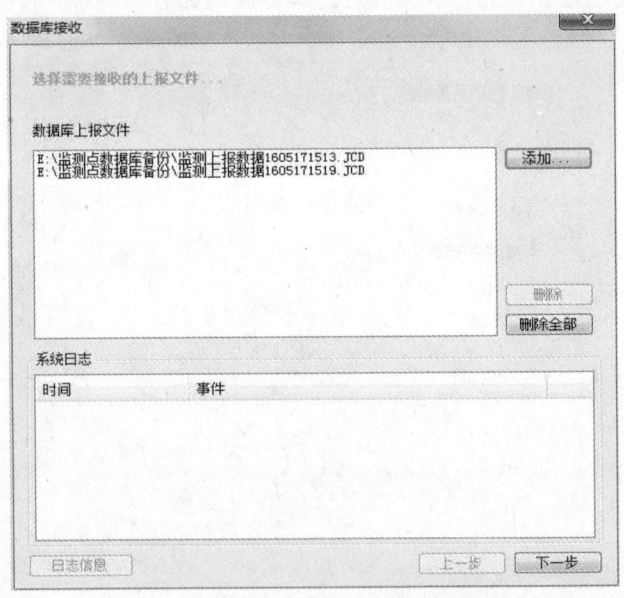

在"下一步"界面上,我们在列表中选择要接收的数据表名称,然后点击"接收"按钮即可将所有数据库上报文件中的相关数据表中的数据接收到主机的数据库中。

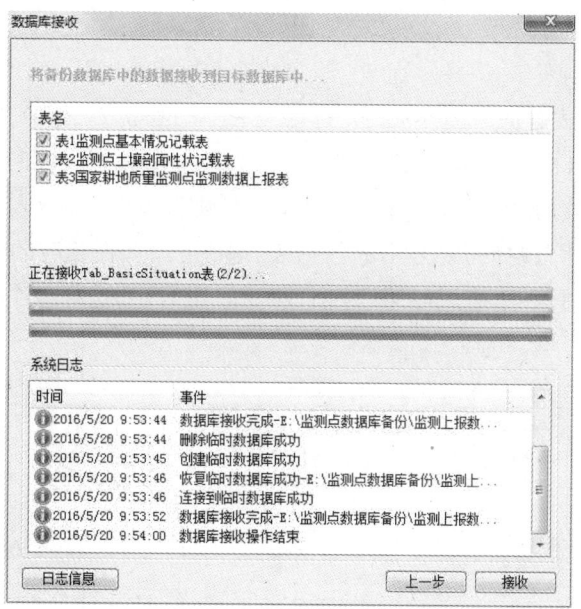

9.2.4.3 导入数据

该功能实现外部数据的导入。

导入标准格式数据：

该模块可以将系统导出的标准格式数据导入到系统数据库中（符合系统规定格式的用户自行创建的数据也可以导入，注意此时经纬度应该以度为单位且监测点代码等关键字不能为空）。

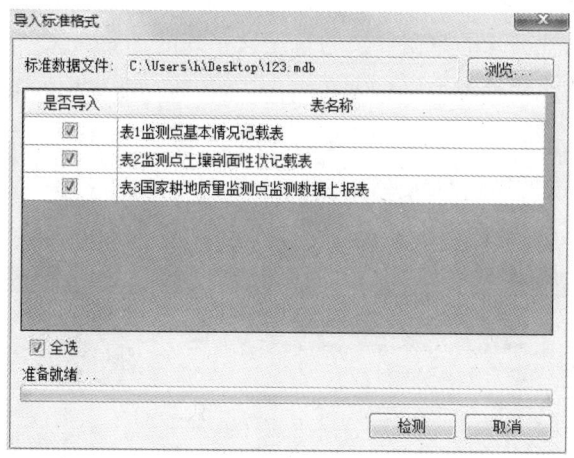

通过"浏览"按钮选择 Access 文件或者 Excel 文件，用户选中要导入的数据表后，点击"检测"按钮，系统会检测选择的数据文件，对于存在问题的数据表项，系统会给出具体说明。用户可以参照说明，修改相应的数据表。检测合格后，点击"导入"按钮，系统便会开始将数据文件里面的数据导入到系统数据库中。

由于 Excel 文件格式不是规范的数据库格式，在导入过程中不能确保所有数据完全准确地导入到系统中。建议用户直接在系统中录入数据，或者尽量用标准格式的 Access 文件来保存数据。

9.2.4.4 导出数据

（1）导出标准格式数据

通过该功能可以把已录的数据导出为标准格式的Access文件和Excel文件（通过该功能导出的标准格式数据可以使用"导入标准格式数据"功能再次导入系统）。运行该功能弹出如下图所示界面，选择需要导出的数据表，表3可以选择相应的监测年份，如果在查询状态也可以勾选"只导出查询结果"选项，然后点击导出，选择一个Access文件或Excel文件即可。

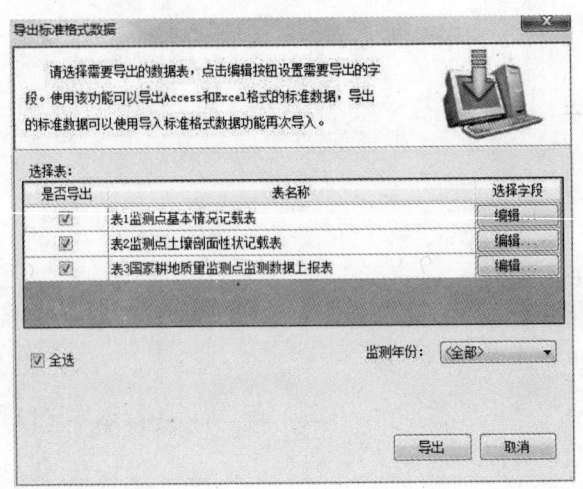

（2）导出自定义格式数据

通过该功能可以把已录的数据导出为自定义格式的Access文件和Excel文件（通过该功能导出的自定义格式数据不能再导入系统）。运行该功能弹出如下图所示界面，选择需要导出的数据表，点击编辑按钮选择需要的导出字段（表3可以点击显示更多字段，导出表1关联字段），表3可选择相应的监测年份，如果在查询状态也可以勾选"只导出查询结果"选项，然后点击导出，选择一个Access文件或Excel文件即可。

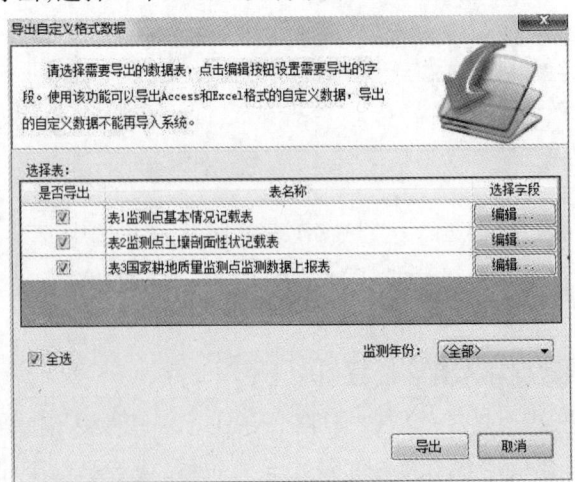

9.2.4.5 输出表格

"导出数据"可以将模板子窗口的数据页面以报表的形式导出成Excel表格文件。

9.2.4.6 打印预览

该命令对应的工具条按钮为：![]。

"打印预览"可以用打印预览的方式来查看当前模板子窗口的数据页面，并可以进行打印设置。

9.2.4.7 打印

该命令对应的工具条按钮为：![]。

将当前浏览的数据页面打印输出。

9.2.4.8 退出

退出系统。

9.2.5 **数据编辑**

数据编辑功能主要是对数据表进行录入、修改、删除等操作，该功能是耕地质量监测数据管理系统的重要组成部分，也是用户在数据录入过程中使用最频繁的功能。数据编辑菜单包含5个子菜单分别为：添加记录、修改记录、删除记录、取消编辑和字段批量修改。

9.2.5.1 添加记录

该命令对应的工具条按钮为：![]。

该命令用于对数据表添加记录，在使用前先打开需要编辑的数据表。

运行"添加记录"命令后，数据表由数据浏览状态转到数据编辑状态，这时系统自动添加一条新记录，清空数据显示窗口模板子窗口中的所有数据，等待用户输入。

监测点基本情况记载表						
监测点代码：620338				建点年度（时间）：1997		
基本情况	省（区、市）名	甘肃省		地（市、州、盟）名	金昌市	
	县（旗、市、区）名			乡（镇）名		
	村名			农户（地块）名		
	县代码			经度		
	纬度			常年降水量（mm）		
	常年有效积温（℃）			常年无霜期（天）		
	地形部位			地块坡度（°）		
	海拔高度（m）			地下水埋深（m）		
	障碍因素			耕地地力水平		
	灌溉能力			排水能力		
	农业区划分区			熟制分区		
	典型种植制度			产量水平（kg/亩）		
	常年施肥量（折纯，kg/亩）	化肥	N	P2O5	K2O	/
		有机肥	N	P2O5	K2O	/
	田块面积（亩）			代表面积（亩）		
	土壤代码			成土母质		

用户输入完毕后,点击"保存"按钮将数据存入数据库,这时一条记录的添加工作完成。如需继续添加另一条记录可以在当前记录的基础上进行修改后再点击"保存"按钮,如需将数据表由数据编辑状态退回到数据浏览状态,可以点击"取消编辑"按钮。

该软件表1中经度和纬度统一以度为单位,在输入过程中也建议用户直接输入以度为单位的经度和纬度数据。但有些用户现只有以"度:分:秒"或"度:分"为单位的数据,为减少用户单位转换的工作量,该软件设置了经纬度格式自动转换功能。用户在输入以"度:分:秒"或"度:分"为单位的数据时,只要中间以":"分隔,系统会自动转换为以度为单位的数据。

在录入数据过程中如果某一个文本型字段录入超过数据字典中规定的长度或某一个数值型字段超过了字典中规定的上限或下限,系统会给出提示重新输入。另外,如果字段为固定下拉框中选择,超出规定内容,系统会给出提示重新输入。

9.2.5.2 修改记录

该命令对应的工具条按钮为: 。

该命令用于对数据表修改记录,在使用前先打开并定位到需要编辑的数据表。

运行"修改记录"命令后,数据表由数据浏览状态转到数据编辑状态,这时除关键字段外(关键字段一旦生成不能修改)其他所有字段都处于修改状态,等待用户修改。

用户修改完毕后,点击"保存"按钮将数据存入数据库,这时一条记录的修改工作完成。如需继续修改另一条记录,先定位需要修改的记录,然后进行修改,再点击"保存"按钮。如需使数据表由数据编辑状态回到数据浏览状态,可以点击"取消编辑"按钮。

9.2.5.3 删除记录

该命令对应的工具条按钮为: 。

该命令用于对数据表删除记录,在使用前先打开数据表,并在数据显示窗口列表子窗口中选中一条或多条记录。

运行"删除记录"命令后,弹出删除记录确认窗口,点击"是"按钮将删除所有选中的记录,被删除的记录不可恢复。

9.2.5.4 取消编辑

该命令对应的工具条按钮为: 。

该命令用于对数据表的取消编辑,只有数据表在数据编辑状态才能使用该功能,运行"取消编辑"命令后,数据表由数据编辑状态回到数据浏览状态。所有没有保存的数据都将清空。

9.2.5.5 字段批量修改

该功能用于批量修改数据,操作不当可能会损坏所有已录的数据,请在使用该功能前对数据库进行备份。

运行该功能后弹出"字段批量修改"界面,在界面完成"SET子句"和"WHERE子句"的编辑,点击"确定"按钮即可,"SET子句"用来指示系统如何计算数据,"WHERE子句"用来指示系统更新哪些记录。

9.2.6 数据查询

数据查询菜单包括4个子菜单，主要是对表中信息进行查询。其包括的子菜单为：简单查询、组合查询、取消查询和分级管理。

9.2.6.1 简单查询

该命令的作用是通过简单的操作筛选出符合条件的记录。

使用该功能后主界面中只显示筛选出的记录，筛选出的记录可以参加统计汇总并且可以导出。使用"取消查询"功能可以使查询状态回到浏览状态。

执行该命令后，弹出"简单查询"窗体。

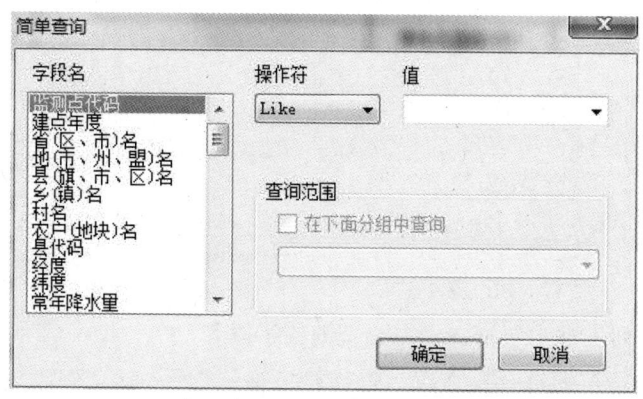

操作步骤：

（1）在"字段名"列表框中双击选择需要查询的字段名。

（2）在"操作符"下拉列表框中选择操作符。现已设了以下7个操作符：=(等于)、<(小于)、>(大于)、<=(小于等于)、>=(大于等于)、<>(不等于)和Like供用户选择。其中Like为模糊查询操作符。

（3）在"值"组合框中选择或输入需要查询的数据。

（4）点击"确定"按钮即可完成操作。

（5）查询后系统主界面记录浏览工具栏中记录总数为符合查询条件的记录总数，"列表"子窗口中只列出符合查询条件记录。这是系统进入查询状态，"取消查询"菜单从不可用状态变成可用状态。使用"取消查询"功能可以使查询状态回到浏览状态。

9.2.6.2 组合查询

该命令的作用是通过结构化查询语言筛选出符合条件的记录。

使用该功能后主界面中只显示筛选出的记录，筛选出的记录可以参加统计汇总并且可以导出。使用"取消查询"功能可以使查询状态回到浏览状态。

执行该命令后，弹出"组合查询"窗体。

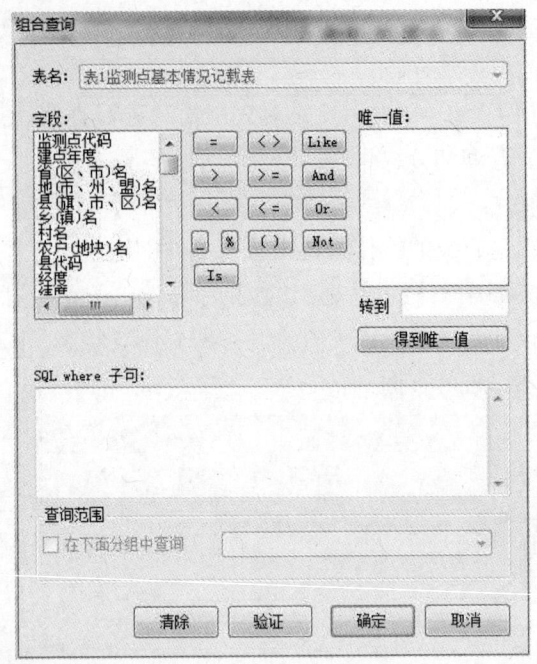

操作步骤：

(1)在"字段"列表框中双击选择需要查询的字段名。

(2)单击操作符按钮选择操作符。操作符包括:=(等于)、<(小于)、>(大于)、<=(小于等于)、>=(大于等于)、<>(不等于)和Like。Like操作符通过使用通配符将一个值同其他值比较。通配符是%和_，其中%代表任意多个字符，_代表一个字符。

(3)点击"得到唯一值"按钮,填充"唯一值"列表框,如果"唯一值"列表框中供选择的数据比较多,可以在"转到"文本框中输入一个数值,对"唯一值"列表框的选项进行定位。双击选择"唯一值"列表框的一个数值,或直接在SQL where 子句中输入一个值。直接输入一个值时要注意,数据库引擎时对于查找的字符类型或日期类型数据,要使用单引号将字符串括起来,例如[村名称] = '爱国村',而对于数值类型的数据,不需要加任何符号例如[最低地下水位] > 80。而在使用通配符和Like操作符时,数值型也需要使用引号例如[最低地下水位] Like '8%'

(4)以上(1)~(3)完成了一个查询条件的编辑,组合查询可以编辑多条查询条件,两条查询条件之间连接符连接。连接符包括 AND 和 OR ,使用 AND 时,所有查询条件结果都必须是True时,条件才成立,而使用OR时,只要连接的一个查询条件结果为True,条件就成立。如果需要进行模糊查询,可用Like运算符结合相关通配符完成。

(5)点击"清除"按钮,文本框内的SQL查询条件被清除。点击"验证"按钮,验证文本框内SQL查询语句是否正确。点击"确定"按钮,系统进行查询,弹出结果对话框。

(6)查询后系统主界面记录浏览工具栏中记录总数为符合查询条件的记录总数,"列表"子窗口中只列出符合查询条件记录。这是系统进入查询状态,"取消查询"菜单从不可用状态变成可用状态。使用"取消查询"功能可以使查询状态回到浏览状态。

9.2.6.3 取消查询

该命令的作用是取消上面所进行的信息查询,使当前数据表回到浏览状态,显示全部记录。

9.2.6.4 分组管理

该命令用于管理监测点的分组信息。

在列表选项卡上设置的分组,方便查询与分析这些监测点,如果分组不需要了,就通过该命令删除。执行该命令后弹出"分组管理"窗体。选择不需要的分组,点击"删除"即可。

9.2.7 汇总统计

汇总统计菜单主要是帮助用户分析基本数据。随着软件的升级,将来汇总统计功能将逐渐完善。为了保证模块的正常运行,请安装正式版的 Office 软件。

年度变化分析:

该命令主要是对数据库中"表 3 国家耕地质量监测点监测数据上报表"进行年度变化分析。

执行该命令后,系统弹出"年度变化分析"窗体。

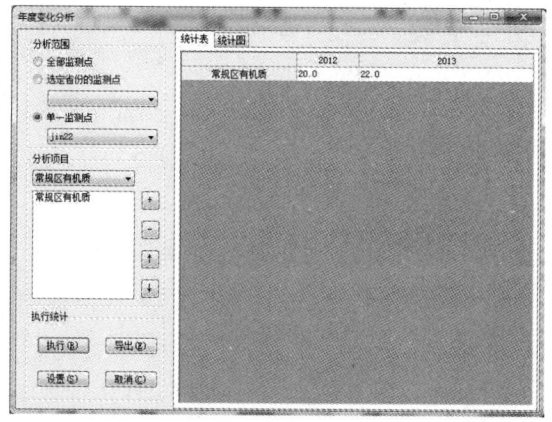

分析范围:有三种选择,全部监测点(数据库中所有的)、选定省份(数据库中该省份的)、单一监测点(固定编号的)

分析项目:添加需要分析的指标。

设置完上面内容后点击"执行"按钮即可统计出各年份指标的含量及绘制折线图。

9.2.8 系统工具

9.2.8.1 用户管理

用户权限设置:

注意:只有系统管理员才能使用该功能。

该命令的作用是设置用户访问系统的权限。系统采用了权限设置,访问权限共分为三级:一级是系统管理员;二级是编辑用户;三级是查询用户。其中"系统管理员"为最高级用户,能够进行系统的所有操作,包括用户授权和更改用户资料,但不能查询密码;"编辑用户"为受限用户,不能进行用户授权或更改用户资料;"查询用户"级别最低,只能进行查询、浏览操作,不能进行任何修改操作。

执行该命令后,弹出用户权限设置窗体。

添加:用来添加一个登录用户。执行该命令后,弹出创建用户窗体。

带"*"为必填项,填写登录该系统用户名、密码等信息,选择用户权限,系统管理员具有所有权限,编辑用户具有编辑权限,但没有权限设置的权利,查询用户只具有浏览权。单击"确定"按钮即可。

编辑:用来修改当前登录用户密码或其他信息的操作。执行该令后弹出编辑用户窗体。

删除:用来删除当前被选中的用户,但当前登录的用户名不能被删除。

关闭:执行该命令后,退出用户权限设置。

9.2.8.2 行政单位设置

该命令的作用是:设置用户级别、设置行政单位、设置单位名称、设置数据显示目录。

第一次运行软件会自动弹出行政单位设置窗体,在关闭数据表状态下运行该命令弹出行政单位设置窗体,这是可以更改现有设置。

用户选择用户级别、省(市)名称、地(市)名称、县(市)名称,填写单位名称。

9.2.9 帮助

9.2.9.1 帮助主题

主题菜单是打开用户手册的快捷菜单。通过该菜单可以打开用户手册,用户利用它可以迅速熟悉系统。用户手册存放在系统的安装目录下,用户也可以手动打开。PDF格式的用户手册需要安装 Adobe Acrobat Reader 软件才能打开阅读。

9.2.9.2 关于

系统弹出耕地质量监测数据管理系统版本等相关信息。

9.3 耕地质量监测数据系统发展展望

耕地质量监测数据系统开发应用后,可接收到全国各个国家级耕地质量监测站点上报的数据,并将数据按照不同类型自动存储到后台数据库中,可供全国农业农村部行业管理层面的技术人员系统使用和分析。系统根据用户需求及特点,设置了国家级、省级、市级、县级四个基本的功能角色,并且为其赋予了相应的系统功能权限,操作者可根据自身角色来获取使用系统的权限。随着时间的推移,系统的数据将丰富起来,系统能够应用统计分析传统方法处理数据,做出变化图表等。

随着科技的发展和进步,耕地质量监测数据系统将呈现综合集成发展的态势。耕地质量监测将与墒情监测、农田小气候监测、病虫害监测等融合起来,形成一个更大的数据平台。通过此平台,可以更加便捷地获得土壤和作物变化的各种理化性状,为农民增产和农业丰收提供更加高效的服务。

附 录

附录1　耕地质量等级

1. 范围

本标准规定了耕地质量区域划分、指标确定、耕地质量等级划分流程等内容。

本标准适用于耕地质量等级划分,也适用于园地质量等级划分。

2. 规范性引用文件

下列文件对于本文件的应用是必不可少的。凡是注日期的引用文件,仅所注日期的版本适用于本文件。凡是不注日期的引用文件,其最新版本(包括所有的修改单)适用于本文件。

GB 15618　土壤环境质量标准

GB 17296　中国土壤分类与代码

HJ/T 166　土壤环境监测技术规范

3. 术语和定义

下列术语和定义适用于本文件。

3.1　耕地 cultivated land

用于农作物种植的土地。

3.2　耕地地力 cultivated land productivity

在当前管理水平下,由土壤立地条件、自然属性等相关要素构成的耕地生产能力。

3.3　土壤健康状况 soil health condition

土壤作为一个动态生命系统具有的维持其功能的持续能力,用清洁程度、生物多样性表示。

注:清洁程度反映了土壤受重金属、农药和农膜残留等有毒有害物质影响的程度;生物多样性反映了土壤生命力丰富程度。

3.4　地形部位 parts of the terrain

具有特定形态特征和成因的中小地貌单元。

3.5　田面坡度 field surface slope

农田坡面与水平面的夹角度数。

3.6 地下水埋深 ground-water table
潜水面至地表面的距离。

3.7 土壤养分状况 soil nutrient status
土壤养分的数量、形态、分解、转化规律以及土壤的保肥、供肥性能。

3.8 土壤酸碱度 soil acidity and alkalinity
土壤溶液的酸碱性强弱程度,以 pH 值表示。

3.9 土壤有机质 soil organic matter
土壤中形成的和外加入的所有动植物残体不同阶段的各种分解产物和合成产物的总称,包括高度腐解的腐殖物质、解剖结构尚可辨认的有机残体和各种微生物体。

3.10 土壤障碍因素 soil constraint factor
土体中妨碍农作物正常生长发育、对农产品产量和品质造成不良影响的因素。

3.11 土壤障碍层次 soil constraint layer
在土壤剖面中出现的阻碍根系伸展、影响水分渗透的层次。

3.12 土壤盐渍化 soil salinization
土壤底层或地下水的易溶性盐分随毛管水上升到地表,水分散失后,使盐分积累在表层土壤中,当土壤含盐量过高时,形成的盐化危害。或受人类特殊活动影响,在使用高矿化度水进行灌溉及在干旱气候条件下没有排水功能、地下水位较浅的土壤上进行灌溉时产生的次生盐化危害。

3.13 土壤潜育化 gleyization
受地下水或渍水引起土壤处于饱和状态,呈强烈还原状态而形成蓝灰色潜育层的一种土壤形成过程。

3.14 有效土层厚度 effective soil layer thickness
作物能够利用的母质层以上的土体总厚度;当有障碍层时,为障碍层以上的土层厚度。

3.15 耕层厚度 plough layer thickness
经耕种熟化而形成的土壤表土层厚度。

3.16 耕层质地 plough layer texture
耕层土壤颗粒的大小及其组合情况。

3.17 土壤容重 soil bulk density
田间自然垒结状态下单位容积土体(包括土粒和孔隙)的质量或重量。

3.18 质地构型 soil texture profile
土壤剖面中不同质地层次的排列。

3.19 灌溉能力 irrigation capacity
预期灌溉用水量在多年灌溉中能够得到满足的程度。

3.20 排水能力 drainage capacity
为保证农作物正常生长,及时排除农田地表积水,有效控制和降低地下水位的能力。

3.21 农田林网化率 farmland shelter rate
农田四周的林带保护面积与农田总面积之比。

4. 耕地质量等级划分

4.1 总则

4.1.1 概述

耕地质量等级划分是从农业生产角度出发，通过综合指数法对耕地地力、土壤健康状况和田间基础设施构成的满足农产品持续产出和质量安全的能力进行评价划分出的等级。

4.1.2 耕地质量区域划分

根据全国综合农业区划，结合不同区域耕地特点、土壤类型分布特征（见 GB 17296），将全国耕地划分为东北区、内蒙古及长城沿线区、黄淮海区、黄土高原区、长江中下游区、西南区、华南区、甘新区、青藏区等九大区域。各区涵盖的具体县（市、区、旗）名见附录A。

4.1.3 耕地质量指标

各区域耕地质量指标由基础性指标和区域补充性指标组成，其中，基础性指标包括地形部位、有效土层厚度、有机质含量、耕层质地、土壤容重、质地构型、土壤养分状况、生物多样性、清洁程度、障碍因素、灌溉能力、排水能力、农田林网化率等13个指标。区域补充性指标包括耕层厚度、田面坡度、盐渍化程度、地下水埋深、酸碱度、海拔高度等6个指标。各区域耕地质量划分指标见附录B。

4.1.4 耕地质量等级划分原则

耕地质量划分为10个耕地质量等级。耕地质量综合指数越大，耕地质量水平越高。一等地耕地质量最高，十等地耕地质量最低。

4.2 耕地质量等级划分流程

耕地质量等级划分流程见图1。

4.3 耕地质量指标获取

4.3.1 地形部位

指中小地貌单元。如河流及河谷冲积平原要区分出河床、河漫滩、一级阶地、二级阶地、高阶地等；山麓平原要区分出坡积裙、洪积锥、洪积扇（上、中、下）、扇间洼地、扇缘洼地等；黄土丘陵区要区分出塬、梁、峁；低山丘陵与漫岗要区分为丘（岗）顶部、丘（岗）坡面、丘（岗）坡麓、丘（岗）间洼地等；平原河网圩田要区分为易涝田、渍害田、良水田等；丘陵冲垄稻田按宽冲、窄冲、纵向分冲头、冲中部、冲尾、横向分冲、塝、岗田等；岩溶地貌要区分为石芽地、坡麓、峰丛洼地、溶蚀谷地、岩溶盆地（平原）等。各地应结合当地实际进行筛选，并使描述更加具体。

4.3.2 有效土层厚度

查阅第二次土壤普查资料并结合现场调查确定。

4.3.3 有机质含量

土壤有机质的测定方法见附录C。

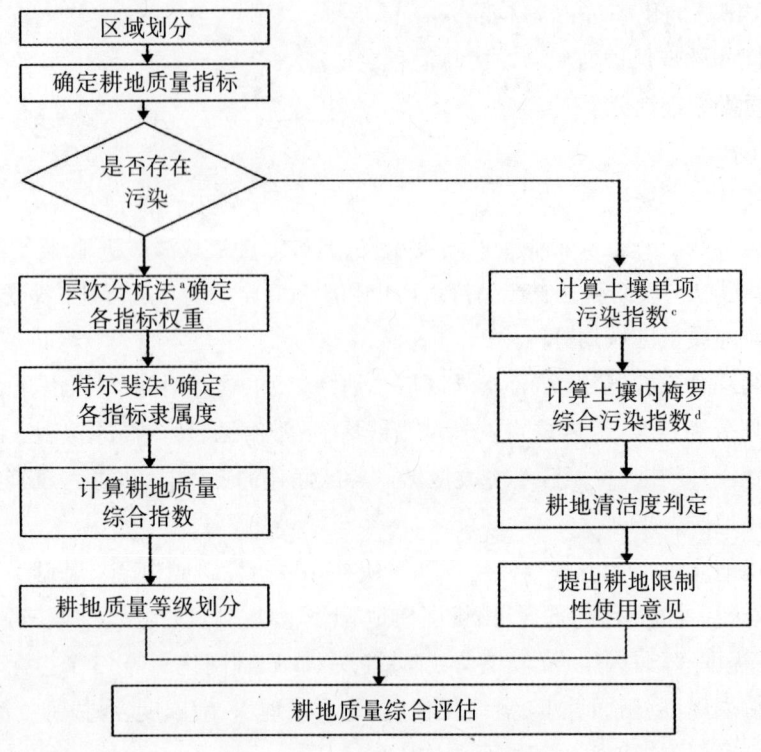

图1 耕地质量等级划分流程图

a.层次分析法是将与决策总是有关的元素分解成目标、准则、方案等层次,在此基础之上进行定性和定量分析的决策方法。
b.特尔斐法是采用背对背的通信方式征询专家小组成员的预测意见,经过几轮征询,使专家小组的预测意见趋于集中,最后做出符合发展趋势的预测结论。
c.土壤单项污染指数是土壤污染物实测值与土壤污染物质量标准的比值。具体计算方法见HJ/T 166。
d.内梅罗综合污染指数反映了各污染物对土壤的作用,同时突出了高浓度污染物对土壤环境质量的影响。具体计算方法见HJ/T 166。

4.3.4 耕层质地

土壤机械组成分为沙土、沙壤、轻壤、中壤、重壤、黏土等,测定方法见附录D。

4.3.5 土壤容重

土壤容重的测定方法见附录E。

4.3.6 质地构型

挖取土壤剖面,按1 m土体内不同质地土层的排列组合形式来确定。分为薄层型(红黄壤地区土体厚度<40 cm,其他地区<30 cm)、松散型(通体砂型)、紧实型(通体黏型)、夹层型(夹砂砾型、夹黏型、夹料姜型等)、上紧下松型(漏砂型)、上松下紧型(蒙金型)、海绵型(通体壤型)等几大类型。

4.3.7 土壤养分状况

根据土壤类型、种植作物、土壤物理、化学、生物性状综合确定,分为养分贫瘠、潜在缺乏、最佳水平和养分过量。

4.3.8 生物多样性
通过现场调查,结合专家经验综合确定,分为丰富、一般、不丰富。

4.3.9 清洁程度
按照HJ/T 166规定的方法确定。

4.3.10 障碍因素
按对植物生长构成障碍的类型来确定,如沙化、盐碱、侵蚀、潜育化及出现的障碍层次情况等。

4.3.11 灌溉能力
现场调查水源类型、位置、灌溉方式、灌水量,综合判断灌溉用水量在多年灌溉中能够得到满足的程度,分为充分满足、满足、基本满足、不满足。

4.3.12 排水能力
现场调查排水方式、排水设施现状等,综合判断农田保证作物正常生长,及时排除地表积水,有效控制和降低地下水位的能力,分为充分满足、满足、基本满足、不满足。

4.3.13 农田林网化率
现场调查农田四周林带保护面积及农田总面积,计算农田林网化率,综合判断农田林网化程度,分为高、中、低。

4.3.14 耕层厚度
在野外实际测量确定,单位统一为厘米,精确到小数点后1位。

4.3.15 田面坡度
实际测量农田坡面与水平面的夹角度数。

4.3.16 盐渍化程度
根据土壤水溶性含盐总量、氯化物盐含量、硫酸盐含量及农田出苗程度综合判定,分为无、轻度、中度、重度。土壤水溶性含盐总量的测定方法见附录F;土壤氯离子含量的测定方法见附录G;土壤硫酸根离子含量的测定方法见附录H。

4.3.17 地下水埋深
在查阅地下水埋藏及水文地质图表资料基础上填写,或结合野外调查,挖取土壤剖面,用洛阳铲打钻孔,观察地下水埋深。

4.3.18 酸碱度
土壤pH的测定方法见附录I。

4.3.19 海拔高度
采用GPS定位仪现场测定填写。

4.4 确定各指标权重

4.4.1 建立层次结构模型
按照层次分析法,建立目标层、准则层和指标层层次结构,用框图形式说明层次的递阶结构与因素的从属关系。当某个层次包含的因素较多时(如超过9个),可将该层次进一步划分为若干子层次。

4.4.2 构造判断矩阵

判断矩阵表示针对上一层次某因素,本层次与之有关因子之间相对重要性的比较。假定A层因素中a_k与下一层次中$B_1, B_2, \cdots, B_n$有联系,构造的判断矩阵一般形式见表1:

表1 判断矩阵形式

a_k	B_1	B_2	⋯	B_n
B_1	b_{11}	b_{12}	⋯	b_{1n}
B_2	b_{21}	b_{22}	⋯	b_{2n}
⋮	⋮	⋮	⋮	⋮
B_n	b_{n1}	b_{n2}	⋯	b_{nn}

判断矩阵元素的值反映了人们对各因素相对重要性(或优劣、偏好、强度等)的认识,一般采用1~9及其倒数的标度方法。当相互比较因素的重要性能够用具有实际意义的比值说明时,判断矩阵相应元素的值则可以取这个比值。判断矩阵的元素标度及其含义见表2。

表2 判断矩阵标度及其含义

标度	含 义
1	表示两个因素相比,具有同样重要性
3	表示两个因素相比,一个因素比另一个因素稍微重要
5	表示两个因素相比,一个因素比另一个因素明显重要
7	表示两个因素相比,一个因素比另一个因素强烈重要
9	表示两个因素相比,一个因素比另一个因素极端重要
2,4,6,8	上述两相邻判断的中值
倒数	因素i与j比较得判断b_{ij},则因素j与i比较的判断$b_{ji}=1/b_{ij}$

4.4.3 层次单排序及其一致性检验

建立比较矩阵后,就可以求出各个因素的权值。采取的方法是用和积法计算出各矩阵的最大特征根λ_{max}及其对应的特征向量W,并用$CR=CI/RI$进行一致性检验。计算方法如下:

按式(1)将比较矩阵每一列正规化(以矩阵B为例)

$$\hat{b}_{ij} = \frac{b_{ij}}{\sum_{i=1}^{n} b_{ij}} \tag{1}$$

按式(2)每一列经正规化后的比较矩阵按行相加

$$\bar{W}_i = \sum_{j=1}^{n} \hat{b}_{ij} \tag{2}$$

按式(3)对向量

$$\bar{W} = [\bar{W}_1, \bar{W}_2, \ldots \bar{W}_n] \tag{3}$$

按式(4)正规化

$$W_i = \frac{\overline{W}_i}{\sum_{i=1}^{n} \overline{W}_i}, i=1,2,3,\ldots,n \tag{4}$$

所得到的 $W = [W_1, W_2, \cdots, W_n]^T$ 即为所求特征向量,也就是各个因素的权重值。

按式(5)计算比较矩阵最大特征根 λ_{max}

$$\lambda_{max} = \sum_{i=1}^{n} \frac{(BW)_i}{nW_i}, i=1,2,\ldots,n \tag{5}$$

式中 $(BW)_i$ 表示向量 BW 的第 i 个元素。

一致性检验:首先计算一致性指标 CI

$$CI = \frac{\lambda_{max} - n}{n - 1} \tag{6}$$

式中 n 为比较矩阵的阶,也即是因素的个数。

然后根据表3查找出随机一致性指标 RI,由式(7)计算一致性比率 CR

$$CR = \frac{CI}{RI} \tag{7}$$

表3 随机一致性指标 RI 的值

n	1	2	3	4	5	6	7	8	9	10	11
RI	0	0	0.58	0.90	1.12	1.24	1.32	1.41	1.45	1.49	1.51

当 $CR<0.1$ 就认为比较矩阵的不一致程度在容许范围内;否则必须重新调整矩阵。

4.4.4 层次总排序

计算同一层次所有因素对于最高层(总目标)相对重要性的排序权值,称为层次总排序。这一过程是从最高层次到最低层次逐层进行的。若上一层次 A 包含 m 个因素 $A_1, A_2, \cdots, A_m$,其层次总排序权值分别为 $a_1, a_2, \cdots, a_m$,下一层次 B 包含 n 个因素 $B_1, B_2, \cdots, B_n$,它们对于因素 A_j 的层次单排序权值分别为 $b_{1j}, b_{2j}, \cdots, b_{nj}$,(当 B_k 与 A_j 无联系时,$b_{kj}=0$)此时 B 层次总排序权值由表4给出。

表4 层次总排序的权值计算

层次 B	层次 A				B 层次总排序权值
	A_1	A_2	$\cdots$	A_m	
	a_1	a_2	$\cdots$	a_m	
B_1	b_{11}	b_{12}	$\cdots$	b_{1m}	$\sum_{i=1}^{m} a_i b_{1i}$
B_2	b_{21}	b_{22}	$\cdots$	b_{2m}	$\sum_{j=1}^{m} a_j b_{2j}$
$\vdots$	$\vdots$	$\vdots$		$\vdots$	$\vdots$
B_n	b_{n1}	b_{n2}	$\cdots$	b_{nm}	$\sum_{j=1}^{m} a_j b_{nj}$

4.4.5 层次总排序的一致性检验

这一步骤也是从高到低逐层进行的。如果 B 层次某些因素对于 A_j 单排序的一致性指标为 CI_j,相应的平均随机一致性指标为 CR_j,则 B 层次总排序随机一致性比率用式(8)计算。

$$CR = \frac{\sum_{j=1}^{m} a_j CI_j}{\sum_{i=1}^{m} a_j RI_j} \tag{8}$$

类似地,当 $CR < 0.1$ 时,认为层次总排序结果具有满意的一致性,否则需要重新调整判断矩阵的元素取值。

4.5 计算各指标隶属度

根据模糊数学的理论,将选定的评价指标与耕地质量之间的关系分为戒上型函数、戒下型函数、峰型函数、直线型函数以及概念型5种类型的隶属函数。

4.5.1 戒上型函数模型

适合这种函数模型的评价因子,其数值越大,相应的耕地质量水平越高,但到了某一临界值后,其对耕地质量的正贡献效果也趋于恒定(如有效土层厚度、有机质含量等)。

$$y_i = \begin{cases} 0, & u_i \leq u_t \\ 1/(1 + a_i(u_i - c_i)^2), & u_t < u_i < c_i, (i = 1, 2, \cdots, m) \\ 1, & c_i \leq u_i \end{cases} \tag{9}$$

式(9)中,y_i 为第 i 个因子的隶属度;u_i 为样品实测值;c_i 为标准指标;a_i 为系数;u_t 为指标下限值。

4.5.2 戒下型函数模型

适合这种函数模型的评价因子,其数值越大,相应的耕地质量水平越低,但到了某一临界值后,其对耕地质量的负贡献效果也趋于恒定(如坡度等)。

$$y_i = \begin{cases} 0, & u_i \leq u_t \\ 1/(1 + a_i(u_i - c_i)^2), & c_i < u_i < u_t, (i = 1, 2, \cdots, m) \\ 1, & u_i \leq c_i \end{cases} \tag{10}$$

式(10)中,u_t 为指标下限值。

4.5.3 峰型函数

适合这种函数模型的评价因子,其数值离一特定的范围距离越近,相应的耕地质量水平越高(如土壤pH等)。

$$y_i = \begin{cases} 0, & u_i > u_{t1} \text{ 或 } u_i < u_{t2} \\ 1/(1 + a_i(u_i - c_i)^2), & u_{t1} < u_i < u_{t2} \\ 1, & u_i = c_i \end{cases} \tag{11}$$

式(11)中,u_{t1}、u_{t2}分别为指标上、下限值。

4.5.4 直线型函数模型

适合这种函数模型的评价因子,其数值的大小与耕地质量水平呈直线关系(如坡度、灌溉能力)。

$$yi = a_i u_i + b \tag{12}$$

式(12)中,a_i为系数,b为截距。

4.5.5 概念型指标

这类指标其性状是定性的、非数值性的,与耕地质量之间是一种非线性的关系,如地形部位、质地构型、质地等。这类因子不需要建立隶属函数模型。

4.5.6 隶属度的计算

对于数值型评价因子,依据附录B,用特尔斐法对一组实测值评估出相应的一组隶属度,并根据这两组数据拟合隶属函数;也可以根据唯一差异原则,用田间试验的方法获得测试值与耕地质量的一组数据,用这组数据直接拟合隶属函数,求得隶属函数中各参数值。再将各评价因子的实测值带入隶属函数计算,即可得到各评价因子的隶属度。鉴于质地对耕地某些指标的影响,有机质应按不同质地类型分别拟合隶属函数。

对于概念型评价因子,依据附录B,可采用特尔斐法直接给出隶属度。

4.6 计算耕地质量综合指数

采用累加法计算耕地质量综合指数。

$$P = \sum (C_i \times F_i) \tag{13}$$

式中:

P——耕地质量综合指数(Integrated Fertility Index);

C_i——第i个评价指标的组合权重;

F_i——第i个评价指标的隶属度。

4.7 区域耕地质量等级划分

按从大到小的顺序,在耕地质量综合指数曲线最高点到最低点间采用等距离法将耕地质量划分为10个耕地质量等级。耕地质量综合指数越大,耕地质量水平越高。一等地耕地质量最高,十等地耕地质量最低。

各区域内耕地质量划分时,依据相应的耕地质量综合指数确定当地耕地质量最高最低等级范围,再划分耕地质量等级。

4.8 耕地清洁程度调查与评价

耕地周边有污染源或存在污染的,应根据区域大小,加密耕地环境质量调查取样点密度,检测土壤污染物含量,进行耕地清洁程度评价。耕地土壤单项污染指标限值按照GB 15618的规定执行。按照HJ/T 166规定的方法,计算土壤单项污染指数和土壤内梅罗综合污染指数,并按内梅罗指数将耕地清洁程度划分为清洁、尚清洁、轻度污染、中度污染、重度污染。

4.9 耕地质量综合评估

依据耕地质量划分与耕地清洁程度调查评价结果,对耕地质量进行综合评估,查明影响耕地质量的主要障碍因子,提出有针对性的耕地培肥与土壤改良对策措施与建议。对判定为轻度污染、中度污染和重度污染的耕地,应明确耕地土壤主要污染物类型,提出耕地限制性使用意见和种植作物调整建议。

附录A 耕地质量等级划分区域范围
（规范性附录）

表A.1 耕地质量等级划分区域范围

一级农业区	二级农业区	县、市、旗、区
（一）东北区	兴安岭林区	根河、额尔古纳、牙克石、鄂伦春、莫力达瓦、阿荣旗、扎兰屯、呼玛、爱辉、孙吴、逊克、伊春、嘉荫、铁力
	松嫩-三江平原农业区	嫩江、五大连池、北安、讷河、甘南、龙江、富裕、依安、克山、克东、拜泉、林甸、杜尔伯特、泰来、海伦、绥棱、庆安、绥化、望奎、青冈、明水、安达、兰西、肇东、肇州、肇源、呼兰、巴彦、木兰、通河、方正、延寿、尚志、宾县、阿城、双城、五常、依兰、汤原、桦川、桦南、勃利、七台河、集贤、宝清、富锦、同江、抚远、饶河、绥滨、萝北、虎林、密山、鸡东、扎赉特、白城、镇赉、洮南、通榆、大安、乾安、扶余、前郭、长岭、农安、德惠、九台、榆树、双阳、舒兰、永吉、吉林市郊区、双辽、公主岭、梨树、伊通、辽源、东丰
	长白山地林农区	林口、穆棱、海林、宁安、东安、绥芬河、鸡西、敦化、安图、和龙、延吉、图们、汪清、珲春、辉南、梅河口、柳河、通化、集安、浑江、靖宇、抚松、长白、蛟河、桦甸、磐石
	辽宁平原丘陵农林区	西丰、昌图、开原、铁岭、康平、法库、抚顺、清原、新宾、新民、辽中、本溪、桓仁、辽阳、灯塔、岫岩、东港、凤城、宽甸、瓦房店、普兰店、金州、庄河、长海、盖州、营口、大洼、盘山、台安、海城、阜新、彰武、绥中、兴城、凌海、义县、北镇、黑山
（二）内蒙古及长城沿线区	内蒙古北部牧农区	陈巴尔虎、鄂温克、新巴尔虎左、新巴尔虎右、海拉尔、满洲里、东乌珠穆沁、西乌珠穆沁、锡林浩特、阿巴嘎、苏尼特左、正蓝、正镶白、镶黄、苏尼特右、二连浩特、四子王、达尔罕茂明安
	内蒙古中南部牧农区	科尔沁右前、突泉、乌兰浩特、科尔沁右中、科尔沁左中、扎鲁特、科尔沁区、开鲁、奈曼、阿鲁科尔沁、敖汉、巴林左、巴林右、翁牛特、林西、克什克腾、多伦、太仆寺、察右后、察右中、化德、商都、达拉特、准格尔、东胜、伊金霍洛、围场、丰宁、沽源、康保、张北、尚义、府谷、神木、榆林、横山、靖边、定边、盐池、红寺堡
	长城沿线农牧区	北票、朝阳、凌源、喀左、建昌、集宁、兴和、察右前、丰镇、凉城、卓资、武川、和林格尔、清水河、元宝山、红山、松山、喀喇沁、宁城、土默特左、托克托、固阳、土默特右、隆化、滦平、兴隆、平泉、宽城、青龙、承德、万全、怀安、阳原、蔚县、宣化、涿鹿、怀来、赤城、崇礼、涞源、大同、右玉、左云、平鲁、朔城、山阴、怀仁、应县、浑源、灵丘、阳高、天镇、广灵、繁峙、宁武、神池、偏关、五寨、岢岚、静乐、方山、娄烦、古交、赛罕、回民、玉泉、新城、九原

一级农业区	二级农业区	县、市、旗、区
(三) 黄淮海区	燕山太行山山麓平原农业区	门头沟、海淀、丰台、朝阳、房山、大兴、通州、昌平、平谷、怀柔、密云、顺义、延庆、蓟县、抚宁、卢龙、昌黎、迁安、迁西、遵化、丰润、玉田、滦县、大厂、三河、香河、涞水、涿州、高碑店、易县、定兴、容城、徐水、顺平、清苑、满城、望都、曲阳、唐县、博野、安国、蠡县、赞皇、高邑、赵县、辛集、晋州、元氏、藁城、鹿泉、正定、灵寿、行唐、新乐、无极、深泽、临城、柏乡、隆尧、内丘、邢台、任县、沙河、南和、宁晋、邯郸、武安、永年、肥乡、成安、磁县、临漳、安阳、淇滨、林州、淇县、汤阴、浚县、辉县、卫辉、新乡、修武、获嘉、武陟、博爱、温县、沁阳、孟州、栾城、定州
	冀鲁豫低洼平原农业区	静海、宁河、武清、宝坻、乐亭、滦南、丰南、安次、固安、永清、霸州、文安、大城、雄县、安新、高阳、广阳、曹妃甸、任丘、河间、沧县、青县、黄骅、海兴、盐山、孟村、南皮、东光、泊头、吴桥、献县、肃宁、安平、饶阳、深州、武强、阜城、景县、武邑、桃城区、冀州市、枣强、故城、新河、巨鹿、平乡、广宗、南宫、威县、清河、临西、鸡泽、曲周、馆陶、广平、大名、魏县、邱县、莘县、阳谷、东昌府、冠县、临清、茌平、东阿、高唐、夏津、武城、平原、禹城、齐河、济阳、陵县、临邑、商河、宁津、乐陵、庆云、惠民、阳信、滨城、无棣、沾化、利津、垦利、广饶、博兴、高青、寿光、内黄、南乐、清丰、范县、台前、濮阳、滑县、长垣、原阳、延津、封丘
	黄淮平原农业区	梁园、睢阳区、民权、睢县、宁陵、柘城、虞城、夏邑、永城、荥阳、兰考、杞县、祥符、通许、尉氏、中牟、新郑、扶沟、太康、西华、商水、淮阳、鹿邑、郸城、沈丘、项城、西平、遂平、上蔡、平舆、汝南、新蔡、正阳、许昌、长葛、鄢陵、临颍、郾城、舞阳、襄城、叶县、禹州、郏县、宝丰、息县、淮滨、嘉祥、金乡、鱼台、微山、梁山、郓城、鄄城、巨野、东明、牡丹、定陶、成武、曹县、单县、临泉、界首、太和、颍泉、颍东、颍州、阜南、颍上、亳州、涡阳、利辛、蒙城、毛集、潘集、砀山、萧县、濉溪、宿州、埇桥、灵璧、固镇、泗县、五河、怀远、蚌埠、淮上、丰县、沛县、铜山、邳州、睢宁、新沂、东海、赣榆、清浦、淮阴、涟水、灌云、灌南、沭阳、泗阳、宿迁、泗洪、响水、滨海
	山东丘陵农林区	荣成、文登、牟平、乳山、海阳、福山、栖霞、蓬莱、龙口、招远、莱州、莱阳、莱西、即墨、昌邑、寒亭、昌乐、平度、高密、胶州、黄岛、诸城、五莲、安丘、青州、临朐、历城、崂山、邹平、桓台、沂源、沂水、蒙阴、平邑、费县、沂南、兰陵、郯城、临沭、莒南、莒县、长青、平阴、肥城、宁阳、新泰、章丘、淄川、博山、临淄、周村、薛城、峄城、台儿庄、山亭、市中、东营、河口、潍城、寒亭、坊子、岱岳、环翠、东港、莱城、钢城、河东、罗庄、兰山、德城、张店、东平、兖州、曲阜、泗水、邹城、滕州、汶上

一级农业区	二级农业区	县、市、旗、区
（四）黄土高原区	晋东豫西丘陵山地农林牧区	五台、孟县、寿阳、昔阳、和顺、左权、平定、榆社、沁源、沁县、武乡、襄垣、黎城、潞城、屯留、长治、长子、平顺、壶关、高平、陵川、阳城、沁水、泽州、安泽、垣曲、平陆、芮城、阜平、平山、井陉、涉县、济源、巩义、登封、新密、鲁山、偃师、孟津、伊川、汝州、汝阳、新安、渑池、宜阳、陕州、灵宝、洛宁、栾川、卢氏
	汾渭谷地农业区	代县、原平、定襄、忻府、阳曲、清徐、晋源、小店、杏花岭、迎泽、尖草坪、万柏林、榆次、太谷、祁县、平遥、介休、灵石、交城、文水、汾阳、孝义、霍州、洪洞、尧都、古县、浮山、翼城、襄汾、曲沃、侯马、新绛、稷山、河津、绛县、闻喜、万荣、夏县、盐湖、临猗、永济、韩城、澄城、白水、蒲城、大荔、耀州、渭滨、临潼、蓝田、华州、华阴、潼关、长安、三原、泾阳、高陵、淳化、旬邑、彬县、长武、永寿、乾县、礼泉、兴平、武功、周至、户县、陈仓、麟游、陇县、千阳、凤翔、岐山、扶风、眉县、合阳、富平、临渭、渭城、秦都、金台、印台
	晋陕甘黄土丘陵沟壑牧林农区	河曲、保德、兴县、临县、离石、柳林、中阳、石楼、交口、汾西、隰县、永和、大宁、蒲县、吉县、乡宁、佳县、吴堡、米脂、绥德、子洲、清涧、延川、子长、安塞、吴起、宝塔、延长、甘泉、富县、宜川、黄龙、洛川、黄陵、宜君、西峰、庆城、环县、华池、合水、正宁、宁县、镇原、灵台、泾川、崆峒、崇信、华亭、原州、海原、西吉、泾源、隆德、同心、彭阳、志丹
	陇中青东丘陵农牧区	静宁、庄浪、张家川、清水、秦安、秦州、麦积、天水、甘谷、武山、漳县、靖远、平川、白银、会宁、安定、通渭、陇西、渭源、临洮、榆中、皋兰、永登、临夏、和政、东乡、广河、康乐、永靖、积石山、民和、乐都、互助、化隆、循化、湟中、湟源、大通、尖扎、同仁、贵德、西宁市郊区、贵德
（五）长江中下游区	长江下游平原丘陵农畜水产区	崇明、宝山、浦东、奉贤、松江、金山、嘉定、青浦、吴县、吴江、江阴、张家港、常熟、太仓、昆山、丹徒、武进、扬中、金坛、宜兴、溧阳、高淳、溧水、句容、启东、海门、如东、南通、如皋、海安、东台、大丰、建湖、射阳、阜宁、邗江、江都、靖江、泰兴、仪征、高邮、宝应、兴化、盱眙、洪泽、金湖、淮安、江宁、浦口、六合、嘉善、南湖、秀洲、海盐、海宁、桐乡、吴兴、南浔、德清、上城、下城、江干、拱墅、西湖、滨江、萧山、余杭、越城、柯桥、上虞、慈溪、余姚、海曙、江东、江北、北仑、镇海、鄞州、定海、岱山、普陀、平湖、嵊泗、当涂、芜湖、繁昌、南陵、铜陵、庐江、无为、肥东、巢湖、含山、和县、枞阳、桐城、怀宁、望江、宿松、滁州市辖区、全椒、定远、凤阳、明光、来安、天长、长丰、霍邱、寿县、肥西、安庆、合肥、马鞍山
	鄂豫皖平原山地农林区	襄州、襄城、樊城、枣阳、老河口、曾都、随县、广水、大悟、红安、麻城、罗田、英山、平桥、浉河、罗山、光山、新县、固始、商城、潢川、内乡、镇平、邓州、新野、南召、方城、社旗、唐河、六安、金寨、霍山、舒城、岳西、潜山、太湖、宛城区、卧龙、确山、泌阳、桐柏、淅川

一级农业区	二级农业区	县、市、旗、区
（五）长江中下游区	长江中游平原农业水产区	九江、彭泽、湖口、都昌、星子、德安、永修、瑞昌、鄱阳、乐平、万年、余干、余江、东乡、进贤、临川、南昌、丰城、清浦、高安、新余、安义、蔡甸、东西湖、汉南、黄陂、新洲、武汉市近郊区、黄州、团风、浠水、蕲春、武穴、黄梅、龙感湖、安陆、云梦、应城、孝南、孝昌、汉川、黄陂、嘉鱼、掇刀、东宝、屈家岭、沙洋、钟祥、京山、宜城、天门、仙桃、潜江、洪湖、监利、石首、公安、松滋、荆州、沙市、江陵、当阳、枝江、临湘、岳阳、汨罗、湘阴、南县、沅江、益阳、安乡、澧县、临澧、常德、汉寿、桃源、津市
	江南丘陵山地农林区	东至、贵池、泾县、青阳、宣城、郎溪、广德、石台、黄山、宁国、旌德、绩溪、歙县、休宁、黟县、祁门、安吉、诸暨、临安、富阳、桐庐、建德、淳安、浦江、兰溪、金东、婺城、衢江、柯城、龙游、磐安、长兴、江山、常山、开化、义乌、东阳、永康、武义、婺源、德兴、玉山、广丰、上饶、铅山、横峰、弋阳、贵溪、金溪、资溪、南城、黎川、南丰、宜黄、崇仁、乐安、广昌、石城、宁都、兴国、瑞金、会昌、安远、于都、信丰、赣县、南康、新干、峡江、永丰、吉水、吉安、安福、莲花、永新、宁冈、泰和、万安、遂川、铜鼓、靖安、奉新、宜丰、上高、分宜、万载、宜春、修水、武宁、黄石市郊区、阳新、大冶、江夏、梁子湖、鄂城、咸安、赤壁、崇阳、通山、通城、平江、浏阳、醴陵、攸县、茶陵、湘潭、湘乡、株洲、桃江、安化、宁乡、新化、冷水江、涟源、双峰、邵东、新邵、邵阳、隆回、洞口、武冈、新宁、衡山、衡东、衡阳、祁东、祁阳、常宁、衡南、东安、永州、安仁、耒阳、永兴、长沙、望城、韶山、华容
	浙闽丘陵山地林农区	嵊州、新昌、奉化、宁海、象山、天台、三门、临海、仙居、椒江、黄岩、路桥、温岭、玉环、永嘉、乐清、洞头、瑞安、平阳、文成、泰顺、缙云、丽水、莲都、青田、云和、遂昌、龙泉、庆元、浦城、松溪、政和、崇安、建阳、建瓯、光泽、邵武、顺昌、福鼎、柘荣、寿宁、福安、周宁、屏南、古田、霞浦、罗源、闽侯、闽清、永泰、建宁、泰宁、将乐、宁化、明溪、沙县、清流、永定、龙溪、大田、德化、永春、漳平、长汀、连城、永定、上杭、武平、龙湖、鹿城、瓯海、苍南、景宁
	南岭丘陵山地林农区	大余、全南、龙南、定南、寻乌、上犹、崇义、桂东、资兴、汝城、郴州、桂阳、嘉禾、临武、宜章、新田、宁远、道县、蓝山、江华、江永、双牌、炎陵、平远、蕉岭、梅县、兴宁、大埔、龙川、和平、连平、翁源、始兴、南雄、仁化、乐昌、乳源、连州、连南、连山、阳山、曲江、怀集、广宁、封开、富川、钟山、八步、昭平、蒙山、资源、全州、兴安、灌阳、灵川、龙胜、临桂、永福、阳朔、荔浦、平乐、恭城、金秀、象州、武宣、忻城、柳江、柳城、鹿寨、融水、融安、三江、罗城、宜州、上林、平桂管理区、兴宾、合山、城中、柳北、鱼峰、柳南、象山、秀峰、叠彩、七星、雁山

一级农业区	二级农业区	县、市、旗、区
(六)西南区	秦岭大巴山林农区	西峡、淅川、洛南、商州、汉滨、汉台、丹凤、商南、山阳、柞水、镇安、宁陕、石泉、汉阴、紫阳、旬阳、白河、平利、岚皋、镇坪、佛坪、洋县、西乡、镇巴、城固、南郑、勉县、宁强、略阳、留坝、太白、凤县、两当、徽县、西和、礼县、岷县、宕昌、武都、文县、成县、康县、舟曲、北川、平武、青川、旺苍、南江、通江、万源、白沙、城口、巫溪、十堰市郊区、郧阳、郧西、竹溪、竹山、房县、丹江口、谷城、保康、南漳、神农架
	四川盆地农林区	巴州、平昌、宣汉、开江、大竹、渠县、邻水、通川、梁平、忠县、万州、开县、垫江、丰都、涪陵、南川、巴南、綦江、江北、长寿、合川、铜梁、璧山、大足、荣昌、永川、江津、潼南、苍溪、阆中、仪陇、南部、营山、蓬安、岳池、广安、武胜、西充、安州、绵竹、德阳、中江、绵阳、江油、剑阁、梓潼、盐亭、三台、射洪、蓬溪、遂宁、什邡、广汉、彭州、新都、都江堰、郫县、温江、崇州、新津、大邑、邛崃、蒲江、彭山、眉山、青神、仁寿、井研、犍为、沐川、峨眉、夹江、洪雅、丹棱、宝兴、芦山、名山、天全、荥经、隆昌、乐至、安岳、简阳、资中、威远、富顺、泸县、合江、纳溪、江安、南溪、宜宾县、高县、长宁、双流、金堂、荣县、渝北、北碚、沙坪坝、九龙坡、大渡口
	渝鄂湘黔边境山地林农牧区	云阳、奉节、巫山、武隆、彭水、黔江、酉阳、秀山、石柱、远安、兴山、秭归、宜都、长阳、五峰、夷陵、宜昌市郊区、恩施、巴东、建始、利川、宣恩、鹤峰、咸丰、来凤、石门、慈利、龙山、桑植、张家界、永顺、保靖、古丈、花垣、吉首、泸溪、凤凰、沅陵、辰溪、溆浦、麻阳、芷江、新晃、洪江、会同、靖州、通道、绥宁、城步、沿河、德江、思南、印江、石阡、江口、松桃、万山、玉屏、道真、务川、正安、岑巩、镇远、施秉、三穗、台江、剑河、雷山、丹寨、天柱、锦屏、黎平、榕江、从江、凯里、三都、怀化
	黔桂高原山地林农牧区	绥阳、桐梓、习水、赤水、仁怀、遵义、湘潭、凤冈、余庆、瓮安、福泉、贵定、龙里、都匀、独山、平塘、惠水、长顺、罗甸、荔波、黄平、麻江、开阳、息烽、修文、清镇、平坝、普定、镇宁、关岭、紫云、金沙、黔西、大方、织金、纳雍、六枝、盘县、水城、晴隆、普安、兴仁、贞丰、兴义、安龙、册亨、望谟、古蔺、叙永、兴文、珙县、筠连、环江、南丹、天峨、凤山、东兰、巴马、都安、马山、乐业、凌云、田林、隆林、西林、大化、金城江
	川滇高原山地农林牧区	米易、盐边、泸定、汉源、石棉、屏山、甘洛、越西、喜德、美姑、昭觉、雷波、金阳、布拖、普格、峨边、马边、金口河、冕宁、西昌、德昌、宁南、会东、会理、盐源、赫章、威宁、绥江、盐津、永善、大关、彝良、威信、镇雄、鲁甸、巧家、东川、会泽、宣威、沾益、富源、马龙、寻甸、嵩明、宜良、石林、陆良、师宗、罗平、富民、安宁、晋宁、呈贡、易门、峨山、江川、通海、华宁、澄江、弥勒、泸西、丘北、文山、砚山、永仁、大姚、姚安、南华、牟定、楚雄、双柏、禄丰、武定、禄劝、元谋、景东、鹤庆、剑川、洱源、云龙、永平、漾濞、大理、巍山、宾川、祥云、弥渡、南涧、保山、腾冲、宁蒗、永胜、华坪、泸水、兰坪、西山、五华、盘龙、官渡、禄劝、古城、玉龙、昭阳、麒麟、红塔

一级农业区	二级农业区	县、市、旗、区
(七)华南区	闽南粤中农林水产区	长乐、平潭、福清、仙游、安溪、南安、惠安、晋江、同安、华安、长泰、龙海、南靖、平和、漳浦、云霄、东山、诏安、饶平、南澳、潮安、澄海、潮阳、丰顺、五华、普宁、惠来、揭西、陆丰、海丰、丰顺、五华、紫金、惠东、惠阳、博罗、番禺、花都、增城、从化、龙门、新丰、南海、三水、顺德、斗门、新会、鹤山、开平、台山、恩平、四会、高要、德庆、新兴、罗定、郁南、英德、佛冈
	粤西桂南农林区	阳春、信宜、高州、电白、化州、廉江、吴川、苍梧、藤县、岑溪、桂平、贵港、玉州、北流、容县、陆川、博白、平南、宾阳、横县、邕宁、武鸣、隆安、天等、大新、扶绥、龙州、宁明、凭祥、灵山、浦北、合浦、防城、上思、平果、田东、田阳、德保、靖西、那坡、兴宁、江南、青秀、西乡塘、邕宁、良庆、万秀、长洲、龙圩、海城、银海、铁山港、东兴、港口、钦南、钦北、港南、港北、覃塘、兴业、福绵管理区、玉东新区、右江、江州。
	滇南农林区	广南、富宁、西畴、麻栗坡、马关、石屏、建水、开远、蒙自、个旧、屏边、河口、金平、元阳、红河、绿春、元江、新平、镇沅、景谷、墨江、江城、澜沧、西盟、孟连、景洪、勐海、勐腊、凤庆、云县、双江、耿马、沧源、永德、镇康、昌宁、施甸、龙陵、盈江、梁河、芒市、陇川、瑞丽、思茅、临翔、隆阳
	琼雷及南海诸岛农林区	遂溪、雷州、徐闻、琼山、文昌、定安、澄迈、临高、琼海、屯昌、儋州、万宁、琼中、保亭、陵水、白沙、昌江、东方、乐东、崖州
(八)甘新区	蒙宁甘农牧区	乌达、海勃湾、五原、临河、杭锦后、磴口、乌拉特前、乌拉特中、乌拉特后、阿拉善左、阿拉善右、额济纳、杭锦、乌审、鄂托克、永宁、贺兰、平罗、灵武、青铜峡、中宁、沙坡头、凉州、古浪、景泰、民勤、永昌、金川、甘州、山丹、民乐、高台、临泽、嘉峪关、肃州、玉门、金塔、瓜州、敦煌、肃北、阿克塞、惠农、大武口、利通、兴庆、金凤、西夏
	北疆农牧林区	阿勒泰、布尔津、吉木乃、哈巴河、福海、富蕴、青河、塔城、额敏、裕民、托里、和布克赛尔、乌苏、沙湾、伊宁、霍城、察布查尔、尼勒克、巩留、新源、特克斯、昭苏、奎屯、精河、博乐、温泉、木垒、奇台、吉木萨尔、阜康、来东、昌吉、呼图壁、玛纳斯、乌鲁木奇市郊区、克拉玛依、奎屯、巴里坤、伊吾
	南疆农牧林区	鄯善、哈密、高昌、托克逊、和静、和硕、焉耆、博湖、库尔勒、尉犁、轮台、且末、若羌、库车、沙雅、拜城、新和、温宿、阿克苏、阿瓦提、乌什、柯坪、喀什、疏附、疏勒、伽师、岳普湖、巴楚、麦盖提、莎车、英吉沙、泽普、叶城、塔什库尔干、阿合奇、阿图什、乌恰、阿克陶、皮山、墨玉、和田、洛浦、策勒、于田、民丰

一级农业区	二级农业区	县、市、旗、区
（九）青藏区	藏南农牧区	吉隆、聂拉木、昂仁、定日、谢通门、拉孜、萨迦、定结、岗巴、白朗、江孜、南木林、仁布、康马、亚东、尼木、堆龙德庆、曲水、林周、达孜、墨竹工卡、浪卡子、贡嘎、扎囊、洛扎、乃东、琼结、桑日、曲松、措美、隆子、错那
	川藏林农牧区	加查、朗县、工布江达、米林、墨脱、索县、边坝、洛隆、丁青、类乌齐、江达、波密、察隅、八宿、左贡、察雅、芒康、贡觉、贡山、福贡、维西、香格里拉、德钦、木里、白玉、巴塘、理塘、得荣、乡城、稻城、新龙、炉霍、道孚、丹巴、雅江、康定、九龙、金川、小金、马尔康、理县、汶川、黑水、茂县、松潘、九寨沟、巴宜、卡诺
	青甘牧农区	合作、夏河、临潭、卓尼、迭部、碌曲、天祝、肃南、泽库、共和、贵南、兴海、同德、祁连、刚察、海晏、门源、天峻、乌兰、都兰、格尔木、河南、德令哈
	青藏高寒地区	仲巴、萨嘎、普兰、扎达、噶尔、日土、革吉、改则、措勤、那曲、嘉黎、比如、聂荣、安多、班戈、申扎、巴青、双湖、当雄、玉树、称多、杂多、治多、曲麻莱、玛多、玛沁、甘德、达日、班玛、久治、石渠、德格、色达、甘孜、壤塘、阿坝、若尔盖、红原、玛曲、尼玛

附录B 区域耕地质量等级划分指标
（资料性附录）

表B.1 东北区耕地质量等级划分指标

指标		等级									
		一等	二等	三等	四等	五等	六等	七等	八等	九等	十等
地形部位		岗平地、宽谷漫岗地、河流二级阶地		岗平地、河谷阶地、台地		漫岗缓坡地	河漫滩、低阶地、漫岗缓坡地、岗坡地、山地下部		岗间洼地、河漫滩、低阶地、岗顶岗坡地		
有效土层厚度(cm)		≥100		80~100			60~80		<60		
有机质含量（g/kg）		≥20			15~25			10~20		<10	
耕层质地		中壤、重壤、砂壤		砂壤、轻壤、中壤、重壤			砂壤、轻壤、黏土		砂土、黏土		
土壤容重		适中					偏轻或偏重				
质地构型		上松下紧型、海绵型		松散型、紧实型、夹黏型			夹砂型、上紧下松型、薄层型				
土壤养分状况		最佳水平			潜在缺乏或养分过量			养分贫瘠			
土壤健康状况	生物多样性	丰富			一般			不丰富			
	清洁程度				清洁、尚清洁						
障碍因素		无障碍因素		较少或较轻,有轻度盐碱			较多或较重,中度盐碱或钙积层、白浆层等障碍层次,耕层浅		多或重,重度盐碱,潜育化障碍或沙砾层、沙漏层等障碍层次		
灌溉能力		充分满足			满足			基本满足		不满足	
排水能力		充分满足			满足			基本满足		不满足	
农田林网化程度		高			中			低			
酸碱度		pH5.5~pH 6.5		pH 6.5~pH 7.5			pH 7.5~pH 8.5		≥pH 8.5、<pH 5.5		
耕层厚度cm		≥25		20~25			15~25		<15		

注:对判定为轻度污染、中度污染和重度污染的耕地,应提出耕地限制性使用意见,采取有关措施进行耕地环境质量修复。

表B.2 内蒙古及长城沿线区耕地质量等级划分指标

指标		等级								
		一等	二等	三等	四等	五等	六等	七等	八等	九等	十等
地形部位		河流冲积平原的河漫滩、低阶地、山前倾斜平原的中、下部				河流冲积平原的中阶地、河谷阶地、山前倾斜平原上部			河流冲积平原边缘地带、山前倾斜平原前缘、低山丘陵坡地		
有效土层厚度(cm)		≥60				30~60			<30		
有机质含量(g/kg)		≥12				8~15			<8		
耕层质地		中壤、轻壤				砂壤、轻壤、中壤、重壤			砂土、黏土		
土壤容重		适中							偏轻或偏重		
质地构型		上松下紧型、海绵型				松散型、紧实型、夹黏型			夹砂型、上紧下松型、薄层型		
土壤养分状况		最佳水平				潜在缺乏或养分过量			养分贫瘠		
土壤健康状况	生物多样性	丰富、一般				一般、不丰富			不丰富		
	清洁程度	清洁、尚清洁									
障碍因素		无障碍因素		轻度沙化、轻度盐碱			中度沙化、中度盐碱		重度沙化、重度盐碱		
灌溉能力		充分满足、满足				满足、基本满足			基本满足、不满足		
排水能力		充分满足、满足				满足、基本满足			基本满足、不满足		
农田林网化程度		高、中				中			低		
酸碱度		pH 5.5~pH 6.5、pH 6.5~pH 7.5				pH 7.5~pH 8.5			≥pH 8.5、<pH 5.5		
田面坡度(°)		≤3				2~10			10~15		

注:对判定为轻度污染、中度污染和重度污染的耕地,应提出耕地限制性使用意见,采取有关措施进行耕地环境质量修复。

表B.3 黄淮海区耕地质量等级划分指标

指标		等级									
		一等	二等	三等	四等	五等	六等	七等	八等	九等	十等
地形部位		交接洼地、微斜平原、山前平原、缓平坡地、冲洪积扇			交接洼地、微斜平地、缓平坡地、平原高阶、丘陵下部、丘陵中部、河滩高地			滨海低平地、河滩高地、坡地上部、丘陵上部			
有效土层厚度(cm)		≥100			60~100			< 60			
有机质含量(g/kg)		≥12			10~20			< 12			
耕层质地		中壤、重壤、轻壤			沙土、沙壤、重壤、黏土			沙土、沙壤、黏土			
土壤容重		适中						偏轻或偏重			
质地构型		上松下紧型、海绵型			松散型、紧实型、夹黏型			夹砂型、上紧下松型、薄层型			
土壤养分状况		最佳水平			潜在缺乏或养分过量			养分贫瘠			
土壤健康状况	生物多样性	丰富			一般			不丰富			
	清洁程度				清洁、尚清洁						
障碍因素		无			存在砂姜层、夹砂层、夹砾石层、黏化层、白浆层或黏盘层等			存在夹砂层、夹砾石层、黏化层或黏盘层等			
灌溉能力		充分满足			满足、基本满足			不满足			
排水能力		充分满足			满足、基本满足			不满足			
农田林网化程度		高、中			中			低			
酸碱度		pH 6.5~ pH 7.5			pH 5.5~ pH 6.5、pH 7.5~ pH 8.5			pH 4.5~ pH 5.5、≥pH 8.5			
耕层厚度(cm)		≥20			15~20			< 18			
盐渍化程度		无			轻度			中度、重度			
地下水埋深(m)		>3			2~3			<2			

注:对判定为轻度污染、中度污染和重度污染的耕地,应提出耕地限制性使用意见,采取有关措施进行耕地环境质量修复。

表B.4 黄土高原区耕地质量等级划分指标

指标		等级									
		一等	二等	三等	四等	五等	六等	七等	八等	九等	十等
地形部位		河流一、二级阶地			河谷阶地、塬地、洪积扇中下部、涧地			河漫滩、梁面平地、缓坡地		梁、峁、坡地	
有效土层厚度(cm)		≥100						60~100		<60	
有机质含量(g/kg)		≥15				8~15				<10	
耕层质地		中壤、轻壤				砂壤、轻壤、中壤				砂土、重壤、黏土	
土壤容重		适中						偏轻或偏重			
质地构型		上松下紧型、海绵型			松散型、紧实型、夹黏型			夹砂型、上紧下松型、薄层型			
土壤养分状况		最佳水平			潜在缺乏或养分过量				养分贫瘠		
土壤健康状况	生物多样性	丰富、一般			一般、不丰富				不丰富		
	清洁程度	清洁、尚清洁									
障碍因素		无障碍因素			轻度、中度侵蚀				中度、重度侵蚀		
灌溉能力		充分满足			满足、基本满足			基本满足		不满足	
排水能力		充分满足、满足			满足、基本满足			基本满足、不满足		不满足	
农田林网化程度		高、中						中		低	
盐渍化程度		无			轻度			中度		重度	
地下水埋深(m)		>3			2~3				<2		
田面坡度(°)		≤3			2~10			10~15		15~25	

注：对判定为轻度污染、中度污染和重度污染的耕地，应提出耕地限制性使用意见，采取有关措施进行耕地环境质量修复。

表 B.5 长江中下游区耕地质量等级划分指标

指标		等级									
		一等	二等	三等	四等	五等	六等	七等	八等	九等	十等
地形部位		河流中下游平缓阶地、山间盆地、宽谷盆地、平坝、低塝田、下冲垄田、河湖冲、沉积平原、冲积海积平原、滨海平原			山间畈田、河流上游宽谷阶地、低丘坡田、缓塝田、缓丘坡田、冲垄下部、下部田、平原湖(圩)田、河湖冲、沉积平原、冲积海积平原、滨海平原			河谷低阶地、盆谷阶地、江河高阶地、丘陵低谷地、缓岗地、丘陵中部、下部、冲垄上部田、河湖冲、沉积平原低洼地、滨海平原洼地、新垦滩涂		河谷阶地、山间谷地、封闭洼地、高丘山地、丘陵谷地、山垄上冲田、丘陵上部、新垦滩涂		
有效土层厚度(cm)		≥100				60~100				< 60	
有机质含量(g/kg)		≥24(≥28)			18~40(20~40)			10~30(15~30)		< 10(< 15)	
耕层质地		中壤、重壤、轻壤					砂壤、轻壤、中壤、重壤、黏土			砂土、重壤、黏土	
土壤容重		适中							偏轻或偏重		
质地构型		上松下紧型、海绵型			松散型、紧实型、夹黏型				夹砂型、上紧下松型、薄层型		
土壤养分状况		最佳水平			潜在缺乏或养分过量				养分贫瘠		
土壤健康状况	生物多样性	丰富			一般				不丰富		
	清洁程度	清洁、尚清洁									
障碍因素		100cm内无障碍因素或障碍层出现			50~100cm内出现障碍层(潜育层、网纹层、白土层、黏化层、盐积层、焦砾层、沙砾层等),或有其他障碍因素				50cm内出现障碍层(潜育层、白土层、网纹层、盐积层、黏化层、焦砾层、沙砾层、腐泥层、泥炭层等),或有其他障碍因素		
灌溉能力		充分满足			满足			基本满足		不满足	
排水能力		充分满足			满足			基本满足		不满足	
农田林网化程度		高、中				中				低	
酸碱度		pH6.0~ pH 8.0(pH 5.5~ pH 8.0)				pH 5.5~ pH 8.5(pH 5.0~ pH 8.5)		pH 4.5~ pH 6.5(pH 4.5~ pH 5.5)、pH 8.5~ pH 9.0(pH 8.0~ pH 8.5)		> pH 9.0(> pH 8.5)、< pH 4.5(< pH 5.0)	

注1:对判定为轻度污染、中度污染和重度污染的耕地,应提出耕地限制性使用意见,采取有关措施进行耕地环境质量修复。

注2:括号中数值为水田耕地质量等级划分指标。

表B.6 西南区耕地质量等级划分指标

指标		等级									
		一等	二等	三等	四等	五等	六等	七等	八等	九等	十等
地形部位		宽谷盆地、平原阶地、河流阶地、丘陵坝区、台地、丘陵下部			河流阶地、丘陵坝区、台地、丘陵中、下部,山地中、下部			丘陵上部、山地上、中、下部			
有效土层厚度(cm)		≥80			50~80			30~50		<30	
有机质含量(g/kg)		≥25(≥30)			20~30			15~20	10~15		<10
耕层质地		中壤、重壤			砂壤、轻壤、重壤、黏土			沙土、沙壤、黏土			
土壤容重		适中						偏轻或偏重			
质地构型		上松下紧型、海绵型			松散型、紧实型、夹黏型			夹砂型、上紧下松型、薄层型			
土壤养分状况		最佳水平			潜在缺乏或养分过量			养分贫瘠			
土壤健康状况	生物多样性	丰富			一般			不丰富			
	清洁程度	清洁、尚清洁									
障碍因素		无障碍层次			有潜育化障碍,50~100cm出现沙漏、黏盘等障碍层			有潜育化障碍,50cm以内出现沙漏、黏盘等障碍层,或砾石含量大于10%			
灌溉能力		充分满足、满足			满足、基本满足			基本满足、不满足			
排水能力		充分满足、满足			满足、基本满足			基本满足、不满足			
农田林网化程度		高			中			低			
酸碱度		pH 6.0~pH 7.5			pH 4.5~pH 6.5,pH 7.5~pH 8.5			<pH 4.5,>pH 8.5			
海拔高度(m)		≤1 600			800~2 000			>2 000			

注1:对判定为轻度污染、中度污染和重度污染的耕地,应提出耕地限制性使用意见,采取有关措施进行耕地环境质量修复。
注2:括号中数值为水田耕地质量等级划分指标。

表B.7 华南区耕地质量等级划分指标

指标		等级									
		一等	二等	三等	四等	五等	六等	七等	八等	九等	十等
地形部位		河口三角洲平原、峰林平原、河流冲积平原、宽谷冲积平原、宽谷阶地、平坝、丘陵缓坡		宽谷冲积平原、峰林平原、河流冲积平原、宽谷的中上部、低丘坡麓、丘间谷地、河坝地、滨海砂地、宽谷阶地、平坝、丘陵缓坡			低丘坡麓、丘间洼地、河流冲积坝地、滨海地区、峰林谷地、沟谷地、山地坡下部		滨海地区、封闭洼地、丘陵低谷地、山间峡谷、峰林谷地、沟谷地、山地坡中部			
有效土层厚度(cm)		≥100			60~100				<60			
有机质含量(g/kg)		≥25			20~30			10~20(15~25)		<10(<15)		
耕层质地		中壤、重壤			砂壤、轻壤、中壤、重壤				沙土、沙壤、重壤、黏土			
土壤容重		适中							偏轻或偏重			
质地构型		上松下紧型、海绵型			松散型、紧实型、夹黏型				夹砂型、上紧下松型、薄层型			
土壤养分状况		最佳水平			潜在缺乏或养分过量				养分贫瘠			
土壤健康状况	生物多样性	丰富			一般				不丰富			
	清洁程度	清洁、尚清洁										
障碍因素		无障碍层次			侵蚀、沙化、酸化、瘠薄、潜育化				盐渍化、酸化、潜育化			
灌溉能力		充分满足、满足			满足、基本满足				基本满足、不满足			
排水能力		充分满足、满足			满足、基本满足				基本满足、不满足			
农田林网化程度		高			中				低			
酸碱度		pH 5.5~pH 7.5			pH 5.0~pH 7.0			pH 4.5~pH 5.5、pH 6.5~pH 7.5（pH 7.0~pH 8.5）		>pH 7.5(>pH 8.5)或<pH 4.5		

注1:对判定为轻度污染、中度污染和重度污染的耕地,应提出耕地限制性使用意见,采取有关措施进行耕地环境质量修复。

注2:括号中数值为水田耕地质量等级划分指标。

表 B.8 甘新区耕地质量等级划分指标

指标		等级								
		一等	二等	三等	四等	五等	六等	七等	八等	九等	十等
地形部位		大河三角洲的上部、河流冲积平原的河漫滩、低阶地、山前平原的中、下部			泛滥河流的河间洼地、山前平原中部、上部、下切河流冲积平原的中阶地、大河三角洲中部					大河三角洲下游、河流冲积平原的边缘地带山前平原上部	
有效土层厚度(cm)		≥100			60~100					<60	
有机质含量(g/kg)		≥15			10~20				<15		
耕层质地		中壤、轻壤			砂壤、轻壤、重壤				砂土、重壤、黏土		
土壤容重		适中						偏轻或偏重			
质地构型		上松下紧型、海绵型			松散型、紧实型、夹黏型				夹砂型、上紧下松型、薄层型		
土壤养分状况		最佳水平			潜在缺乏或养分过量				养分贫瘠		
土壤健康状况	生物多样性	丰富、一般			一般、不丰富				不丰富		
	清洁程度	清洁、尚清洁									
障碍因素		无			部分土体中含夹砂层、夹砾石层,部分沙化				含夹砂层、夹砾石、夹黏层障碍层,沙化		
灌溉能力		充分满足、满足					满足、基本满足			基本满足、不满足	
排水能力		充分满足、满足					满足、基本满足			基本满足、不满足	
农田林网化程度		高				中				低	
盐渍化程度		无、轻度				轻度、中度				中度、重度	
地下水埋深(m)		>3				2~3				<2	

注:对判定为轻度污染、中度污染和重度污染的耕地,应提出耕地限制性使用意见,采取有关措施进行耕地环境质量修复。

表B.9 青藏区耕地质量等级划分指标

指标		等级									
		一等	二等	三等	四等	五等	六等	七等	八等	九等	十等
地形部位		河流低谷地、洪积扇前缘、台地			河流宽谷阶地、坡地、湖盆阶地、洪积扇中后部、坡积裙、起伏侵蚀高台地						
有效土层厚度(cm)		≥50			>30					<30	
有机质含量(g/kg)		20~40			10~30					<10	
耕层质地		中壤、轻壤			砂壤、轻壤、重壤					砂土、重壤、黏土	
土壤容重		适中					偏轻或偏重				
质地构型		上松下紧型、海绵型			松散型、紧实型、夹黏型					夹砂型、上紧下松型、薄层型	
土壤养分状况		最佳水平			潜在缺乏或养分过量					养分贫瘠	
土壤健康状况	生物多样性	丰富			一般					不丰富	
	清洁程度	清洁、尚清洁									
障碍因素		无			有潜育化,50cm以下出现沙漏、黏盘等障碍层					有潜育化,50cm以内出现沙漏、黏盘障碍层;临界地下水位≤30cm,砾石含量≥20%,盐化	
灌溉能力		充分满足			满足				基本满足		不满足
排水能力		充分满足			满足				基本满足		不满足
农田林网化程度		高			中					低	
盐渍化程度		无			轻度					中度、重度	
海拔高度(m)		<1 500 内陆灌(漠)淤土2 800~3 000		1 500~2 500 内陆灌(漠)淤土3 000~3 200	2 000~3 000		2 500~3 800			>3 800	

注:对判定为轻度污染、中度污染和重度污染的耕地,应提出耕地限制性使用意见,采取有关措施进行耕地环境质量修复。

附录C 土壤有机质的测定
（规范性附录）

C.1 应用范围
本方法适用于有机质含量在15%以下的土壤。

C.2 方法提要
在加热条件下，用过量的重铬酸钾–硫酸溶液氧化土壤有机碳，多余的重铬酸钾用硫酸亚铁标准溶液滴定，由消耗的重铬酸钾量按氧化校正系数计算出有机碳量，再乘以常数1.724，即为土壤有机质含量。

C.3 主要仪器设备
C.3.1 电炉：1 000 W；

C.3.2 硬质试管：25×200 mm；

C.3.3 油浴锅：用紫铜皮做成或用高度为15～20 cm的铝锅代替，内装甘油（工业用）或固体石蜡（工业用）；

C.3.4 铁丝笼：大小和形状与油浴锅配套，内有若干小格，每格内可插入一支试管；

C.3.5 自动调零滴定管；

C.3.6 温度计：300 ℃。

C.4 试剂
本试验方法所用试剂和水，除特殊注明外，均指分析纯试剂和GB/T 6682中规定的三级水。所述溶液如未指明溶剂，均系水溶液。

C.4.1 0.4 mol/L重铬酸钾–硫酸溶液

称取40.0 g重铬酸钾（化学纯）溶于600～800 mL水中，用滤纸过滤到1 L量筒内，用水洗涤滤纸，并加水至1 L。将此溶液转移入3 L大烧杯中；另取1 L密度为1.84的浓硫酸（化学纯），慢慢地倒入重铬酸钾水溶液中，不断搅动。为避免溶液急剧升温，每加约100 mL浓硫酸后可稍停片刻，并把大烧杯放在盛有冷水的大塑料盆内冷却，当溶液的温度降到不烫手时再加另一份浓硫酸，直到全部加完为止。此溶液浓度$c(\frac{1}{6}K_2Cr_2O_7) = 0.4$ mol/L。

C.4.2 0.1 mol/L硫酸亚铁标准溶液

称取28.0 g硫酸亚铁（化学纯）或40.0 g硫酸亚铁铵（化学纯）溶解于600～800 mL水中，加浓硫酸（化学纯）20 mL搅拌均匀，静止片刻后用滤纸过滤到1 L容量瓶内，再用水洗涤滤纸并加水至1 L。此溶液易被空气氧化而致浓度下降，每次使用时应标定其准确浓度。

0.1 mol/L硫酸亚铁溶液的标定：吸取0.100 0 mol/L重铬酸钾标准溶液20.00 mL放入150 mL三角瓶中，加浓硫酸3～5 mL和邻菲啰啉指示剂3滴，以硫酸亚铁溶液滴定，根据硫酸亚铁溶液消耗量即可计算出硫酸亚铁溶液的准确浓度。

C.4.3 重铬酸钾标准溶液

准确称取130 ℃烘2～3 h的重铬酸钾（优级纯）4.904 g，先用少量水溶解，然后无损地移入1 000 mL容量瓶中，加水定容，此标准溶液浓度$c\left(\frac{1}{6}K_2Cr_2O_7\right)$ = 0.100 0 mol/L。

C.4.4 邻菲啰啉（$C_{12}HgN_2·H_2O$）指示剂

称取邻菲啰啉1.49 g溶于含有0.70 g $FeSO_4·7H_2O$ 或1.00 g $(NH_4)_2SO_4·FeSO_4·6H_2O$ 的100 mL水溶液中。此指示剂易变质，应密闭保存于棕色瓶中。

C.5 分析步骤

准确称取通过0.25 mm孔径筛风干试样0.05～0.5 g（精确到0.000 1 g，称样量根据有机质含量范围而定），放入硬质试管中，然后从自动调零滴定管准确加入10.00 mL 0.4mol/L重铬酸钾-硫酸溶液，摇匀并在每个试管口插入一玻璃漏斗。将试管逐个插入铁丝笼中，再将铁丝笼沉入已在电炉上加热至185 ℃～190 ℃的油浴锅内，使管中的液面低于油面，要求放入后油浴温度下降至170 ℃～180 ℃，等试管中的溶液沸腾时开始计时，此刻必须控制电炉温度，不使溶液剧烈沸腾，其间可轻轻提起铁丝笼在油浴锅中晃动几次，以使液温均匀，并维持在170 ℃～180 ℃，5±0.5 min后将铁丝笼从油浴锅内提出，冷却片刻，擦去试管外的油（蜡）液。把试管内的消煮液及土壤残渣无损地转入250 mL三角瓶中，用水冲洗试管及小漏斗，洗液并入三角瓶中，使三角瓶内溶液的总体积控制在50～60 mL。加3滴邻菲啰啉指示剂，用硫酸亚铁标准溶液滴定剩余的$K_2Cr_2O_7$，溶液的变色过程是橙黄——蓝绿——棕红。

如果滴定所用硫酸亚铁溶液的毫升数不到下述空白试验所耗硫酸亚铁溶液毫升数的1/3，则应减少土壤称样量重测。

每批分析时，必须同时做2个空白试验，即取大约0.2 g灼烧浮石粉或土壤代替土样，其他步骤与土样测定相同。

C.6 结果计算

计算结果见式（C.1）

$$O.M = \frac{c \cdot (V_0 - V) \times 0.003 \times 1.724 \times 1.10}{m} \times 1 000 \tag{C.1}$$

式中：

$O.M$——土壤有机质的质量分数，单位为克每千克（g/kg）；

V_0——空白试验所消耗硫酸亚铁标准溶液体积，单位为毫升（mL）；

V——试样测定所消耗硫酸亚铁标准溶液体积，单位为毫升（mL）；

c——硫酸亚铁标准溶液的浓度，单位为摩尔每升（mol/L）；

0.003——1/4碳原子的毫摩尔质量，单位为克（g）；

1.724——由有机碳换算成有机质的系数；

1.10——氧化校正系数；

m——称取烘干试样的质量，单位为克（g）；

1 000——换算成每千克含量。

平行测定结果用算术平均值表示,保留3位有效数字。

C.7 精密度

表1 平行测定结果允许相差

有机质含量/(g/kg)	允许绝对相差/(g/kg)
<10	≤0.5
10~40	≤1.0
40~70	≤3.0
>70	≤5.0

C.8 注释

C.8.1 氧化时,若加0.1 g硫酸银粉末,氧化校正系数取1.08。

C.8.2 测定土壤有机质必须采用风干样品。因为水稻土及一些长期渍水的土壤,由于较多的还原性物质存在,可消耗重铬酸钾,使结果偏高。

C.8.3 本方法不宜用于测定含氯化物较高的土壤。

C.8.4 加热时,产生的二氧化碳气泡不是真正沸腾,只有在真正沸腾时才能开始计算时间。

附录D 土壤机械组成的测定
（规范性附录）

D.1 应用范围
本方法适用于各类土壤机械组成的测定。

D.2 测定原理
试样经处理制成悬浮液，根据司笃克斯定律，用特制的甲种土壤比重计于不同时间测定悬液密度的变化，并根据沉降时间、沉降深度及比重计读数计算出土粒粒径大小及其含量百分数。

D.3 主要仪器设备
D.3.1 土壤比重计：刻度范围为0～60 g/L；

D.3.2 沉降筒：1 L；

D.3.3 洗筛：直径6 cm，孔径0.2 mm；

D.3.4 带橡皮垫(有孔)的搅拌棒；

D.3.5 恒温干燥箱；

D.3.6 电热板；

D.3.7 秒表。

D.4 试剂
D.4.1 0.5 mol/L六偏磷酸钠溶液

称取51.00 g六偏磷酸钠（化学纯），加水400 mL，加热溶解，冷却后用水稀释至1 L，其浓度$c[1/6(NaPO_3)_6]= 0.5$ mol/L；

D.4.2 0.5 mol/L草酸钠溶液

称取33.50 g草酸钠（化学纯），加水700 mL，加热溶解，冷却后用水稀释至1 L，其浓度$c(1/2Na_2C_2O_4)= 0.5$ mol/L；

D.4.3 0.5 mol/L氢氧化钠溶液

称取20.00 g氢氧化钠（化学纯），加水溶解并稀释至1 L。

D.5 分析步骤
D.5.1 测定土壤吸湿水含量。取空铝盒编号后放入105 ℃恒温干燥箱中烘2 h，移入干燥器冷却约20 min，于天平称量，精确至0.01 g(m_0)。取待测试样约10 g平铺于铝盒中，称量，精确至0.01 g(m_1)。将盒盖倾斜放在铝盒上，置于已预热至105 ℃±2 ℃的恒温干燥箱中烘6～8 h（一般样品烘干6 h，含水较多，质地黏重样品需烘8 h），取出，将盒盖盖严，移入干燥器中冷却20～30 min称量，精确至0.01 g(m_2)。每一样品应进行2份平行测定。

D.5.2 称样：称取2 mm孔径筛的风干试样50.00 g于500 mL三角瓶中，加水润湿。

D.5.3 悬液的制备：根据土壤pH加入不同的分散剂(石灰性土壤加60 mL 0.5 mol/L偏磷酸钠溶液；中性土壤加20 mL 0.5 mol/L草酸钠溶液；酸性土壤加40 mL 0.5 mol/L氢氧化钠溶液)，再加水于三角瓶中，使土液体积约为250 mL。瓶口放一小漏斗，摇匀后静置2

h,然后放在电热板上加热,微沸1 h,在煮沸过程中要经常摇动三角瓶,以防土粒沉积于瓶底结成硬块。

将孔径为0.2 mm的洗筛放在漏斗中,再将漏斗放在沉降筒上,待悬液冷却后,通过洗筛将悬液全部进入沉降筒,直至筛下流出的水清澈为止,但洗水量不能超过1 L,然后加水至1 L刻度。

留在洗筛上的砂粒用水洗入已知质量的铝盒内,在电热板上蒸干后移入烘箱,于105 ℃±2 ℃烘6 h,冷却后称量(精确至0.01 g)并计算砂粒含量百分数。

D.5.4 测量悬液温度:将温度计插入有水的沉降筒中,并将其与装待测悬液的沉降筒放在一起,记录水温,即代表悬液的温度。

D.5.5 测定悬液密度:将盛有悬液的沉降筒放在温度变化小的平台上,用搅拌棒上下搅动1 min(上下各30次,搅拌棒的多孔片不要提出液面)。搅拌时,悬液若产生气泡影响比重计刻度观测时,可加数滴95%乙醇除去气泡,搅拌完毕后立即开始计时,于读数前10~15 s轻轻将比重计垂直地放入悬液,并用手略微挟住比重计的玻杆,使之不上下左右晃动,测定开始沉降后30 s、1 min、2 min时的比重计读数(每次皆以弯月面上缘为准)并记录,取出比重计,放入清水中洗净备用。

按规定的沉降时间,继续测定4 min、8 min、15 min、30 min及1 h、2 h、4 h、8 h、24 h等时间的比重计读数。每次读数前15 s将比重计放入悬液,读数后立即取出比重计,放入清水中洗净备用。

D.6 结果计算

D.6.1 土壤吸湿水含量的计算,见式(D.1):

$$水分(分析基)(g/kg) = \frac{m_1 - m_2}{m_1 - m_0} \times 1\,000 \quad (D.1)$$

$$水分(干基)(g/kg) = \frac{m_1 - m_2}{m_1 - m_0} \times 1\,000$$

式中:

m_0——烘干空铝盒质量,单位为克(g);

m_1——烘干前铝盒加试样质量,单位为克(g);

m_2——烘干后铝盒加试样质量,单位为克(g)。

平行测定结果以算术平均值表示,保留整数。

D.6.2 烘干土质量的计算,见式(D.2):

$$烘干土质量(g) = \frac{风干试样质量(g)}{试样吸湿水含量(g/kg) + 1\,000} \times 1\,000 \quad (D.2)$$

D.6.3 粗砂粒含量(2.0 mm≥D>0.2 mm)的计算,见式(D.3):

$$2.0 \sim 0.2 \text{ mm}粗砂粒含量(\%) = \frac{留在0.2 \text{ mm}孔径筛上的烘干砂粒质量}{烘干试样质量} \times 100 \quad (D.3)$$

D.6.4 0.2 mm粒径以下,小于某粒径颗粒的累积含量的计算按式(D.4):

$$\text{小于某粒径颗粒含量(\%)} = \frac{\text{比重计读数} + \text{比重计刻度弯月面校正值} + \text{温度校正值} - \text{分散剂量}}{\text{烘干土样质量}} \times 100 \tag{D.4}$$

D.6.5 土粒直径的计算。0.2mm粒径以下,小于某粒径颗粒的有效直径(D),可按司笃克斯公式计算见式(D.5):

$$D = \sqrt{\frac{1800\eta}{981(d_1 - d_2)} \times \frac{L}{T}} \tag{D.5}$$

式中:

D——土粒直径,单位为毫米(mm);

d_1——土粒密度,单位为克每立方厘米(g/cm³);

d_2——水的密度,单位为克每立方厘米(g/cm³);

L——土粒有效沉降深度,单位为厘米(cm)(可由图D.1查得);

T——土粒沉降时间,单位为秒(s);

η——水的黏滞系数,单位为克每厘米秒[g/(cm·s)]见表D.1。

981——重力加速度,单位为厘米每二次方秒(cm/s²)。

表D.1 水的黏滞系数(η)

温度(℃)	$\eta[\text{g/(cm·s)}]$	温度(℃)	$\eta[\text{g/(cm·s)}]$
4	0.01567	20	0.01005
5	0.01519	21	0.009810
6	0.01473	22	0.009579
7	0.01428	23	0.009358
8	0.01386	24	0.009142
9	0.01346	25	0.008937
10	0.01308	26	0.008737
11	0.01271	27	0.008545
12	0.01236	28	0.008360
13	0.01203	29	0.008180
14	0.01171	30	0.008007
15	0.01140	31	0.007840
16	0.01111	32	0.007679
17	0.01083	33	0.007523
18	0.01056	34	0.007371
19	0.01030	35	0.007225

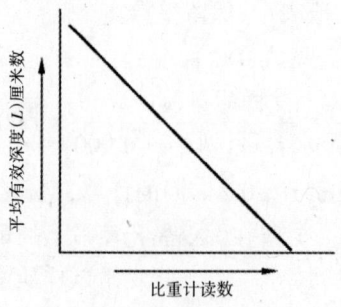

图D.1 比重计读数与有效沉降深度关系图

式中的 L 值可由比重计读数与土粒有效沉降深度关系图(图D.1)查得。

D.6.6 颗粒大小分配曲线的绘制：根据筛分和比重计读数计算出的各粒径数值以及相应土粒累积百分数，以土粒累积百分数为纵坐标，土粒粒径数值为横坐标，在半对数纸上绘出颗粒大小分配曲线(图D.2)。

D.6.7 计算各粒级百分数，确定土壤质地。从颗粒大小分配曲线图上查出<2.0 mm、<0.2 mm、<0.02 mm 及 <0.002 mm 各粒径累积百分数，上下两级相减即得到 2.0 mm≥D>0.02mm、0.02 mm≥D>0.002 mm、D<0.002 mm 各粒级的百分含量。

示例：若从颗粒大小分配曲线上查得<2.0、<0.2、<0.02、<0.002mm 各粒径的累计百分数分别为 100、93、42、和 20，则

黏粒(D<0.002 mm)含量(%)=20

粉(砂)粒(0.02 mm≥D>0.002 mm)含量(%)=42-20=22

细砂粒(0.2 mm≥D>0.02 mm)含量(%)=93-42=51

粗砂粒(2.0 ~ 0.2 mm)含量(%)=100-93=7

0.2 mm≥D>0.02 mm 与 2.0 mm≥D>0.2 mm 即细砂粒与粗砂粒含量之和为砂粒级(2.0 mm≥D>0.02 mm)的含量，本例中砂粒级含量为58%。

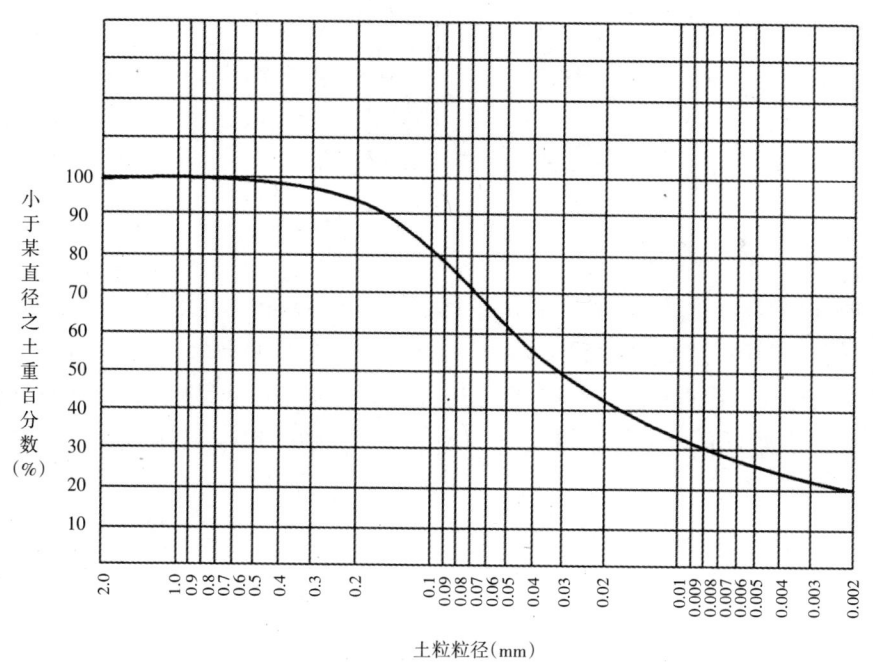

图D.2 颗粒大小分配曲线

D.7 精密度

土壤吸湿水含量平行测定结果允许绝对相差：水分含量<50 g/kg，允许绝对相差≤2 g/kg；水分含量 50 ~ 150 g/kg，允许绝对相差≤3 g/kg；水分含量>150 g/kg，允许绝对相差≤7 g/kg。

各粒级百分数平行测定结果允许绝对相差黏粒级≤3%；粉(砂)粒级≤4%。

D.8 注意事项

D.8.1 土粒有效沉降深度(L)的校正

比重计读数不仅表示悬液密度,而且还表示土粒的沉降深度,亦即用由悬液表面至比重计浮泡体积中心距离(L')来表示土粒的沉降深度。但在实验测定中,当比重计浸入悬液后,使液面升高,由读数(即悬液表面和比重计相切处)至浮泡体积中心距离(L')并非土粒沉降的实际深度(即土粒有效沉降深度L)。而且,不同比重计的同样读数所代表的(L')值因比重计形式及读数而不同。因此,在使用比重计前就必须先进行土粒有效沉降深度校正(图D.3),求出比重计读数与土粒有效沉降深度的关系。

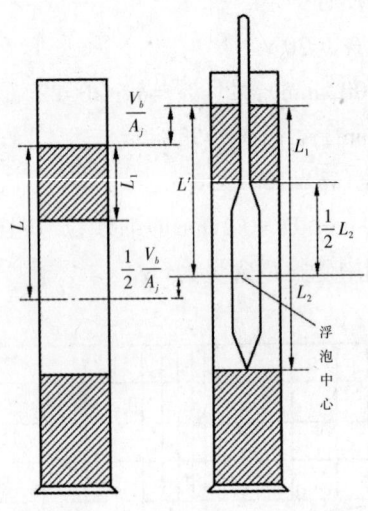

图D.3　土粒沉降深度L之校正图

校正步骤如下。

a)测定比重计浮泡体积:取500 mL量筒,倒入约300 mL水,置于恒温室或恒温水槽内,使水温保持20 ℃,测记量筒水面处的体积刻度(以弯月面下缘为准)。将比重计放入量筒中,使水面恰达比重计最低刻度处(以弯月面下缘为准),再测记水面处的量筒体积刻度(以弯月面下缘为准)。两者体积差即为比重计浮泡的体积(V_b),连续2次,取其算术平均值作为V_b值(mL)。

b)测定比重计浮泡体积中心:在上述20 ℃恒温条件下,调节量筒内水面至某一刻度处,将比重计放入水中,当液面升起的容积达1/2比重计浮泡体积时,此时水面与浮泡相切(以弯月面下缘为准)处即为浮泡体积中心线(图D.3)。将比重计固定于三脚架上,用直尺准确量出水面至比重计最低刻度处的垂直距离(1/2L_2),亦即浮泡体积中心线至最低刻度处的垂直距离。

c)测量量筒内径(R)(精确至1 mm),并计算量筒横截面积(S):$S=1/4\pi R^2$, $\pi \approx 3.14$。

d)用直尺准确量出自比重计最低刻度至玻杆上各刻度的距离(L_1)、每距5格量一次并记录。

e)计算土粒有效沉降深度(L)

$$L = L' - \frac{V_b}{2S} = L_1 + \frac{1}{2}\left(L_2 - \frac{V_b}{S}\right) \tag{D.6}$$

式中：

L——土粒有效沉降深度，单位为厘米（cm）；

L'——液面至比重计浮泡体积中心的距离，单位为厘米（cm）；

L_1——自最低刻度至玻杆上各刻度的距离，单位为厘米（cm）；

$1/2\,L_2$——比重计浮泡体积中心至最低刻度的距离，单位为厘米（cm）；

V_b——比重计浮泡体积，单位为立方厘米（cm³）；

S——量筒横截面积，单位为平方厘米（cm²）。

f）绘制比重计读数与土粒有效沉降深度（L）的关系曲线。用所量出的不同L_1值，代入上式，计算出各相应的L值，绘制比重计读数与土粒有效沉降深度（L）的关系曲线（图D.1）。或将比重计读数直接列于司笃克斯公式列线图中有效沉降深度L列线的右侧。这样，就不仅可直接从曲线上把比重计读数换算出土粒有效沉降深度（L）值，而且可应用比重计读数等数值在司笃克斯公式列线图上查出相应的土粒直径（D）。

D.8.2 比重计刻度及弯月面校正

比重计在应用前必须校验，此为刻度校正。另外，比重计的读数原以弯月面下缘为准，但在实际操作中，由于悬液浑浊不清而只能用弯月面上缘读数，所以，弯月面校正实为必要。在校正时，刻度校正和弯月面校正可合并进行。校正步骤如下：

第一步，配制不同浓度的标准溶液：根据甲种比重计刻度及弯月面校正计算例表（表D.2）第三直行所列数值，准确称取经105 ℃干燥过的氯化钠，配制氯化钠标准系列溶液（表D.2中第二直行），定容于1 000 mL容量瓶中，分别倒入沉降筒。配制时液温保持在20 ℃，可在恒温室外或恒温水槽中进行。

表D.2 甲种比重计刻度及弯月面校正计算例表

20 ℃时比重计的准确读数（g/L）	20 ℃时标准溶液浓度（g/mL）	第升标准溶液中所需的氯化钠量（g）	读数时温度（℃）	校正时由比重计测定的平均读数（g/L）	刻度及弯月面校正值（g/L）
0	0.998232	0	20	-0.6	+0.6
5	1.001349	4.56	20	4.0	+1.0
10	1.004465	8.94	20	9.4	+0.6
15	1.007582	13.30	20	15.1	-0.1
20	1.010698	17.79	20	20.2	-0.2
25	1.013815	22.30	20	25.0	0
30	1.016931	26.73	20	29.5	+0.5
35	1.020048	31.11	20	34.5	+0.5
40	1.023165	35.61	20	39.7	+0.3
45	1.026281	40.32	20	44.4	+0.6
50	1.029398	44.88	20	49.4	+0.6
55	1.032514	49.56	20	54.4	+0.6
60	1.035631	54.00	20	60.3	-0.3

第二步,测定比重计实际读数:将盛有不同氯化钠标准溶液的各个沉降筒放于恒温室或恒温水槽中,使液温保持20 ℃,用搅拌棒搅拌筒内溶液,使其分布均匀。

将需要校正的比重计依次放入盛有各标准溶液(从浓度小到大)的沉降筒中,在20 ℃下进行比重计实际读数(以弯月面上缘为准)的测定,连测2次,取平均值(表D.2中第五直行)。比重计的理论读数(即准确读数,见表D.2中第一直行)和实际平均读数(表D.2中第五直行)之差,即为刻度及弯月面校正值(表D.2中第六直行)。在实际应用中要注意校正值的正负符号,以免弄错。

第三步,绘制比重计刻度及弯月面校正曲线:根据比重计的实际平均读数和校正值,以比重计的实际平均读数为横坐标,校正值为纵坐标,在方格坐标纸上绘制成刻度及弯月面校正曲线(图D.4)。依据此曲线,可对用比重计进行颗粒分析时所测得的各读数进行实际的校正。

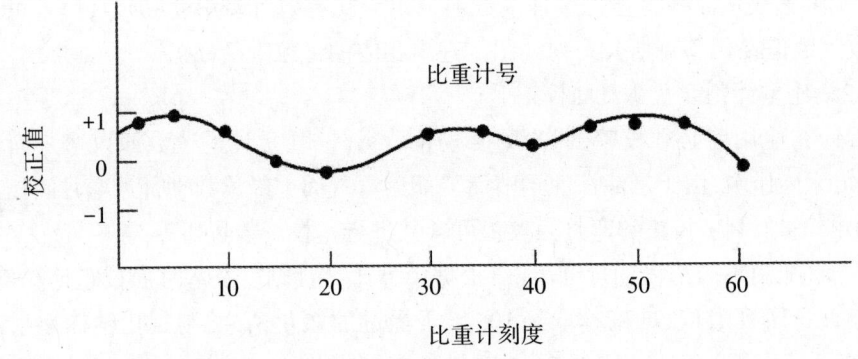

图D.3　土粒沉降深度 L 之校正图

D.8.3　温度校正

土壤比重计都是在20 ℃校正的。测定温度改变,会影响比重计的浮泡体积及水的密度,一般根据表D.3进行校正。

表D.3　甲种比重计温度校正表

悬液温度(℃)	校正值	悬液温度(℃)	校正值	悬液温度(℃)	校正值
6.0～8.5	-2.2	18.5	-0.4	26.5	+2.2
9.0～9.5	-2.1	19.0	-0.3	27.0	+2.5
10.0～10.5	-2.0	19.5	-0.1	27.5	+2.6
11.0	-1.9	20.0	0	28.0	+2.9
11.5～12.0	-1.8	20.5	+0.15	28.5	+3.1
12.5	-1.7	21.0	+0.3	29.0	+3.3
13.0	-1.6	21.5	+0.45	29.5	+3.5
13.5	-1.5	22.0	+0.6	30.0	+3.7
14.0～14.5	-1.4	22.5	+0.8	30.5	+3.8
15.0	-1.2	23.0	+0.9	31.0	+4.0

续表

悬液温度(℃)	校正值	悬液温度(℃)	校正值	悬液温度(℃)	校正值
15.5	−1.1	23.5	+1.1	31.5	+4.2
16.0	−1.0	24.0	+1.3	32.0	+4.6
16.5	−0.9	24.5	+1.5	32.5	+4.9
17.0	−0.8	25.0	+1.7	33.0	+5.2
17.5	−0.7	25.5	+1.9	33.5	+5.5
18.0	−0.5	26.0	+2.1	34.0	+5.8

D.8.4　土粒比重校正

比重计的刻度是以土粒比重为2.65作标准的。土粒比重改变时,可将比重计读数乘以表D.4所列校正值进行校正,如土粒比重差异不大,可忽略不计。

表D.4　甲种比重计土粒比重校正值

土粒比重	校正值	土粒比重	校正值	土粒比重	校正值	土粒比重	校正值
2.50	1.0376	2.60	1.0118	2.70	0.9889	2.80	0.9686
2.52	1.0322	2.62	1.0070	2.72	0.9847	2.82	0.9648
2.54	1.0269	2.64	1.0023	2.74	0.9805	2.84	0.9611
2.56	1.0217	2.66	0.9977	2.76	0.9768	2.86	0.9575
2.58	1.0166	2.68	0.9933	2.78	0.9725	2.88	0.9540

D.8.5　其他

若不考虑比重计的刻度校正,在比重计法中作空白测定(即在沉降筒中加入与样品所加相同量的分散剂,用蒸馏水加至1 L,与待测样品同条件测定),计算时减去空白值,便可免去弯月面校正、温度校正和分散剂校正等步骤。

土壤颗粒分析的许多烦琐计算及绘图可由微机处理。

加入分散剂进行样品分散时,除使用煮沸法分散外,也可采用振荡法、研磨法处理。

附录E 土壤容重的测定
（规范性附录）

E.1 应用范围

本方法除坚硬和易碎的土壤外,适用于各类土壤容重的测定。

E.2 定原理

利用一定容积的环刀切割自然状态的土样,使土样充满其中,称量后计算单位体积的烘干土样质量,即为容重。

E.3 主要仪器设备

环刀:容积100 cm³;钢制环刀托:上有两个小排气孔;削土刀:刀口要平直;小铁铲;木锤;天平:感量0.1 g;电热恒温干燥箱;干燥器。

E.4 分析步骤

采样前,事先在各环刀的内壁均匀地涂上一层薄薄的凡士林,逐个称取环刀质量(m_1),精确至0.1 g。选择好土壤剖面后,按土壤剖面层次,自上至下用环刀在每层的中部采样。先用铁铲刨平采样层的土面,将环刀托套在环刀无刃的一端,环刀刃朝下,用力均衡地压环刀托把,将环刀垂直压入土中。如土壤较硬,环刀不易插入土中时,可用土锤轻轻敲打环刀托把,待整个环刀全部压入土中,且土面即将触及环刀托的顶部(可由环刀托盖上之小孔窥见)时,停止下压。用铁铲把环刀周围土壤挖去,在环刀下方切断,并使其下方留有一些多余的土壤。取出环刀,将其翻转过来,刃口朝上,用削土刀迅速刮去黏附在环刀外壁上的土壤,然后从边缘向中部用削土刀削平土面,使之与刃口齐平。盖上环刀顶盖,再次翻转环刀,使已盖上顶盖的刃口一端朝下,取下环刀托。同样削平无刃口端的土面并盖好底盖。在环刀采样底相近位置另取土样20 g左右,装入有盖铝盒,测定含水量(W)。将装有土样的环刀迅速装入木箱带回室内,在天平上称取环刀及湿土质量(m_2)。

E.5 结果计算

计算结果见式(E.1)。

$$\rho = \frac{(m_2 - m_1) \times 1\,000}{V(1\,000 + W)} \tag{E.1}$$

式中:

ρ——土壤容重,单位为克每立方厘米(g/cm³);

m_2——环刀及湿土质量,单位为克(g);

m_1——环刀质量,单位为克(g);

V——环刀容积,单位为立方厘米(cm³),[$V=\pi r^2 h$,其中r为环刀有刃口一端的内半径(cm),h为环刀高度(cm)]。

W——土壤含水量,单位为克每千克(g/kg)。

测定结果以算术平均值表示,保留两位小数。

E.6 精密度

平行测定结果允许绝对相差≤0.02 g/cm³。

E.7 注意事项

容重测定也可将装满土样的环刀直接于105 ℃±2 ℃恒温干燥箱中烘至恒量,在百分之一精度天平上称量测定。

附录F 土壤水溶性盐总量的测定
（规范性附录）

F.1 应用范围

本方法适用于各类土壤中水溶性盐总量的测定。

F.2 方法提要

土壤样品与水按一定的水土比例(5:1)混合，经过一定时间(3 min)振荡后，将土壤中可溶性盐分提取到溶液中，然后将水土混合液进行过滤，滤液可作为土壤可溶盐分测定的待测液。吸取一定量的待测液，经蒸干后，称得的重量即为烘干残渣总量(此数值一般接近或略高于盐分总量)。将此烘干残渣总量再用过氧化氢去除有机质后，再称其重量即得可溶盐分总量。

F.3 仪器

F.3.1 电动振荡机

F.3.2 真空泵(抽气用)

F.3.3 大口塑料瓶(1 000 mL)

F.3.4 巴氏管或平板瓷漏斗

F.3.5 抽气瓶(1 000 mL)

F.3.6 瓷蒸发皿(100 mL)

F.3.7 分析天平

F.3.8 电烘箱

F.3.9 水浴锅

F.4 操作步骤

F.4.1 称取通过2 mm筛孔风干土壤样品50 g(精确到0.01 g)，放入500 mL大口塑料瓶中，加入250 mL无二氧化碳蒸馏水。

F.4.2 将塑料瓶用橡皮塞塞紧后在振荡机上振荡3 min。

F.4.3 振荡后立即抽气过滤，开始滤出的10 mL滤液弃去，以获得清亮的滤液，加塞备用。

F.4.4 吸取待测清液20～50 mL(视含盐量而定，所取体积中含盐50~200 mg为宜)，放入已知烘干重量的瓷蒸发皿中。将称皿放在水浴上蒸干(亦可用沙浴)。近干时，如发现有黄褐色物质，应滴加过氧化氢溶液氧化至白色。

F.4.5 用滤纸片擦干瓷蒸发皿外部，放入100 ℃～105 ℃烘箱中烘干4 h，然后移至干燥器中冷却，用分析天平称重(一般冷却30 min)。

F.4.6 称好后的样品继续放入烘箱中烘2 h后再称重，直至恒重(即二次重量相差小于0.000 3 g)，即得烘干残渣。

F.5 结果计算

计算结果见式(F.1)。

$$v = \frac{(m_1 - m_0) \times D \times 1000}{m} \quad \text{(F.1)}$$

式中：

v——称取风干试样质量(g)，本试验为50g；

m_1——蒸发皿+盐的烘干质量(g)；

m_0——蒸发皿烘干质量(g)；

1 000——换算成kg含量；

D——分取倍数，250/20～50。

平行测定结果以算术平均值表示，保留小数点后一位。

F.6 精密度

见表F.1。

表F.1 全盐量平行测定结果允许差

全盐量范围/(g/kg)	允许相对差/%
<0.5	<20
0.5～2	15～10
2～5	10～5
>5	<5

F.7 注意事项

F.7.1 水土比例大小直接影响土壤可溶性盐分的提取，因此提取的水土比例不要随便更改，否则分析结果无法对比。通常采用水土比例为5:1。

F.7.2 土壤可溶盐分浸提时间，经试验证明，水土作用2 min后，即可使土壤中可溶性的氯化、碳酸盐与硫酸盐等全部溶入水中，如果延长作用时间，将有硫酸钙和碳酸钙等进入溶液。因此，建议采用振荡3 min立即过滤的方法，振荡和放置时间越长，对可溶盐的分析结果误差也越大。

F.7.3 空气中的二氧化碳以及蒸馏水中溶解的二氧化碳，都会影响碳酸钙、碳酸镁和硫酸钙的溶解度，相应地影响着水浸出液的盐分数量。因此，必须使用无二氧化碳蒸馏水来提取样品。

F.7.4 待测液不能放置过长时间(一般不得超过1天)，否则，会影响钙、碳酸根和重碳酸根的测定。

F.7.5 吸取待测液的数量，应依盐分的多少而定，如果含盐量>0.5 %则吸取25 mL，含盐量<0.5 %则吸取50 mL或100 mL。保持盐分量在0.02～0.2 g之间，过多会因某些盐类吸水，不易称至恒重，过少测误差太大。

F.7.6 蒸干时的温度不能过高，否则，因沸腾使溶液遭到损失，特别当接近蒸干时，更应注意，在水浴上蒸干就可避免这种现象。

F.7.7 因可溶性盐分组成比较复杂，在105 ℃～110 ℃烘干后，由于钙、镁的氯化物吸湿水解,以及钙、镁的硫酸盐中仍含结晶水,因此不能得出较正确的结果。如遇此种情况,可加入10 mL 2%~4%的碳酸钠溶液,以便在蒸干过程中,使钙、镁的氯化物及硫酸盐都转变为碳酸盐及氯化钠、硫酸钠等,这样蒸干后在150 ℃~180 ℃下烘干2~3 h即可称至恒重。所加入的碳酸钠量应从盐分总量中减去。

F.7.8 由于盐分在空气中容易吸水,故应在相同的时间和条件下冷却、称重。

F.7.9 加过氧化氢去除有机质时,只要达到使残渣湿润即可。这样可以避免由于过氧化氢分解时泡沫过多,使盐分溅失,因而,必须少量多次地反复处理,直到残渣完全变白为止。但溶液中有铁存在而出现红色氧化铁时,不可误认为是有机质的颜色。

附录G 土壤氯离子含量的测定
（规范性附录）

G.1 应用范围

本方法适用于含有机质较低的各类型土壤中氯离子的测定。

G.2 方法提要

在pH 6.5~10.0的溶液中，以铬酸钾作指示剂，用硝酸银标准溶液滴定氯离子。在等当点前，银离子首先与氯离子作用生成白色氯化银沉淀，而在等当点后，银离子与铬酸根离子作用生成砖红色铬酸银沉淀，示达终点。由消耗硝酸银标准溶液量计算出氯离子含量。

G.3 试剂

G.3.1 0.02 mol/L硝酸银标准溶液

准确称取3.398 g硝酸银（经105 ℃烘0.5 h）溶于水，转入1 L容量瓶，定容，贮于棕色瓶中。必要时可用氯化钠标准溶液标定。

G.3.2 5%铬酸钾指示剂

称取5.0 g铬酸钾，溶于约40 mL水中，滴加1 mol/L硝酸银溶液至刚有砖红色沉淀生成为止，放置过夜后，过滤，滤液稀释至100 mL。

G.4 分析步骤

G.4.1 称取通过2 mm筛孔风干土壤样品50 g（精确到0.01 g），放入500 mL大口塑料瓶中，加入250 mL无二氧化碳蒸馏水。

G.4.2 将塑料瓶用橡皮塞塞紧后在振荡机上振荡3 min。

G.4.3 振荡后立即抽气过滤，开始滤出的10 mL滤液弃去，以获得清亮的滤液，加塞备用。

G.4.4 吸取待测滤液25.00 mL放入150 mL三角瓶中，滴加5%铬酸钾指示剂8滴，在不断摇动下，用硝酸银标准溶液滴定至出现砖红色沉淀且经摇动不再消失为止。记录消耗硝酸银标准溶液的体积（V）。取25.00 mL蒸馏水，同上法作空白试验，记录消耗硝酸银标准溶液体积（V_0）。

G.5 结果计算

计算结果见式（G.1）。

$$c(Cl^-) = \frac{c \cdot (V - V_0) \cdot D}{m} \times 1\,000 \times 0.035\,5 \tag{G.1}$$

式中：

$c(Cl^-)$——氯离子浓度，单位为克每千克（g/kg）；

V和V_0——滴定待测液和空白消耗硝酸银标准溶液的体积，单位为毫升（mL）；

c——硝酸银标准溶液浓度，单位为摩尔每升（mol/L）；

D——分取倍数，250/25；

1 000——换算成每 kg 含量;

m——称取试样质量,单位为克,本试验为(50 g);

0.035——氯离子的毫摩尔质量,单位为克(g)。

平行测定结果用算术平均值表示,保留两位有效数字。

G.6 精密度

见表 G.1。

表 G.1 氯离子平行测定结果允许相对相差

氯离子含量范围/(mmol/kg)	相对相差/%
<5.0	15~20
5.0~10	10~15
10~50	5~10
>50	<5

G.7 注意事项

G.7.1 铬酸钾指示剂的用量与滴定终点到来的迟早有关。根据计算,以 25 mL 待测液中加 8 滴铬酸钾指示剂为宜。

G.7.2 在滴定过程中,当溶液出现稳定的砖红色时,Ag^+ 的用量已微有超过,因此终点颜色不宜过深。

G.7.3 硝酸银滴定法测定 Cl^- 时,待测液的 pH 应在 6.5~10.0 之间。因铬酸银能溶于酸,溶液 pH 不能低于 6.5;若 pH>10,则会生成氧化银黑色沉淀。溶液 pH 不在滴定适宜范围,可于滴定前用稀 $NaHCO_3$ 溶液调节。

附录 H 土壤硫酸根离子含量的测定
（规范性附录）

H.1 应用范围

本方法适用于各类型土壤中水溶液 SO_4^{2-} 的测定。

H.2 方法提要

在土壤浸出液中加入钡镁混合液，Ba^{2+} 将溶液中的 SO_4^{2-} 完全沉淀并过量。过量的 Ba^{2+} 和加入的 Mg^{2+}，连同浸出液中原有的 Ca^{2+}、Mg^{2+}，在 pH 10.0 的条件下，以络黑 T 为指示剂，用 EDTA 标准溶液滴定，由沉淀 SO_4^{2-} 净消耗的 Ba^{2+} 量，计算吸取的浸出液中 SO_4^{2-} 量。添加一定量的 Mg^{2+}，可使终点清晰。为了防治 $BaCO_3$ 沉淀生成，土壤浸出液必须酸化，同时加热至沸以赶去 CO_2，并趁热加入钡镁混合液，以促进 $BaSO_4$ 沉淀熟化。吸取的土壤浸出液中 SO_4^{2-} 量的适宜范围为 0.5～10.0 mg，如 SO_4^{2-} 浓度过大，应减少浸出液的用量。

H.3 试剂

H.3.1　1＋1 盐酸溶液。

H.3.2　钡镁混合液。称取 2.44 g 氯化钡（$BaCl_2 \cdot 2H_2O$）和 2.04 g 氯化镁（$MgCl_2 \cdot 6H_2O$）溶于水，稀释至 1 L。此溶液中 Ba^{2+} 和 Mg^{2+} 的浓度各为 0.01 mol/L，每毫升约可沉淀 SO_4^{2-} 1 mg；

H.3.3　pH 10 氨缓冲溶液。称取 67.5 g 氯化铵溶于去 CO_2 水中，加入新开瓶的浓氨水（含 NH_3 25%）570 mL，用水稀释至 1 L，贮于塑料瓶中，注意防治吸收空气中 CO_2。

H.3.4　0.02 mol/L EDTA 标准溶液。称取 7.440 g 乙二胺四乙酸二钠，溶于水中，定容至 1 L。称取 0.25 g（精确至 0.000 1 g）于 800 ℃灼烧至恒量的基准氧化锌放入 50 mL 烧杯中，用少量水湿润，滴加 6 mol/L 盐酸至样品溶解，移入 250 mL 容量瓶中，定容。取 25.00 mL，加入 70 mL 水，用 10% 氨水中和至 pH 7～8，加 10 mL 氨-氯化铵缓冲溶液（pH 10），加 5 滴络黑 T 指示剂，用配置待标定的 0.02 mol/L 乙二胺四乙酸二钠溶液滴定至溶液由紫色变为纯蓝色，同时作空白试验。乙二胺四乙酸二钠标准溶液的准确浓度由式（H.1）计算：

$$c = \frac{m}{(V_1 - V_2) \times 0.081\,38} \quad\quad (H.1)$$

式中：

c——乙二胺四乙酸二钠标准溶液浓度，单位为摩尔每升（mol/L）；

m——称取氧化锌的量，单位为克（g）；

V_1——乙二胺四乙酸二钠溶液用量，单位为毫升（mL）；

V_2——空白试验乙二胺四乙酸二钠溶液的用量，单位为毫升（mL）；

0.081 38——氧化锌的毫摩尔质量，单位为克（g）。

H.3.5　络黑 T 指示剂

称取 0.5 g 络黑 T 与 100 g 烘干的氯化钠，共研至极细，贮于棕色瓶中。

H.4 分析步骤

H.4.1　称取通过 2 mm 筛孔风干土壤样品 50 g（精确到 0.01 g），放入 500 mL 大口塑料瓶中,加入 250 mL 无二氧化碳蒸馏水。

H.4.2 将塑料瓶用橡皮塞塞紧后在振荡机上振荡 3 min。

H.4.3 振荡后立即抽气过滤,开始滤出的 10 mL 滤液弃去,以获得清亮的滤液,加塞备用。

H.4.4 吸取待测液 5.00～25.00 mL(视 SO_4^{2-} 含量而定)于 150 mL 三角瓶中,加 1+1 盐酸溶液 2 滴,加热煮沸,趁热缓缓地加入过量 25%～100% 的钡镁混合液(5.00～20.00 mL),并继续微沸 3 min,放置 2 h 后,加入氨缓冲液 5 mL,络黑 T 指示剂 1 小勺(约 0.1 g),摇匀后立即用 EDTA 标准溶液滴定至溶液由酒红色突变为纯蓝色,记录消耗 EDTA 标准溶液的体积(V_2)。

H.4.5 空白(钡镁混合液)标定:取与以上所吸待测液同量的蒸馏水于 150 mL 三角瓶中,以下操作与上述待测液测定相同。记录消耗 EDTA 标准溶液的体积(V_0)。

H.4.6 待测液中 Ca^{2+}、Mg^{2+} 含量的测定:吸取同体积待测液于 150 mL 三角瓶中,加 1+1 盐酸溶液 2 滴,充分摇动,煮沸 1 min 赶 CO_2,冷却后,加 pH 10.0 氨缓冲液 4 mL,加络黑 T 指示剂 1 小勺(约 0.1 g),用 EDTA 标准溶液滴定至溶液由酒红色突变为纯蓝色为终点。记录消耗 EDTA 标准溶液的体积(V_1)。

H.5 结果计算

计算结果见式(H.2)。

$$c(SO_4^{2-}) = \frac{2c(V_0 + V_1 - V_2)D}{m} \times 1\,000 \times 0.048\,0 \qquad (H.2)$$

式中:

$c(SO_4^{2-})$——硫酸根离子浓度,单位为克每千克(g/kg);

c——EDTA 标准溶液浓度,单位为摩尔每升(mol/L);

m——称取试样质量,单位为克(g),本试验为 50 g;

D——分取倍数,250/5~25;

V_0——空白试验所消耗 EDTA 标准溶液体积,单位为毫升(mL);

V_1——滴定待测液 Ca^{2+}、Mg^{2+} 合量所消耗 EDTA 标准溶液体积,单位为毫升(mL);

V_2——滴定待测液中 Ca^{2+}、Mg^{2+} 及与 SO_4^{2-} 作用后剩余钡镁混合液中 Ba^{2+}、Mg^{2+} 所消耗 EDTA 标准溶液体积,单位为毫升(mL);

1 000——换算为每千克(kg)含量;

0.048 0——1/2 SO_4^{2-} 的毫摩尔质量,单位为克(g)。

平行测定结果用算术平均值表示,保留两位小数。

H.6 精密度

见表 H.1。

表 H.1 硫酸根离子平行测定结果允许相对相差

硫酸根离子含量范围/(mmol/kg)	相对相差/%
<2.5	15~20
2.5~5.0	10~15
5.0~25	5~10
>25	<5

H.7 注意事项

H.7.1 若吸取的土壤待测液中 SO_4^{2-} 含量过高时,可能出现加入的 Ba^{2+} 量不能将 SO_4^{2-} 沉淀完全的情况,此时滴定值表现为 $V_1+V_0-V_2 \approx V_0/2$,此时应将土壤待测液的吸取量减少,重新滴定,以使 $V_1+V_0-V_2 < V_0/2$,但改吸后测定待测液 Ca^{2+}、Mg^{2+} 含量的吸取待测液量也应相应改变。

H.7.2 加入钡镁混合液后,若生成的 $BaSO_4$ 沉淀很多,影响滴定终点的观察,可用滤纸过滤,并用热水少量多次洗涤至无 SO_4^{2-},滤液再用来滴定。

附录 I 土壤 pH 的测定
(规范性附录)

I.1 应用范围

本方法适用于各类土壤 pH 的测定。

I.2 测定原理

当把 pH 玻璃电极和甘汞电极插入土壤悬浊液时,构成一电池反应,两者之间产生一个电位差,由于参比电极的电位是固定的,因而该电位差的大小决定于试液中的氢离子活度,其负对数即为 pH,在 pH 计上直接读出。

I.3 仪器和设备

酸度计;pH 玻璃电极—饱和甘汞电极或 pH 复合电极;搅拌器。

I.4 试剂和溶液

I.4.1 邻苯二甲酸氢钾;

I.4.2 磷酸氢二钠;

I.4.3 硼砂($Na_2B_4O_7 \cdot 10H_2O$);

I.4.4 氯化钾;

I.4.5 pH 4.01(25 ℃)标准缓冲溶液:称取经 110 ℃~120 ℃烘干 2~3 h 的邻苯二甲酸氢钾 10.21 g 溶于水,移入 1 L 容量瓶中,用水定容,贮于塑料瓶;

I.4.6 pH 6.87(25 ℃)标准缓冲溶液:称取经 110 ℃~130 ℃烘干 2~3 h 的磷酸氢二钠 3.53 g 和磷酸二氢钾 3.39 g 溶于水,移入 1 L 容量瓶中,用水定容,贮于塑料瓶;

I.4.7 pH 9.18(25 ℃)标准缓冲溶液:称取经平衡处理的硼砂($Na_2B_4O_7 \cdot 10H_2O$) 3.80 g 溶于无 CO_2 的水,移入 1 L 容量瓶中,用水定容,贮于塑料瓶;

I.4.8 硼砂的平衡处理:将硼砂放在盛有蔗糖和食盐饱和水溶液的干燥器内平衡两昼夜;

I.4.9 去除 CO_2 的蒸馏水。

I.5 分析步骤

I.5.1 仪器校准

将仪器温度补偿器调节到试液、标准缓冲溶液同一温度值。将电极插入 pH 4.01 的标准缓冲溶液中,调节仪器,使标准溶液的 pH 与仪器标示值一致。移出电极,用水冲洗,以滤纸吸干,插入 pH 6.87 标准缓冲溶液中,检查仪器读数,两标准溶液之间允许绝对差值 0.1 pH 单位。反复几次,直至仪器稳定。如超过规定允许差,则要检查仪器电极或标准液是否有问题。当仪器校准无误后,方可用于样品测定。

I.5.2 土壤水浸 pH 的测定

I.5.2.1 称取通过 2 mm 孔径筛的风干试样 10 g(精确至 0.01 g)于 50 mL 高型烧杯中,加去除 CO_2 的水 25 ml(土液比为 1∶2.5),用搅拌器搅拌 1 min,使土粒充分分散,放置 30

min后进行测定。

I.5.2.2 将电极插入试样悬液中(注意玻璃电极球泡下部位于土液界面处,甘汞电极插入上部清液),轻轻转动烧杯以除去电极的水膜,促使快速平衡,静置片刻,按下读数开关,待读数稳定时记下pH。放开读数开关,取出电极,以水洗净,用滤纸条吸干水分后即可进行第二个样品的测定。每测5~6个样品后需用标准溶液检查定位。

I.6 分析结果的表述

用酸度计测定pH时,可直接读取pH,不需计算。

I.7 精密度

重复试验结果允许绝对相差:中性、酸性土壤≤0.1 pH单位,碱性土壤≤0.2 pH单位。

I.8 注意事项

I.8.1 长时间存放不用的玻璃电极需要在水中浸泡24 h,使之活化后才能使用。暂时不用的可浸泡在水中,长期不用时,要干燥保存。玻璃电极表面受到污染时,需进行处理。甘汞电极腔内要充满饱和氯化钾溶液,在室温下应该有少许氯化钾结晶存在,但氯化钾结晶不宜过多,以防堵塞电极与被测溶液的通路。玻璃电极的内电极与球泡之间、甘汞电极内电极和多孔陶瓷末端芯之间不得有气泡。

I.8.2 电极在悬液中所处的位置对测定结果有影响,要求将甘汞电极插入上部清液中,尽量避免与泥浆接触。

I.8.3 pH读数时摇动烧杯会使读数偏低,要在摇动后稍加静止再读数。

I.8.4 操作过程中避免酸碱蒸汽侵入。

I.8.5 标准溶液在室温下一般可保存1~2月,在4℃冰箱中可延长保存期限。用过的标准溶液不要倒回原液中混存,发现浑浊、沉淀,就不能够再使用。

I.8.6 温度影响电极电位和水的电离平衡。测定时,要用温度补偿器调节至与标准缓冲液、待测试液温度保持一致。标准溶液pH随温度稍有变化,校准仪器时可参照表I.1。

表I.1 pH缓冲溶液在不同温度下的变化

℃	pH		
	标准液4.01	标准液6.87	标准液9.18
0	4.003	6.984	9.464
5	3.999	6.951	9.395
10	3.998	6.923	9.332
15	3.999	6.900	9.276
20	4.002	6.881	9.225
25	4.008	6.865	9.180
30	4.015	6.853	9.139
35	4.024	6.844	9.102
38	4.030	6.840	9.081
40	4.035	6.838	9.068
45	4.047	6.834	9.038

I.8.7 在连续测量pH>7.5以上的样品后,建议将玻璃电极在0.1 mol/L盐酸溶液中浸泡一下,防止电极由碱引起的响应迟钝。

参考文献

[1]全国农业区划委员会.中国综合农业区划.北京:农业出版社,1981.

[2]周健民,沈仁芳.土壤学大辞典.北京:科学出版社,2013.

[3]全国科学技术名词审定委员会.土壤学名词(定义版).北京:科学出版社,1999.

[4]NY/T 309 全国耕地类型区、耕地地力等级划分

附录2 耕地质量监测技术规程

1. 范围

本标准规定了耕地质量监测涉及的术语和定义、监测点设置、监测内容、样品采集、处理和贮存、样品测定、监测报告编写的技术要求。

本标准适用于耕地质量监测,也适用于园地、牧草地的质量监测。

2. 规范性引用文件

下列文件对于本文件的应用是必不可少的。凡是注日期的引用文件,仅所注日期的版本适用于本文件。凡是不注日期的引用文件,其最新版本(包括所有的修改单)适用于本文件。

GB/T 17138　土壤质量　铜、锌的测定　火焰原子吸收分光光度法

GB/T 17139　土壤质量　镍的测定　火焰原子吸收分光光度法

GB/T 17141　土壤质量　铅、镉的测定　石墨炉原子吸收分光光度法

GB/T 17296　中国土壤分类与代码

LY/T 1233　森林土壤有效磷的测定

NY/T 52　土壤水分测定

NY/T 53　土壤全氮测定法(半微量开氏法)

NY/T 86　土壤碳酸盐测定法

NY/T 87　土壤全钾测定法

NY/T 88　土壤全磷测定法

NY/T 295　中性土壤阳离子交换量和交换性盐基的测定

NY/T 395　农田土壤环境质量监测技术规范

NY/T 889　土壤缓效钾和速效钾的测定

NY/T 890　土壤有效铜、锌、铁、锰的测定

NY/T 1121.1　土壤检测　第1部分:土壤样品的采集、处理和贮存

NY/T 1121.2　土壤检测　第2部分:土壤pH的测定

NY/T 1121.3　土壤检测　第3部分:土壤机械组成的测定

NY/T 1121.4　土壤检测　第4部分:土壤容重的测定

NY/T 1121.5　土壤检测　第5部分:石灰性土壤阳离子交换量的测定

NY/T 1121.6　土壤检测　第6部分:土壤有机质的测定

NY/T 1121.7　土壤检测　第7部分:酸性土壤有效磷的测定

NY/T 1121.8　土壤检测　第8部分:土壤有效硼的测定

NY/T 1121.9 土壤检测 第9部分：土壤有效钼的测定
NY/T 1121.10 土壤检测 第10部分：土壤总汞的测定
NY/T 1121.11 土壤检测 第11部分：土壤总砷的测定
NY/T 1121.12 土壤检测 第12部分：土壤总铬的测定

3. 术语和定义

下列术语和定义适用于本文件：

3.1 耕地 cultivated land

能够种植农作物并经常耕种的土地。

3.2 耕地质量 cultivated land quality

耕地满足作物生长和清洁生产的程度，包括耕地地力和环境质量两方面。

3.3 耕地地力 cultivated land productivity

在当前管理水平下，由土壤本身特性、自然条件和农田基础设施水平等要素综合构成的耕地生产能力。

3.4 耕地环境质量 cultivated land environment quality

耕地土壤中有害物质对人或其他生物产生不良或有害影响的程度，本标准所指耕地环境质量，界定在土壤重金属污染、农药残留与灌溉水质量等方面。

3.5 耕地质量监测 cultivated land monitoring

通过定点调查，观测记载和采样测试等方式，对耕地的理化性状、生产能力和环境质量进行动态评估的一系列工作。

3.6 监测点 cultivated land monitoring site

为进行耕地质量长期定位监测而设置的观测、试验、取样的地块。

4. 监测点设置

4.1 设置原则

监测点设立时，应综合考虑土壤类型、耕作制度、地力水平、耕地环境状况、管理水平等因素，同时，应参考有关规划，将监测点设在基本农田保护区内有代表性的地块上，以保持监测点的稳定性、监测数据的连续性。

4.2 监测小区设置

监测点设不施肥处理和常规施肥处理2个小区。

4.2.1 不施肥处理

旱地小区面积66.7 m^2以上，水田小区面积33.3～66.7 m^2，旱地用设置保护行、垄区间小埂等方法隔离。水田用水泥板或其他材料作隔板，防止肥、水渗透，隔板高0.6～0.8 m，厚0.05 m，埋深0.3～0.5 m，露出地面0.3 m。菜地、果园、茶园等，可不设置不施肥处理。

4.2.2 常规施肥处理

面积不小于333.3 m^2或直接采用相邻大田定点观测。以当地主要种植制度、种植方式为主，耕作、栽培等管理方式、施肥水平、作物产量能代表当地一般水平。

5.监测内容

主要监测耕地土壤理化性状、环境质量、作物种类、作物产量、施肥量等有关参数。

5.1 建点时的监测内容

建立监测点时,应调查监测点的立地条件和农业生产概况,建立监测点档案信息。同时,按 NY/T 1121.1 规定的方法挖取土壤剖面、监测各发生层次理化性状。

5.1.1 监测点的立地条件和农业生产概况

主要包括监测点的常年降水量、有效积温、无霜期、地形部位、地块坡度、潜水埋深、排灌条件、种植制度、常年施肥量、作物产量、成土母质和土壤类型等。具体项目和填写说明见附录 A。

5.1.2 监测点剖面的理化性状

监测发生层次深度、颜色、结构、紧实度、容重、新生体、机械组成、化学性状(包括有机质、全氮、全磷、全钾、pH、碳酸钙、阳离子交换量),并拍摄监测点剖面照片。具体项目和填写说明见附录 B。

5.2 年度监测内容

监测田间作业情况、作物产量、施肥量,并在每年最后一季作物收获后、下一季施肥前采集各处理区耕层土壤样品,送有土壤肥料检测资质的机构检测。监测具体项目按附录 C、附录 D 和附录 E 的规定执行。

5.2.1 田间作业情况

记载年度内每季作物的名称、品种(注明是常规品种或杂交品种)、播期、播种方式、收获期、耕作情况、灌排、病虫害防治、自然灾害出现的时间、强度、对作物产量的影响以及其他对监测地块有影响的自然、人为因素。具体项目见附录 C。

5.2.2 作物产量

对不施肥处理和常规施肥处理区的每季作物分别进行果实产量(风干基)和茎叶产量(风干基)的测定。

果实产量测定可以去边行后实打实收,也可以随机抽样测产。随机抽样测产时,全田块取 5 个以上面积 $1\sim2\ m^2$(细秆作物),或 $5\sim10\ m^2$(粗秆作物)的样方实脱测产。蔬菜不测产,棉花分籽棉和秸秆测产,并把籽棉折成皮棉。

茎叶产量根据小样本测产数据的果实茎叶重量比换算得出。

具体项目见附录 D.2。

5.2.3 施肥情况

监测有机肥和化肥的施肥时期、肥料品种、施肥次数和施用实物量,并记载所施肥料的养分含量,具体项目见附录 D.1。同时,要统计每一季作物施肥折纯量,填入产量与施肥量汇总表,见附录 D.2。

5.2.4 土壤理化性状

监测耕层厚度、耕层土壤 pH 及有机质、全氮、有效磷、速效钾、缓效钾含量。

具体项目见附录E。

5.3 五年监测内容

在年度监测内容的基础上,在每个"五年计划"的第一年度增加检测土壤容重、全磷、全钾、中微量元素(交换性钙、镁,有效硫、硅、铁、锰、铜、锌、硼、钼);重金属元素(镉、汞、铅、铬、砷、镍、铜、锌)。

具体项目见附录E。

6. 土壤样品的采集、处理和贮存

按NY/T 1121.1规定的方法进行。

7. 样品检测

7.1 土壤pH的测定

按NY/T 1121.2规定的方法测定。

7.2 土壤机械组成的测定

按NY/T 1121.3规定的方法测定。

7.3 土壤容重的测定

按NY/T 1121.4规定的方法测定。

7.4 土壤水分的测定

按NY/T 52规定的方法测定。

7.5 土壤碳酸钙的测定

按NY/T 86规定的方法测定。

7.6 土壤阳离子交换量的测定

中性土壤和微酸性土壤按NY/T 295规定的方法测定;石灰性土壤按NY/T 1121.5规定的方法测定。

7.7 土壤有机质的测定

按NY/T 1121.6规定的方法测定。

7.8 土壤全氮的测定

按NY/T 53规定的方法测定。

7.9 土壤全磷的测定

按NY/T 88规定的方法测定。

7.10 土壤有效磷的测定

石灰性土壤按LY/T 1233规定的方法测定;酸性土壤按NY/T 1121.7规定的方法测定。

7.11 土壤全钾的测定

按NY/T 87规定的方法测定。

7.12 土壤缓效钾和速效钾的测定

按NY/T 889规定的方法测定。

7.13 土壤交换性钙和镁的测定

按NY/T 1121.13规定的方法测定。

7.14 土壤有效硫的测定

按 NY/T 1121.14 规定的方法测定。

7.15 土壤有效硅

按 NY/T 1121.15 规定的方法测定。

7.16 土壤有效态铜、锌、铁、锰的测定

按 NY/T 890 规定的方法测定。

7.17 土壤有效硼的测定

按 NY/T 1121.8 规定的方法测定。

7.18 土壤有效钼的测定

按 NY/T 1121.9 规定的方法测定。

7.19 土壤总汞的测定

按 NY/T 1121.10 规定的方法测定。

7.20 土壤总砷的测定

按 NY/T 1121.11 规定的方法测定。

7.21 土壤总铬的测定

按 NY/T 1121.12 规定的方法测定。

7.22 土壤质量 铅、镉的测定

按 GB/T 17141 规定的方法测定。

7.23 土壤质量 镍的测定

按 GB/T 17139 规定的方法测定。

7.24 土壤质量 铜、锌的测定

按 GB/T 17138 规定的方法测定。

8. 监测报告

监测报告应包括监测点基本情况,耕地质量主要性状的现状及变化趋势,农田肥料投入、结构现状及变化趋势,作物产量现状及变化趋势。耕地质量变化原因分析,提高耕地质量的对策和建议等内容。

附录 A
（规范性附录）
监测点基本情况记载表及填表说明

A.1 监测点基本情况记载表见表A.1。

表A.1 监测点基本情况记载表

监测点代码： 建点年度(时间)：

基本情况	省(区、市)名		地(市、州、盟)名	
	县(旗、市、区)名		乡(镇)名	
	村名		农户(地块)名	
	县代码		经度，"'"	
	纬度，"'"		常年降水量,mm	
	常年有效积温,℃		常年无霜期,d	
	地形部位		地块坡度,°	
	海拔高度,m		潜水埋深,m	
	障碍因素		耕地地力水平	
	灌溉能力		排水能力	
	地域分区		熟制分区	
	典型种植制度		产量水平,kg/亩	
	常年施肥量(折纯,kg/亩)	化肥 N	P_2O_5	K_2O
		有机肥 N	P_2O_5	K_2O
	田块面积,亩		代表面积,亩	
	土壤代码		成土母质	
	土类		亚类	
	土属		土种	
景观照片拍摄时间：			剖面照片拍摄时间：	

监测单位：

注：本表建点时填写，详情参见填表说明。

A.2 监测点基本情况记载表填表说明

A.2.1 经纬度坐标

由GPS仪(精确到秒的小数点后2位)读取，并转换为北京54坐标系后填写。

A.2.2 地形部位

监测田块所处的能影响土壤理化特性的最末一级的地貌单元。如河流冲积平原要区分出河床、河漫滩、阶地等；山麓平原要区分出坡积裙、洪积锥、洪积扇、扇间洼地、扇缘洼地等；黄土丘陵要区分出塬、梁、峁、坪等；丘陵要区分高丘、中丘、低丘、缓丘、漫岗等。在此基础上再进一步续分，如洪积扇上部、中部、下部；黄土丘陵的峁，再冠以峁顶、峁边；南方冲垄稻田则有大冲、小冲、冲头、冲口等。在拍摄景观照片时，应突出这些地貌特征，从照片上判别出监测地块所在的小地貌单元的部位。

A.2.3 障碍因素

指限制产量的主要障碍因素,包括干旱缺水、潜育(水稻土)、渍涝(旱地)、盐碱、瘠薄、风沙、侵蚀、土壤障碍层等。没有明显障碍因素时填无。

A.2.4 潜水埋深

指冬季地下水位的埋深。只有草甸土、潮土、砂姜黑土、水稻土、盐化(碱化)土填写地下水位。

A.2.5 耕地地力水平

指在本省范围内,在当前管理水平下,由土壤本身特性、自然条件和基础设施水平等要素综合构成的耕地生产能力,填高、中或低。

A.2.6 产量水平

注明主要作物名称,并把常年产量用括号标在每种作物的后面。

A.2.7 施肥

填写化肥和有机肥常年平均施用量(折纯量)。

A.2.8 灌溉能力

填写满足、基本满足、无。

A.2.9 排水能力

填写强、中、弱。

A.2.10 土壤代码

按GB/T 17296的要求填写。

A.2.11 土壤名称

按全国第二次土壤普查的分类系统命名填写。

A.2.12 代表面积

指该监测点土壤的生产力水平和特性在本省耕地中的代表面积。

A.2.13 成土母质

首先分清是残积物、坡积物、洪积物或冲积物。残积物与母岩有直接关系,可以填写为××岩残积物母质。坡积物、洪积物、冲积物与母岩的关系比较远,判断不清的,不要与母岩挂钩,将其性状(厚度、粗细等)描写清楚。对于发育年久的冲积物母质并有一定发育的,如第四纪红土等,不要填写冲积物、洪积物,直接填写其名。

A.2.14 地域分区

填华北、东北、华东、华南、西南或西北。

A.2.15 熟制分区

按熟制情况填写,包括一年一熟、一年两熟、一年三熟、两年三熟等。

A.2.16 典型种植制度

大田按表A.2填写,其他按实际情况填写。

表A.2 典型种植制度

分区	典型种植制度
东北	玉、麦、稻、豆—玉
华北	玉、麦、稻、棉、麦—玉
西北	玉、麦、棉、麦—玉
西南	稻、稻—稻、麦—稻、油—稻、麦(油)—稻、麦—玉薯
华南	稻、稻—稻、麦—稻、油—稻、麦(油)—稻、油(肥、麦)—稻—稻
华东	稻、稻—稻、麦—稻、油—稻、麦(油)—稻、油(肥、麦)—稻—稻

附录 B
（规范性附录）
监测点土壤剖面记载与测试结果表及填表说明

B.1 监测点土壤剖面性状记载与测试结果表见表 B.1。

表 B.1 监测点土壤剖面性状记载表

监测点代码：

项 目		发生层次				
层次代号						
层次名称						
层次深度						
剖面描述	颜色					
	结构					
	紧实度					
	容重,g/cm³					
	新生体					
	植物根系					
机械组成	$D>2$ mm,%					
	2 mm≥$D>0.02$ mm,%					
	0.02 mm≥$D>0.002$ mm,%					
	$D<0.002$ mm,%					
	质地命名					
化学性状	有机质,g/kg					
	全氮,g/kg					
	全磷,g/kg					
	全钾,g/kg					
	pH					
	碳酸钙,g/kg					
	阳离子交换量,cmol/kg					

取样时间： 　　　　　　　　　检测时间：
监测单位： 　　　　　　　　　检测单位：

注1：本表建点时填写，详情参见填表说明。
注2：机械组成中 D 代表土壤颗粒有效直径。

B.2 监测点土壤剖面性状记载与测试结果表填表说明

B.2.1 层次代号及名称

由于监测点均在耕作土壤上，发生层次中一定要把耕层划分出来。耕作层指农业耕作（农机具作业）、施肥、灌溉影响及作物根系分布的集中层段，是人类耕作与熟化自然土壤的部分。其颜色、结构、紧实度等都会有明显的特征和界线。

水稻土发生层次分为耕作层(Aa)、犁底层(Ap)、渗育层(P)、潴育层(W)、脱潜层(Gw)、潜育层(G)、漂洗层(E)、腐泥层(M)等；旱地发生层次分为旱耕层(A_{11})、亚耕层(A_{12})、心土层(C_1)、底土层(C_2)等。

B.2.2 剖面描述

B.2.2.1 颜色:指土壤在自然状态的颜色。如土壤由2个或2个以上色调组合而成,在描述时先确定主要颜色和次要颜色,主要颜色放在后,次要颜色放在前。

B.2.2.2 结构:取一大块土,用手轻捏碎,观察其碎块形状及大小。一般有3种类型:横轴与纵轴大致相等,分为块状、团块核状及粒状等结构;横轴大于纵轴者,分为片状和板状结构;横轴小于纵轴者,分为柱状和棱柱状结构。

B.2.2.3 紧实度:土壤在自然状态下的坚实程度,分为松散、疏松、稍坚实和极紧4级。

B.2.2.4 质地(机械组成):即土壤的沙黏程度,采用国际制土壤质地分级标准。

B.2.2.5 新生体:指土壤形成过程中产生的物质,它不但反映土壤形成过程的特点,而且对土壤的生产性能有很大影响,在观察时对其种类、形状及数量要详细记载。常见的新生体有铁锰结核、铁锰胶膜、二氧化硅粉末、锈纹、锈斑、假菌丝和砂姜等。

B.2.2.6 植物根系:主要看土壤各层根系分布的多少,分为少、中、多和很多4级。

B.2.3 质地分类

按表B.2填写。

表B.2 国际制土壤质地分类表

质地分类			颗粒组成,%		
类别	名称	代号	沙粒 2 mm≥D>0.02 mm	粉(沙)粒 0.02 mm≥D>0.002 mm	黏粒 D<0.002 mm
沙土类	沙土及壤质沙土	LS	85~100	0~15	0~15
壤土类	沙质壤土	SL	55~85	0~45	0~15
壤土类	壤土	L	40~55	30~45	0~15
壤土类	粉(沙)质壤土	IL	0~55	45~100	0~15
黏壤土类	沙质黏壤土	SCL	55~85	0~30	15~25
黏壤土类	黏壤土	CL	30~55	20~45	15~25
黏壤土类	粉(沙)质黏壤土	ICL	0~40	45~85	15~25
黏土类	沙质黏土	SC	55~75	0~20	25~45
黏土类	壤质黏土	LC	10~55	0~45	25~45
黏土类	粉(沙)质黏土	IC	0~30	45~75	25~45
黏土类	黏土	C	0~55	0~55	45~65
黏土类	重黏土	HC	0~35	0~35	65~100

注:D代表土壤颗粒有效直径。

附录 C
（规范性附录）
监测点田间生产情况表及填表说明

C.1 监测点田间生产情况记载表见表 C.1。

表 C.1 监测点田间生产情况记载表

监测点代码：　　　　　　　　监测年度：

项　目		第一季	第二季	第三季
作物名称				
品种				
播种期				
收获期				
播种方式				
耕作情况				
灌排水及降水	降水量，mm			
	灌溉设施			
	灌溉方式			
	灌水量，m^3			
	排水方式			
	排水效果			
自然灾害	种类			
	发生时间			
	危害程度			
病虫害发生	种类			
	发生时间			
	危害程度			
	防治方法			
	防治效果			

监测单位：　　　　　　　　监测人员：

C.2 监测点田间生产情况记载表填表说明

C.2.1 监测年度的划分

对于一年两熟、一年三熟或两年三熟制地区，年度划分以冬作前一年的播种整地的时间为始到当年最后一季作物收获为止。对于一年一熟制地区，只种一季冬作（冬小麦）实行夏季休闲或只种一季春作（玉米、谷子、高粱、棉花、中稻）实行冬季休闲的，年度划分以前季作物收获后开始，到该季作物收获为止。

C.2.2 播种期和收获期

填写年月日（××××-××-××）。

C.2.3 播种方式

机播或机插、人工播种或人工移栽。

C.2.4 耕作情况

耕、耙、中耕及除草等。

C.2.5 灌溉设施

井灌、渠灌及集雨设施,没有的填无。

C.2.6 灌溉方式

地面灌溉分漫灌、沟灌、畦灌;管道灌溉分喷灌、滴灌、小白龙等,没有灌溉能力的填无。

C.2.7 排水方式

分排水沟、暗管排水和强排。

C.2.8 排水效果

好、一般和差。

C.2.9 自然灾害种类

风、雨、雹、旱、涝、霜、冻和冷等。

附录 D
（规范性附录）
产量与施肥情况记载表

表 D.1 施肥明细情况记载表

监测点代码：　　　　　　　　　　　监测年度：

季别	施肥日期	有机肥					化肥				
		品种	养分含量/%			实物量 kg/亩	品种	养分含量/%			实物量 kg/亩
			N	P_2O_5	K_2O			N	P_2O_5	K_2O	
第一季											
第二季											
第三季											

填表日期：　　　　　　　　　　　填表人员：

表 D.2　产量与施肥量汇总表

监测点代码：　　　　　　　　　　　监测年度：

项 目			第一季	第二季	第三季
作物名称					
作物品种					
生育期,d					
大田期	起始日期				
	结束日期				
作物产量 kg/亩	无肥区	果实			
		茎叶			
	常规区	果实			
		茎叶			
项 目			第一季	第二季	第三季	总 计
施肥折纯量 kg/亩	有机肥	N				
		P_2O_5				
		K_2O				
	化肥	N				
		P_2O_5				
		K_2O				

填表日期：　　　　　　　　　　　填表人员：

附录 E
（规范性附录）
监测点土壤理化性状记载表

检测时间： 　年　月　日至　　年　月　日

监测点代码：	监测年度：
采样地点：	采样时间：

处理	每年度最后一季作物收获后、下季作物施肥前，采土测定并记载					
	耕层厚度 cm	pH	有机质 g/kg	全氮 g/kg	有效磷 mg/kg	速效钾 mg/kg	缓效钾 mg/kg
无肥区							
常规区							

处理	于每个"五年计划"的第一年度测定并记载					
	耕层物理性状		中量元素			
	质地（国际制）	容重 g/cm³	交换性钙 cmol/kg	交换性镁 cmol/kg	有效硫 mg/kg	有效硅 mg/kg
无肥区						
常规区						

处理	全量元素,g/kg		有效性微量元素,mg/kg						土壤环境质量,mg/kg					
	全磷	全钾	铁	锰	铜	锌	硼	钼	铬	镉	铅	砷	汞	镍	铜	锌
无肥区																
常规区																

检验单位：（公章）

批准人：　　　　　审核人：　　　　　编制人：

日　期：　　　　　日　期：　　　　　日　期：

附录3　耕地质量保护提升项目监测技术规范(试行)

1. 范围

本规范规定了耕地质量保护提升项目耕地质量监测点选点要求、建设内容、监测内容、数据处理、报告撰写等。

本规范适用耕地质量保护提升项目区。其他地区耕地质量监测可以参考执行。

2. 引用标准

本规范引用下列标准：

GB/T 33469—2016　耕地质量等级

NY/T 1119—2012　耕地质量监测技术规程

NY/T 1121.1　土壤样品的采集、处理和贮存

NY/T 395—2012　农田土壤环境质量监测技术规范

3. 术语和定义

下列术语和定义适用于本规范：

3.1　耕地

用于农作物种植的土地。

3.2　耕地质量

指由耕地地力、土壤健康状况和田间基础设施构成的满足农产品持续产出和质量安全的能力。

3.3　耕地地力

在当前管理水平下，由土壤立地条件、自然属性等相关要素构成的耕地生产能力。

3.4　土壤健康状况

土壤作为一个动态生命系统具有的维持其功能的持续能力，用清洁程度、生物多样性表示。

3.5　耕地质量监测

通过定点调查、田间试验、样品采集、分析化验、数据分析等工作，对耕地土壤理化性状、养分状况等质量变化开展的动态监测。

4. 选点要求

4.1　选点区域

耕地质量保护提升项目区。

4.2 选点因素

根据区域耕地质量监测点总体规划,在本行政区域内,选择有代表性的土壤亚类、种植制度,兼顾土壤肥力水平、耕地环境状况和管理水平等因素。

4.3 监测点属性

监测点建成后,纳入国家耕地质量监测网络体系,成为国家级耕地质量监测点。

5. 建设内容

耕地质量监测点建设包括3个功能区,建设面积不少于1 000 m²。耕地质量监测点田间建设布局参照附录A。

5.1 自动监测功能区

设置1个生产条件和土壤多参数自动监测区,区域面积不小于33.3 m²,四周设立围栏。

5.2 耕地质量监测功能区

耕地质量监测功能区设置3个小区,即长期不施肥区、当年不施肥区、常规施肥区。

——长期不施肥。长期不施肥区设1个固定小区,小区面积不小于66.7 m²。

——当年不施肥区。当年不施肥区(包括不施有机肥和化肥)设1个小区,2个备用轮换小区(即当年不施肥区不能与上年重复,3年一轮换),每个小区面积不小于66.7 m²。

——常规施肥区。常规施肥区(包括施用有机肥和化肥)设1个小区,小区面积不小于266.8 m²。

5.3 培肥改良试验监测功能区

针对耕地质量监测发现的突出问题,可根据实际情况分别设置培肥试验、改良试验、综合治理试验等,监测培肥改良效果,区域面积不小于400 m²。

5.4 监测区域建设

5.4.1 田间工程建设

耕地质量监测功能区采用水泥板或砖混结构(内外做防水)进行隔离。水田地上部分0.3 m、地下部分0.5 m、厚度0.10 m左右,旱田地上部分0.2 m、地下部分0.5 m、厚度0.10 m左右,防止肥、水横向渗透。

5.4.2 田间监测设备配置

土壤样品采集设备、土壤多参数自动监测设备、农田小气候等田间管理监测设备。具体项目见附录C。

5.5 耕地质量监测标识牌、展示牌

每个耕地质量监测点设置1个标识牌,介绍编号、地理位置、建点年份、土壤类型等;具体按国家级耕地质量监测点标牌要求进行制作,见附录B。设置1个展示牌,介绍种植制度、作物类型、主推技术、田间管理等。

6. 监测内容

6.1 自动监测内容

6.1.1 农田小气候

温度、湿度、风速、风向、光照、大气压、降雨量等。

6.1.2 土壤参数

自动监测0~20 cm、20~40 cm、40~60 cm、60~80 cm土壤含水量、温度、电导率等。

6.1.3 作物长势

自动监测作物生长状况等。

6.2 耕地质量监测内容

6.2.1 建点时的监测内容

建点时,应调查监测点的立地条件和农业生产概况,建立监测点档案信息。同时,按NY/T 2212.1规定的方法挖取土壤剖面,监测各发生层次理化性状。

6.2.1.1 立地条件和农业生产概况。主要包括监测点的常年降雨量、有效积温、无霜期、地形部位、田块坡度、潜水埋深、排灌条件、种植制度、常年施肥量、产量水平、成土母质、土壤类型等,具体项目和填写说明见附录D。

6.2.1.2 剖面理化性状。调查发生层次深度、颜色、结构、紧实度、容重、新生体、机械组成、化学性状(包括有机质、全氮、全磷、全钾、酸碱度、碳酸钙、CEC)等,具体项目和填写说明见附录E。

6.2.2 年度监测内容

在每年作物收获后或下一季作物施肥前采集各处理区耕层土壤样品,送有土壤肥料检测资质的机构检测或委托有资质的第三方检测机构检测。

6.2.2.1 田间作业情况。调查记载每一年度内每季作物名称、品种、播期、播种方式、收获期、耕作情况、灌排、病虫害防治、自然灾害出现的时间、强度以及对作物产量影响,其他对监测地块有影响的因素。具体项目见附录F。

6.2.2.2 施肥情况。监测秸秆、畜禽粪便等有机肥和化肥的施肥日期、肥料品种、施肥次数、施用实物量,并记载所施肥料的养分含量,同时要统计每季作物施肥折纯量,填入施肥明细情况记载表。具体项目见附录G。

6.2.2.3 作物产量。对于长期不施肥、当年不施肥和常规施肥的每季作物分别进行果实产量(风干基)和茎叶(秸秆)产量(风干基)的测定。具体项目见附录G。

6.2.2.4 土壤理化性状。监测耕层厚度、土壤容重、紧实度、水稳性团聚体、有机质、土壤pH、全氮、有效磷、缓效钾、速效钾等。具体项目见附录H。

6.2.2.5 土壤生物指标。监测耕层土壤微生物生物量碳等。具体项目见附录H。

6.3 项目周期监测内容

在耕地质量保护提升项目立项初年(第1年)和阶段性结束末年(第3年),监测土壤中微量元素和重金属元素。具体项目见附录H。

6.4 培肥改良试验监测内容

主要包括培肥和改良措施的实施效果、养分资源利用效率等。

7. 分析仪器配置

土壤样品制备、样品检测、数据处理等仪器设备。各地在现有县级化验室的基础上,以补充完善为主。具体参见附录I。

8. 土壤样品的采集、处理和贮存

样品采集、处理按 NY/T 1121.1 规定的方法进行。

设立固定的耕地质量监测土壤样品保存空间,长期保存土壤样品,每个土壤样品存储瓶标签标明采集年份、采样地点(经纬度)、土壤类型等基本信息,样品保留量为 1 kg,同时建立土壤样品电子数据库,便于样品查询。

9. 样品测定

9.1 土壤 pH 的测定

按 NY/T 1121.2 规定的方法测定。

9.2 土壤机械组成的测定

按 NY/T 1121.3 规定的方法测定。

9.3 土壤容重的测定

按 NY/T 1121.4 规定的方法测定。

9.4 土壤水分的测定

按 NY/T 52 规定的方法测定。

9.5 土壤阳离子交换量的测定

中性土壤和微酸性土壤按 NY/T 295 规定的方法测定,石灰性土壤按 NY/T 1121.5 规定的方法测定。

9.6 土壤有机质的测定

按 NY/T 1121.6 规定的方法测定。

9.7 土壤全氮的测定

按 NY/T 53 规定的方法测定。

9.8 土壤全磷的测定

按 NY/T 88 规定的方法测定。

9.9 土壤有效磷的测定

按 NY/T 1121.7 规定的方法测定。

9.10 土壤全钾的测定

按 NY/T 87 规定的方法测定。

9.11 土壤缓效钾和速效钾的测定

按 NY/T 889 规定的方法测定。

9.12 土壤交换性钙和镁的测定

按 NY/T 1121.13 规定的方法测定。

9.13 土壤有效硫的测定

按 NY/T 1121.14 规定的方法测定。

9.14 土壤有效硅的测定

按 NY/T 1121.15 规定的方法测定。

9.15 土壤有效铜、锌、铁、锰的测定

按 NY/T 890 规定的方法测定。

9.16 土壤有效硼的测定

按 NY/T 1121.8 规定的方法测定。

9.17 土壤有效钼的测定

按 NY/T 1121.9 规定的方法测定。

9.18 土壤总汞的测定

按 NY/T 1121.10 规定的方法测定。

9.19 土壤总砷的测定

按 NY/T 1121.11 规定的方法测定。

9.20 土壤总铬的测定

按 NY/T 1121.12 规定的方法测定。

9.21 土壤质量铅、镉的测定

按 GB/T 17141 规定的方法测定。

9.22 土壤水稳性大团聚体组成的测定

按 NY/T 1121.19 规定的方法测定。

9.23 土壤微生物量碳的测定

按附录 J 规定的方法测定。

10. 实验室分析质量控制

按 NY/T 395—2012 规定的方法操作执行。

11. 监测数据的储存与上报

规范耕地质量监测数据,具体要求见附录 K;建立耕地质量监测数据库,储存耕地质量监测信息,并做好备份。同时,按照要求及时报送有关信息。

12. 监测报告

监测报告应包括监测点基本情况,耕地质量主要性状指标状况和变化情况,农田肥料投入及利用情况,培肥改良措施和效果等,并分析耕地质量变化的原因,提出加强耕地质量保护提升的对策建议等内容。

附 录

附录 A

国家级耕地质量监测点布局示意图

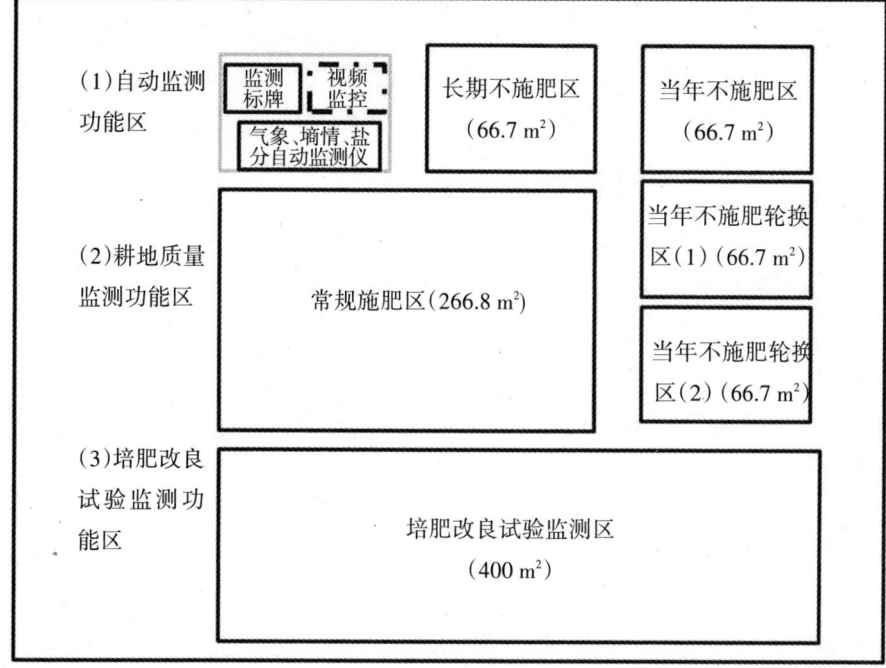

附录 B 耕地质量监测标识牌

一、规格尺寸说明

在耕地质量监测点设立标识标牌（样式见图）。标牌材质为大理石，最小尺寸限制：标牌高 1500 mm（其中 500 mm 埋在地下），宽 800 mm，厚 250 mm。"国家级耕地质量监测点"字样在上方居中，位置距上边缘 62.5 mm，左边缘 160 mm，字体为方正粗宋简体，字号 120，颜色为红色（RGB：255,0,0）。"中国耕地质量监测标识"位于"国家级耕地质量监测点"字样下方 20 mm，距左边缘 300 mm。监测点信息"编号""地理位置""建点年份""土壤类型""质量等级"等字样自上而下等间距（15 mm）排列；"编号"字样距上边缘 260 mm，距左边缘 150 mm。字体为方正大黑简体，字号 50，颜色为黑色（RGB：0,0,0）。

二、监测点信息填写说明

编号：填写国家级耕地质量监测点的标准 6 位编码。前两位是省级行政区划代码，后四位是国家级耕地质量监测点顺序号。地理位置：填写监测点 GPS 定位信息，如东经：115°40′01″；北纬：40°25′01″。建点年份：填写监测点建成年份，如 1997 年。土壤类型：按全国第二次土壤普查时修正稿成果，依据国家标准《中国土壤分类与代码》(GB/T 17296—2009)填写土类、亚类、土属、土种名称。质量等级：按照耕地质量等级国家标准（GB/T 33469—2016)评价结果填写。

附录C 耕地质量监测点田间建设内容、功能参数和要求

名称	数量	单位	主要功能和相关参数	备注
土地流转费用	1	亩·年	流转到第二轮土地承包期或30年	
耕地质量监测标识牌、展示牌	2	个	功能和相关参数见附录B	
隔离区设置(含田间整治)	≥6	个	建设监测区水泥板或砖混结构(内外做防水)隔离等,相关参数见5.4	
土壤样品采集设备	2	套	土钻、环刀、铝盒、团聚体筛分设备等	
土壤贯穿阻力仪(紧实度仪)	1	套	测量范围:0~10 MPa	
土壤多参数监测站	1	套	1.土壤温度范围:-40 ℃~85 ℃,误差±0.3 ℃; 2.土壤体积含水量:0%~100%,相对误差±3%; 3.土壤电导率,测量范围0~5 dS/m; 4.监测深度0~20 cm、20~40 cm、40~60 cm、60~80 cm	
手持式土壤墒情速测仪	1	套	1.土壤体积含水量:0%~100%,相对误差±3%; 2.监测深度0~10 cm、10~20 cm; 3.监测10个以上样点土壤墒情	
移动式作物生长监测站	1	套	选择监测叶绿素SPAD值、叶面积LAI、归一化植被指数NDVI、叶冠层指数(CC)等	
小气候观测仪	1	套	1.空气温湿度:温度测量范围-40 ℃~70 ℃,相对湿度测量范围0%~100%; 2.风速:测量范围:0~30 m/s; 3.风向:测量范围:0°~360°。 以上3项指标精度参照国家气象局有关标准。 4.雨量; 5.大气压力; 6.光照传感器; 以上3项指标测量范围、精度参照国家气象局有关标准	
红外网络球机	1	台	200万8寸红外,200 m红外照射距离,焦距:6~186 mm,30倍以上光学变倍	
硬盘刻录机	1	台	主机,4个2TB硬盘	
视频监控系统	1	套	1.长6 m直径160 mm整体镀锌管监控立杆,1.2 m长横臂1个,各地可根据实际情况调整; 2.抗风力:45 kg/mh; 3.1 m×1 m基础混凝土浇灌,钢结构预埋件	
防雷器+接地设备	1	个	配备视频、控制信号防雷设施,用于监控视频信号设备点对点的协击保护;配备避雷针、接地体等	
围栏	1	套	不锈钢围栏,尺寸:5 m×5 m×1.5 m,高度1.5 m以上	
太阳能供电系统	1	套	连续使用阴雨天可达10~15 d	
4G或有线网络	1	套		
仪器设备维护	5	年	保证5年硬件、软件运行正常	

注:采购仪器设备是由农业农村部信息软硬件产品质量检测重点实验室等有资质的机构认证通过的产品。

附录D

表D.1 监测点基本情况记载表

监测点代码：　　　　　　　　　　建点年度(时间)：

基本情况	省(区、市)名		地(市、州、盟)名		
	县(旗、市、区)名		乡(镇)名		
	村名		农户(地块)名		
	县代码		经度(°/′/″)		
	纬度(°/′/″)		常年降水量(mm)		
	常年有效积温(℃)		常年无霜期(d)		
	地形部位		田块坡度(°)		
	海拔高度(m)		潜水埋深(m)		
	障碍因素		障碍层类型		
	障碍层深度(cm)		障碍层厚度(cm)		
	灌溉能力		水源类型		
	灌溉方式		排水能力		
	地域分区		熟制分区		
	农田林网化程度		主栽作物		
	典型种植制度		产量水平(kg/亩)		
	耕地质量等级				
	常年施肥量(折纯,kg/亩)	化肥	N	P_2O_5	K_2O
		有机肥	N	P_2O_5	K_2O
	田块面积(亩)		代表面积(亩)		
	土壤代码		成土母质		
	土类		亚类		
	土属		土种		
景观照片拍摄时间：			剖面照片拍摄时间：		

监测单位：

D.2 监测点基本情况记载表填表说明

1. 地形部位

监测田块所处的能影响土壤理化特性的最末一级的地貌单元。如河流冲积平原要区分出河床、河漫滩、阶地等；山麓平原要区分出坡积裙、洪积锥、洪积扇、扇间洼地、扇缘洼地等，黄土丘陵要区分出塬、梁、峁、坪等；丘陵要区分高丘、中丘、低丘、缓丘、漫岗等。在此基础上再进一步续分，如洪积扇上部、中部、下部；黄土丘陵的峁，再冠以峁顶、峁边；南方冲垄稻田则有大冲、小冲、冲头、冲口等。在拍摄景观照片时，应突出这些地貌特征，从照片上判别出监测地块所在的小地貌单元的部位。

2. 田块坡度

实际测定田块内田面坡面与水平面的夹角度数。

3. 海拔高度
采用GPS定位仪现场测定填写,单位为米,精确到小数点后一位。

4. 潜水埋深
指冬季地下水位的埋深。只有草甸土、潮土、砂姜黑土、水稻土、盐化(碱化)土填写地下水位。

5. 障碍因素
指盐碱、瘠薄、酸化、渍涝、潜育、侵蚀、干旱等,没有明显障碍因素时填无。

6. 障碍层类型
指1 m土体内出现的障碍层类型。

7. 障碍层深度
指障碍层的最上层到地表的垂直距离。

8. 障碍层厚度
指障碍层的最上层到最下层的垂直距离。

9. 灌溉能力
指充分满足、满足、基本满足、不满足。

10. 灌溉方式
指漫灌、沟灌、畦灌、喷灌、滴灌、无灌溉。

11. 水源类型
指地表水、地下水、地表水+地下水、无。

12. 排水能力
指充分满足、满足、基本满足、不满足。

13. 地域分区
按《耕地质量等级》国家标准划分,分东北区、内蒙古及长城沿线区、黄淮海区、黄土高原区、长江中下游区、西南区、华南区、甘新区、青藏区。

14. 熟制分区
指一年一熟、一年两熟、一年三熟、两年三熟等。

15. 耕地质量等级
指按《耕地质量等级》国家标准划分的一到十等。

16. 常年施肥量
指化肥和有机肥常年平均施用量(折纯量)。

17. 土壤代码
按国家标准《中国土壤分类与代码》(GB/T 17296)要求填写。

18. 成土母质
首先分清是残积物、坡积物、洪积物或冲积物。残积物与母岩有直接关系,可以填写为××岩残积物母质。坡积物、洪积物、冲积物与母岩的关系比较远,判断不清的,不要与母岩挂钩,将其性状(厚度、粗细等)描写清楚。对于发育不久的冲积物母质,并有一定发育的,如第四纪红土等,不要填写冲积物、洪积物,直接填写其名称。

19.土类、亚类、土属、土种

按全国第二次土壤普查的分类系统命名填写。

附录 E

表 E.1 监测点土壤剖面性状记载表

监测点代码:

项 目		发 生 层 次				
层次代号						
层次名称						
层次深度						
剖面描述	颜色					
	结构					
	紧实度					
	容重(g/cm³)					
	新生体					
	植物根系					
机械组成	D>2mm（%）					
	2mm≥D>0.02mm（%）					
	0.02mm≥D>0.002mm（%）					
	D<0.002mm（%）					
	质地					
化学性状	有机质(g·kg⁻¹)					
	全 氮(g·kg⁻¹)					
	全 磷(g·kg⁻¹)					
	全 钾(g·kg⁻¹)					
	pH					
化学性状	碳酸钙(g·kg⁻¹)					
	阳离子交换量(cmol·kg⁻¹)					
	土壤含盐量(%)					
	盐渍化程度					
	土壤铬(mg·kg⁻¹)					
	土壤镉(mg·kg⁻¹)					
	土壤铅(mg·kg⁻¹)					
	土壤汞(mg·kg⁻¹)					
	土壤砷(mg·kg⁻¹)					

取样时间：　　　　　　　检测时间：
监测单位：　　　　　　　检测单位：

注1：本表建点时填写，详情参见填表说明。
注2：机械组成中D代表土壤颗粒有效直径。

E.2 监测点土壤剖面性状记载表填表说明

1.层次代号及名称

由于监测点均在耕作土壤上，发生层次中一定要把耕层划分出来。耕作层指农业耕作(农机具作业)、施肥、灌溉影响及作物根系分布的集中层段,是人类耕作与熟化自然土壤的部分。其颜色、结构、紧实度等都会有明显的特征和界线。

水稻土发生层次分为耕作层(Aa)、犁底层(Ap)、渗育层(P)、潴育层(W)、脱潜层(Gw)、潜育层(G)、漂洗层(E)、腐泥层(M)等;旱地发生层次分为旱耕层(A_{11})、亚耕层(A_{12})、心土层(C_1)、底土层(C_2)等。

2.剖面描述

颜色:指土壤在自然状态的颜色,如土壤由2个或2个以上色调组合而成,在描述时先确定主要颜色和次要颜色,主要颜色放在后,次要颜色放在前。

结构:取一大块土,用手轻捏碎,观察其碎块形状及大小。一般有三种类型:横轴与纵轴大致相等,分为块状、团块核状及粒状等结构;横轴大于纵轴者,分为片状和板状结构;横轴小于纵轴者,分为柱状和棱柱状结构。

紧实度:土壤在自然状态下的坚实程度,采用土壤紧实度测定仪测量。

质地(机械组成):即土壤的砂黏程度,采用国际制土壤质地分级标准。

新生体:指土壤形成过程中产生的物质,它不但反映土壤形成过程的特点,而且对土壤的生产性能有很大影响,在观察时对其种类、形状及数量要详细记载。常见的新生体有铁锰结核、铁锰胶膜、二氧化硅粉末、锈纹、锈斑、假菌丝、砂姜等。

植物根系:主要看土壤各层根系分布的多少,分为少、中、多、很多4级。

3.质地分类

按表E.2填写。

表E.2 国际制土壤质地分类表

质地分类			颗粒组成(%)		
类别	名称	代号	砂粒 2mm≥D>0.02mm	粉(砂)粒 0.02mm≥D>0.002mm	黏粒 D<0.002mm
沙土类	砂土及壤质砂土	LS	85~100	0~15	0~15
壤土类	砂质壤土	SL	55~85	0~45	0~15
	壤土	L	40~55	30~45	0~15
	粉(砂)质壤土	IL	0~55	45~100	0~15
粘壤土类	砂质黏壤土	SCL	55~85	0~30	15~25
	黏壤土	CL	30~55	20~45	15~25
	粉(砂)质黏壤土	ICL	0~40	45~85	15~25
黏土类	砂质黏土	SC	55~75	0~20	25~45
	壤质黏土	LC	10~55	0~45	25~45
	粉(砂)质黏土	IC	0~30	45~75	25~45
	黏土	C	0~55	0~55	45~65
	重黏土	HC	0~35	0~35	65~100

注:D代表土壤颗粒有效直径

附录F

表F.1 监测点田间生产情况记载表

监测点代码：　　　　　　　　监测年度：

项目		第一季	第二季	第三季
作物名称				
品种				
播种期				
收获期				
播种方式				
耕作情况				
灌排水及降雨	降雨量(mm)			
	灌溉设施			
	灌溉方式			
	灌水量(m³)			
	排水方式			
	排水能力			
自然灾害	种类			
	发生时间			
	危害程度			
病虫害发生	种类			
	发生时间			
	危害程度			
	防治方法			
	防治效果			

监测单位：　　　　　　　　监测人员：

F.2 监测点田间生产情况记载表填表说明

1. 监测年度的划分

对于一年两熟、一年三熟或两年三熟制地区，年度划分以冬作前一年的播种整地的时间为始到当年最后一季作物收获为止。对于一年一熟制地区，只种一季冬作(冬小麦)实行夏季休闲或只种一季春作(玉米、谷子、高粱、棉花、中稻)实行冬季休闲的，年度划分以前季作物收获后开始，到该季作物收获为止。

2. 播种期和收获期

填写年月日(××××-××-××)。

3.播种方式

机播或机插、人工播种或人工移栽。

4.耕作情况

耕、耙、中耕及除草等。

5.灌溉设施

井灌、渠灌及集雨设施,没有的填"无"。

6.灌溉方式

指漫灌、沟灌、畦灌、喷灌、滴灌、无灌溉。

7.排水方式

分排水沟、暗管排水、强排。

8.排水能力

指充分满足、满足、基本满足、不满足。

9、自然灾害种类

风、雨、雹、旱、涝、霜、冻、冷等。

附录 G

表 G.1 施肥明细情况记载表

监测点代码：　　　　监测年度：

施肥日期	有机肥						化肥					
	品种	养分含量(%)			实物量	折纯量	品种	养分含量(%)			实物量	折纯量
		N	P_2O_5	K_2O	(kg/亩)	(kg/亩)		N (kg/亩)	P_2O_5	K_2O	(kg/亩)	(kg/亩)
合计												

填表日期：　　　　填表人员：

表 G.2 作物产量记载表

监测点代码：　　　　监测年度：

项目			内容
作物名称			
作物品种			
生育期(d)			
大田期	起始日期		
	结束日期		
作物产量(kg/亩)	长期不施肥区	果实	
		秸秆	
	当年不施肥区	果实	
		秸秆	
	常规施肥区	果实	
		秸秆	

填表日期：　　　　填表人员：

附录 H
监测点土壤理化性状记载表

监测时间： 年 月 日至 年 月 日

监测点代码						监测年度				
采样地点						采样时间				
每年度最后一季作物收获后，下季作物施肥前，采土测定并记载											
处理	耕层厚度(cm)	容重(g/cm³)	紧实度(MPa)	水稳性团聚体(%)	pH	有机质(g/kg)	全氮(g/kg)	有效磷(mg/kg)	速效钾(mg/kg)	缓效钾(mg/kg)	微生物量碳(mg/kg)
长期不施肥											
当年不施肥区											
常规施肥区											
项目周期监测内容											
	耕层理化性状				中量及有益元素				全量元素(g/kg)		
处理	质地(国际制)	CEC(cmol/kg)	土壤含盐量(%,盐碱土)	Eh(水稻土)	交换性钙(cmol/kg)	交换性镁(cmol/kg)	有效硫(mg/kg)	有效硅(mg/kg)	全磷(g/kg)	全钾(g/kg)	
长期不肥区											
当年不施肥区											
常规施肥区											
处理	有效性微量元素(mg/kg)					土壤环境质量(mg/kg)					
	铁	锰	铜	锌	硼	钼	铬	镉	铅	砷	汞
长期不肥区											
当年不施肥区											
常规施肥区											

检验单位(公章)：　　批准人：　　审核人：　　编制人：

日　期：　　　　　日　期：　　　　　日　期：

附录 I 土壤样品采集检测和数据处理设备

（在县级化验室的基础上，以补充完善为主）

建设内容	建设明细	单位	数量
采样分析设备	GPS定位仪	套	5
	手持数据处理设备	套	5
	玛瑙球磨机	台	1
	土壤粉碎机	台	1
	样品盘	个	100
	万分之一电子天平	台	2
	千分之一电子天平	台	1
	百分之一电子天平	台	1
	微波消解炉	台	1
	烘箱	台	2
	电热恒温干燥箱	台	2
	马弗炉	台	1
	电热恒温水浴锅	台	1
	恒温振荡器	台	1
	电热板	台	2
	可调式电炉	台	2
	四(六)联式可调电炉	台	2
	离心机	台	2
	原子吸收分光光度计(含石墨炉)	台	1
	原子荧光光谱仪	台	1
	全自动定氮仪	台	1
	紫外可见光分光光度计	台	2
	火焰光度计	台	1
	极谱仪	台	1
	电导率仪	台	1
	酸度计	台	2
	数字式离子计	台	1
	自动电位滴定仪	台	1
	超纯水设备	套	1
	石英器具	套	1
	铂金坩埚	个	5
	超声波清洗器	台	1
	冰箱	台	2
	实验台	延米	40
	试剂柜	个	8
	器皿柜	个	5
	样品柜	个	8
	气瓶柜	个	3

续表

建设内容	建设明细	单位	数量
数据存储传输设备	计算机	台	3
	便携式计算机	台	2
	扫描仪	台	1
	投影仪	台	1
	打印机	台	1
	地理信息系统软件	套	1
	操作系统	套	2
	数据库系统	套	1
	防病毒软件	套	1
	墒情数据存储、传输系统	套	1

附录 J　土壤微生物量碳、氮检测方法(试行)

Voroney(1983)发现熏蒸与未熏蒸土壤 $0.5\ mol\cdot L^{-1}\ K_2SO_4$ 可提取的有机碳增量与土壤微生物生物量有很好的相关性,在此基础上,Vance et al(1987)建立了基于熏蒸和提取过程(Fumigation extraction,FE)的土壤微生物生物量碳、氮测定方法,即熏蒸提取-容量分析法。Wu et al(1990)对 $0.5\ mol\cdot L^{-1}\ K_2SO_4$ 提取的有机碳分析方法进行了改进,建立了熏蒸提取-仪器分析法。

FE法基本原理:新鲜土壤经氯仿熏蒸(24 h)后,被杀死的土壤微生物生物量碳,能够以一定比例被 $0.5\ mol\cdot L^{-1}\ K_2SO_4$ 溶液提取并被定量地测定出来,根据熏蒸土壤与未熏蒸土壤测定的有机碳、氮量的差值和提取效率(或转换系数 k_{EC}),估计土壤微生物生物量碳、氮等。

1. 主要仪器及设备

1)必备:培养箱、真空干燥器、真空泵、往复式振荡机(速率 200 转/min)、冰柜等;

2)选备:消煮炉、蒸馏定氮仪、分光光度计、TOCN仪等(依据测定方法,并非全部需要)。

2. 试剂

1)无乙醇氯仿:商品氯仿都含有乙醇(作为稳定剂),使用前必须除去乙醇。方法为:量取 500 ml 氯仿于 1000 ml 的分液漏斗中,加入 50 ml 体积浓度为 5% 的硫酸溶液(19份体积的去离子水中加入 1 份体积的 98% 化学纯浓硫酸),充分摇匀,弃除下层硫酸溶液,如此进行 3 次。再加入 50 ml 去离子水,同上摇匀,弃去上部的水分,如此进行 5 次。将下层的氯仿转移到蒸馏瓶中,在 62 ℃ 的水浴中蒸馏,馏出液存放在棕色瓶中,并加入约 20 g 无水分析纯 K_2CO_3,在冰箱的冷藏室中保存备用。

2)硫酸钾溶液 $[c(K_2SO_4)= 0.5\ mol\cdot L^{-1}]$:称取硫酸钾($K_2SO_4$,化学纯)87.10 g,溶于去离子水中,稀释至 1 L。

3)锌粉(Zn,分析纯)。

4)硫酸铜溶液 $[c(CuSO_4)= 0.19\ mol\cdot L^{-1}]$:称取硫酸铜($CuSO_4\cdot 5H_2O$,分析纯)47.40 g,溶于 1000 ml 去离子水中。

5)氢氧化钠溶液 $[c(NaOH)= 10\ mol\cdot L^{-1}]$:称取 400.0 g 氢氧化钠(NaOH,化学纯)溶于去离子水中,稀释至 1 L。

6)硼酸溶液 $[r(H_3BO_3)=20.0\ g\cdot L^{-1}]$:称取硼酸($H_3BO_3$,化学纯)20.0 g,溶于去离子水中,稀释至 1 L。

7)还原剂:50.0 g 硫酸铬钾($KCr(SO_4)_2$,分析纯)溶解在 700 ml 去离子水中,加入 200 ml 浓硫酸,冷却后定容至 1 000 ml。

8)重铬酸钾-硫酸溶液 $[0.018\ mol\cdot L^{-1} K_2Cr_2O_7 /12\ mol\cdot L^{-1} H_2SO_4]$:5.300 0 g 分析纯重铬酸钾溶于 400 ml 去离子水中,缓缓加入 435 ml 分析纯浓硫酸(H_2SO_4, ρ=1.84 $g\cdot ml^{-1}$),边加边搅拌,冷却至室温后,用去离子水定容至 1 L。

9) 重铬酸钾标准液[$c(1/6K_2Cr_2O_7)=0.05$ mol·L^{-1}]：称取经130℃烘干2~3 h的重铬酸钾($K_2Cr_2O_7$,分析纯)2.451 5 g,溶于1 000 ml的去离子水中。

10) 邻啡罗啉指示剂：称取邻啡罗啉指示剂[$C_{12}H_8N_2·H_2O$,分析纯] 1.49 g,溶于含有0.70 g $FeSO_4·7H_2O$的100 ml去离子水中,密闭保存于棕色瓶中。

11) 硫酸亚铁溶液[$c(FeSO_4)=0.05$ mol·L^{-1}]：称取硫酸亚铁($FeSO_4·7H_2O$,化学纯)13.9 g,溶解于600~800 ml去离子水中,加化学纯浓硫酸5 ml,搅拌均匀,定容至1 000 ml,于棕色瓶中保存。此溶液不稳定,需每天标定浓度。

硫酸亚铁溶液浓度的标定：吸取重铬酸钾标准溶液(试剂9,C_1 = 0.05 mol·L^{-1}) 20.00 ml (V_1),放入150 ml三角瓶中,加化学纯浓硫酸3 ml和邻啡罗啉指示剂1滴,用$FeSO_4$溶液滴定,根据$FeSO_4$溶液消耗量(V_2)即可计算$FeSO_4$溶液的准确浓度$C = C_1V_1/V_2$。

12) 还原水合茚三酮：称取80 g茚三酮放入2 L 90℃热水中,加入400 ml 40℃抗坏血酸水溶液(含VC 80 g),放置30 min；流水冷却1 h至室温,过滤冲洗,在闭光真空干燥器中放入P_2O_5粉进行干燥,可得约75 g还原水合茚三酮,放置于暗色瓶中备用。

13) 乙酸钠缓冲液(pH 5.5)：每配100 ml 茚三酮试剂用25 ml。每次配500 ml。方法如下：200 ml 去离子水中加入27.2 g NaOAc·$3H_2O$,放入水浴中使其充分溶解,冷却至室温后加入50 ml冰醋酸标定至500 ml,pH应为5.51±0.03。该缓冲液在4℃下可保存。

14) 茚三酮试剂：每样用1.00 ml,100 ml 配制方法：2 g 水合茚三酮和0.3 g的还原水合茚三酮溶解于75 ml 的二甲基亚砜(DMSO)和25 ml 的乙酸钠缓冲液；然后用N_2通气30 min,4℃下密闭一天备用。

15) 柠檬酸缓冲液(pH 5.0)：每样用2.00 ml,250 ml 配制方法：10.50 g 柠檬酸和4.00 g NaOH加入到225 ml 蒸馏水中,用10 mol/L NaOH调整到pH 5.0,标定至250 ml。保存于4℃。

16) 稀释乙醇：95%乙醇加入同体积的蒸馏水。

17) 硫酸铵标准液：浓度分别为0、50、100、200、250、500、1 000 μmol·L^{-1} N,保存于4℃。方法为：准确称取0.066 1 g 分析纯$(NH_4)_2SO_4$(分子量=132.1),定容至1 000 ml,此溶液的N浓度为1 000 μmol·L^{-1}(母液)；分别吸取0、5、10、20、25、50、100 ml母液放入100 ml容量瓶,定容,得到0、50、100、200、250、500、1 000 μmol·L^{-1} N的硫酸铵标准液。

3. 土壤样品

土壤样品要有代表性,一般在春季或秋季采集土壤样品,避免在秸秆还田或有机肥施用后的1个月内采样。

土壤样品要求新鲜、不可冰冻,含水量适中(大致为田间持水量的60%),过2 mm筛。

对于风干土壤样品,可以调节土壤含水量为田间持水量60%左右,在室温下黑暗环境中预培养7~10 d,过2 mm筛。

4. 操作步骤

4.1 熏蒸。称取相当于25.0 g烘干土重的湿润土壤3份,分别放入3个100 ml小烧杯中,一起放入同一真空干燥器中。干燥器底部放置几张用水湿润的滤纸和1个装有50 ml

NaOH溶液(试剂5)。将装有约50 ml的无乙醇氯仿(试剂1)的小烧杯(同时加入少量抗暴沸的物质)放入干燥器底部,用少量凡士林密封干燥器。将真空干燥器和真空泵放在通风橱内,用塑料管连接真空干燥器和真空泵,打开真空泵对真空干燥器进行抽气,至氯仿大量冒气泡,并保持至少2 min。关闭干燥器阀门,断开真空干燥器与真空泵的连接管。将真空干燥器放在25 ℃、黑暗的培养箱中24 h。称同样质量的土壤3份,不进行熏蒸处理,放入另一个真空干燥器中,同样在25 ℃的黑暗条件下放置24 h,作为土壤对照。另称取土壤用烘干法测定土壤含水量。

4.2 浸提。熏蒸结束后,将真空干燥器放在通风橱内,慢慢打开通气阀门,让外部空气进入真空干燥器。小心打开真空干燥器的上部封盖,取出装有水和氯仿的烧杯,氯仿倒回瓶中可重复使用。擦尽干燥器底部的水,用真空泵反复抽气,直到土壤闻不到氯仿气味为止。将烧杯中土壤全部转移到250 ml的三角瓶中,加入100 ml K_2SO_4溶液(试剂2),在振荡机上振荡浸提30 min(25 ℃)。用定量滤纸过滤。对照土壤同上用K_2SO_4溶液(试剂2)浸提。浸提液立即测定或在-15 ℃下保存。

4.3 测定。如浸提液经过冰冻保存,需经过室温完全融化后备用。

4.3.1 TOCN仪测定土壤微生物量C、N

按TOCN仪操作说明吸取一定量浸提液,放入自动进样器进行TOC和TN测定。如需稀释,应用高纯水进行稀释,稀释倍数要适中。

4.3.2 容量法测定土壤微生物量C

准确吸取10.0 ml浸提液放入消煮管中,准确加入重铬酸钾-硫酸溶液(试剂8) 10.0 ml,再加入3~4片经浓盐酸溶液浸泡、洗涤干净并烘干的碎瓷片,混合均匀后置于175 ℃±1 ℃磷酸浴中煮沸10 min。冷却后无损地转移至150 ml三角瓶中,用去离子水洗涤消煮管3~5次,使溶液体积约为80 ml。加入1滴邻啡罗啉指示剂(试剂10),用硫酸亚铁溶液(试剂11)滴定剩余的重铬酸钾,溶液颜色从橙黄色变为蓝绿色,再变为棕红色即为滴定终点。

4.3.3 茚三酮比色法测定土壤微生物量N

准确吸取1.00 ml的浸提液加入20 ml试管中,加入2.00 ml的柠檬酸缓冲液(试剂15),慢慢加入1.00 ml茚三酮试剂(试剂14)并充分混匀,放上橡胶塞(注意不要塞紧),在沸水中加热25 min,冷水浴冷却至室温后加入5.0 ml稀释乙醇(试剂16),充分混匀,在570 nm处比色。硫酸铵标准曲线同上方法显色(以不同浓度的1 ml硫酸铵溶液(试剂17)替代1.00 ml浸提剂)。

4.3.4 微量凯氏定氮法测定土壤微生物量N

准确吸取30.0 ml浸出液于消煮管中,加入10 ml还原剂(试剂7)和0.3 g锌粉(试剂3),充分混匀,室温下放置至少2 h,再加入0.6 ml硫酸铜溶液(试剂4)和8 ml浓硫酸。缓慢加热(150 ℃)约2 h,直至消煮管中的水分全部蒸发掉,然后高温(硫酸发烟)消煮3 h。待消煮液完全冷却后,将消煮管接到定氮蒸馏器上,向蒸馏管中加入氢氧化钠溶液(试剂5) 40 ml,进行蒸馏,并用标准稀盐酸或硫酸溶液滴定硼酸吸收液(试剂6)。同时做空白对照。

5.结果计算

5.1 土壤微生物量C

1)TOCN仪法

土壤微生物量C,$BC = EC/k_{EC}$

$EC = TOCF - TOCUF$

$k_{EC} = 0.45$ (Wu et al., 1990)

TOCF——TOCN仪测出的熏蒸土样中 $0.5\ mol \cdot L^{-1}\ K_2SO_4$ 浸提液中TOC的含量,$mg \cdot kg^{-1}$;

TOCUF——TOCN仪测出的对照土样中 $0.5\ mol \cdot L^{-1}\ K_2SO_4$ 浸提液中TOC的含量,$mg \cdot kg^{-1}$。

2)容量法

(1)浸提液中有机碳(O_c)的计算

$O_c = (V_0 - V_1) \times c \times 3 \times ts \times 1000 / DW$

式中:O_c——有机碳的质量分数,$mg \cdot kg^{-1}$;

V_0——滴定空白样时所消耗的 $FeSO_4$ 体积,ml;

V_1——滴定样品时所消耗的 $FeSO_4$ 体积,ml;

c——$FeSO_4$ 溶液的浓度,$mol \cdot L^{-1}$;

3——碳(1/4C)的毫摩尔质量,$M(1/4C) = 3\ mg \cdot mmol^{-1}$;

1 000——转换为kg的系数;

ts——分取倍数;

DW——土壤的烘干质量,g。

(2)微生物量碳(BC)的计算

$BC = EC/k_{EC}$

式中:BC——微生物量C的质量分数,$mg \cdot kg^{-1}$;

EC——熏蒸土样 O_c 量与对照土样 O_c 量之差,$mg \cdot kg^{-1}$;

k_{EC}——氯仿熏蒸杀死的微生物体中C被浸提出来的比例,一般取0.38 (Ocio and Brookes,1990)。

5.2 土壤微生物量N

1)TOCN仪法

土壤微生物量N,$BN = EN/k_{EN}$

$EN = TNF - TNUF$

$k_{EN} = 0.45$ (Jenkinson, 1988; Brookes et al., 1985b)

TNF——TOCN仪测出的熏蒸土样中 $0.5\ mol \cdot L^{-1}\ K_2SO_4$ 浸提液中TN的含量,$mg \cdot kg^{-1}$;

TNUF——TOCN仪测出的对照土样中 $0.5\ mol \cdot L^{-1}\ K_2SO_4$ 浸提液中TN的含量,$mg \cdot kg^{-1}$。

2)微量凯氏定氮法

(1)浸提液中全氮(TN)的计算

$TN = (V - V_0) \times c \times 14 \times ts \times 1000 / DW$

式中:TN——全氮(TN)的质量分数,$mg \cdot kg^{-1}$;

V_0——空白滴定时所消耗标准酸的体积,ml;

V——样品滴定时所消耗标准酸的体积,ml;

c——标准酸的浓度,mol·L^{-1};

14——氮(N)的毫摩尔质量,M(N)=14 mg·mmol^{-1};

1 000——换算为kg的系数;

ts——分取倍数;

DW——土壤的烘干质量,g。

(2)微生物量氮(BN)的计算

$BN = EN / k_{EN}$

式中:BN——微生物量氮(BN)的质量分数,mg·kg^{-1};

EN——熏蒸土样所浸提的全N与对照土样之间的差值,mg·kg^{-1};

k_{EN}——熏蒸杀死的微生物中的N被0.5 mol·L^{-1} K$_2$SO$_4$所提取的比例,常取0.45 (Brookes et al., 1985)。

3)茚三酮比色法

$BN = EN / k_{EN}$

式中:BN——微生物量氮(BN)的质量分数,mg·kg^{-1};

EN——熏蒸土样所浸提的茚三酮反应N与对照土样之间的差值,mg·kg^{-1};

k_{EN}——熏蒸杀死的微生物中的N被0.5 mol·L^{-1} K$_2$SO$_4$所提取的比例,常取0.2 (Joerensen and Brookes, 1990)。

6. 注意事项

1)水稻土和沼泽土。对于含水量接近饱和的水稻土和沼泽土,熏蒸时可以采用向每个土样滴加0.5 ml氯仿液体的方法,再同上方法进行熏蒸。

2)校正系数k_{EC}和k_{EN}:原则上应对土壤质地和有机质含量不同的土壤进行逐一校正。同一土壤不同处理间一般不需校正。加生物炭量(5%)较大时需要校正。

3)熏蒸完全是关键。检查方法:抽气使氯仿大量冒气泡并维持2 min后,关闭真空干燥器的阀门。然后轻轻开启阀门,如果有"丝丝"的空气流动声,说明干燥器内有一定负压,熏蒸完全;如果没有空气流动的声音,表示干燥器漏气,应检查干燥器,特别是封口部位和上盖部位,或更换新的干燥器。

4)浸提条件的一致性。熏蒸土样和未熏蒸土样应同时进行浸提,保证浸提时间、温度、震荡强度、容器大小与形状的一致性。

5)浸提液保存。过滤得到浸提液后,如不立即测定,需要迅速转移到塑料瓶中,装入量为塑料瓶体积的80%。融化后所含絮状K$_2$SO$_4$不影响测定。

6)测定重复。熏蒸与未熏蒸土样各为3个,要求操作一致,计算时取3个测定重复的算数平均数。

7)起泡剂。可用2~5 mm大小碎瓷片作为起泡剂,要求洁净、干燥。烘干后可重复使用。

8)干基计算。土壤微生物量C、N的含量以干土质量为基础计算。

附录K 耕地质量监测数据标准化要求

常规监测部分：

字段名称	数据类型	数据长度	量纲	极大值	极小值	小数位	备注
监测点代码	文本	12	无				
建点年度	日期	4	无	2100	1900	0	格式为yyyy
省(区、市)名	文本	30	无				
地(市、州、盟)名	文本	30	无				
县(旗、市、区)名	文本	30	无				
乡(镇)名	文本	30	无				
村名	文本	30	无				
农户(地块)名	文本	20	无				
县代码	文本	6	无				
经度	数值	8	度	136	72	4	采用十进制表示。例：东经119.03245
纬度	数值	7	度	60	0	4	采用十进制表示。例：北纬32.53245
常年降水量	数值	6	mm	9999.9	0	1	大约的具体数字,不填范围
常年有效积温	数值	5	℃	99999	0	0	大约的具体数字,不填范围
常年无霜期	数值	3	天	366	0	0	大约的具体数字,不填范围
地形部位	文本	50	无				可根据本地具体情况划分
田块坡度	数值	2	度	90	0	0	实际测定田块内田面坡面与水平面的夹角度数
海拔高度	数值	6	m	9999.9	0	1	用GPS定位仪现场测定填写,单位为米,精确到小数点后一位
潜水埋深	数值	7	m	9999.99	0	2	大约的具体数字,不填范围
障碍因素	文本	20	无				指盐碱、瘠薄、酸化、渍涝、潜育、侵蚀、干旱等,没有明显障碍因素时填无

续表

字段名称	数据类型	数据长度	量纲	极大值	极小值	小数位	备注
障碍层类型	文本	10	无				指1m土体内出现的障碍层类型
障碍层深度	数值	3	cm	300	0	0	指障碍层的最上层到地表的垂直距离
障碍层厚度	数值	3	cm	300	0	0	指障碍层的最上层到最下层的垂直距离
灌溉能力	文本	10	无				指充分满足、满足、基本满足、不满足
水源类型	文本	8	无				指地表水、地下水、地表水+地下水、无
灌溉方式	文本	30	无				指漫灌、沟灌、畦灌、喷灌、滴灌、无灌溉
排水能力	文本	10	无				指充分满足、满足、基本满足、不满足
地域分区	文本	10	无				按《耕地质量等级》国家标准划分，分东北区、内蒙古及长城沿线区、黄淮海区、黄土高原区、长江中下游区、西南区、华南区、甘新区、青藏区
熟制分区	文本	8	无				指一年一熟、一年二熟、一年三熟、两年三熟等
农田林网化程度	文本	5	无				高、中、低
主栽作物	文本	8	无				
典型种植制度	文本	30	无				

续表

字段名称	数据类型	数据长度	量纲	极大值	极小值	小数位	备注
产量水平	数值	6	kg/亩	9999.9	0	1	
耕地质量等级	文本	2	无				
化肥N	数值	6	kg/亩	999.99	0	2	
化肥P_2O_5	数值	6	kg/亩	999.99	0	2	
化肥K_2O	数值	6	kg/亩	999.99	0	2	
有机肥N	数值	6	kg/亩	999.99	0	2	
有机肥P_2O_5	数值	6	kg/亩	999.99	0	2	
有机肥K_2O	数值	6	kg/亩	999.99	0	2	
田块面积	数值	7	亩	99999.9	0	1	
代表面积	数值	10	亩	9999999.99	0	2	
土壤代码	文本	8	无				按国家标准《中国土壤分类与代码》(GB/T 17296)要求填写
成土母质	文本	30	无				
土类	文本	30	无				
亚类	文本	30	无				
土属	文本	30	无				
土种	文本	30	无				
景观照片拍摄时间	日期	10	无				如:2009-09-25
景观照片	对象	0	无				
剖面照片拍摄时间	日期	10	无				如:2009-09-25
剖面照片	对象	0	无				
监测单位	文本	50	无				
层次代号	文本	3	无				见《规程》
层次名称	文本	10	无				见《规程》
层次深度	文本	20	无				0~20,或 20~40 等
剖面颜色	文本	12	无				指土壤在自然状态的颜色
剖面结构	文本	12	无				
剖面紧实度	数值	4	MPa	10	0	2	

续表

字段名称	数据类型	数据长度	量纲	极大值	极小值	小数位	备注
剖面容重	数值	4	g/cm3	2	0.5	2	
剖面新生体	文本	20	无				常见的新生体有铁锰结核、铁锰胶膜、二氧化硅粉末、锈纹、锈斑、假菌丝、砂姜等
剖面植物根系	文本	4	无				主要看土壤各层根系分布的多少,分为少、中、多、很多4级
D>2mm	数值	5	%	99.99	0	2	
2mm≥D>0.02mm	数值	5	%	99.99	0	2	
0.02mm≥D>0.002mm	数值	5	%	99.99	0	2	
D<0.002mm	数值	5	%	99.99	0	2	
质地	文本	20	无				按国际制质地名称填写
有机质	数值	5	g/kg	999.9	0	1	
全氮	数值	4	g/kg	9.99	0	2	
全磷	数值	5	g/kg	9.999	0	3	
全钾	数值	5	g/kg	99.99	0	2	
pH	数值	4	无	14	0.1	1	
碳酸钙	数值	5	g/kg	999.9	0	1	
阳离子交换量	数值	4	cmol/kg	99.9	0	1	
土壤含盐量	数值	4	%	99.99	0	2	
盐渍化程度	文本	5	无				
铬	数值	8	mg/kg	9999.999	0	3	
镉	数值	6	mg/kg	99.999	0	3	
铅	数值	7	mg/kg	999.999	0	3	
汞	数值	6	mg/kg	99.999	0	3	
砷	数值	7	mg/kg	999.999	0	3	
取样时间	日期	10	无				如:2009-09-25
检测时间	日期	10	无				如:2009-09-25
检测单位	文本	50	无				

续表

字段名称	数据类型	数据长度	量纲	极大值	极小值	小数位	备注
作物名称	文本	10	无				
作物品种	文本	10	无				
播种期	日期	10	无				如:2009-09-25
收获期	日期	10	无				如:2009-09-25
播种方式	文本	20	无				填机播、人工播种等
耕作情况	文本	20	无				填耕、耙、中耕、除草等
降雨量	数值	4	mm	9999	0	0	
灌溉设施	文本	20	无				井灌、渠灌及集雨设施,没有的填"无"
灌水量	数值	4	m^3	9999	0	0	
排水方式	文本	20	无				分排水沟、暗管排水、强排
自然灾害种类	文本	20	无				填风、雨、雹、旱、涝、霜、冻、冷等
自然灾害发生时间	日期	10	无				如:2009-09-25
自然灾害危害程度	文本	20	无				填强、中、弱
病虫害种类	文本	20	无				
病虫害发生时间	日期	10	无				如:2009-09-25
病虫害危害程度	文本	20	无				填强、中、弱
病虫害防治方法	文本	20	无				
病虫害防治效果	文本	20	无				填好、一般、差
监测人员	文本	20	无				
监测年度	日期	4	无	2100	1900	0	格式为yyyy
施肥日期	日期	10	无				如:2009-09-25
有机肥名称	文本	20	无				
有机肥N含量	数值	4	%	99.9	0	1	
有机肥P$_2$O$_5$含量	数值	4	%	99.9	0	1	
有机肥K$_2$O含量	数值	4	%	99.9	0	1	
有机肥实物量	数值	4	kg/亩	9999	0	0	
有机肥折纯量	数值	6	kg/亩	999.99	0	2	
化肥名称	文本	20	无				
化肥N含量	数值	4	%	99.9	0	1	

续表

字段名称	数据类型	数据长度	量纲	极大值	极小值	小数位	备注
化肥P_2O_5含量	数值	4	%	99.9	0	1	
化肥K_2O含量	数值	4	%	99.9	0	1	
化肥实物量	数值	4	kg/亩	9999	0	0	
化肥折纯量	数值	6	kg/亩	999.99	0	2	
填表日期	日期	10	无				如:2009-09-25
填表人	文本	20	无				
生育期	数值	3	天	366	0	0	
大田期起始日期	日期	10	无				如:2009-09-25
大田期结束日期	日期	10	无				如:2009-09-25
果实产量	数值	7	kg/亩	99999.9	0	1	
茎叶产量	数值	7	kg/亩	99999.9	0	1	
采样地点	文本	10	无				
采样时间	日期	10	无				如:2009-09-25
耕层厚度	数值	4	cm	50	1	1	
常规区容重	数值	4	g/cm3	1.8	0.8	2	
紧实度	数值	4	MPa	10	0	2	
水稳性团聚体	数值	4	%	80	0	2	
有效磷	数值	5	mg/kg	999.9	0	1	
速效钾	数值	3	mg/kg	900	0	0	
缓效钾	数值	4	mg/kg	5000	0	0	
微生物量碳	数值		mg/kg	2000	0	2	
CEC	数值	4	cmol/kg	99.9	0	1	
含盐量	数值	4	%	1	0	2	
Eh	数值	7	mV	300	−300	2	
交换性钙	数值	8	cmol/kg	99999.99	0	2	
交换性镁	数值	8	cmol/kg	99999.99	0	2	
有效硫	数值	6	mg/kg	999.99	0	2	
有效硅	数值	6	mg/kg	999.99	0	2	
有效铁	数值	5	mg/kg	999.9	0	1	
有效锰	数值	5	mg/kg	999.9	0	1	
有效铜	数值	5	mg/kg	99.99	0	2	
有效锌	数值	5	mg/kg	99.99	0	2	
有效硼	数值	4	mg/kg	9.99	0	2	
有效钼	数值	4	mg/kg	9.99	0	2	
批准人	文本	20	无				
批准日期	日期	10	无				如:2009-09-25
审核人	文本	20	无				

续表

字段名称	数据类型	数据长度	量纲	极大值	极小值	小数位	备注
审核日期	日期	10	无				如：2009-09-25
编制人	文本	20	无				
编制日期	日期	10	无				如：2009-09-25
自动监测部分：							
土壤体积含水量	数值	6	%	100	0	2	
土壤温度	数值	6	℃	85	-40	2	
电导率	数值	5	dS/m	10	0	2	
叶绿素SPAD值	数值	6	无	100	0	2	
叶面积指数	数值	5	无	10	0	2	
归一化植被指数	数值	4	无	1	-1	2	
叶冠层指数	数值	3	无	1	0	2	
空气温度	数值	6	℃	85	-40	2	
空气相对湿度	数值	6	%	100	0	2	
风速	数值	5	m/s	30	0	2	
风向	数值	6	°	360	0	2	
降雨量	数值	7	mm	1000	0	2	
大气压	数值	7	kPa	1000	0	2	
太阳总辐射	数值		W/m2		0	2	
光照强度	数值		Lux	200000	0	2	

附录4　耕地质量调查监测与评价办法

第一章　总　则

第一条　为加强耕地质量调查监测与评价工作,根据《农业法》《农产品质量安全法》《基本农田保护条例》等法律法规,制定本办法。

第二条　本办法所称耕地质量,是指由耕地地力、土壤健康状况和田间基础设施构成的满足农产品持续产出和质量安全的能力。

第三条　农业部指导全国耕地质量调查监测体系建设。农业部所属相关耕地质量调查监测与保护机构(以下简称"农业部耕地质量监测机构")组织开展全国耕地质量调查监测与评价工作,指导地方开展耕地质量调查监测与评价工作。

县级以上地方人民政府农业主管部门所属相关耕地质量调查监测与保护机构(以下简称"地方耕地质量监测机构")负责本行政区域内耕地质量调查监测与评价具体工作。

第四条　耕地质量调查监测与保护机构(以下简称"耕地质量监测机构")应当具备开展耕地质量调查监测与评价工作的条件和能力。

各级人民政府农业主管部门应当加强耕地质量监测机构的能力建设,对从事耕地质量调查监测与评价工作的人员进行培训。

第五条　农业部负责制定并发布耕地质量调查监测与评价工作的相关技术标准和规范。

省级人民政府农业主管部门可以根据本地区实际情况,制定本行政区域内耕地质量调查监测与评价技术标准和规范。

第六条　各级人民政府农业主管部门应当加强耕地质量调查监测与评价数据的管理,保障数据的完整性、真实性和准确性。

农业部耕地质量监测机构对外提供调查监测与评价数据,须经农业部审核批准。地方耕地质量监测机构对外提供调查监测与评价数据,须经省级人民政府农业主管部门审核批准。

第七条　农业部和省级人民政府农业主管部门应当建立耕地质量信息发布制度。农业部负责发布全国耕地质量信息,省级人民政府农业主管部门负责发布本行政区域内耕地质量信息。

第二章　调　查

第八条　耕地质量调查包括耕地质量普查、专项调查和应急调查。

第九条　耕地质量普查是以摸清耕地质量状况为目的,按照统一的技术规范,对全国耕地自下而上逐级实施现状调查、采样测试、数据统计、资料汇总、图件编制和成果验收的全面调查。

第十条 耕地质量普查由农业部根据农业生产发展需要,会同有关部门制定工作方案,经国务院批准后组织实施。

第十一条 耕地质量专项调查包括耕地质量等级调查、特定区域耕地质量调查、耕地质量特定指标调查和新增耕地质量调查。

第十二条 耕地质量等级调查是为评价耕地质量等级情况而实施的调查。

各级耕地质量监测机构负责组织本行政区域内耕地质量等级调查。

第十三条 特定区域耕地质量调查是在一定区域内实施的耕地质量及其相关情况的调查。

特定区域耕地质量调查由县级以上人民政府农业主管部门根据工作需要确定区域范围,报请同级人民政府同意后组织实施。

第十四条 耕地质量特定指标调查是为了解耕地质量某些特定指标而实施的调查。

耕地质量特定指标调查由县级以上人民政府农业主管部门根据工作需要确定指标,报请同级人民政府同意后组织实施。

第十五条 新增耕地质量调查是为了解新增耕地质量状况、农业生产基本条件和能力而实施的调查。

新增耕地质量调查与占补平衡补充耕地质量评价工作同步开展。

第十六条 耕地质量应急调查是因重大事故或突发事件,发生可能污染或破坏耕地质量的情况时实施的调查。

各级人民政府农业主管部门应当根据事故或突发事件性质,配合相关部门确定应急调查的范围和内容。

第三章 监 测

第十七条 耕地质量监测是通过定点调查、田间试验、样品采集、分析化验、数据分析等工作,对耕地土壤理化性状、养分状况等质量变化开展的动态监测。

第十八条 以农业部耕地质量监测机构和地方耕地质量监测机构为主体,以相关科研教学单位的耕地质量监测站(点)为补充,构建覆盖面广、代表性强、功能完备的国家耕地质量监测网络。

第十九条 农业部根据全国主要耕地土壤亚类、行政区划和农业生产布局建设耕地质量区域监测站。

耕地质量区域监测站负责土壤样品的集中检测,并做好数据审核和信息传输工作。

第二十条 农业部耕地质量监测机构根据耕地土壤类型、种植制度和质量水平在全国布设国家耕地质量监测点。地方耕地质量监测机构根据需要布设本行政区域耕地质量监测点。

耕地质量监测点主要在粮食生产功能区、重要农产品生产保护区、耕地土壤污染区等区域布设,统一标识,建档立案。根据实际需要,可增加土壤墒情、肥料效应和产地环境等监测内容。

第二十一条 农业部耕地质量监测机构负责耕地质量区域监测站、国家耕地质量监测点的监管，收集、汇总、分析耕地质量监测数据，跟踪国内外耕地质量监测技术发展动态。

地方耕地质量监测机构负责本行政区域内耕地质量区域监测站、耕地质量监测点的具体管理，收集、汇总、分析耕地质量监测数据，协助农业部耕地质量监测机构开展耕地质量监测。

第二十二条 县级以上地方人民政府农业主管部门负责本行政区域内耕地质量监测点的设施保护工作。任何单位和个人不得损坏或擅自变动耕地质量监测点的设施及标志。

耕地质量监测点未经许可被占用或损坏的，应当根据有关规定对相关单位或个人实施处罚。

第二十三条 耕地质量监测点确需变更的，应当经设立监测点的农业主管部门审核批准，相关费用由申请变更单位或个人承担。

耕地质量监测机构应当及时补充耕地质量监测点，并补齐基本信息。

第四章 评　价

第二十四条 耕地质量评价包括耕地质量等级评价、耕地质量监测评价、特定区域耕地质量评价、耕地质量特定指标评价、新增耕地质量评价和耕地质量应急调查评价。

第二十五条 各级耕地质量监测机构应当运用耕地质量调查和监测数据，对本行政区域内耕地质量等级情况进行评价。

农业部每5年发布一次全国耕地质量等级信息。

省级人民政府农业主管部门每5年发布一次本行政区域耕地质量等级信息，并报农业部备案。

第二十六条 各级耕地质量监测机构应当运用监测数据，对本行政区域内耕地质量主要性状变化情况进行评价。

年度耕地质量监测报告由农业部和省级人民政府农业主管部门发布。

第二十七条 各级耕地质量监测机构应当运用调查资料，根据需要对特定区域的耕地质量及其相关情况进行评价。

第二十八条 各级耕地质量监测机构应当运用调查资料，对耕地质量特定指标现状及变化趋势进行评价。

第二十九条 县级以上地方人民政府农业主管部门应当对新增耕地、占补平衡补充耕地开展耕地质量评价，并出具评价意见。

第三十条 各级耕地质量监测机构应当根据应急调查结果，配合相关部门对耕地污染或破坏的程度进行评价，提出修复治理的措施建议。

第五章 附　则

第三十一条 本办法自2016年8月1日起施行。

附录5 甘肃省耕地质量管理办法

第一章 总 则

第一条 为加强耕地质量保护和建设,促进农业可持续发展,根据《中华人民共和国农业法》、《基本农田保护条例》等法律法规,结合本省实际,制定本办法。

第二条 在本省行政区域内从事耕地质量保护、建设、监测、验收、监督管理等活动,适用本办法。

第三条 本办法所称耕地质量,是指由耕地地力、田间基础设施、耕地环境质量等构成的满足农作物安全和持续生产的能力。

耕地质量管理包括对耕地的使用和养护、耕地地力建设、耕地质量监测、农田环境质量监测、补充耕地的质量评价与检查验收。

第四条 耕地质量管理应当科学规划、合理利用、用养结合、严格保护。

非农业建设占用耕地的,按照占补平衡的原则,补充数量和质量相当的耕地。补充耕地质量低于占用耕地质量的,占用者应当采取有效措施,使其达到占用耕地的质量水平。

第五条 省农业行政主管部门负责全省耕地质量保护建设工作,组建耕地质量验收专家库。县级以上农业行政主管部门负责本行政区域内耕地质量的保护建设与监督管理,主要职责是:

(一)依法对影响耕地质量的行为进行调查;

(二)对占补平衡补充耕地的质量进行评定验收;

(三)组织实施耕地质量的等级认定;

(四)对耕地质量实施动态监测;

(五)拟定耕地质量保护和建设技术规程;

(六)组织实施耕地质量建设,开展测土配方施肥、有机质提升、中低产田改造、科学用水、新技术研发等技术推广活动,为耕地使用者提供技术指导和服务。

农业行政主管部门可委托其所属的土壤肥力管理机构负责具体工作。

国土资源、环境保护、水利等行政主管部门按照各自职责,做好耕地质量保护和建设工作。

第六条 县级以上人民政府应当将耕地质量保护和建设纳入国民经济和社会发展规划,从土地出让金用于农业土地开发的资金中,划出一定比例用于耕地质量建设,将耕地质量保护和建设所需经费纳入财政预算。

第二章 保护与建设

第七条 县级以上人民政府应当制定耕地质量保护和建设规划,支持和鼓励耕地使用者采取下列措施提高耕地质量:

（一）增施有机肥、种植绿肥、秸秆还田等培肥地力技术；
（二）测土配方施肥、水肥耦合等科学施肥技术；
（三）少耕、免耕等保护性耕作技术；
（四）盐碱化耕地治理与改良技术；
（五）其他有利于提高耕地质量的措施。

第八条 乡镇人民政府应当加强本行政区域内耕地的保护和建设，建立耕地质量管理长效机制。

村民委员会、农村集体经济组织应当组织耕地使用者维护田间基础设施，改善耕作条件。

耕地使用者应当合理利用耕地，采用有利于保护和提高耕地质量的耕作技术，科学、合理、安全使用农业投入品，降低耕地中重金属和农药的残留量，及时清理、回收塑料薄膜等农业废弃物。

第九条 禁止向耕地及灌溉渠道等农田基础设施排放有毒有害工业、生活废水和未经处理的养殖小区畜禽粪便；禁止占用耕地倾倒、堆放城乡生活垃圾、建筑垃圾、医疗垃圾、工业废料及废渣等固体废弃物；禁止在田间焚烧秸秆。不得使用国家禁止使用的农药、化肥等农业投入品。

第十条 作为肥料直接施入耕地的污泥、粉煤灰及城乡生活垃圾等，应当符合国家有关标准。耕地灌溉用水应当符合国家农田灌溉水质标准。

第十一条 严格控制建设项目占用耕地，经批准的非农建设项目确需临时占用周边耕地的，应当经土地承包者同意，并给予一定补偿。临时用地期满后，占用者应当及时修复，并达到原耕地地力标准。

第十二条 新建耕地的建设项目在立项前，县级以上农业行政主管部门应当参与可行性论证。项目建成后，应当进行耕地质量验收和评定。

第十三条 耕地质量建设项目验收的主要内容应当包括：

（一）耕地基础地力，主要包括耕地立地条件、剖面性状的勘验和对土壤酸碱度、有机质、全氮、有效磷、速效钾等主要地力数据的测定。

（二）田间基础设施，主要包括梯田化水平、地面平整度、灌溉及排涝能力等。

（三）土壤环境质量，主要包括对污染源、污染物、污染面积等环境状况的调查和土壤中相关重金属含量的测定。

第十四条 耕地质量建设项目验收按照下列程序进行：

（一）项目建设单位在项目建设完成后应向县级农业行政主管部门提出耕地质量验收申请。

（二）县级农业行政主管部门土壤肥力管理机构负责采集土壤样品，填写记录单，并将采集的土壤样品送有资质的检测机构进行检验。

（三）县级农业行政主管部门应当从省耕地质量验收专家库中抽取不少于5人的专家，组成验收专家组，对申请验收的项目进行实地勘察。

（四）验收专家组根据现场勘测结果和土壤样品检测报告，按照验收标准逐项评定，形成耕地质量验收报告。验收专家对认定结论有不同意见的,应当予以注明。

(五)县级农业行政主管部门应当自收到耕地质量验收报告之日起20日内审查完毕。符合条件的,向项目建设单位发放耕地质量验收合格证书;对不符合条件的,应当通知项目建设单位并说明理由。

项目建设单位对验收结果有异议的,应当自收到验收结论之日起15日内向省农业行政主管部门提出复审申请。省农业行政主管部门应在20日内做出复查结论。

第三章 监督与管理

第十五条 耕地质量实行等级认定制度,认定的程序和标准依照国家有关规定执行。

第十六条 耕地质量实行例行监测制度。县级以上农业行政主管部门应当定期组织开展耕地质量调查,发布耕地质量信息,建立和健全耕地质量监测体系和预警预报系统,设立耕地质量固定监测点。

受委托的土壤肥力管理机构要对耕地质量实施动态监测,将监测结果及时上报同级农业行政主管部门,并建立耕地质量管理档案。按照不同耕地类型,指导耕地使用者采取相应措施进行土壤改良,培肥地力,合理使用。

第十七条 任何单位和个人不得破坏耕地质量监测点的基础设施和保护性标志。确需对监测点移位的,应当征得监测点设立者的同意。

第十八条 县级以上农业行政主管部门对经监测确认已经遭受污染、不适宜农产品安全生产的耕地,应当提出禁止生产农产品的耕地区域和品种,报本级人民政府批准后公布,并设置标示牌。经修复和治理监测合格后,按照规定程序及时变更或拆除标示牌。

第十九条 乡镇人民政府应当建立耕地质量管理档案,在土地承包合同中载明耕地质量状况,明确规定耕地质量保护的内容和要求。

第二十条 土地承包经营者应当采取有效措施,保护和提高耕地质量。承包经营权终止或变更时,农村集体经济组织或者村民委员会应当对承包耕地的质量现状进行评定。承包方造成耕地质量下降的,应当承担合同约定的责任;改变耕地用途、造成永久性损害、无法继续从事农业种植的,承包方应承担相关法律责任。

第四章 法律责任

第二十一条 有下列情形之一,造成耕地质量下降的,由县级以上农业行政主管部门责令限期改正,拒不改正的,予以处罚;构成犯罪的,依法追究刑事责任:

(一)因取土或种植行为破坏耕地耕作层的,处每亩100元以上、2000元以下罚款;

(二)向耕地倾倒、堆放、处置废弃物,不能消除影响造成危害的,处1000元以上、3万元以下罚款。

第二十二条 违反本办法的行为涉及其他部门职权范围的,县级以上农业行政主管部门应当将相关资料移交有关主管部门。有关部门应当及时处理,并将处理结果及时反馈县级以上农业行政主管部门。

第二十三条 从事耕地质量保护和建设的国家工作人员玩忽职守、滥用职权、徇私舞弊的,由其所在单位或有关部门依法给予行政处分;构成犯罪的,依法追究刑事责任。

第二十四条 法律法规对违反本办法的其他行为,已有规定的,从其规定。

第五章 附 则

第二十五条 本办法自2011年1月15日起实施。

附录6 监测点基本情况记载表

监测点代码：　　　　　　　建点年度(时间)：

基本情况	省(区、市)名		地(市、州、盟)名	
	县(旗、市、区)名		乡(镇)名	
	村名		农户(地块)名	
	县代码		经度(°/′/″)	
	纬度(°/′/″)		常年降水量(mm)	
	常年有效积温(℃)		常年无霜期(d)	
	地形部位		地块坡度(°)	
	海拔高度(m)		潜水埋深(m)	
	障碍因素		耕地地力水平	
	灌溉能力		排水能力	
	地域分区		熟制分区	
	典型种植制度		产量水平(kg/亩)	
	常年施肥量(折纯,kg/亩)	化肥	N	P_2O_5	K_2O
		有机肥	N	P_2O_5	K_2O
	田块面积(亩)		代表面积(亩)	
	土壤代码		成土母质	
	土类		亚类	
	土属		土种	
	景观照片拍摄时间：		剖面照片拍摄时间：	

监测单位：

注：本表建点时填写，详情参见填表说明。

监测点土壤剖面性状记载表

监测点代码：

项目		发生层次				
层次代号						
层次名称						
层次深度						
剖面描述	颜色					
	结构					
	紧实度					
	容重(g/cm³)					
	新生体					
	植物根系					
机械组成	D>2mm(%)					
	2mm≥D>0.02mm(%)					
	0.02mm≥D>0.002mm(%)					
	D<0.002mm(%)					
	质地命名					
化学性状	有机质(g·kg⁻¹)					
	全氮(g·kg⁻¹)					
	全磷(g·kg⁻¹)					
	全钾(g·kg⁻¹)					
	pH					
	碳酸钙(g·kg⁻¹)					
	阳离子交换量(cmol·kg⁻¹)					

取样时间：　　　　　　　　　　　　检测时间：
监测单位：　　　　　　　　　　　　检测单位：

注1：本表建点时填写，详情参见填表说明。
注2：机械组成中D代表土壤颗粒有效直径。

国家级耕地质量监测点年度监测数据汇总表

监测点代码：　　　　　　监测年度：

统计项目			第一季	第二季	第三季
基本情况汇总		作物名称			
		作物品种			
		生育期(d)			
	大田期	起始(年/月/日)			
		结束(年/月/日)			
		灌水总量(m³/亩)			
作物产量汇总	无肥区	果实(kg/亩)			
		茎叶(kg/亩)			
	常规施肥	果实(kg/亩)			
		茎叶(kg/亩)			
施肥折纯量情况汇总	有机肥	N(kg/亩)			
		P₂O₅(kg/亩)			
		K₂O(kg/亩)			
	化肥	N(kg/亩)			
		P₂O₅(kg/亩)			
		K₂O(kg/亩)			

	耕层物理性状	质地(国际制)	耕层厚度(cm)	容重(g/cm³)
常规区土壤性状				

		常规测试项目								
	层次	取样深度(cm)	pH	有机质(g/kg)	全氮(g/kg)	碱解氮(mg/kg)	有效磷(mg/kg)	速效钾(mg/kg)	缓效钾(mg/kg)	全磷(g/kg)	全钾(g/kg)
常规区土壤性状 耕层理化性状	耕层										

		中微量元素项目(钙镁为交换态,其他为有效态)								
	层次	钙(mg/kg)	镁(mg/kg)	硫(mg/kg)	硅(mg/kg)	铁(mg/kg)	锰(mg/kg)	铜(mg/kg)	锌(mg/kg)	硼(mg/kg)	钼(mg/kg)
	耕层										

		环境质量项目(全量)								
	层次	铬(mg/kg)	镉(mg/kg)	铅(mg/kg)	砷(mg/kg)	汞(mg/kg)	/	/	/	/	/
	耕层						/	/	/	/	/

监测单位：(公章)　　　　　　　填报人：

审核人：　　　　　　　填报日期：

附录7　甘肃省耕地休耕试点区域耕地质量监测实施方案

为加强休耕试点区域的耕地质量监测,科学评价耕地休耕成效,根据《农业部办公厅关于印发〈轮作休耕试点区域耕地质量监测方案〉的通知》(农办农〔2016〕28号)要求,结合西北生态严重退化区特点和试点县具体情况,特制定本方案。

一、目标任务

(一)主要目标。通过专项调查和定位监测,全面掌握试点区域耕地质量现状及变化趋势,科学评价耕地休耕对耕地质量变化的影响,提出用养结合和综合治理的技术措施,为完善耕地休耕制度,扩大休耕实施范围,保护和提升耕地质量提供科学依据和基础支撑。

(二)主要任务。

1.耕地质量监测网络建设。在耕地休耕试点区域设置耕地质量监测点,在未开展耕地休耕的相似条件耕地上建立对照监测点,形成耕地质量监测网络。

2.耕地质量基础数据库建设。在收集整理耕地休耕试点区域耕地质量调查、监测与评价数据的基础上,构建标准化、规范化的耕地质量基础数据库和耕地质量信息管理系统。

3.耕地质量信息定期报告制度建设。根据年度耕地质量监测结果,编制耕地休耕试点区年度耕地质量监测报告。试点结束后,形成耕地休耕试点区域耕地质量专项调查报告。

二、监测依据和基础

(一)依据

1.《耕地质量调查监测与评价办法》(农业部令2016年第2号)

2.《耕地质量监测技术规程》(NY/T 1119)

3.《耕地质量划分规范》(NY/T 2872)

4.《土壤检测》(NY/T 1121)

(二)基础

1.县域耕地地力调查与质量评价成果

2.测土配方施肥成果

3.土地承包经营权确权登记颁证成果

4.耕地土壤环境质量调查监测成果

5.第二次全国土地调查成果

三、重点工作

(一)耕地休耕地块确定。各试点县根据下达的耕地休耕任务,会同国土资源部门,利用县域耕地地力调查与质量评价、第二次全国土地调查等成果,确定耕地休耕制度试点地块,标注在土地利用现状图上。

时间进度:2016年9月中旬前落实地块;10月底前将休耕地块图斑和土地利用现状图进行汇总审核后报省厅。

(二)耕地质量监测点布设。各试点县综合考虑土壤类型、土地利用、耕地质量、土壤环境、管理水平、行政区划等因素,在休耕试点区域平均500亩耕地设立一个固定监测点,每个监测点面积2亩左右。同时,在与试点区域监测点土壤类型(土种或土属)、地貌类型(阳坡、阴坡、山顶、山腰、山底等)、耕地质量等级、种植方式、土地利用方式、管理水平相同且区域相近的非休耕耕地上设置固定对照监测点,每个对照监测点面积2亩左右,其中对照监测点至少选择当地常规种植方式3种,每种方式至少布置3个固定对照监测点,各试点县固定对照监测点至少在10个以上。每年在固定监测点位上开展调查监测。耕地质量监测点设置具体数量要求见附件1,耕地质量监测点编号规则见附件2。

时间进度:2017年1月底前,完成耕地休耕试点区域耕地质量监测点和对照区监测点布设工作及样品采集工作,并将点位图和点位对应关系表汇总审核后上报省耕管站。

(三)定期开展耕地质量监测。各试点县根据不同试点区域耕地休耕方式与特点、主要作物播种与收获季节,在固定时期开展调查监测与评价工作。

1.采样时间和方法。以各季作物收获后10内为采集时间;采取"S"形布点,每个取样点用土钻取样1~2 kg,取样深度为20 cm,15个点混合后留样1~2 kg作为监测点土样,并按照监测点编号注明采样时间,制作标签,详见附件3。

2.监测时间。监测分初始监测与年度监测两类。初始监测于建立监测点初期开展,年度监测按附件4要求开展。

3.监测内容。监测指标分统一监测指标和区域性补充监测指标两类。其中,统一监测指标为各休耕试点区域均需监测的指标,每年监测1次;区域性补充监测指标是依据不同试验区特点有针对性设置的指标,每年监测2次。化验分析选择有资质的检测单位检测,检测内容和标准见附件5、附件6、附件7要求的进行检测。各监测点土壤容重指标由当地农业部门技术人员在采样时采用"环刀法"自行测定。

4.田间调查。监测点田间观测记载与农户调查任务要有专人负责,要求负责该项工作的同志具备丰富的生产实践经验和较强的责任感与事业心。调查内容按照附件5、附件6要求的内容进行调查。

5.数据审核。每单位选择具有土壤肥料学知识的专人负责数据汇总审核。

时间进度:2017—2019年每年定期开展1~2次监测。每年11月底按统一格式将年度监测数据上报省耕管站。初始年度2017年1月底完成样品采集及田间调查工作,于2017年2月底之前完成样品化验分析工作。

(四)编制年度耕地质量监测报告。各试点县在休耕试点启动和监测点建立初期,根据县域耕地地力调查与质量评价结果和初始监测信息,编制耕地休耕试点区域耕地质量起始年度报告;在休耕期间,根据每年监测结果,对比分析试点区与对照区耕地质量差异,编制年度耕地质量监测报告。

时间进度:耕地质量起始年度监测数据和报告经审核后于2017年2月底前报省耕管站,各年度耕地质量监测数据和报告经审核后于每年12月底报省耕管站。

(五)建立耕地质量基础数据库。各试点县利用统一的耕地质量信息管理系统,填报监测数据,建立休耕试点区域耕地质量数据库。

时间进度:2017年3月前,初步建立耕地质量基础数据库和耕地质量信息管理系统并投入使用。

(六)开展耕地质量调查评价。休耕试点结束后,各试点县根据初始监测数据和年度监测数据资料,分析耕地质量变化情况,编制耕地休耕区耕地质量专项调查报告。报告包括监测点基本情况、耕地质量主要性状的现状及变化趋势、农田肥料投入与结构现状及变化趋势、作物产量现状及变化趋势、耕地质量变化原因分析、提高耕地质量的对策和建议等内容。

时间进度:耕地休耕试点工作结束后4个月内,完成休耕试点区域耕地质量专项调查报告并报省厅审核。

四、责任分工

(一)农业农村厅。负责耕地休耕试点区域耕地质量调查监测总体协调、统筹指导和监督检查。

(二)省级技术支撑单位。省耕管站、省农科院土肥所指导各试点县开展休耕试点区域耕地质量监测工作。省耕管站、省农技站、省农科院土肥所和甘肃农业大学分别指导所负责试点县建立耕地质量基础数据库、耕地质量信息管理系统和编制耕地质量专项调查报告。

(三)市级农业部门。各市州负责本行政区域耕地休耕试点区域耕地质量调查监测的统筹实施,指导试点县制定具体实施方案、落实地块、布设监测点,协助审核年度耕地质量监测报告,帮助编制耕地休耕试点区域耕地质量专项调查报告。

(四)县级农业部门。各试点县负责制定耕地休耕试点区域耕地质量调查监测具体实施方案并组织实施,确定耕地休耕地块,布设耕地质量监测点,定期开展耕地质量监测,编制年度耕地质量监测报告。

五、保障措施

(一)加强组织领导。试点县要充分重视开展耕地休耕区域耕地质量调查监测工作的重要性和必要性,切实加强组织领导,加大工作支持力度。各试点县要成立由分管负责同志任组长的专项工作小组,负责组织协调、方案制定、工作计划和任务安排,确保工作落实到位。

（二）细化实施方案。各试点县要按照《耕地质量调查监测与评价办法》关于专项调查的要求，制定贯彻落实本方案的具体工作安排，进一步细化休耕试点区域耕地质量调查监测任务与步骤，明确进度要求，落实责任分工，强化过程管控。

（三）严格质量控制。各试点县要加强技术指导和质量控制。在调查采样环节，强化标准宣贯，规范技术操作；在检测环节，指定有资质的化验室实行定点集中检测，并对定点检测单位开展盲样考核与质量监控；在数据填报环节，实行数据填报人、省级监测负责人、国家级监测负责人三级审核，确保数据科学准确。

（四）落实工作经费。各试点县要积极争取同级财政部门支持，落实相关工作经费，确保耕地休耕试点区域耕地质量调查监测与评价工作正常开展。

（五）加强队伍建设。要加强监测人才队伍建设，保持监测人员相对稳定，保障监测工作的连续性。组织开展监测技术培训、标准宣贯与技术指导，不断提高监测人员技术水平。

附件1：耕地质量监测点设置数量要求

试点区域	县	休耕区面积（万亩）	休耕区监测点（个）	对照区监测点（个）
西北生态严重退化区	环县	1	≥20	≥10
	会宁县	1	≥20	≥10
合计		2	≥40	≥20

备注：对照区监测点数量由各试点区域根据方案的原则确定。

附件2：耕地质量监测点对应关系表（示例）

土壤类型（土种）	耕地质量等级	耕地休耕区监测点			对照区监测点		
		编号	经度	纬度	编号	经度	纬度
土种1	5级	ES621001			ED621001		
		ES621002					
土种1	6级	ES621003			ED621002		
土种2	5级	ES621004					
		……			……		

耕地质量监测点编号规则：

耕地质量监测点编号由8位代码组成：

第1位为试点区域代码：E代表西北生态严重退化区。

第2位为试点区或对照区代码：S代表实验区、D代表对照区。

第3~4位为省行政区域代码（甘肃省行政单位为62）。

第5为甘肃省休耕试点区编码，环县编码为1，会宁县编码为2。

第6~8位为各试点区域试验区或对照区内监测点的顺序号。以ES621001、ES621002、ED621001为例，前两个编号表示西北生态严重退化区-甘肃省环县休耕试验区的001号、002号监测点，后一个为该区对照区内001号监测点。

各地要建立耕地休耕试点区监测点与对照区监测点对应关系表，如ED621001为ES621001、ES621002的对照监测点；ED621002为ES621003的对照监测点，建立对应关系表见附表1。

附件3：耕地休耕试点区域耕地质量监测土壤样品采集方法

一、土壤样品采集的基本方法

土壤样品的采集和处理是土壤分析工作的一个重要环节。采集有代表性的样品，是使测定结果能如实反映其代表的区域地块客观情况的先决条件。由于受人类生产活动的影响，耕层土壤差异更为显著。不均匀的施肥、不同的施肥方式和耕作方式都能造成土壤局部差异，而这一差异往往带有一定的方向性，按照"随机"、"等量"和"多点混合"的原则进行采样。"随机"即每一个采样点都是任意决定性的；"等量"是要求每一点采取土样，深度一致，采样量要一致；"多点混合"是指一个采样单元内各点所采的土样均匀混合成一个混合样品，以提高样品的代表性。因此要注意以下几点：

（1）采样时一般采取"S"形布点采样，至少15个点作为一个混合样。在地形变化小、地力较均匀、采样单元面积小的情况下，也可采用梅花布点取样。

（2）采样点分布要尽量均匀，避免在堆过肥料的地方和田埂、沟边及特殊地形部位采样。

（3）每个采样点的取土深度及采样量应均匀一致，土样上层与下层的比例要相同。

（4）一个混合土样以取1 kg左右为宜，如果采集的样品数量太多，可用四分法将多余的土壤弃去。方法是将采集的土壤样品放在塑料布上，弄碎，混匀，铺成四方形，划对角线将土样分成四份，把对角的两份分别合并成一份，保留一份，弃去一份。如果所得的样品仍然很多，可再用四分法处理，直到所需数量为止。

（5）样品采集点用GPS定位，采集的样品放入样品袋，用铅笔写好标签内外各具一张，注明采样经纬度、地点、日期、采样深度、土壤名称、编号及采样人等，同时做好采样记录。

（6）从野外采回的土壤要及时放在牛皮纸上，摊成薄薄的一层，置于干净整洁的室内通风处自然风干，严禁曝晒，同时剔除在野外未除去的草根等杂质。

二、土壤样品采集的具体方法

采样时间、深度和采集所用方法视分析土壤理化性状而定。

（1）土壤容重和团粒结构测定的土壤样品采集。具体方法：用铁锹挖取20 cm深的剖面，在剖面上用小刀划线，用环刀分层取样测定土壤容重，另用土铲分层取样盛入硬质塑料盒（防挤压）带回实验室风干测定土壤团粒结构，每个监测点至少测15个点分别测，求平均。

（2）土壤水分的测定。有试验条件的可在3月份以前在不同小区安置水分自动检测装置，没有自动监测装置的，可在不同生育时期，用土钻分层取不同土层（0～20 cm、20～40 cm、40～60 cm、60～80 cm、80～100 cm）土壤样品，用于土壤水分的测定，每个监测点至少测15个点分别测，求平均。

（3）土壤养分测定的土壤样品。具体方法用土钻按层次要求取土壤，装入塑料袋或棉布袋带回实验室风干，去除土壤中可见植物残体及土壤砾石并过筛（孔径0.25 mm）后备用。

(4)土壤生物性状测定的土壤样品采集。每年在试验前(4月份)和试验后(10月份)以及7月中下旬绿肥翻压前后用土钻采集0~20 cm土层土壤样品,每份1 kg左右装入无菌聚乙烯袋中,放入低温箱中(4 ℃)带回实验室。1份用于土壤微生物数量的测定,对其立即进行分离培养、计数(4 ℃下保存不超过24 h);另1份用于土壤酶活性测定,去除土壤中可见植物残体及土壤砾石并过筛(孔径2 mm)后备用。

附件4:年度监测时间要求

试点区域	县(区)	区域补充指标监测时间（每年监测2次）	统一监测指标时间（每年监测1次）
西北生态严重退化区	环县 会宁县	对照区:第1次为主栽作物播种前,第2次为主栽作物收获后。试验区:参照对照区采样监测时间,同时进行	统一监测指标,每年度监测1次,对照区在当地最后一季作物收获后采样监测;试验区参照对照区采样监测时间,同时进行

附件5:初始监测指标

试点区域	县(区)	区域性补充调查监测指标	统一调查监测指标
西北生态严重退化区	环县 会宁县	耕层土壤水溶性盐总量、八大离子含量(K^+、Na^+、Ca^{2+}、Mg^{2+}、Cl^-、SO_4^{2-}、HCO_3^-、CO_3^{2-})、盐化类型、盐渍化程度、秸秆还田方式、秸秆还田量	GPS经纬度坐标、土壤名称(土类、亚类、土属、土种)、地貌类型、地形部位、坡度、海拔高度、常年降雨量、≥0 ℃有效积温、≥10 ℃有效积温、有效土层厚度、耕层厚度、灌溉能力、排水能力、耕地质量等级(一至十等)、土壤pH、土壤养分状况(有机质、全氮、有效磷、速效钾、缓效钾含量,交换性钙、镁含量,有效硫、硅、铁、锰、铜、锌、硼、钼含量)、耕层容重、主栽作物产量。测定0~20 cm、20~40 cm、40~60 cm、60~80 cm、80~100 cm土壤含水量

附件6:年度监测指标

试点区域	县(区)	区域性补充监测指标	统一监测指标
西北生态严重退化区	环县 会宁县	耕层土壤水溶性盐总量、八大离子含量(K^+、Na^+、Ca^{2+}、Mg^{2+}、Cl^-、SO_4^{2-}、HCO_3^-、CO_3^{2-})、盐化类型、盐渍化程度、秸秆还田方式、秸秆还田量,绿肥种植方式	每季作物(有几季填几季,实行休耕未种植作物的不填写)的名称、品种、播种日期、收获日期、果实产量、茎叶产量、有机肥与化肥投入的折纯量。耕层厚度、土壤pH、土壤养分状况(有机质、全氮、有效磷、速效钾含量,交换性钙、镁含量,有效硫、硅、铁、锰、铜、锌、硼、钼含量);在作物种植前、收获后和作物不同生育时期测定0~20 cm、20~40 cm、40~60 cm、60~80 cm、80~100 cm土壤含水量

附件7：土壤样品采集与土壤检测分析方法

项目	方法标准
土壤样品采集、处理与贮存	NY/T 1121.1
土壤pH	NY/T 1121.2
有机质	NY/T 1121.6
全氮	NY/T 1121.24
有效磷	NY/T 1121.7
速效钾、缓效钾	NY/T 889
交换性钙、镁	NY/T 1121.13
有效硫	NY/T 1121.14
有效硅	NY/T 1121.15
有效铁、锰、铜、锌	NY/T 890
有效硼	NY/T 1121.8
有效钼	NY/T 1121.9
总汞	NY/T 1121.10
总砷	NY/T 1121.11
总铅、总镉	GB/T 17141
总铬	NY/T 1121.12
土壤容重	NY/T 1121.4
土壤质地(国际制)/土壤机械组成	NY/T 1121.3
土壤含盐量(水溶性盐容量)	NY/T 1121.16

参考文献

[1] 杜森,钟永红,吴勇,等.土壤墒情监测技术手册[M].北京:中国农业出版社,2017.
[2] 耕地质量监测技术规程 NY/T 1119—2012
[3] 黄昌勇.土壤学[M].北京:中国农业出版社,2000.
[4] 李生秀.中国旱地农业[M].北京:中国农业出版社,2004.
[5] 郭世乾,崔增团.耕地质量调查与评价技术[M].兰州:甘肃科学技术出版社,2013.
[6] 农业部耕地质量监测保护中心.国家耕地质量长期定位监测评价报告(2016年度)[M].北京:中国农业出版社,2018.
[7] 鲍士旦.土壤农化分析[M].北京:中国农业出版社,2000.
[8] 明道绪.田间试验与统计分析[M].2版.北京:科学出版社,2008.
[9] 杜森,高祥照.土壤分析技术规范[M].北京:中国农业出版社,2006.
[10] 孙平.田间试验与统计方法[M].北京:化学工业出版社,2014.
[11] 刘安芳,伍莲.生物统计学[M].重庆:西南师范大学出版社,2013.
[12] 孔繁玲,董振华.田间试验[M].北京:农业出版社,1991.
[13] 李春喜,姜丽娜,邵云.生物统计学学习指导[M].北京:科学出版社,2013.
[14] 吴占福,王艳丽.生物统计与试验设计[M].北京:化学工业出版社,2016.
[15] 宁海龙.田间试验与统计分析[M].北京:科学出版社,2012.
[16] 张力飞.田间试验与统计分析[M].北京:化学工业出版社,2012.
[17] 全国农业技术推广服务中心.肥料田间试验指南[M].北京:中国农业出版社,2018.
[18] 崔增团,刘健,张志成.高效农田节水技术实用手册[M].兰州:甘肃科学技术出版社,2011.
[19] 崔增团,庄俊康,郭世乾.大地的呐喊[M].兰州:甘肃文化出版社,2015.
[20] 崔增团,顿志恒.测土配方施肥指南[M].兰州:甘肃科学技术出版社,2014.
[21] 李自学.农作物田间试验实用手册[M].北京:中国农业科技出版社,2007.
[22] 白世红.田间试验与生物统计[M].上海:上海交通大学出版社,2003.
[23] 冯学民,周洪飞.实验与统计[M].哈尔滨:哈尔滨工程大学出版社,2002.
[24] 霍志军,郭才.田间试验与生物统计[M].北京:中国农业大学出版社,2007.
[25] 刘凤枝,马锦秋.土壤监测分析实验手册[M].北京:化学工业出版社,2012.

[26] 南京农业大学.田间试验与统计方法[M].北京:农业出版社,1979.

[27] 盖钧镒.试验统计方法[M].北京:中国农业出版社,2000.

[28] 王芳,李传仁.田间试验与生物统计[M].北京:化学工业出版社,2009.

[29] 方萍.实用农业试验设计与统计分析指南[M].北京:中国农业出版社,2000.

[30] 朱孝达.田间试验与统计方法[M].重庆:重庆大学出版社,2006.

[31] 宁海龙.田间试验数据的计算机分析[M].北京:科学出版社,2012.

[32] 袁志发.多元统计分析[M].北京:科学出版社,2009.

[33] 余述琼,张蚌蚌,相慧,等.基于因素组合的耕地质量等级监测样点布控方法[J].农业工程学报,2014:288-297.

[34] 罗卓,陈令,彭正涛,等.基于农用地分等的耕地质量等级动态监测架构研究[J].江西农业学报,2014:128-132.

[35] 尚凯丽.耕地质量监测方法及实证研究[D].山东师范大学,2017.

[36] 马建辉,吴克宁,赵华甫,等.我国耕地质量监测指标体系的构建[J].广东农业科学,2012:74-78.

[37] 谭斯坦,金伟,涂起红.耕地质量长期定位监测点技术分析[J].农业与技术,2016:26-29.

[38] 车宗贤,俄胜哲,袁金华,等.甘肃省耕地土壤肥力演变[M].北京:中国农业出版社,2016.

[39] 农业部全国农业技术推广服务中心.测土配方施肥技术规范(2011年修订).农农发〔2011〕3号,2011.